Familienrecht für soziale Berufe

Familienrecht für soziale Berufe

Ein Leitfaden mit Fällen, Mustern und Übersichten

von

Prof. Dr. jur. Ansgar Marx

2. Auflage

Bundesanzeiger Verlag

Bibliografische Information der Deutschen Nationalbibliothek
Die Deutsche Nationalbibliothek verzeichnet diese Publikation in der Deutschen Nationalbibliografie; detaillierte bibliografische Daten sind im Internet über http://dnb.d-nb.de abrufbar.

Bundesanzeiger Verlag GmbH
Amsterdamer Straße 192
50735 Köln
Tel.: +49 (0) 2 21/97 66 8-20 0
Fax: +49 (0) 2 21/97 66 8-27 8
www.bundesanzeiger-verlag.de
Beratung und Bestellung:
Tel.: +49 221 97668-229
Fax: +49 221 97668-236
E-Mail: familie-betreuung@bundesanzeiger.de

Sie können die im Werk enthaltenen Quick-Infos und Übersichten/Schaubilder sowie weitere Arbeitshilfen und ausgewählte Rechtsprechung im Internet abrufen. Bitte geben Sie dazu im Browser Ihres Computers die folgende Seite ein:
www.bundesanzeiger-verlag.de/familienrecht-fuer-soziale-berufe/

ISBN (Print): 978-3-8462-0298-2
ISBN (E-Book): 978-3-8462-0298-3

Lektorat: Uschi Schmitz Justen, Dorothea Venator
Herstellung: Günter Fabritius
Satz: starke+partner, Willich
Druck und buchbinderische Verarbeitung: Medienhaus Plump, Rheinbreitbach
Titelabbildung: © DrakoNovakovic.com/fotolia.com

Printed in Germany

Vorwort

Die Familie gilt als das Fundament jeder Gesellschaft. Wie gesellschaftliche Anschauungen, so entwickelt sich auch das Familienbild weiter. Das konservative Familienverständnis, das nur eine Ehe zwischen Mann und Frau als Basis einer Familie akzeptiert, wurde von der gesellschaftlichen Realität überholt. Die Diversität unterschiedlicher Lebensformen muss sich in einem modernen Familienrecht widerspiegeln. Insofern unterliegt das Familienrecht einem stetigen Wandel.

In nahezu allen Praxisfeldern sozialer Berufe spielen Fragen des Familienrechts eine Rolle: Dazu gehören in erster Linie der Allgemeine Sozialdienst, Familien-, Erziehungs- und Eheberatungsstellen, die Schulsozialarbeit und Jugendhilfeeinrichtungen, Berufsbetreuung und Seniorenheime etc. Die Aufzählung ließe sich noch beliebig fortsetzen.

Das Buch richtet sich an Studierende und Praktiker und führt verständlich und systematisch in die relevanten Themenbereiche ein.

Für die Darstellung waren für mich als Autor Kriterien wie inhaltliche Prägnanz, flüssige Lesbarkeit, Aktualität sowie Praxisnähe leitend. Den meisten Themen sind Fälle zugeordnet, die die konkrete Anwendung rechtlicher Fragestellungen illustrieren. Fallszenarien und Lösungen sind grau unterlegt. Die neueste Rechtsprechung ist je nach Bedeutung stichwortartig oder ausführlich dargestellt und umrahmt. Zur Wiederholung und schnellen Orientierung sind vielen Kapiteln „Quick Infos" angefügt.

Auch in den letzten fünf Jahren wurde das Familienrecht an zahlreichen Stellen reformiert. Im Jahr 2009 wurde das **familienrechtliche Verfahren** grundlegend modernisiert. Zwei Jahre später wurde das **Haager Kinderschutzübereinkommen** in Deutschland endlich ratifiziert. Ebenso nahm sich das **Gesetz zur Bekämpfung der Zwangsheirat** einem transnationalen Thema an (2011). Interreligiöse Toleranz wurde mit dem **Gesetz zur Beschneidung des männlichen Kindes** (2012) gefestigt.

Die Rechte von Vätern wurden schließlich mit dem **Gesetz zur Reform der elterlichen Sorge nicht miteinander verheirateter Eltern** (2013) gestärkt.

Die 2. Auflage des Lehrbuches berücksichtigt aktuelle Rechtsprechung und Gesetzesnovellen bis Mai 2014.

Nun wünsche ich Ihnen eine Gewinn bringende Lektüre und eine erfolgreiche Qualifizierung im Familienrecht.

Ansgar Marx — Wolfenbüttel und Unawatuna im Juni 2014

Inhalt

Einführung

1.Teil
Eltern – Kinder – Familie

2. Teil
Ehe – Trennung – Scheidung

3. Teil
Unterhaltsrecht

4.Teil
Verfahrensrecht – Internationales Familienrecht

Anhang

Weitere Arbeitshilfen

Sie können die folgenden Arbeitshilfen und Dokumente im Internet abrufen. Bitte geben Sie dazu im Browser Ihres Computers die folgende Seite ein:
www.bundesanzeiger-verlag.de/familienrecht-fuer-soziale-berufe/

Quick Infos

- Abstammungsrecht
- Vermögenssorge und gesetzliche Vertretung
- Elterliche Sorge nicht verheirateter Eltern
- Elterliche Sorge bei Trennung und Scheidung
- Gefährdung des Kindeswohls
- Scheidungsgründe (§§ 1564 bis 1568 BGB)
- Zuweisung der Ehewohnung
- Güterrechtlicher Vermögensausgleich
- Unterhaltsrecht

Übersichten/Schaubilder

- Struktur des Familienrechts
- Tatbestände für Unterhalt nach Scheidung
- Elterliche Sorge
- Methoden künstlicher Befruchtung
- Verwandtschaft und Schwägerschaft
- Grundbedürfnisse/Risikofaktoren für das Kindeswohl
- Ausübung der gemeinsamen elterlichen Sorge
- Wesentliche Trennungs- und Scheidungsfolgen
- Prüfungsschema Anspruch auf Kindes- bzw. Verwandtenunterhalt gem. §§ 1601 ff. BGB
- Tatbestände für Unterhalt nach Scheidung
- FamFG – Allgemeiner Teil
- Verfahren in Familiensachen

Arbeitshilfen

- Düsseldorfer Tabelle (Stand: 1.1.2013)

Rechtsgrundlagen

- **Bundesrecht**
  - Bürgerliches Gesetzbuch **(BGB)**
  - Gesetz über das Verfahren in Familiensachen und in den Angelegenheiten der freiwilligen Gerichtsbarkeit **(FamFG)**
  - Gesetz über die Vermittlung der Annahme als Kind und über das Verbot der Vermittlung von Ersatzmüttern **(Adoptionsvermittlungsgesetz – AdVermiG)**
  - Gesetz zur Sicherung des Unterhalts von Kindern alleinstehender Mütter und Väter durch Unterhaltsvorschüsse oder -ausfalleistungen **(Unterhaltsvorschussgesetz)**
  - Gesetz über die Eingetragene Lebenspartnerschaft **(Lebenspartnerschaftsgesetz – LPartG)**
  - Mediationsgesetz **(MediationsG)**
  - Gesetz zum zivilrechtlichen Schutz vor Gewalttaten und Nachstellungen **(Gewaltschutzgesetz – GewSchG)**
- **Änderungsgesetze (Auswahl)**
  - Gesetz zur Reform der elterlichen Sorge nicht miteinander verheirateter Eltern vom 16. April 2013 (BGBl. I S. 795)
  - Gesetz über den Umfang der Personensorge bei einer Beschneidung des männlichen Kindes vom 20.Dezember 2012 (BGBl. I S. 2749)
  - Gesetz zur Bekämpfung der Zwangsheirat und zum besseren Schutz von Opfern von Zwangsheirat vom 23. Juni 2011 (BGBl. I S. 1266)
  - Gesetz zur Änderung des Zugewinnausgleichs- und Vormundschaftsrechts vom 6. Juli 2009 (BGBl. I S. 1696)
  - Gesetz zur Strukturreform des Versorgungsausgleichs (VAStrRefG) vom 3. April 2009 (BGBl. I S. 700)
  - Gesetz zur Reform des Verfahrens in Familiensachen und in Angelegenheiten der freiwilligen Gerichtsbarkeit (FGG-Reformgesetz – FGG-RG) vom 17. Dezember 2008 (BGBl. I S. 2586)
  - Kinderförderungsgesetz vom 10. Dezember 2008 (BGBl. I S. 2403)
  - Gesetz zur Erleichterung familiengerichtlicher Maßnahmen bei Gefährdung des Kindeswohls vom 4. Juli 2008 (BGBl. I S. 1188)
  - Gesetz zur Klärung der Vaterschaft unabhängig vom Anfechtungsverfahren vom 26. März 2008 (BGBl. I S. 441)
- **Europäische Verordnungen**
  - Haager Übereinkommen über die zivilrechtlichen Aspekte internationaler Kindesentführung vom 25. Oktober 1980, Stand: 1. April 2008
  - Haager Kinderschutzabkommen: Übereinkommen über die Zuständigkeit der Behörden und das anzuwendende Recht auf dem Gebiet des Schutzes von Minderjährigen vom 5. Oktober 1961, Stand 18. Oktober 2005
- **Europäische Verordnungen**
  - Brüssel-IIa-VO: Verordnung (EG) Nr. 2201/2003 des Rates vom 27. November 2003 über die Zuständigkeit und die Anerkennung und Vollstreckung von Entscheidungen in Ehesachen und in Verfahren betreffend die elterliche Verantwortung und zur Aufhebung der Verordnung (EG) Nr. 1347/2000

Einführung

„Das erste, das der Mensch im Leben vorfindet,
das letzte, wonach er die Hand ausstreckt,
das kostbarste, was er im Leben besitzt,
ist die Familie."
Adolph Kolping (1813 – 1865)

I. Familienrecht – ein Überblick

Sozialarbeiter, Pädagogen, Rechtsanwälte, Familienrichter oder Therapeuten, sie alle wissen vom Glück und der Dramatik familiärer Dynamik zu berichten, denn sie sind es, die als Professionelle Familien in Krisen unterstützen, Kinder schützen oder Familienbande heilen. Trotz der tiefgreifenden Wandlungsprozesse in der Historie familiären Zusammenlebens blieb die Familie das Rückgrat der Menschen gleich welcher Hautfarbe, Religion oder Kultur.

Modernisierungen im Familienrecht

In der Postmoderne sind unter dem Stichwort **Pluralität der Lebensformen** neben die Zwei- oder Drei-Generationen-Familie nichteheliche Lebensgemeinschaften, alleinerziehende Eltern, Scheidungsfamilien, Stiefeltern- und sog. Patchworkfamilien, Adoptivfamilien oder eingetragene Lebenspartnerschaften getreten. Die Gesetzeslage hinkt der gesellschaftlichen Realität immer um Schritte hinterher. Einschneidende Modernisierungen des Gesetzgebers waren die Reform des Kindschaftsrechts (1998) sowie das Lebenspartnerschaftsgesetz (2001), das rechtliche Diskriminierungen gleichgeschlechtlicher Partner abbaut.

Jüngere Reformbestrebungen haben sich im Jahr 2008 kumuliert. Es trat das **Gesetz zur Änderung des Unterhaltsrechts** in Kraft, das auf drei zentrale Ziele ausgerichtet ist: die Förderung des Kindeswohls, die Stärkung der nachehelichen Eigenverantwortung sowie eine Vereinfachung der Normen. Lücken beim zügigen Eingreifen des Staates bei gefährdeten Kindern waren 2008 Anlass für das **Gesetz zur Erleichterung familiengerichtlicher Maßnahmen bei Gefährdung des Kindeswohls**, das darauf abzielt, einen besseren staatlichen Schutz für gefährdete Kinder zu schaffen.

Im Jahr 2009 wurde das familienrechtliche Verfahren grundlegend modernisiert. Das **Gesetz über das Verfahren in Familiensachen und den Angelegenheiten der freiwilligen Gerichtsbarkeit (FamFG)** konzentrierte diese Verfahren nunmehr in einer homogenen Prozessordnung.

Nach langer Überlegung wurde das **Haager Kinderschutzübereinkommen** (von 1996) in Deutschland endlich 2011 ratifiziert. Ebenso nahm sich das **Gesetz zur Bekämpfung der Zwangsheirat** einem transnationalen Thema an (2011). Interreligiöse Toleranz wurde mit dem **Gesetz zur Beschneidung des männlichen Kindes** (2012) gefestigt.

Die Rechte von Vätern wurden schließlich mit dem **Gesetz zur Reform der elterlichen Sorge nicht miteinander verheirateter** Eltern (2013) gestärkt.

1. Der Begriff „Familie" im Recht

Keine Festlegung auf ein Familienmodell

Der deutsche Gesetzgeber **definiert** den Begriff Familie **weder im Grundgesetz** (Art. 6 Abs. 1 GG) **noch** in sonstigen, dem GG nachgeordneten **einfachen Gesetzen.** Damit akzeptiert er die Familie als soziales Phänomen in der jeweiligen gesellschaftlichen Erscheinungsform, und er hält sich die Möglichkeit offen, den Begriff Familie in den einzelnen Gesetzen in unterschiedlicher Weise zu benutzen.

Grundgedanken zur „Familie"

Diese fehlende Festlegung bedeutet aber nicht, dass der Gesetzgeber kein Bild von Familie gehabt hätte. Im Gegenteil: Seine Vision von dem, was Familie ist oder sein soll, spiegelt sich in zahlreichen Einzelnormen, insbesondere des Bürgerlichen Gesetzbuches (BGB) wider. So liegt im Regelfall der Familie eine **Ehe** zugrunde, die sich als rechtlich anerkannte Lebensgemeinschaft von Mann und Frau zu dauernder Lebensgemeinschaft (§ 1353 Abs. 1 BGB) umschreiben lässt. Die Fortpflanzung ist kein notwendiger Ehezweck, jedoch mit dem Wesen der Ehe aufs Engste verknüpft. Deshalb setzt eine Familie mindestens **zwei Generationen** voraus (Kernfamilie). In dieser Personengemeinschaft besteht ein Netz aus Rechten und Pflichten, z.B. die Pflicht zur ehelichen Lebensgemeinschaft; die Pflicht zur Pflege, Erziehung, Beaufsichtigung der Kinder durch die Eltern; gegenseitige Unterhaltsansprüche; gegenseitiges Erbrecht; gegenseitige Pflicht zu Beistand und Rücksichtnahme; Pflicht zur Haushaltsführung; Recht zur Erwerbstätigkeit der Eltern; Dienstleistungspflicht der Kinder etc.

Rechte und Pflichten der Kernfamilie

Andere Familienformen

Obwohl der Gesetzgeber bei seinem Konzept von Familie in der Regel von einer Ehe ausgeht, ist durchaus ebenso die **Teilfamilie** (Ein-Eltern-Familie) als Familie anerkannt. So fällt der geschiedene sorgeberechtigte Vater mit seinen Kindern, die ledige Mutter und ihr Kind, der verwitwete Elternteil mit seinen Kindern, der ledige Adoptivelternteil mit seinem Adoptivkind zweifelsfrei unter den Familienbegriff.

nichteheliche Lebensgemeinschaften

Anders war die Situation lange bei nichtehelichen Lebensgemeinschaften. Hier war die Jurisprudenz lange Zeit nur bereit, in der nichtehelichen Familie zwei Teilfamilien (Mutter – Kind; Vater – Kind) zu sehen. Man wird ihr jedoch wohl kaum mehr die Qualifizierung als (Gesamt-)Familie (nicht nur zwei Teilfamilien wie bisher) verwehren können, zumindest wenn die Beziehung des Mannes zu den Kindern durch Vaterschaftsanerkennung legalisiert ist. Dies liegt nahe, weil das BVerfG mit seiner Rechtsprechung die Tendenz aufweist, in bestimmten Konstellationen auch faktischen Familien den Schutz des Grundgesetzes zuzubilligen, z.B. Pflegefamilien.[1]

1 Nach Oberloskamp/Marx, Kindschaftsrechtliche Fälle für Studium und Praxis, München 2006, S. 6 f.

2. Die Struktur des materiellen Familienrechts

Das folgende Schaubild bietet einen Überblick über die Regelungsbereiche des Familienrechts.[2]

Die meisten Normen befinden sich im **Vierten Buch des BGB** (§§ 1297 bis 1921).

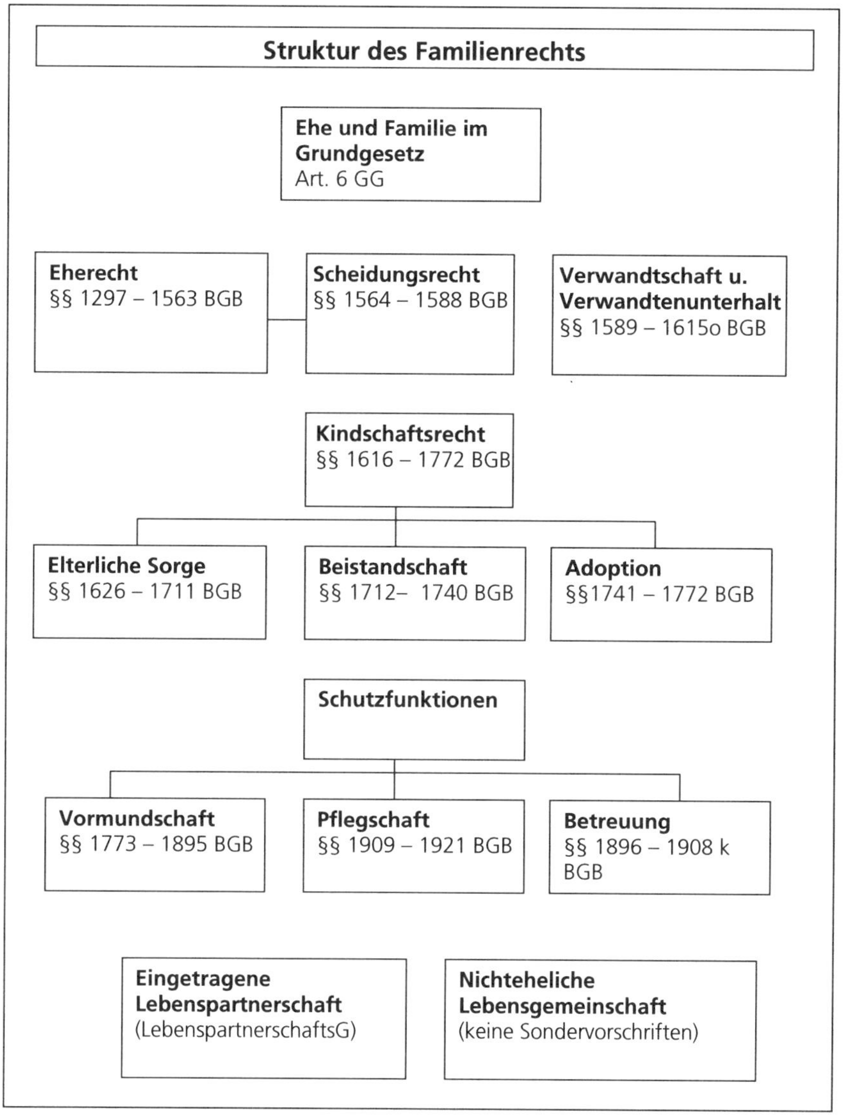

2 Nach Kievel/Knösel/Marx, Recht für soziale Berufe, München 2013, S. 144 f.

3. Stellung der Familie im Grundgesetz

Abwehrrecht

„Ehe und Familie stehen unter dem besonderen Schutz der staatlichen Ordnung." So heißt es in Art. 6 Abs. 1 des Grundgesetzes. Verfassungsrechtler leiten aus diesem Satz drei Schutzbereiche ab. Zum einen wird die Privatsphäre von Ehe und Familie vor störenden Eingriffen des Staates geschützt **(Abwehrrecht des Einzelnen)**. Zum anderen werden Rechtsinstitute wie die bürgerliche und die (Klein-) Familie gewährleistet **(Instituts- oder Einrichtungsgarantie)**. Nach der Rechtsprechung des Bundesverfassungsgerichts zählen zur Familie auch Stief-, Adoptiv- und Pflegekinder sowie nichteheliche Kinder. Drittens folgt aus der Grundsatznorm eine Wertentscheidung, die den Staat bindet und ein **allgemeines Benachteiligungsverbot** oder positiv ausgedrückt, ein **Förderungsgebot** konstatiert.

Einrichtungs-Garantie

Förderungsgebot

Schutzauftrag des Staates

In Art. 6 Abs. 2 und Abs. 3 GG wird der Freiraum des elterlichen Erziehungsrechts abgesteckt. Den Eltern wird größtmögliche Eigenverantwortung gelassen. Der Staat übt ein **„Wächteramt"** aus (Art. 6 Abs. 2 S. 2 GG), vorwiegend durch Jugendämter und Familiengerichte. Wenn die Erziehungsberechtigten versagen, kann eine Trennung des Kindes von der Familie nur auf einer gesetzlichen Grundlage (§ 1666 BGB) erfolgen.

Gleichbehandlung

Weiterhin ist im Grundgesetz die **Gleichstellung von nichtehelichen und ehelichen Kindern** programmatisch festgeschrieben (Art. 6 V GG).

4. Eheschließung und Ehewirkungen

Prinzipien der Ehe

Das Institut der **bürgerlichen Ehe** wurde maßgeblich durch die christlich-abendländische Tradition geprägt. Zu ihren **Wesensmerkmalen** gehören die grundsätzliche, aber nicht absolute Unauflösbarkeit (§ 1353 Abs. 1 BGB), die durch die Scheidungsstatistik stark relativiert wird. Daneben treten die Prinzipien der Monogamie (§ 1306 BGB) sowie der Geschlechtsverschiedenheit. Eine Ehe kann nur zwischen einem Mann und einer Frau eingegangen werden. Insofern hat der Gesetzgeber darauf verzichtet, die eingetragene Lebenspartnerschaft gleichgeschlechtlicher Paare als Ehe zu bezeichnen.

Eine **Heirat** erfolgt in Deutschland unter den Bedingungen der §§ 1306 bis 1312 BGB. Sie muss durch einen Standesbeamten vorgenommen werden, um gültig zu sein.

Ehemündigkeit setzt Volljährigkeit voraus (§ 1303 Abs. 1 BGB); das Familiengericht kann von dieser Vorschrift Befreiung erteilen (§ 1303 Abs. 2 BGB). Geschäftsunfähigen ist es verwehrt zu heiraten (§ 1304 BGB).

Ehehindernisse sind bestimmte Verwandtschaftsverhältnisse, so zwischen Verwandten in gerader Linie und zwischen Geschwistern (§ 1307 BGB); außerdem das Verbot der Doppelehe (§ 1306 BGB).

Rechte und Pflichten der Eheleute

Wirkungen der Ehe: Eheleute tragen füreinander Verantwortung und sind einander zur ehelichen Lebensgemeinschaft verpflichtet (§ 1353 Abs. 1 Satz 2 BGB). Auf eine Konkretisierung dieses Postulats hat der Gesetzgeber bewusst verzichtet. Im allgemeinen versteht man darunter eine gemeinsame Lebensführung in gegenseitiger Achtung, Liebe und Rücksichtnahme, die Teilnahme an den Interessen des Partners, ein Sexualleben und eheliche Treue sowie die Sorge für die gemeinsamen Kinder.

Bei der Wahl eines gemeinsamen Ehenamens steht den Eheleuten weitgehende Wahlfreiheit zu (§ 1355 BGB). Jeder Partner hat ein Recht auf Erwerbstätigkeit (§ 1356 Abs. 2 BGB); es besteht eine Unterhaltspflicht gegenüber der Familie, wobei die Rolle als Hausfrau oder Hausmann ausdrücklich als gleichwertiger Unterhaltsbeitrag erwähnt wird (§ 1360 Satz 2 BGB).

Güterstände

Güterrecht: Der gesetzliche Güterstand der Eheleute ist die **Zugewinngemeinschaft** (§ 1363 BGB). Durch einen Ehevertrag können die Partner vor oder auch während der Ehe einen anderen Güterstand wählen (§ 1408 Abs. 1 BGB). Das BGB sieht zwei vertragliche Güterstände vor: die **Gütergemeinschaft** (§ 1415 BGB) und die **Gütertrennung** (§ 1414 BGB).

Zugewinngemeinschaft

DEFINITION

Im Güterstand der Zugewinngemeinschaft bleiben die Vermögen der Ehegatten getrennt. Jeder Partner bleibt Alleineigentümer des Vermögens, das er bei Eheschließung besitzt und das er während der Ehe erwirbt. Erst bei Beendigung (Tod, Scheidung) wird der Zugewinn ausgeglichen (§§ 1363 bis 1390 BGB).

Im Scheidungsverfahren kommt der Durchführung eines Zugewinnausgleichs häufig existenzielle Bedeutung zu, besonders wenn es um die Aufteilung eines kreditfinanzierten Eigenheims oder um einen Gewerbebetrieb geht.

Der **Zugewinnausgleich** wird in zwei Schritten ermittelt:

1. Schritt: Für jeden Partner wird einzeln der Zugewinn errechnet.

Zugewinn

DEFINITION

Zugewinn ist der Betrag, um den das Endvermögen (EV) (bei Scheidung, Tod) eines Partners sein Anfangsvermögen (AV) (bei Heirat) übersteigt (§ 1373 BGB).

2. Schritt: Der Zugewinn beider Partner wird miteinander verglichen. Der Partner mit dem höheren Zugewinn hat die Hälfte des Gewinnüberschusses an den anderen abzutreten (§ 1378 BGB).

In der Praxis wird häufig um die Bewertung des Vermögens gestritten. Die Inflationsrate, Schulden und Erbschaften sind zu berücksichtigen; und nicht zuletzt sind oft einzelne Vermögensposten zwischen den Parteien streitig.

5. Ehescheidung

Zerrüttungsprinzip löst Schuldprinzip ab

Im Jahr 1977 rückte der Gesetzgeber nach einer längeren öffentlichen Debatte vom Schuldprinzip bei der Ehescheidung ab und ersetzte es durch das **Zerrüttungsprinzip.** Nach Schuldzuweisungen wird im familiengerichtlichen Scheidungsverfahren nicht mehr gefragt.

Konventionalscheidung nach Trennungsjahr

Es gehört schon zum Allgemeinwissen, dass eine Ehe erst nach einem **„Trennungsjahr"** geschieden werden kann. Wenn sich die Eheleute nach einem Jahr Trennung über die Scheidung und ihre wesentlichen Folgen einig sind (elterliche Sorge, Umgangsrecht, Unterhalt, Ehewohnung, Hausrat), wird die Zerrüttung der Ehe unwiderlegbar vermutet **(Konventionalscheidung)**.

Härtefall-Scheidung

Das Familiengericht prüft in diesem Fall nicht das Scheitern der Ehe (§ 1566 Abs. 1 BGB). Bei einer **streitigen Scheidung** hingegen untersucht das Gericht, ob die Ehe noch eine Zukunft hat (§ 1565 Abs. 1 BGB).

Vor Ablauf der einjährigen Trennungsfrist kann die Ehe nur in Härtefällen geschieden werden (§ 1565 Abs. 2 BGB). Bei einer Trennungszeit von mindestens 3 Jahren ist eine Ehescheidung auch gegen den Willen des anderen möglich (§ 1566 Abs. 2 BGB).

Gerichtliche Entscheidung über Scheidungsfolgen

Das Scheidungsverfahren, für das das Familiengericht zuständig ist, ist ein **„Verbundverfahren"**, weil neben der Scheidung als solcher über **Scheidungsfolgen** entschieden wird, die für die Partner weitreichende Bedeutung haben. Das Gericht muss eine Entscheidung zum Versorgungsausgleich treffen **(Zwangsverbund)**. Nur wenn entsprechende Anträge gestellt werden, regelt das Familiengericht die elterliche Sorge und den Umgang, Kindes- und Ehegattenunterhalt, die Aufteilung der Ehewohnung und des Hausrats sowie den Zugewinnausgleich **(Antragsverbund)**.

Außergerichtliche Einigung

Seit den 90er Jahren etabliert sich in Deutschland **Mediation**, ein alternatives Konfliktlösungsverfahren. Mit Hilfe eines neutralen Dritten (Mediator) können die Parteien die wesentlichen Scheidungsfolgen selbstbestimmt und ohne Streit vor Gericht regeln. Die Mediation schließt mit einer Scheidungsfolgenvereinbarung. Diese Alternative ist beziehungsschonender und häufig kostengünstiger als ein streitiges Gerichtsverfahren.

Unterhaltsansprüche nach Scheidung

Scheidungsunterhalt: Auch nach einer Scheidung sind die Ex-Partner meist über ihre Kinder (elterliche Sorge, Umgang) und finanziell über Unterhaltsleistungen miteinander verbunden. In Extremfällen ein ganzes Leben lang. Das deutsche Recht schützt den wirtschaftlich Schwachen durch Unterhaltsansprüche. Der **Grundsatz der wirtschaftlichen Eigenverantwortung** nach Scheidung wurde durch die **Reform des Unterhaltsrechts im Jahr 2008** gestärkt. Oft sieht die Realität jedoch anders aus.

Das Gesetz kennt **sieben Unterhaltstatbestände**, die es dem Bedürftigen erlauben, Geschiedenenunterhalt von dem verdienenden Ex-Partner zu verlangen. Sie werden in der folgenden Übersicht nur stichwortartig dargestellt.

Tatbestände für Unterhalt nach Scheidung

Unterhalt wegen Betreuung eines Kindes § 1570 BGB	**Unterhalt wegen Erwerbslosigkeit** § 1573 BGB
Unterhalt wegen Alters § 1571 BGB	**Unterhalt wegen Krankheit oder Gebrechen** § 1572 BGB
Aufstockungsunterhalt § 1573 Abs. 2 BGB	**Unterhalt wegen Aus- und Fortbildung** § 1575 BGB
Unterhalt aus Billigkeitsgründen § 1576 BGB	

Höhe des Unterhalts

Die Höhe des Unterhalts orientiert sich an den ehelichen Lebensverhältnissen (§ 1578 Abs. 1 BGB). Die Obergrenze bildet die Leistungsfähigkeit des Unterhaltspflichtigen (§1581 BGB). In der Gerichtspraxis wird der Unterhaltsanspruch nach Tabellen und Leitlinien (z.B. Düsseldorfer Tabelle) berechnet, um eine gewisse Einheitlichkeit zu wahren.

Gerichtlicher Ausgleich von Versorgungsansprüchen

Durch den **Versorgungsausgleich** werden die während der Ehe erworbenen unterschiedlichen Renten oder sonstigen Versorgungsansprüche ausgeglichen. Ähnlich wie beim Zugewinnausgleich wird dem Ehegatten, der während der Ehe geringere Versorgungsanwartschaften erworben hat, die Hälfte des Unterschiedsbetrags übertragen (§ 1587 BGB; Versorgungsausgleichsgesetz).

6. Kindschaftsrecht

Neustrukturierung

Die Architektur des Kindschaftsrechts ist im Jahr 1998 grundlegend umgestaltet worden. Die große Reform hat eine weitgehende Gleichstellung nicht-ehelicher und ehelicher Kinder erreicht. Das Recht der elterlichen Sorge, das Umgangsrecht, das Abstammungsrecht, das Unterhaltsrecht, das familienrechtliche Verfahren sowie das Adoptionsrecht wurden neu gefasst. Die gesetzliche Amtspflegschaft für nichteheliche Kinder wurde abgeschafft und durch die freiwillige Beistandschaft ersetzt. *„Es ist fast kein Stein mehr auf dem anderen geblieben."*

Definition: Mutterschaft

Im **Abstammungsrecht** (§§ 1591 bis 1600e BGB) sind seitdem die Statusmerkmale „Ehelichkeit" und „Nichtehelichkeit" entfallen. Um Zweifelsfragen vorzubeugen, die durch die moderne Fortpflanzungsmedizin hervorgerufen werden können, wurde die **Mutterschaft** neu definiert. Mutter ist die Frau, die das Kind geboren hat (§ 1591 BGB).

Definition: Vaterschaft

Als **Vater** eines Kindes gilt der Mann,

- der bei der Geburt mit der Mutter des Kindes verheiratet ist (§ 1592 Nr. 1 BGB);
- der die Vaterschaft anerkannt hat (§ 1592 Nr. 2 BGB);
- dessen Vaterschaft gerichtlich festgestellt ist (§ 1592 Nr. 3 BGB).

Das Verhältnis zwischen Eltern und Kindern ist geprägt durch Schutz und Fürsorge, **die elterliche Sorge**. Diese elterliche Verantwortung ist im Gesetz ausgestaltet als pflichtgebundenes Recht (§ 1626 Abs. 1 BGB).

Bereiche der elterlichen Sorge

Sie wird aufgeteilt in **Personensorge**, **Vermögenssorge** und **Vertretung des Kindes** (§§ 1626 Abs. 1 Satz 2, 1629 BGB). Inhalt der Personensorge sind Pflege, Erziehung, Beaufsichtigung und Aufenthaltsbestimmung des Kindes (§ 1631 Abs. 1 BGB).

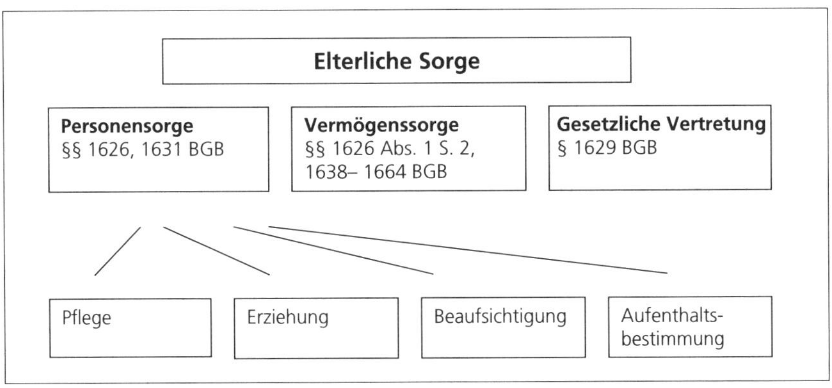

Erziehungsziele

Als grobe Orientierung für ein Erziehungsziel wird ein selbständiger und verantwortungsbewusster Mensch postuliert. Die Eltern sollen bei ihrem Umgang mit dem Kind sein wachsendes Bedürfnis nach Selbständigkeit respektieren (§ 1626 Abs. 2 BGB). Zentraler Anhaltspunkt der elterlichen Sorge ist der generalklauselartige Begriff **„Wohl des Kindes"** (§§ 1626 Abs. 3, 1666 Abs. Abs. 1 BGB).

Kindeswohl

DEFINITION

Die Kindeswohlformel will klarstellen, dass nicht die Eigeninteressen der Eltern im Vordergrund stehen, sondern die Interessen des Kindes. Eltern sind zu dem Verhalten verpflichtet, das voraussichtlich der „Integrität und der Entfaltung des Kindes am besten dient."

Gemeinsame Sorge

Verheiratete Eltern üben die elterliche Sorge gemeinsam aus (§ 1626 Abs. 1 BGB).

Freiwillige Sorgeerklärung

Bei **Kindern nicht miteinander verheirateter Eltern** ist die Mutter grundsätzlich Inhaberin der Alleinsorge (§ 1626a Abs. 2 BGB). Durch eine öffentlich beurkundete **Sorgeerklärung** können Vater und Mutter jedoch dokumentieren, dass sie die gemeinsame Sorge übernehmen (§ 1626a Abs. 1 Nr. 1 BGB).

Aufteilung des Sorgerechts

Bei **Trennung oder Scheidung** der Eltern bleibt es grundsätzlich bei der gemeinsamen Sorge. Stellt jedoch ein Elternteil einen Antrag (§ 1671 BGB) oder bei Gefährdung des Kindeswohls (§§ 1666, 1666a Abs. 2 BGB) kann das Familiengericht einem Elternteil die Alleinsorge ganz oder in Teilen übertragen.

Umgangsrecht des Kindes

In Anlehnung an die UN-Kinderrechtekonvention (1989) ist das **Umgangsrecht** als Recht des Kindes auf Umgang (Kontakt, Besuch) mit jedem Elternteil formuliert (§§ 1626 Abs. 3, 1684 Abs. 1 BGB). In der Praxis ist das Umgangsrecht für den nichtsorgeberechtigten Elternteil von Bedeutung. Auch Großeltern, Geschwistern, Stiefelternteilen sowie Lebenspartnern wird ein Umgangsrecht eingeräumt, wenn dies dem Kindeswohl dient (§ 1685 BGB).

Schutz des Kindes

Bei **Gefährdung des Kindeswohls** sind staatliche Organe verpflichtet, das Kind zu schützen und in das elterliche Sorgerecht einzugreifen (§§ 1666, 1666a, 1667 BGB). Diese Schutzfunktion ist eine Konkretisierung des staatlichen Wächteramts (Art. 6 Abs. 2 Satz 2 GG). Am häufigsten greifen staatliche Organe bei familiärer Gewalt sowie bei Vernachlässigung eines Kindes ein (§ 1666 Abs. 1 BGB). Am 12.7.2008 trat das **Gesetz zur Erleichterung familiengerichtlicher Maßnahmen bei Gefährdung des Kindeswohls** in Kraft, das Tatbestandshürden zugunsten eines effektiveren Kindesschutzes abbaut. Das Familiengericht ordnet vorwiegend Jugendhilfemaßnahmen an (§§ 27 bis 42 SGB VIII), im äußersten Fall die Trennung des Kindes von der Familie (§ 1666a Abs. 1 BGB).

Grundsatz des geringsten Eingriffs

Zu beachten ist der Grundsatz des geringsten Eingriffs (Verhältnismäßigkeitsgebot). Grundsätzlich wird das Jugendamt angehört (§ 162 FamFG). Das Kind erhält in der Regel einen Verfahrensbeistand (Anwalt des Kindes) (§ 158 FamFG).

Berechnung von Verwandtenunterhalt nach Tabellen und Leitlinien

Unterhaltsansprüche von Kindern gegenüber ihren Eltern sind eine Kategorie des Verwandtenunterhalts (§§ 1601 bis 1615 o BGB). Das gleiche gilt für den umgekehrten Fall, wenn Eltern bedürftig sind und ihre Kinder für Unterhaltszahlungen in Anspruch nehmen. Bei der Berechnung von Unterhaltsleistungen wird nicht mehr zwischen ehelichen und nichtehelichen Kindern differenziert. Die Praxis orientiert sich an Bedarfstabellen und Unterhaltsleitlinien (z.B. Düsseldorfer Tabelle).

Volladoption

Das moderne **Recht der Adoption** basiert auf dem Grundgedanken, dass Eltern für ein elternloses Kind gesucht werden und nicht ein Kind für ein kinderloses Paar. Das Kindeswohl ist Richtschnur (§ 1741 Abs. 1 BGB). Das deutsche Adoptionsrecht (§§ 1741 bis 1772 BGB) folgt dem Prinzip der Volladoption. Es entsteht ein neues Eltern-Kind-Verhältnis mit sämtlichen Rechtsfolgen (§ 1754 BGB). Das Verwandtschaftsverhältnis zur bisherigen Familie erlischt (§ 1755 BGB).

Die Adoption Volljähriger hat allerdings eingeschränkte Wirkungen (§ 1770 BGB).

Vermittlung einer Adoption

Da die Adoption ein einschneidender zukunftsgerichteter Eingriff in das Leben eines Kindes ist, ist die Adoptionsvermittlung nur überprüften und qualifizierten Stellen erlaubt (§§ 2 bis 4 Adoptionsvermittlungsgesetz). Die Adoption als solche kommt durch einen Beschluss (Dekret) des Vormundschaftsgerichts zustande (§ 1752 BGB).

7. Vormundschaft, Pflegschaft, Betreuung

Vormundschaft nur für Minderjährige

Mögliche Vormünder

Eine **Vormundschaft** (§§ 1773 bis 1895 BGB) ist ein traditionelles Rechtsinstitut, das ein umfassendes Sorgeverhältnis für eine Person herstellt, die ihre Angelegenheiten nicht selbst wahrnehmen kann. Seit der Abschaffung der Entmündigung von Erwachsenen im Jahr 1992 kommen Vormundschaften nur noch für Minderjährige in Betracht. Sie haben die gesamte elterliche Sorge zum Inhalt (§§ 1793, 1800 BGB). Eine Vormundschaft wird gerichtlich angeordnet, wenn ein Minderjähriger nicht unter elterlicher Sorge steht oder keinen gesetzlichen Vertreter hat (§ 1773 BGB). Als Vormund kann ein Ehepaar, eine Einzelperson, ein Verein (Wohlfahrtsverband) oder das Jugendamt ausgewählt werden (vgl. § 1779 BGB).

Pflegschaft als partielle Vormundschaft

Freiwilliger Beistand

Eine **Pflegschaft** (§§ 1909 bis 1921 BGB) ist eine begrenzte Vormundschaft. Sie ist für Minderjährige vorgesehen, wenn Sorgeinhaber partiell, rechtlich oder faktisch ausfallen (§ 1909 BGB). Deswegen wird sie auch als **„Ergänzungspflegschaft"** (§ 1909 BGB) bezeichnet. Auf Pflegschaften wird generell Vormundschaftsrecht angewendet (§ 1915 BGB). Die früher bei der Geburt eines nichtehelichen Kindes automatisch eintretende Amtspflegschaft des Jugendamtes wurde 1998 durch **die freiwillige Beistandschaft** (§§ 1712 bis 1717 BGB) ersetzt. Ein allein sorgender Elternteil kann eine Beistandschaft zur Feststellung der Vaterschaft eines Kindes sowie zur Sicherung des Unterhalts beantragen (§ 1712 BGB).

Betreuung von Volljährigen

Einen **Betreuer** erhält ein Volljähriger, der auf Grund einer psychischen Krankheit oder einer körperlichen, geistigen oder seelischen Behinderung seine Angelegenheiten teilweise oder ganz nicht mehr regeln kann (§ 1896 Abs. 1 BGB). Das Betreuungsrecht (§§ 1896 bis 1908i BGB) wurde im Jahr 1992 in das BGB eingeführt und ersetzt die Entmündigung und Vormundschaft für Volljährige.

Eine Betreuung wird durch das Betreuungsgericht angeordnet (§ 1896 Abs. 1 BGB) und auf die Aufgabenkreise beschränkt, für die eine Betreuung erforderlich ist (§ 1896 Abs. 2 BGB).

8. Eingetragene Lebenspartnerschaft

Eheähnliche Alternative für gleichgeschlechtliche Paare

Nach heftigen ideologischen Kontroversen hat der Deutsche Bundestag im Jahr 2001 die rechtliche Diskriminierung homosexueller Paare, die sich in vielfältigen Lebensbereichen auswirkte, weitgehend aufgehoben. Am 1. August 2001 trat das **Lebenspartnerschaftsgesetz (LPartG)** in Kraft, das gleichgeschlechtlichen Paaren ein eheähnliches Rechtsinstitut, die Lebenspartnerschaft, verschafft. Die Rechtswirkungen sind denen der Ehe angenähert.

Rechtsfolgen der Lebenspartnerschaft

Eine Lebenspartnerschaft ist ebenso auf Lebenszeit angelegt (§ 1 Abs. 1 LPartG); sie ist von einer Behörde zu dokumentieren; sie verpflichtet zur partnerschaftlichen Lebensgemeinschaft (§ 2 LPartG); es entstehen gegenseitige Unterhaltspflichten (§§ 5, 12, 16 LPartG); die Lebenspartner können einen gemeinsamen Namen führen (§ 3 LPartG); sie können einen Güterstand vereinbaren (§ 6 LPartG).

Die Lebenspartnerschaft kann, vergleichbar einer Ehescheidung, nur durch ein gerichtliches Urteil aufgehoben werden (§ 15 LPartG).

II. Ehe und Familie im Grundgesetz

Schutzwirkung

Wenn die Familie als „Urzelle des Staates" betrachtet wird, muss sich der Staat auch für den Schutz und die Förderung der Familie aktiv engagieren. So sind Ehe und Familie im Grundgesetz verankert und geschützt (Art. 6 GG). Diese Grundrechtsnorm ist weder durch einen Gesetzesvorbehalt noch auf andere Weise eingeschränkt.[3] Der staatliche Schutz von Ehe und Familie wird vorwiegend durch die Rechtsprechung des Bundesverfassungsgerichts geprägt.

Art. 6 GG entfaltet drei prägende verfassungsrechtliche Konsequenzen:

1. Art. 6 Abs. 1 GG als Freiheitsrecht

Schutz der Privatsphäre

Als **Freiheitsrecht** schützt Art. 6 Abs. 1 GG den Privatbereich von Ehe und Familie vor negativen Eingriffen des Staates. Dem Individuum wird ein **Abwehrrecht gegen Maßnahmen von Gesetzgebung und Behörden,** die sich gegen den Bestand von Ehe und Familie richten, gewährt.[4] Der Staat muss die Autonomie und Selbstverwirklichung der Familie sichern und fördern. Er darf das private Zusammenleben innerhalb der Familie nicht regeln. So sind die Ehepartner frei in ihrer Entscheidung, wer sich in welchem Umfang dem Haushalt oder einer Berufstätigkeit widmet.[5]

3 Schlüter, BGB-Familienrecht, 2012 Rn. 2.
4 Schlüter, a.a.O. Rn. 3; BVerfGE 33, 236, 238.
5 BVerfGE 68, 256, 268.

2. Instituts- oder Einrichtungsgarantie des Art. 6 GG

Recht zur Gründung einer Familie

Art. 6 GG als Instituts- oder Einrichtungsgarantie will die Einrichtung der **bürgerlichen Ehe** und die aus Eltern und Kindern bestehende Familie gewährleisten. Das Bundesverfassungsgericht hat dargelegt, dass zur Familie die Stief-, Adoptiv- und Pflegekinder sowie nichteheliche Kinder gehören.[6] Das Bild, das das Bundesverfassungsgericht einer Ehe zugrunde legt, orientiert sich an der bürgerlichen Ehe. Hier gewährt Art. 6 Abs. 1 GG eine Institutsgarantie, der folgende Prinzipien zugrunde liegen:

Kernbereich von Ehe und Familie

- Freier Entschluss zur Eheschließung;
- Geschlechtsverschiedenheit;
- Monogamie;
- lebenslange Dauer;
- grundsätzliche, nicht absolute Unauflösbarkeit;
- Lebensgemeinschaft;
- Partnerschaft und Gleichberechtigung;
- Fürsorge-, Treue- und Beistandspflicht gegenüber Ehegatten und Kindern.[7]

Proteste gegen Eheschließungsverbot für Homosexuelle bringt Lebenspartnerschaftsgesetz hervor

Als Beispiel für das recht konservative Verständnis des Bundesverfassungsgerichts von der bürgerlichen Ehe mag die Kampagne der Homosexuellen-Verbände dienen, die vor Inkrafttreten des Lebenspartnerschaftsgesetzes im Jahre 2001 dafür eingetreten sind, ebenso für homosexuelle Partner die Eheschließung zuzulassen. Damals machten sie geltend, durch Verbot der Eheschließung würden Homosexuelle diskriminiert. Zahlreiche Homosexuelle forderten so den Zugang zum Institut der Ehe. Einige von ihnen beantragten bei den örtlichen Standesämtern, das Aufgebot zu bestellen. Sämtliche deutschen Standesämter lehnten die Trauung ab. Daraufhin reichten einige Paare Klage ein, und ein Paar zog mit einer Verfassungsbeschwerde vor das Bundesverfassungsgericht.

Wie nicht anders zu erwarten war, wies das Bundesverfassungsgericht 1993[8] die Verfassungsbeschwerde zurück. Das Gericht habe in ständiger Rechtsprechung bestätigt, dass die Ehe nach Art. 6 Abs. 1 GG die Vereinigung von Mann und Frau zu einer Lebensgemeinschaft sei. Keine Anhaltspunkte seien für einen grundlegenden Wandel des Eheverständnisses erkennbar. Der Geschlechtsverschiedenheit der Ehepartner käme auch weiterhin eine prägende Bedeutung zu. Gleichzeitig jedoch erkannten die Hüter der Verfassung eine Schlechterstellung homosexueller Paare im Vergleich zu Ehepaaren. Elegant konstruierte das Bundesverfassungsgericht

6 BVerfG 24, 119, 135.
7 Vgl. Schlüter, BGB Familienrecht, 2012, Rn. 4.
8 BVerfG in FamRZ 1993, 1419.

eine Brücke zum später in Kraft getretenen Lebenspartnerschaftsgesetz, das ohne den Begriff „Gleichgeschlechtliche Ehe" zu bemühen, homosexuellen Paaren ähnliche Rechte wie Ehepaaren zugesteht.

3. Wertentscheidende Grundsatznorm

Förderungsgebot zum Schutz der Ehe

In seiner Funktion als wertentscheidende Grundsatznorm ist Art. 6 GG bei der Auslegung von Generalklauseln und unbestimmten Rechtsbegriffen zugrunde zu legen. Daraus folgt ein **Schädigungs- oder Benachteiligungsverbot gegenüber der Ehe**.[9] Es sind solche Gesetze verfassungswidrig, die beispielsweise zu einer höheren steuerlichen Belastung von Ehegatten oder Familienmitgliedern im Vergleich zu anderen Staatsbürgern führen.

4. Das elterliche Erziehungsrecht nach Art. 6 Abs. 2 und 3 GG

Erziehungsprimat ist natürliches Recht der Eltern

Wegen seiner besonderen sozialen Bedeutung ist das **„Elternrecht"** durch Art. 6 Abs. 2 und 3 GG als Grundrecht geschützt. Der Text des Grundgesetzes stellt klar, dass das elterliche Erziehungsrecht als natürliches Recht der Eltern gilt und von dem Staat weitestgehend toleriert wird. Art. 6 Abs. 2 und 3 GG konkretisieren und begrenzen den Freiheitsraum der Eltern bei der Erziehung. Auch Art. 6 Abs. 2 GG begründet als Individualgrundrecht im klassischen Sinn ein Abwehrrecht, das jedem Elternteil nicht nur gegenüber der Verwaltung sondern auch gegenüber dem Gesetzgeber und der Rechtsprechung zusteht.[10]

Rechtsprechung: Elterliches Erziehungsrecht und Schulpflicht

In einem vom Bundesgerichtshof[11] im Jahr 2007 entschiedenen Fall hatte sich ein Ehepaar, das als Spätaussiedler und gläubige Baptisten nach Deutschland gekommen war, geweigert, seine zwei ältesten Kinder zur Grundschule zu schicken.

Sie würden künftig ihre Kinder Zuhause unterrichten, da die Erziehung und Bildung ihrer Kinder in der öffentlichen Grundschule mit ihren Glaubensvorstellungen nicht vereinbar seien.

Gespräche mit Schulleitung, Bezirksregierung und Integrationsbeauftragten führten ebenso wenig wie die rechtskräftige Verurteilung zu einer Geldbuße wegen Verstoßes gegen das Schulgesetz NRW dazu, dass die Eltern die Kinder zur Grundschule schickten.

9 Siehe Schlüter, a.a.O., 2012 Rn. 5.
10 Weiterführend Schlüter, a.a.O., 2012 Rn. 6.
11 BGH in FuR 2008, S. 99 ff.

> Das Amtsgericht entzog daraufhin den Eltern die elterliche Sorge in Schulangelegenheiten sowie das Aufenthaltsbestimmungsrecht und übertrug diese mit der Maßgabe, dass im Falle einer Fremdunterbringung die Kinder in einer baptistischen Pflegefamilie untergebracht werden sollten, auf einen Pfleger.
>
> Die hiergegen gerichtete Beschwerde des Ehepaares wies das Oberlandesgericht zurück. Die dagegen gerichtete Rechtsbeschwerde wies der Bundesgerichtshof, soweit es den Sorgerechtsentzug angeht, mit folgender Begründung zurück:
>
> Es sei richtig, dass die beharrliche Weigerung der Eltern, ihre Kinder in die öffentliche Grundschule zu schicken, sich als Missbrauch der elterlichen Sorge darstelle, der das Wohl der Kinder nachhaltig gefährde und Maßnahmen des Familiengerichts nach den §§ 1666, 1666a BGB erfordere.
>
> Verfassungsrechtliche Bedenken bestünden weder gegen die Schulpflicht im Allgemeinen noch gegen die familiengerichtlichen Maßnahmen, mit denen die Schulpflicht nach Maßgabe der §§ 1666,1666a BGB durchgesetzt werden sollte.
>
> Ausdrücklich verweise man auf die vom Oberlandesgericht wiedergegebene Rechtssprechung des Bundesverfassungsgerichts, wonach die Eltern auch dann nicht berechtigt sind, ihre Kinder der Schulpflicht zu entziehen, wenn einzelne Lehrinhalte oder -methoden der Schule den Glaubensüberzeugungen der Eltern entgegenstehen.

Schutzauftrag des Staates zur Sicherstellung des Kindeswohls

Die Entscheidung des Bundesgerichtshofes macht deutlich, wie das elterliche Erziehungsrecht mit dem staatlichen Erziehungsauftrag (Art. 7 GG) kollidiert. Klar werden die Schranken des elterlichen Erziehungsrechts gezogen. Die Verfassung gesteht den Eltern kein uneingeschränktes Erziehungsrecht zu. Das Elternrecht wird als ein **im Interesse des Kindes pflichtgebundenes Recht** verstanden. Der Staat übt ein **„Wächteramt"** über die elterliche Erziehung aus. Dieses Wächteramt wird dem Staat durch Art 6 Abs. 2 GG verliehen. Das staatliche Wächteramt ist in § 1666 BGB und in § 8a SGB VIII – Schutzauftrag des Jugendamtes bei Kindeswohlgefährdung – konkretisiert. Jugendamt und Familiengericht haben die notwendigen Maßnahmen zu ergreifen, wenn das Wohl eines Kindes gefährdet wird. In den letzten Jahren sind einige dramatische Fälle bekannt geworden, in denen der **staatliche Schutzauftrag gegenüber gefährdeten Kindern** nicht ausreichend wahrgenommen wurde, und es zum Tod dieser Kinder kam. Eine Konsequenz dieser Misere ist das im Jahr 2008 in Kraft getretene **Gesetz zur Erleichterung familiengerichtlicher Maßnahmen bei Gefährdung des Kindeswohls**. Außerdem wurden zahlreiche Jugendämter mit zusätzlichen Mitarbeitern ausgestattet, um den Schutz vor Missbrauch der elterlichen Sorge effektiver ausüben zu können.

5. Religionsfreiheit und Kindeswohl – Die Beschneidung von Jungen

Das Urteil des LG Köln

Im Jahr 2012 sorgte ein Urteil des Landgerichts Köln zur Beschneidung eines islamischen Jungen für Aufsehen in den Medien und Empörung bei islamischen und jüdischen Gemeinden in Deutschland. Ein vierjähriger Junge war von einem Arzt in Köln aus religiösen Gründen am Penis beschnitten worden. Es kam zu medizinischen Komplikationen. Die Staatsanwaltschaft erhob Anklage wegen gefährlicher Körperverletzung.

Die Strafkammer des Landgerichts Köln erkannte zwar keinen Behandlungsfehler, kam jedoch zur Auffassung, die religiös motivierte Beschneidung sei strafrechtlich eine einfache Körperverletzung, die nicht durch die Einwilligung der Eltern gerechtfertigt werde. **Religionsfreiheit und Erziehungsrecht dürften nicht über dem Wohl des Kindes stehen.** Die Beschneidung sei nicht zum Wohle des Kindes und verändere den Körper dauerhaft. Dennoch sprach die Kammer den Arzt frei, da dieser sich wegen der unklaren Rechtslage in einem „unvermeidbaren Verbotsirrtum“[12] befunden habe. Er ging von einem rechtmäßigen Eingriff aus.[13]

Zur Vorgeschichte

Der Fall Khan

Die gebürtige Tunesierin Sari kommt im November 2010 in Begleitung ihrer beiden Kinder, Tochter Aliya (2 Jahre) und Sohn Ilan (4 Jahre), aus Sachsen nach Köln. Anlass ihrer Reise ist die Beschneidung des Sohnes Ilan.[14]

In der islamistischen Welt ist die Beschneidung (das Entfernen der Vorhaut am männlichen Glied) fest verankert, allerdings im Koran selbst nicht festgeschrieben. Als Begründung wird häufig die Hadith[15] Nr. 5890 benannt:

„Zur Fitra[16] gehören fünf Dinge: Die Beschneidung, das Abrasieren der Schamhaare, das Kurzschneiden des Schnurrbarts, das Schneiden der (Finger- und Fuß-) Nägel und das Auszupfen der Achselhaare.“[17]

Wegen der traditionellen Verpflichtung werden nicht beschnittene Männer in islamischen Ländern teilweise verachtet. Frauen empfinden Sex mit solchen Männern als abstoßend. Islamische Parteien sponsern Massenbeschneidungen in ärmeren Gebieten.[18]

12 Landgericht Köln und Amtsgericht Köln (2012).
13 Siehe Landgericht Köln und Amtsgericht Köln (2012).
14 Siehe Eppelsheim, Phillip (2012) 2.
15 Einer der gesammelten Aussprüche, die dem Propheten Mohammed zugeschrieben werden und die neben dem Koran die wichtigste Quelle für die religiösen Vorschriften im Islam sind.
16 Schöpfung.
17 Mulch, Klaus und Born, Reinhard (2013), Beschneidungen, Kap. 5.
18 Siehe Mulch, Klaus und Born, Reinhard (2013), a.a.O.

Auf Empfehlung entschied sich Sari, die Beschneidung ihres Sohnes bei Dr. Khan, geboren in Syrien und als Allgemeinmediziner zugelassen in Köln, durchführen zu lassen. Der Eingriff erfolgte unter lokaler Betäubung in Dr. Khans Praxis. Die Vorhaut wurde mit einem Skalpell abgetrennt, die entstandene Wunde mit vier Stichen genäht. Eine Geldleistung verlangte Dr. Khan nicht.

An Nebenwirkungen können Sekretionen, Ödeme und Wundinfektionen auftreten.[19] Am nächsten Tag wurde der blutende Ilan in die Notaufnahme der Uni-Klinik Köln gebracht. Dort wurde Ilan erneu operiert. Die Blase war Urin gefüllt. Unter Vollnarkose fand ein Verbandwechsel statt. Die Penishaut sei zu kurz abgetrennt wurden und die Penisoberfläche sowie die Eichel seien „uneben, zerfressen und fibrinös[20] belegt".[21] Die Polizei wurde wegen Verdacht auf Kindeswohlgefährdung informiert.

Amtsgericht Köln: Dr. Khan wurde wegen gefährlicher Körperverletzung (§ 224 StGB) von der Staatsanwaltschaft Köln angeklagt.[22] Laut Pressemitteilung des Land- und Amtsgerichts Köln lag folgender Sachverhalt zu Grunde: „Im November 2010 hatte der Angeklagte [...] fachlich einwandfrei die Beschneidung eines vierjährigen Jungen durchgeführt, ohne dass eine medizinische Indikation vorlag. Die Eltern des Kindes, die dem islamistischen Glauben angehören, hatten zuvor eine entsprechende Einwilligung erteilt."[23]

Die Verhandlung am Amtsgericht Köln endete mit einem Freispruch.[24] Begründet wurde das Urteil mit der vorliegenden elterlichen Einwilligung. Ohne Beschneidung würde der Junge stigmatisiert. Dies würde konträr zum Kindeswohl stehen.[25]

Berufung: Gegen den Freispruch legte die Staatsanwaltschaft Berufung ein. Dem Wohl des Kindes würde es entsprechen, wenn „ihm die Körperverletzung, die [...] Angst, der Vertrauensverlust und die Schmerzen erspart bleiben."[26] Jungen sollten selbst entscheiden können, ob sie einer rituellen Beschneidung zustimmen, wenn sie ein einsichtsfähiges Alter erreicht haben.

Urteil Landgericht Köln: Die Strafkammer traf trotz ihres Freispruchs folgende Feststellungen: Unabhängig vom Willen der Eltern oder religiöser Tradition sei es in Deutschland verboten, ein Körperteil zu entfernen oder ein Kind ohne medizinische Relevanz zu verletzten. Die körperliche Unversehrtheit des Kindes als Grund- und Menschenrecht sei in jedem Falle über das Recht der Eltern oder einer Religionsgemeinschaft zu setzen, insbesondere dann, wenn ein bleibender Schaden entstehe. Das

19 Eppelsheim, Phillip (2012), S. 3.
20 Krankhafte Ausscheidungen.
21 Eppelsheim, Phillip (2012), S. 3 f.
22 Siehe Eppelsheim, Phillip (2012), S. 4.
23 Landgericht Köln und Amtsgericht Köln (2012).
24 Siehe Eppelsheim, Phillip (2012), S. 4.
25 Siehe Landgericht Köln und Amtsgericht Köln (2012).
26 Eppelsheim, Phillip (2012), S. 4.

natürliche Erziehungsrecht dürfe ausschließlich dem Wohle des Kindes dienen. Die Beschneidung, die medizinisch nicht notwendig ist, stehe dem Wohle des Kindes gegenüber und sei trotz Einwilligung der Eltern strafbar. Darüber hinaus stellt das Gericht fest, dass die religiöse Beschneidung, das Aufzwingen eines „religiösen Symbols", die Religionsfreiheit des Kindes einschränke. Es könne sich nicht bewusst für oder gegen eine Religionszugehörigkeit entscheiden. Das Gericht sehe es daher als zumutbar an, dass Eltern die bewusste Entscheidung ihres Jungen abwarten.[27]

Reaktion von islamischen und jüdischen Gemeinden

Besonders betroffen von dem Urteil sind diejenigen Religionsgemeinschaften, die die Beschneidung als feste Tradition ihres Glaubens ansehen. Wie bereits beschrieben, stellt die Beschneidung im Islam einen verpflichtenden Akt dar, der bei Nichtbeachtung zu Stigmatisierung und Ausgrenzung führen kann. Anders als im Islam ist die Beschneidung im Judentum als zentrales Gebot in der Tora festgeschrieben. Die Beschneidung findet am 8. Tag nach der Geburt des Jungen statt. Die Zeremonie dient als Aufnahmeritus in den Bund Gottes.

Es ist nicht verwunderlich, dass die Anhänger der beiden Glaubensgemeinschaften mit einer Welle der Empörung reagierten. So sehe die Konferenz der Europäischen Rabbiner das Urteil als den „schwersten Angriff auf das jüdische Leben in Deutschland seit dem Holocaust."[28] Die Anhänger würden in die Illegalität gedrängt, so Graumann, der Präsident des Jüdischen Zentralrates. Man müsse es nicht verstehen oder billigen, aber respektieren und tolerieren.[29]

Auch die Anhänger des Islam sehen das Urteil als Diskriminierung und Hemmung der Integration an, so Ali Demir Vorsitzender der Religionsgemeinschaft Islam zum *Spiegel*. Er gehe davon aus, dass es zu einer Zunahme des Beschneidungstourismus in Nachbarländer käme.[30]

Gesetzgebung

Der Deutsche Bundestag unterstrich mit seinem Beschluss vom 19. Juli 2012, dass „jüdisches und muslimisches religiöses Leben in Deutschland weiterhin möglich sein müsse."[31] Infolgedessen forderte das Parlament die Bundesregierung auf, **„unter Berücksichtigung der grundgesetzlich geschützten Rechtsgüter des Kindeswohls, der körperlichen Unversehrtheit** (Art. 2 GG), **der Religionsfreiheit** (Artikel 4 Abs. 1,2 GG) **und des Rechts der Eltern auf Erziehung** (Art. 6 Abs. 2 Satz 1 GG) **einen Gesetzesentwurf vorzulegen, der sicherstellt, dass eine medizinisch fachgerechte Beschneidung von Jungen ohne unnötige Schmerzen grundsätzlich zulässig ist."**[32]

Das Grundrecht der Eltern zur Pflege und Erziehung ihrer Kinder (Art. 6 Abs. 2 GG) verleiht Eltern gleich welcher Herkunft die Freiheit, Erziehung,

27 Siehe Meike Beier und Mario Lichtenheldt (2012), S. 1.
28 Süddeutsche Zeitung (2012).
29 Siehe Graumann, Dieter (2012).
30 Siehe Der Spiegel (2012).
31 BT-Drucksache 17/10331, S. 4.
32 BT-Drucksache 17/10331, S. 1.

Glauben und Weltanschauung ihrer Kinder ohne staatliche Eingriffe selbstbestimmt zu gestalten. Die Glaubensfreiheit (Art. 4 Abs. 1, 2 GG) umfasst nicht nur die Wahl einer Religionszugehörigkeit, sondern auch die Teilhabe an deren Glaubensüberzeugungen. Das Recht der Eltern auf Pflege und Erziehung schließt nicht nur ein Recht sondern auch eine dementsprechende Pflicht ein. Das Kindeswohl muss stets oberste Prämisse sein. Der Staat besitzt ausschließlich die Funktion eines Wächters (Art. 6 Abs. 2 Satz 2 GG); er muss die Erziehung der Eltern achten und darf nicht in die Entwicklung des Kindes gegen den Willen der Eltern eingreifen. Darüber hinaus steht dem Kind ein eigenes Recht auf Entfaltung seiner Persönlichkeit zu (Art. 1 Abs. 1 und Art. 2 GG) sowie grundrechtlichen Schutz der Religionsfreiheit und der körperlichen Unversehrtheit. Die Rechtsbefugnisse des Elternrechts werden mit zunehmender Selbstbestimmungsfähigkeit des Kindes supprimiert und erlöschen mit dessen Volljährigkeit.[33]

Der neue § 1631d BGB

Um die Rechtsunsicherheit zu beenden, entschied sich der Gesetzgeber für eine Regelung im Recht der elterlichen Sorge durch **Einführung des § 1631d BGB**. Dort lautet es sinngemäß: Die Eltern sind befugt, in eine medizinisch nicht erforderliche Beschneidung eines Jungen einzuwilligen, wenn diese nach den Regeln der ärztlichen Kunst durchgeführt wird. Das Kindeswohl darf nicht gefährdet werden. In den ersten sechs Monaten nach Geburt darf die Beschneidung auch von einem qualifizierten Beauftragten der Religionsgesellschaft, der nicht Arzt ist, vorgenommen werden.[34]

33 BT-Drucksache 17/10331, S. 14/15.
34 BT-Drucksache 17/10331, S. 3.

1. Teil Eltern – Kinder – Familie

Diskriminierung „illegitimer" Kinder

Jahrhundertelang haben die europäischen Rechtsordnungen, beeinflusst vom **Römischen Recht,** zwischen „legitimen und illegitimen" Kindern unterschieden und die „Illegitimen" diskriminiert. Auch das **Bürgerliche Gesetzbuch,** das nach der Schaffung des 2. Deutschen Reiches 1871 die Vereinheitlichung der Rechte der deutschen Staaten zum 1.1.1900 bewerkstelligte, ging noch selbstverständlich davon aus, dass Kinder lediger Mütter rechtlich anders behandelt werden müssten als die in einer Ehe geborenen.

Forderung nach Gleichstellung

Jedoch schon die **Weimarer Verfassung** von 1919 forderte in ihrem Art. 121: „Den unehelichen Kindern sind durch die Gesetzgebung die gleichen Bedingungen für ihre leibliche, seelische *und gesellschaftliche Entwicklung* zu schaffen wie den ehelichen Kindern". Allerdings veränderte sich trotz dieses Postulats wenig. Das **RJWG** von 1922 schaffte es lediglich, die unehelichen Kinder besser zu schützen, indem es die gesetzliche Amtspflegschaft der Jugendämter für uneheliche Kinder einführte.

1. Gesetz zur Gleichstellung

Das **Bonner Grundgesetz** (GG) von 1949 nahm das Ziel der Gleichbehandlung beider Kindergruppen wieder auf und formulierte in Art. 6 V: *„Den unehelichen Kindern sind durch die Gesetzgebung die gleichen Bedingungen für ihre leibliche und seelische Entwicklung und ihre Stellung in der Gesellschaft zu schaffen wie den ehelichen"*.

Reform des Nichtehelichenrechts

Mit der **Reform des Nichtehelichenrechts,** das zum 1.7.1970 in Kraft trat, wurde zumindest die juristische Lüge, dass uneheliche Kinder nicht mit ihren Vätern verwandt seien, aufgegeben. Im Übrigen erhielt die Mutter zwar grundsätzlich das Sorgerecht, aber das Jugendamt blieb zur Regelung der Rechtsbeziehung Kind – Vater gesetzlicher Amtspfleger.

Vollwertige Gleichstellung

Es sollten noch einmal genau 28 Jahre vergehen, bis Deutschland mit dem **Kindschaftsrechtsreformgesetz,** das am 1.7.1998 in Kraft trat, endlich den Anschluss an die europäische Rechtsentwicklung erreichte und aus ehelichen und nichtehelichen Kindern nur noch Kinder machte, die vollwertige Rechtsbeziehungen zu einer Mutter und einem Vater haben, und Eltern schuf, die in eigener Verantwortung die Rechtsbeziehungen zu ihren Kindern gestalten.[1]

I. Abstammungsrecht

1. Entwicklung des Abstammungsrechts

Überarbeitung des Abstammungsrechts

Das Abstammungsrecht wurde mit der Kindschaftsrechtsreform 1998 komplett revidiert. Als wesentliche Änderung wurde die Unterscheidung zwischen ehelicher Abstammung und nichtehelicher Abstammung und die daraus resultierenden Statusmerkmale „Ehelichkeit" und „Nichtehelichkeit" aufgegeben. Die Differenzierung für die Zurechnung der Vaterschaft

1 Nach Oberloskamp/Marx, Kindschaftsrechtliche Fälle, 2006, S. 18.

für Kinder, deren Eltern verheiratet sind und für Kinder, deren Eltern nicht verheiratet sind, wurde beibehalten.

Minimierung der Anfechtungsprozesse

Lebensfremde Vaterschaftszurechnungen des alten Abstammungsrechts wurden im neuen Kindschaftsrecht eliminiert. Ein Kind, das nach der Scheidung seiner Eltern geboren wird, wird nicht mehr dem Ex-Ehemann der Mutter zugerechnet. Damit wird eine Vielzahl kostenträchtiger Anfechtungsprozesse vermieden.

Modifizierung des Abstammungsrechts

Gesetzesänderungen 2008: Der Gesetzgeber sah sich veranlasst, im Jahr 2008 das Abstammungsrecht in Teilbereichen der gesellschaftlichen Realität sowie den Vorgaben des Bundesverfassungsgerichts anzupassen. Es wurde ermöglicht, die **genetische Abstammung eines Kindes unabhängig von der Anfechtung der Vaterschaft feststellen** zu lassen. Heimliche private Vaterschaftstests, die gegen das Recht auf informationelle Selbstbestimmung verstoßen,[2] wurden dadurch überflüssig. Das **Gesetz zur Klärung der Vaterschaft unabhängig vom Anfechtungsverfahren** trat am 1.4.2008 in Kraft.

Behördliches Anfechtungsrecht verfassungswidrig

Mit dem **Gesetz zur Ergänzung des Rechts zur Anfechtung der Vaterschaft** von 2008 wurde **Behörden ein Anfechtungsrecht verliehen, um unwahre Vaterschaftsanerkennungen zu** vermeiden, die dazu dienen, dem Kind bzw. der Mutter in Deutschland einen Aufenthaltsstatus zu verschaffen. **Das Bundesverfassungsgericht hat nun den § 1600 Abs. 1 Nr. 5 BGB in einer Entscheidung vom 17.12.2013[3] für verfassungswidrig erklärt.** Der Zweck, Missbrauch zu verhindern, sei zwar legitim, de facto erfolge jedoch eine Entziehung der Staatsangehörigkeit, die nach Art. 16 GG nicht zulässig sei. Ebenso würden von der zu weit gefassten Vorschrift Fälle erfasst, die nicht der Erlangung einer Aufenthaltserlaubnis oder der deutschen Staatsangehörigkeit dienten, womit ein Verstoß gegen Art. 6 GG vorliege. § 1600 Abs. 1 Nr. 5 BGB ist somit nichtig.

Rechtliche Akzeptanz intersexueller Menschen

Nahezu unbemerkt hat das deutsche Recht 2013 eine fundamentale Änderung des Personenstandsrechts eingeführt. Neben den Geschlechtern „Mann" und „Frau" wird künftig akzeptiert, dass es **intersexuelle Menschen** mit nicht eindeutigen körperlichen Geschlechtsmerkmalen gibt. In § 22 Abs. 3 PStG heißt es seit November 2013: *„Kann das Kind weder dem weiblichen noch dem männlichen Geschlecht zugeordnet werden, so ist der Personenstandsfall ohne eine solche Angabe in das Geburtenregister einzutragen"*. Bezeichnet wird dieses Phänomen als **„unbestimmtes Geschlecht"** oder englisch „gender gap". Eine intersexuelle Person kann sich später für ein Geschlecht entscheiden und einen entsprechenden Eintrag vornehmen lassen oder auf eine Zuordnung verzichten. Dem Gesetzgeber wird vorgeworfen, die Konsequenzen nicht vollständig durchdacht zu haben.[4]

2 BVerfG in FamRZ 2007, S. 441.
3 NJW 2014, S. 1364.
4 Vgl. Sieberichs, Das unbestimmte Geschlecht, in: FamRZ 2013, S. 1180, 1184.

Fall: Horst Winter – Grundlagen des Abstammungsrechts

Horst Winter ist seit 5 Jahren in Strafhaft. Er hat eine 7-jährige Haftstrafe wegen verschiedener Raubüberfälle auf Sparkassen zu verbüßen. Es ist wahrscheinlich, dass er Anfang nächsten Jahres vorzeitig entlassen und sein Strafrest zur Bewährung ausgesetzt wird.

Horst Winter ist seit neun Jahren mit Erika Winter verheiratet. Seine Frau hat ihn in den ersten zwei bzw. drei Jahren nach Strafantritt regelmäßig besucht. Später wurden die Besuche sporadischer. Die Besuche fanden in einem überwachten Besucherraum statt und dauerten in der Regel nicht länger als eine Stunde.

Am 12. Januar diesen Jahres hat Erika Winter ihre Tochter Viola geboren. Horst Winter erklärt, dass er nicht der Vater von Viola sein kann. Von einem Freund hat er erfahren, dass Erika schon seit längerem einen festen Partner habe, dessen Name Udo Kahlbach sei. Dies sei wohl auch der Grund, weshalb sie ihn in den letzten zwei Jahren nicht mehr regelmäßig besuchte. Er nimmt an, dass Erika so auch die Schwangerschaft vor ihm verbergen wollte.

Inzwischen hat Erika gegenüber Horst die Beziehung zu Udo gestanden. Sie will auch nach der Entlassung von Horst mit Udo und ihrer Tochter Viola zusammenleben. Horst Winter will nunmehr Scheidungsklage einreichen. Er befürchtet, zu Unterhaltszahlungen für Viola herangezogen zu werden, wenn er nach seiner Entlassung eine Arbeitsstelle findet. Das käme nicht in Frage, denn er sei schließlich nicht der Vater von Viola. Er bittet um Rechtsrat:

1. *Welches Verwandtschaftsverhältnis besteht zwischen Horst Winter und Viola?*
2. *Was kann Horst Winter unternehmen, um von der Pflicht zu Unterhaltsleistungen befreit zu werden?*
3. *Welche Beweise müssen erbracht werden, um die Vaterschaft zu lösen?*
4. *Welche Fristen müssen von Horst Winter beachtet werden?*

Variante 1: Viola wird geboren, nachdem Horst Winter Scheidungsklage eingereicht hat. Bei Geburt war das Scheidungsurteil jedoch noch nicht ausgesprochen.

Variante 2: Viola wird ein halbes Jahr nach dem Scheidungsurteil geboren.

2. Mutterschaft

Definition: Mutterschaft

Als Mutter eines Kindes wird die Frau definiert, die das Kind geboren hat (§ 1591 BGB). Diese gesetzliche Weichenstellung hat Bedeutung bei Kindern, die durch die moderne Fortpflanzungsmedizin gezeugt wurden. Nicht die genetische Mutter, also die Mutter, die das Ei oder den Embryo zur Verfügung gestellt hat, gilt als Mutter des Kindes, sondern die Mutter, die das Kind ausgetragen hat, also in einem solchen Fall der **gespaltenen Mutterschaft** die Leihmutter. Es wird an der psychosozialen Bindung des Kindes an die Frau, die das Kind ausgetragen hat, angesetzt. Mit den familienrechtlichen Konsequenzen künstlicher Befruchtung werden wir uns an späterer Stelle beschäftigen.

3. Vaterschaft

Definition: Vaterschaft

Die gesetzliche Definition der Vaterschaft ist in § 1592 BGB aufgeführt.

Vater eines Kindes ist der Mann,

- **der bei der Geburt mit der Mutter des Kindes verheiratet ist (§ 1592 Nr. 1),**
- **der die Vaterschaft anerkannt hat (§ 1592 Nr. 2),**
- **dessen Vaterschaft gerichtlich festgestellt ist (§ 1592 Nr. 3)**

Für den Fall Horst Winter bedeutet dies, dass ein während bestehender Ehe geborenes Kind dem Ehemann der Mutter zuzurechnen ist. Es spielt dabei keine Rolle, ob die Ehe nur formal auf dem Papier existiert und gar nicht gelebt wird. Auch wenn es kaum objektiv möglich erscheint, dass Horst Winter während seiner Strafhaft Viola gezeugt hat, steht die Rechtssicherheit des Kindes im Vordergrund. Viola gilt somit als das Kind von Horst Winter.

Damit orientiert sich der Gesetzgeber an der objektiv feststellbaren Dokumentenlage und nicht an der schwierig nachweisbaren tatsächlichen Lebensgemeinschaft.

4. Anfechtung der Vaterschaft

Anfechtungsberechtigte

Die Vaterschaftsanfechtung ist ein förmliches Klageverfahren beim Familiengericht (§ 1600 BGB), das der Scheinvater betreiben kann, aber auch die Mutter oder das Kind. Wenn das Kind noch minderjährig ist, wird es durch seinen gesetzlichen Vertreter repräsentiert (§1600a Abs. 3 BGB). Die Anfechtung erfolgt durch **Klage vor dem Familiengericht** (§ 169 Nr. 4 FamFG, § 1600 Abs. 1 BGB).

a. Anfechtungsrecht biologischer Väter

Anfechtung der Vaterschaft durch leibliche Väter

Seit dem Jahr 2004 hat ebenso der **leibliche (nicht rechtliche) Väter ein eigenes Anfechtungsrecht** der Vaterschaft, wenn er als Vater in Betracht kommt, zwischen dem rechtlichen Vater und dem Kind keine sozial-familiäre Beziehung besteht oder im Zeitpunkt des Todes bestanden hat. Außerdem muss der Mann an Eides statt versichern, der Mutter während der Empfängniszeit beigewohnt zu haben (§ 1600 Abs. 1 Nr. 2 BGB). Dieses Anfechtungsrecht leiblicher Väter basiert auf einer Entscheidung des Bundesverfassungsgerichts[5] und wurde durch Gesetz am 30.4.2004 umgesetzt.[6]

b. Behördliches Anfechtungsrecht

Die Befugnis einer **Behörde, bei missbräuchlicher Vaterschaftsanerkennung** ein Vaterschaftsanfechtungsverfahren durchzuführen (§ 1600 Abs. 1 Nr. 5 BGB), hat das Bundesverfassungsgericht mit Beschluss vom 17.12.2013 für verfassungswidrig und nichtig erklärt (vgl. oben I.1., Seite 36).[7]

c. Beweislage

Abstammungsvermutung zum Schutz des Kindes

Was die **Beweislast und die Beweislage** anbetrifft, stellt der Gesetzgeber zugunsten des Kindes eine sogenannte **Abstammungsvermutung** auf (§ 1600c BGB).

Diese Abstammungsvermutung trifft zu, wenn die Mutter mit dem Vater des Kindes verheiratet ist, wenn eine freiwillige Anerkennung der Vaterschaft besteht oder wenn die Vaterschaft gerichtlich festgestellt wurde.

Bei der Klärung der Abstammungsfrage steht das Kindeswohl im Vordergrund. Eine übereinstimmende Erklärung der Mutter und des Ehemannes der Mutter reichen nicht aus, um die Abstammungsvermutung objektiv zu entkräften. Das Familiengericht muss sich davon überzeugt haben, dass die Vaterschaft des Ehemannes offenbar unmöglich ist.

In unserem Fall kann sich Horst Winter von seiner Vaterschaft und damit auch von Unterhaltsverpflichtungen nur befreien, wenn er die Vaterschaft anficht. Ihn trifft die volle Beweislast; er muss den negativen Vaterschaftsbeweis führen.

d. Abstammungsgutachten

Richtlinien für Abstammungsgutachten

Der negative Vaterschaftsbeweis wird in der Regel durch naturwissenschaftliche Gutachten geführt. Die aktuelle **Richtlinie der Gendiagnostik-Kommission (GEKO) zur Abstammungsbegutachtung vom 26.7.2012** ist im Bundesgesundheitsblatt veröffentlicht.[8] Die ausschließliche DNA-Begutachtung ohne klassische Blutgruppengutachten wird als ausreichend angesehen.[9]

5 BVerfG in FamRZ 2003, 816.

6 BGBl. 2004 I S. 598.

7 BVerfG in NJW 2014, S. 1364.

8 Richtlinie der Gendiagnostik-Kommission (GEKO) für die Anforderungen an die Durchführung genetischer Analysen zur Klärung der Abstammung und an die Qualifikation von ärztlichen und nichtärztlichen Sachverständigen gem. § 23 Abs. 2 Nr. 4 und Nr. 2b GenDG, in: Bundesgesundheitsblatt, 2013, 169 ff.

9 Orgis, Neue Richtlinien für die Erstattung von Abstammungsgutachten und die Konsequenzen für den Kindschaftsprozess, in: FamRZ 2002, S. 1157.

Genanalyse durch geringe DNA-Mengen

Mittlerweile reichen geringste DNA-Mengen. Blut als Ausgangsmaterial ist nicht erforderlich. Schleimhaut, Knochen, Haare mit Wurzeln genügen zur Genanalyse. Allerdings verlangen die Richtlinien weiterhin als **„Regelausgangsmaterial" Blut** und erlauben nur in begründeten Ausnahmefällen einen Mundschleimhautabstrich. Ein Tropfen Blut aus dem Ohrläppchen eines Kindes ist ausreichend. Die Untersuchungsmethode kann schon beim ungeborenen Kind (z.B. bei einer Fruchtwasseranalyse durchgeführt werden. Es muss nicht abgewartet werden, bis das Kind acht Monate alt ist.[10]

Anerkannte Analysemethoden

Folgende **Analysesysteme** sind hinreichend evaluiert, entsprechen dem aktuellen Stand der Wissenschaft und sind von der Richtlinie anerkannt:

a. **Autosomale Mikrosatelliten-Polymorphismen (STR)**

b. **Gonosomale Mikrosatelliten-Polymorphismen (X-, Y-STR)**

c. **Diallele Einzelbasen- oder Insertions-/Deletions-Polymorphismen (SNP / InDel)**

d. **Sequenzpolymorphismen der Hypervariablen Regionen des D-Loops der mitochondrialen DNA**

e. **Restriktions-Fragment-Längen-Polymorphismen (RFLP)**[11]

Die eingesetzten Analyseverfahren müssen eine kombinierte allgemeine Vaterschafts-Ausschluss-Chance von mindestens 99,99 % erreichen.

e. Anfechtungsfrist (§ 1600b BGB)

Anfechtung der Vaterschaft innerhalb einer 2-jährigen Frist

Die Vaterschaft kann nur innerhalb einer Frist von zwei Jahren angefochten werden. Dabei beginnt die Frist mit dem Zeitpunkt, in dem der Mann bzw. der Anfechtungsberechtigte Kenntnis von den Umständen erlangt, die gegen die Vaterschaft sprechen (§1600b Abs. 1 BGB). Frühester Fristbeginn ist die Geburt des Kindes (§1600b Abs. 2 BGB).

Hat der gesetzliche Vertreter des Kindes die Vaterschaft nicht rechtzeitig angefochten, kann das Kind nach dem Eintritt der Volljährigkeit selbst anfechten. Die zweijährige Frist beginnt in diesem Fall nicht vor Eintritt der Volljährigkeit und nicht vor dem Zeitpunkt, in dem das Kind von den Umständen erfährt, die gegen die Vaterschaft sprechen (§ 1600b Abs. 3 BGB).

In unserem Fall beginnt die Anfechtungsfrist von zwei Jahren mit dem Zeitpunkt, in dem Horst Winter von Violas Geburt erfährt.

Fall: Horst Winter, Variante 1

In dieser Konstellation wurde Viola während eines anhängigen Scheidungsverfahrens geboren.

10 Orgis, a.a.O., S. 1158.
11 Bundesgesundheitsblatt 2013, 171.

Die gesetzliche Annahme, dass ein Kind vom Ehemann der Mutter abstammt, gilt bei allen Kindern, die während einer Ehe geboren werden, auch dann, wenn die Geburt während eines laufenden Scheidungsverfahrens stattfindet. In der Praxis ist jedoch nicht zu übersehen, dass gerade der Noch-Ehemann häufig nicht der wirkliche Vater ist. Diesem Faktum trägt der Gesetzgeber dadurch Rechnung, indem er dem neuen Lebenspartner oder Freund der Mutter die Möglichkeit eröffnet, das Kind als Vater anzuerkennen, ohne vorher einen aufwendigen Vaterschaftsanfechtungsprozess zu führen. Die Vaterschaftsanerkennung des anderen Mannes bedarf jedoch der Zustimmung der Mutter sowie des Noch-Ehemannes (§1599 Abs. 2 i.V.m. §1592 Nr. 1 BGB).

Bei Geburt während eines Scheidungsverfahrens ist der Noch-Ehemann rechtlicher Vater

Wenn in der Variante 1 Udo Kahlbach bereit ist, Viola als seine Tochter anzuerkennen und sowohl Erika als auch Horst Winter dieser Vaterschaftsanerkennung zustimmen, wird ein Vaterschaftsanfechtungsverfahren überflüssig.

Freiwillige Anerkennung der Vaterschaft möglich

Fall: Horst Winter, Variante 2

In dieser Konstellation wurde Viola nach einem rechtskräftigen Scheidungsurteil geboren.

Bei einer Scheidung ist es schon wegen des regelmäßig vorgeschalteten Trennungsjahres unwahrscheinlich, dass ein nach der Scheidung geborenes Kind vom früheren Ehemann abstammt. Das geltende Kindschaftsrecht geht hier realitätsnäher vor als das vor 1998 gültige Recht. Bei Geburt nach der Scheidung gilt der Ex-Ehemann der Mutter nicht mehr als der Vater des Kindes (§ 1592 Nr. 1). Zahlreiche überflüssige Ehelichkeitsanfechtungsverfahren mit kostspieligen Abstammungsgutachten werden so vermieden.

Bei Geburt nach Scheidung, gilt der Ex-Ehemann nicht mehr als Vater

In der Variante 2 gilt Horst Winter nicht mehr als der Vater von Viola und kann somit nicht zu Unterhaltsleistungen herangezogen werden.

5. Gerichtliche Feststellung der Vaterschaft

Fall: Maria Appel – Gerichtliche Feststellung der Vaterschaft

Maria Appel ist Mutter des im Dezember vergangenen Jahres geborenen Klaus. Die vergangenen zwei Jahre lebte Maria Appel mit dem Fotografen John Kopper zusammen. John konsumiert täglich große Mengen Alkohol. Sein Hausarzt habe behauptet, dass er wegen seines Alkoholismus zeugungsunfähig sei. Das habe ihm Maria geglaubt und beim Geschlechtsverkehr mit John keine Empfängnisverhütungsmittel genommen. Nun beschleichen John erhebliche Zweifel, ob er der Vater des Kindes ist. Von ihrem Hausarzt habe Maria außerdem erfahren, dass medizinisch nicht mit Sicherheit festgestellt werden kann, ob ein Mann durch eine Alkoholkrankheit zeugungsunfähig sei.

- *Welche Maßnahmen müssen ergriffen werden, um John Coppers Vaterschaft feststellen zu lassen?*
- *Wer kann ein Vaterschaftsfeststellungsverfahren bei Gericht einleiten?*
- *Welche Beweise müssen erbracht werden, um die Vaterschaft von John Copper rechtskräftig feststellen zu können?*

Klage auf Feststellung der Vaterschaft

Ist ein Kind rechtlich vaterlos, weil weder eine Vaterschaft freiwillig anerkannt wurde noch die Mutter bei Geburt des Kindes verheiratet war, wird eine Klage bei Gericht auf Feststellung der Vaterschaft unumgänglich (§ 1600d BGB). Klagebefugt sind

- die Mutter gegen den möglichen Erzeuger
- das Kind gegen den möglichen Erzeuger
- oder der mögliche Erzeuger gegen das Kind (§ 1600e Abs. 1 BGB)

Zuständig für die Feststellung der Vaterschaft sind die Familiengerichte (§ 23b Abs. 1 GVG; § 169 Nr. 1 FamFG).

Zeugungsvermutung

Beweismittel im Abstammungsprozess: Ziel des Abstammungsprozesses ist die positive Feststellung der Vaterschaft. Diese definitive Zuschreibung einer nichtehelichen Vaterschaft ist schwierig, weil der Beweis der biologischen Vaterschaft zuweilen nicht mit letzter Sicherheit erbracht werden kann. Diese Beweisprobleme, den direkten Abstammungsbeweis zu führen, haben den Gesetzgeber veranlasst, eine Zeugungsvermutung aufzustellen. Dabei wird im gerichtlichen Vaterschaftsfeststellungsverfahren derjenige als Vater vermutet, der der Mutter während der Empfängniszeit beigewohnt hat (§ 1600d Abs. 2 BGB). Diese Vermutung gilt nicht, wenn schwerwiegende Zweifel an der Vaterschaft bestehen. Mittlerweile haben die medizinischen Analyseverfahren jedoch erhebliche Fortschritte gemacht, insbesondere die DNA-Begutachtung. Heute wird in der Regel eine Richtigkeitsgewähr einer Feststellung oder eines Ausschlusses der Vaterschaft von knapp unter 100 % erreicht.[12]

12 Schwab, Familienrecht, 2013, S. 267.

Zum Fall Maria Appel:

Wenn John Copper die Vaterschaft nicht freiwillig anerkennt, bietet es sich an, eine Vaterschaftsfeststellungsklage beim Familiengericht durch die Mutter des Kindes, Maria Appel, einzuleiten (§1592 Nr. 3 i.V.m. §1600d BGB). In unserem Fall trägt John Copper vor, er sei alkoholkrank und habe von seinem Arzt erfahren, deswegen zeugungsunfähig zu sein. Gleichzeitig räumt er ein, während der Empfängniszeit mit Maria Appel Geschlechtsverkehr gehabt zu haben. Aufgrund dieses Vorbringens muss das Gericht jedoch schwerwiegende Zweifel an der Vaterschaft von John Copper haben.

Das Gericht wird daher ein medizinisches Abstammungsgutachten anfordern. Angenommen, in dem Gutachten wird festgestellt, dass die Vaterschaft von John Copper zu 99,89 % feststehe. Der medizinische Gutachter gibt während des Prozesses zu erkennen, dass damit die Vaterschaft von John Copper praktisch erwiesen sei. Seine Zeugungsunfähigkeit sei niemals medizinisch festgestellt worden. Das Familiengericht wird rechtskräftig feststellen, dass John Copper der Vater von Klaus Appel ist. Daraus folgt auch seine Unterhaltspflicht.

6. Klärung der biologischen Abstammung (§ 1598a BGB)

Mit dem **„Gesetz zur Klärung der Vaterschaft unabhängig vom Anfechtungsverfahren“**,[13] das am 1.4.2008 in Kraft trat, ist es möglich, die genetische Abstammung eines Kindes unabhängig von der Anfechtung der Vaterschaft feststellen zu lassen.

Verfassungsrechtlicher Schutz für die Klärung der Abstammung

Bei Zweifeln, von wem ein Kind abstammt, ist die Frage der leiblichen Vaterschaft für Familienmitglieder von existentieller Bedeutung. Der rechtliche Vater will sicher sein, ob er der leibliche Vater ist. Das Kind möchte wissen, von wem es abstammt, und zuweilen möchte auch die Mutter Klarheit schaffen. Dieses Klärungsinteresse, so hat das Bundesverfassungsgericht am 13.2.2007 entschieden, ist verfassungsrechtlich geschützt.[14]

Öfters wurden heimliche Gentests mit Haaren oder dem Speichel eines Kindes in Laboren vorgenommen. **Die heimlichen Vaterschaftstests stellen einen schwerwiegenden Verstoß gegen das informationelle Selbstbestimmungsrecht dar,** wie das Bundesverfassungsgericht in seiner Entscheidung vom 13.2.2007 klarstellte:

13 BGBl. 2008 I S. 441.
14 BVerfG in FamRZ 2007, S. 441.

Rechtsprechung des BVerfG: Heimlicher Vaterschaftstest

In dem vom Bundesverfassungsgericht entschiedenen Fall hatte sich ein Vater hinsichtlich seiner nicht nur rechtlichen Vaterschaft für einen im Jahr 1994 geborenen Jungen auf sein allgemeines Persönlichkeitsrecht nach Art.2 Abs. 1 in Verbindung mit Art.1 Abs. 1 GG berufen.

Der Vater hatte mit der Mutter des Kindes während der gesetzlichen Empfängniszeit Geschlechtsverkehr und lebte nach der Geburt mit ihr und dem Kind bis Anfang 1997 in nichtehelicher Lebensgemeinschaft zusammen. Die Mutter hatte das alleinige Sorgerecht.

Im Jahr 2001 erhob er erstmals Vaterschaftsanfechtungsklage, bei der er sich auf ein Gutachten berief, welches ihm eine auf 10% verminderte Zeugungsfähigkeit attestierte.

Nachdem er in beiden Instanzen erfolglos geblieben war, holte er im Jahr 2002 ohne Kenntnis der Mutter bei einem privaten Labor ein gendiagnostisches Gutachten ein, dem als Untersuchungsmaterial sein Speichel und ein nach seinen Angaben vom Kind benutztes Kaugummi zugrunde lagen.

Als ihm das Gutachten bestätigte, es sei mit 100% auszuschließen, dass die beiden Probenspender Vater und Kind seien, erhob er Vaterschaftsanfechtungsklage und stützte sich auf das Ergebnis dieser Untersuchung.

Das Familiengericht wies die Klage ab mit der Begründung, dass die heimlich veranlasste Vaterschaftsuntersuchung wegen gravierender Verstöße gegen das informationelle Selbstbestimmungsrecht des Kindes sowie gegen das Bundesdatenschutzgesetz und wegen Eingriffs in das Grundrecht der Mutter rechtswidrig und deshalb nicht verwertbar seien.

Die hiergegen gerichtete Berufung wurde vom Oberlandesgericht zurückgewiesen ebenso wie die dagegen gerichtete Revision vom Bundesgerichtshof.

Das Bundesverfassungsgericht wies die anschließend erhobene Verfassungsbeschwerde des Vaters zurück mit der Begründung, die Ergebnisse heimlicher, also ohne die Einwilligung des Kindes oder seines allein sorgeberechtigten Elternteils eingeholter gendiagnostischer Vaterschaftstests im Vaterschaftsanfechtungsverfahren verstießen gegen das **Recht des Kindes auf informationelle Selbstbestimmung** nach Art. 2 Abs. 1 in Verbindung mit Art.1 Abs. 1 GG. Dieses Recht schütze die Befugnis des Einzelnen, grundsätzlich selbst über die Preisgabe und Verwendung persönlicher Daten zu bestimmen. Sie seien daher rechtswidrig und dürften vor Gericht nicht verwertet werden.

Allerdings sei die Verfassungsbeschwerde insoweit begründet, als dass eine Verletzung des Allgemeinen Persönlichkeitsrechts gemäß Art. 2 Abs. 1 in Verbindung mit Art. 1 Abs. 1 GG auch vorliege, wenn der Gesetzgeber es unterlässt, die Verwirklichung des **Grundrechts auf Kenntnis der Abstammung** eines Kindes in einem dafür geeigneten Verfahren zu ermöglichen, ohne dass sich daran Folgen für den rechtlichen Status des Kindes (wie es bei der Vaterschaftsanfechtungsklage geschieht) knüpfen.

Das Bundesverfassungsgericht verpflichtete daraufhin den Gesetzgeber, eine solche Regelung zur Feststellung der Abstammung eines Kindes von seinem rechtlichen Vater zu treffen, was die Verabschiedung des Gesetzes zur Klärung der Vaterschaft unabhängig vom Anfechtungsverfahren zur Folge hatte.

Rechtslage vor 2008

Die Frage der Abstammung konnte auch vor 2008 durch ein privates Gutachten festgestellt werden, wenn sich alle Betroffenen einverstanden erklärten. Sperrte sich allerdings einer der Betroffenen, blieb dem rechtlichen Vater nach damaligem Recht nur die Möglichkeit einer Anfechtungsklage (§§ 1600 ff. BGB). Diese Rechtslage war unbefriedigend. Denn stellte sich heraus, dass der rechtliche nicht der biologische Vater ist, wird damit zwangsläufig das rechtliche Band zwischen Vater und Kind zerrissen. Damit bestand bei fehlender Einwilligung in die Untersuchung vor 2008 keine Möglichkeit, die Abstammung zu klären, ohne Konsequenzen für die rechtliche Beziehung zwischen Vater und Kind befürchten zu müssen.

Der Gesetzgeber hat mit der Vorschrift des § 1598a BGB reagiert und ein unabhängiges Verfahren auf Klärung der Abstammung geschaffen.

Damit existieren **zwei Verfahren** nebeneinander:

1. **das Verfahren auf Klärung der Abstammung (§ 1598a BGB);**
2. **das Verfahren zur Anfechtung der Vaterschaft (§§ 1600 ff. BGB).**

Anspruch auf Klärung der Abstammung (§ 1598a BGB):

Anspruchsberechtigung

- Vater, Mutter und Kind haben jeweils gegenüber den anderen beiden Familienangehörigen einen Anspruch auf Klärung der Abstammung. Das heißt, die Betroffenen müssen in die genetische Abstammungsuntersuchung einwilligen und die Entnahme der erforderlichen Proben dulden.

Keine Frist

- Der Anspruch ist an keine weiteren Voraussetzungen geknüpft. Fristen sind nicht vorgesehen.

Ersetzung der Einwilligung

- Willigen die anderen Familienangehörigen nicht in die Abstammungsuntersuchung ein, wird ihre Einwilligung grundsätzlich vom Familiengericht ersetzt.

Kindeswohl steht im Vordergrund!

- Um dem Kindeswohl in außergewöhnlichen Fällen (besondere Lebenslagen und Entwicklungsphasen) Rechnung zu tragen, kann das Verfahren ausgesetzt werden. Damit wird sichergestellt, dass der Anspruch nicht ohne Rücksicht auf das minderjährige Kind zu einem ungünstigen Zeitpunkt durchgesetzt werden kann[15]

15 Vgl. BMJ: Gesetz zur Vaterschaftsfeststellung, in FamRZ 2008, II.

7. Familienrechtliche Folgen künstlicher Fortpflanzung

Seit Geburt des ersten durch künstliche Befruchtung gezeugten Babys im Jahr 1976 in England kamen mehrere Millionen solcher Kinder auf die Welt. Etwa jedes sechste Paar in Deutschland bleibt kinderlos, weil die Fruchtbarkeit eines oder beider Partner eingeschränkt ist.[16] Insofern bleibt die Nachfrage nach ärztlicher Fruchtbarkeitsbehandlung ungebrochen.

Bislang nur strafrechtliche Regelung

Politiker, Ärzte, Theologen und Juristen haben sich in den 80er Jahren mit der ethisch-moralischen Zulässigkeit medizinischer Fortpflanzungshilfen beschäftigt. Besonders die „Benda-Kommission" hat in ihrem Bericht in weitem Umfang Regelungen des staatlichen Gesetzgebers gefordert. Der Gesetzgeber hat sich bisher jedoch nur der strafrechtlichen Seite angenommen. Die Kindschaftsrechtsreform von 1998 hat sich nicht mit den abstammungsrechtlichen Folgen einer Samenspende befasst, obwohl die damalige Rechtsprechung des BGH (BGH NJW 95, 2028) als unbefriedigend galt. Die familienrechtlichen Folgen der Fortpflanzungsmedizin sind weitgehend vertagt worden.

Fortpflanzungsmedizin

Die Rechtsfolgen der Fortpflanzungsmedizin sind ein komplexes Gebiet, die sowohl das Strafrecht, das Schuldrecht als auch das Familienrecht berühren. In diesem Skript kann nur ein erster Einstieg vermittelt werden. Nach einem Überblick über die Methoden der Fortpflanzungsmedizin werden die **gesetzlichen Verbote nach dem Embryonenschutzgesetz und dem Adoptionsvermittlungsgesetz** behandelt.

Mehrere Teilgebiete des Rechts sind betroffen

Die medizinische Forschung hat zahlreiche Methoden entwickelt, um einem kinderlosen Ehepaar zu einem Nachkommen zu verhelfen. Je nachdem, ob die Fortpflanzungsprobleme auf der Seite der Frau oder des Mannes liegen oder auch bei beiden Partnern, können unterschiedliche Formen der Reproduktionsmedizin angewandt werden. Man unterscheidet unter Anderem folgende Methoden:

Methoden künstlicher Fortpflanzung

1. Künstliche Besamung (Insemination)

- **Homologe Insemination**

Mit dem Samen des Ehemannes wird eine künstliche Insemination bei der Ehefrau (Wunschmutter) vorgenommen.

- Heterologe Insemination

Mit dem Samen eines anderen Mannes als des Ehemannes wird bei der Ehefrau eine künstliche Insemination vorgenommen.

16 Beckhove, Künstliche Befruchtung. Ein juristischer Ratgeber, Herbholzheim 2008, S. 1.

2. Künstliche Befruchtung (Fertilisation)

- Homologe in Vitro-Fertilisation

Mit dem Samen des Ehemannes wird eine Eizelle der Ehefrau im Reagenzglas befruchtet, und der Embryo wird in den Körper der Wunschmutter übertragen (Embryo-Implantation).

- Heterologe in Vitro-Fertilisation

Wie bei der homologen in Vitro-Fertilisation, nur dass der Samen eines Samenspenders verwendet wird.

3. Intravaginale Eizell-/Embryokultur (IvC)

Von der In-Vitro-Fertilisation unterscheidet sich die IvC lediglich, indem die Befruchtung nicht in einem Brutkasten, sondern in einer Kapsel in der Scheide erfolgt.

4. Leihmutterschaft

Von Leihmutterschaft spricht man, wenn die Wunschmutter nicht in der Lage ist, ein Kind auszutragen, und der (homolog oder heterolog befruchtete) Embryo in den Körper einer anderen Frau implantiert wird, die das Kind austrägt und verspricht, es nach der Geburt an die Wunscheltern herauszugeben.

5. Ersatzmutterschaft

Als Ersatzmutterschaft bezeichnet man den Fall, in dem wegen Sterilität der Wunschmutter bei einer anderen Frau eine Insemination mit dem Sperma des Wunschvaters vorgenommen wird und das Kind ebenfalls an die Wunscheltern herausgegeben werden soll.

Ersatz- und Leihmutterschaft verboten

Seit 1991 gilt in Deutschland das **Embryonenschutzgesetz (ESchG).** Daneben wurden 1989 in das **Adoptionsvermittlungsgesetz (AdVermiG)** Vorschriften aufgenommen, die die Ersatzmutterschaft unter strafrechtliches Verbot stellen.

Mit dem ESchG wurden grundsätzlich alle Formen der Ersatzmutterschaft und der Leihmutterschaft verboten (§ 1 EschG).

Erlaubte Methoden

Erlaubt und strafrechtlich nicht relevant ist die künstliche Insemination. Diese ist aber nur einem Arzt vorbehalten (§ 9 EschG). Dabei macht es keinen Unterschied, ob es sich um eine homologe oder heterologe Insemination handelt. Nicht strafbar sind auch die ärztlich betreute in Vitro-Fertilisation, selbst mit Fremdsperma.

Verbote durch Adoptionsvermittlungsgesetz

Durch das Adoptionsvermittlungsgesetz wird jegliche – auch private – **Vermittlung von Ersatzmutterschaften verboten** (§ 13c AdVermiG). Dabei gilt als Ersatzmutter auch eine Frau, die zu einer natürlichen (also nicht nur zur künstlichen) Befruchtung bereit ist. **Unter dem Begriff Ersatzmutterschaft nach dem AdVermiG fällt auch die Übertragung eines Embryos auf die Frau, die später das Kind abgeben will (Leihmutterschaft)**, § 13a AdVermiG (siehe §§ 13a bis 13d und 14b AdVermiG!).

Persönlichkeitsrecht des Kindes muss gewahrt bleiben

Grundsätzlich lässt sich also feststellen, dass jegliche Form der Ersatzmutterschaft und der Leihmutterschaft verboten ist. Die künstliche Insemination und die in Vitro-Fertilisation, wenn die Wunschmutter das Kind austrägt, sind dagegen erlaubt. Nach h.M. sind Geschäfte über eine heterologe Insemination nur wirksam, wenn das **Recht des Kindes auf Kenntnis seiner Abstammung** gewährleistet ist.[17] Dieses Recht leitet sich aus dem allgemeinen Persönlichkeitsrecht ab (Art. 1 und 2 GG). Das Kind hat demnach gegen den Arzt, der die heterologe Insemination vorgenommen hat, einen Anspruch, den Namen des Samenspenders zu offenbaren. Ist dieser einmal gerichtlich festgestellt, treffen ihn alle rechtlichen Folgen.[18]

Teilweise tolerantere Vorschriften im Ausland

Es wird jedoch immer wieder kritisch hervorgehoben, dass die Verbotsvorschriften des ESchG im internationalen Vergleich sehr restriktiv sind. Das Gesetz kann nicht verhindern, dass Deutsche in das liberalere Ausland (z.B. Belgien, Tschechien, USA, Südafrika) ausweichen, um dort die Möglichkeiten der Ersatz- oder Leihmutterschaft wahrzunehmen. Es wäre eine Illusion zu glauben, die deutschen gesetzlichen Verbote würden absolute Wirkung zeigen.

Fall: Dieme – Familienrechtliche Folgen heterologer Insemination

Ilse und Ernst Dieme gehören zur Gruppe der ungewollt kinderlosen Ehepaare. Sie sind seit 6 Jahren verheiratet und wünschten sich immer, eine Familie zu gründen und mindestens 2 Kinder zu bekommen. Der Kindersegen wollte sich jedoch nicht einstellen. Sie unterzogen sich daher zahlreichen medizinischen Tests, und es stellte sich heraus, dass Herr Dieme infolge einer Erkrankung zeugungsunfähig war.

Schließlich suchen die Diemes Rat bei der Fortpflanzungsmedizin. Ihnen wird erklärt, dass es medizinisch und technisch möglich sei, ein Kind durch künstliche Befruchtung mit dem Samen eines anderen Mannes zu erzeugen. Sie halten dies für eine Gelegenheit, ihre Ehe durch ein gemeinsames Kind zu retten.

Ernst und Ilse Dieme unterzeichnen in der Privatklinik eine Vereinbarung über eine Fruchtbarkeitsbehandlung durch eine Fremd-Insemination:

> *„Das Ehepaar ist entschlossen und verpflichtet sich hiermit gegenseitig, das durch die therapeutische Befruchtung entstehende Kind in jeder Beziehung als ihr eheliches anzusehen und zu erziehen, weil es aus ihrem gemeinsamen Wunsch und auch ihrer übereinstimmenden Entscheidung entstanden ist. ... Die Frage, aus welchem Erbstrom die Leben weckende Samenzelle stammt, tritt dahinter zurück. ... Der Ehemann verpflichtet sich, die Ehelichkeit des aus der therapeutischen Befruchtung erzeugten Kindes nicht anzufechten und das Kind als sein eheliches Kind anzuerkennen.... "*

17 Palandt/Ellenberger, BGB, 2013, § 138, Rn. 48.
18 Schwab, 2013, Familienrecht, S. 271.

Vor etwa zwei Jahren fand in einer Fachklinik die künstliche Übertragung des Samens eines anderen Mannes statt. Noch während der Schwangerschaft seiner Frau nahm Ernst Dieme sein Einverständnis zur Inseminationsbehandlung zurück. Einige Monate später brachte Ilse Dieme gesunde Zwillinge zur Welt.

Nach weiteren Zerwürfnissen trennten sich die Eheleute. Ernst Dieme distanziert sich von den Zwillingen. Eigentlich habe er die künstliche Zeugung nie befürwortet. Die Ehe der Diemes ist inzwischen geschieden. Ernst Dieme verweigert Unterhaltszahlungen für die Zwillinge. Er will die Vaterschaft anfechten.

▶ *Kann Herr Dieme die Vaterschaft der Zwillinge anfechten, obwohl er der Fremdinsemination schriftlich zugestimmt hat?*

An früherer Stelle haben wir festgestellt, dass ein Kind, das innerhalb der Ehe geboren wird, dem Ehemann der Mutter zugeordnet wird (§1592 Nr. 1 BGB). Dies gilt auch für das aus einer heterologen Insemination stammende Kind.

Frühere Rechtsprechung des BGH

In seiner früheren Rechtsprechung kam der BGH[19] zu dem Ergebnis, die Anfechtung der Ehelichkeit des Kindes durch den Ehemann der Mutter zuzulassen. Das gesetzlich eingeräumte Vaterschaftsanfechtungsrecht könne nicht durch eine private Vereinbarung ausgeschlossen werden.

Diese Rechtslage sowie die Haltung des BGH wurden in Wissenschaft und Literatur überwiegend kritisiert. Das rechtliche Schicksal eines Kindes werde der Disposition eines sozialen Elternteils überlassen.

Anfechtung ausgeschlossen, wenn beide Elternteile heterogener Insemination zugestimmt haben

Mit dem **Kinderrechteverbesserungsgesetz von 2002** wurde diese missliche Rechtslage beseitigt. In die Anfechtungsvorschriften wurde § 1600 Abs. 5 BGB eingefügt. Seitdem ist ein Anfechtungsrecht durch den Mann oder die Mutter ausgeschlossen, wenn beide in die künstliche Befruchtung mit dem Samen eines anderen Mannes eingewilligt haben.

Zum Fall Dieme:

Insofern kann sich Herr Dieme nicht durch eine Anfechtung von der Vaterschaft der Zwillinge lösen (§ 1600 Abs. 5 BGB).

19 BGH in ZfJ 1995, S. 377 – 381.

8. Recht des Kindes auf Kenntnis der biologischen Abstammung

Anspruch auf Kenntnis der eigenen Abstammung

Im Jahre 1989 hatte das Bundesverfassungsgericht erstmalig ein Recht des Kindes auf Kenntnis der eigenen Abstammung verfassungsrechtlich anerkannt. Abgeleitet hatte das Bundesverfassungsgericht diesen grundrechtlich geschützten Anspruch aus dem Recht auf freie Entfaltung der Persönlichkeit Art. 2 Abs. 1 GG und der Menschenwürde Art. 1 Abs. 1 GG. In seiner Entscheidung führte das Bundesverfassungsgericht aus,[20] dass das Recht auf freie Entfaltung der Persönlichkeit und die Menschenwürde jedem einzelnen einen autonomen Bereich privater Lebensgestaltung sichere. Dort könne er seine individuelle Qualität entwickeln und wahren. Als Individualisierungsmerkmal gehöre die Abstammung zur Persönlichkeit. Die Kenntnis der Herkunft biete dem Einzelnen wichtige Anknüpfungspunkte für das Verständnis um die Entfaltung der eigenen Individualität.

Entwicklung der Rechtsprechung des BVerfG

Damit hat das Bundesverfassungsgericht eine Entwicklung eingeläutet, die zunächst eindeutig als Rechtsfortschritt zu werten ist. In einer früheren Entscheidung vom 18. Januar 1988 hat das Bundesverfassungsgericht[21] entschieden, dass die Eltern eines nichtehelichen Kindes im Regelfall ihre Interessen denjenigen des Kindes unterzuordnen hätten, da sie schließlich die Existenz des Kindes und seine Nichtehelichkeit zu vertreten hätten. Damit war bei der Interessenabwägung zwischen den Rechten des Kindes und dem **Grundrecht der Mutter auf Schutz ihrer Intimsphäre**, das ebenfalls aus Art. 2 und Art. 1 GG abzuleiten ist, eine eindeutige Richtung zugunsten des Kindes vorgegeben worden.

Kontext ist ausschlaggebend

Die Grundsatzentscheidungen des Bundesverfassungsgerichts haben jedoch zu Irritationen bei den anwendenden Gerichten geführt, besonders wenn der Schutz der Mutter auf Wahrung ihrer Intimsphäre ein besonderes Gewicht erhält. Vordringlich waren dies Fälle, in denen es um die Aufdeckung eines Inzests oder einer Vergewaltigung ging. In einem Fall, der einer Entscheidung des OLG Hamm[22] zugrunde lag, ging es um eine Bedienstete einer psychiatrischen Anstalt, die ein Verhältnis zu einem Patienten hatte. Es bestand die Gefahr, dass die Frau, wenn sie das Verhältnis zu einem Patienten offenbare, ihren Arbeitsplatz verlieren würde. Den Auskunftsanspruch hat nicht das Kind, sondern das Jugendamt geltend gemacht. Der Anspruch des Jugendamtes wurde zurückgewiesen.

In einer anderen Entscheidung des OLG Karlsruhe[23] sagte die Mutter eines nichtehelichen Kindes aus, mehrfach vergewaltigt worden zu sein. Das Kind stamme außerdem aus einer gesellschaftlich geächteten Inzest-Verbindung. In diesem Fall hat das Gericht dem Antrag stellenden Kreisjugendamt als Amtspfleger des Kindes Recht gegeben und eine Blutuntersuchung angeordnet.

---

20 BVerfG in FamRZ 1989, S. 147.
21 NJW 1988, S. 3010.
22 OLG Hamm in FamRZ 1991, S. 1229.
23 OLG Karlsruhe in FamRZ 1991, S. 337.

Rechtsgüterabwägung

Die grundsätzliche Richtung der Rechtsgüterabwägung hat das Bundesverfassungsgericht in seiner jüngeren Rechtsprechung[24] revidiert. Das BVG vertritt die Auffassung, eine umfassende und im Ergebnis offene Abwägung zwischen dem Recht des Kindes auf Kenntnis der eigenen Abstammung und dem Recht der Mutter auf Schutz ihrer Intimsphäre sei notwendig.[25] Es kann also nicht mehr grundsätzlich gesagt werden, die Interessen der Mutter hätten sich den Interessen des Kindes unterzuordnen.

Fall: Luise Palow – Recht des Kindes auf Kenntnis seiner biologischen Abstammung

Die 29-jährige nichtehelich geborene Luise Palow wurde kurz nach ihrer Geburt von ihrer Mutter, Henriette Palow, in ein Kinderheim abgegeben. Wenig später wurde sie durch das Stadtjugendamt Münster in eine Pflegefamilie vermittelt. Bis zu ihrer Volljährigkeit wuchs sie bei ihren Pflegeeltern auf, wurde von ihnen jedoch nicht adoptiert.

Luise Palow hatte niemals Kontakt zu ihrem leiblichen Vater, noch kennt sie seinen Namen oder seine Anschrift.

Immer wieder von ihren Freunden auf ihre „Eltern" angesprochen, wächst in ihr der Wunsch, etwas über ihren Vater zu erfahren und einmal mit ihm zusammenzutreffen.

Ihre Mutter, mit der sie gelegentlich Kontakt hat, lehnt es ab, ihr Namen und Anschriften möglicher Väter zu nennen. Sie macht Andeutungen, dass mehrere Männer als Vater in Betracht kämen. Sie seien inzwischen verheiratet und lebten in intakten Familien.

Nachdem sich ihre Mutter weigert, die Namen ihrer Partner preiszugeben, mit denen sie während der Empfängniszeit sexuellen Kontakt hatte, klagt Luise Palow beim Amtsgericht Münster. Sie beantragt, ihre Mutter, Henriette Palow, zu verurteilen, ihr die vollständigen Namen und die Anschriften der Männer zu nennen, mit denen sie während der gesetzlichen Empfängniszeit Geschlechtsverkehr hatte. Sie wolle die Identität ihres Vaters aus persönlichen Gründen als auch zur Geltendmachung von Erbansprüchen erfahren. Außerdem habe sie ein Interesse daran, dass der Vater in Personenstandsbüchern und -urkunden genannt werde.

Durch ihren Rechtsanwalt bestreitet die Beklagte Henriette Palow, dass Luise von ihr verlangen könnte, ihre Geschlechtspartner zu nennen. Sie beruft sich dabei auf den verfassungsrechtlichen Schutz ihrer Intimsphäre.

24 BVerfG in ZfJ 1997, S. 330.

25 Lenze, Kriterien für eine Rechtsgüterabwägung zwischen dem Recht des Kindes auf Kenntnis der eigenen Abstammung und dem Schutz der Intimsphäre der Mutter, in ZfJ 1998, S. 101.

▶ *Wie würden Sie das Recht des Kindes auf Kenntnis seiner biologischen Abstammung gegenüber dem Schutz der Intimsphäre der Mutter gewichten?*

Nach der Rechtsprechung des BVerfG ist eine ergebnisoffene Rechtsgüterabwägung zwischen dem Recht des Kindes auf Kenntnis seiner biologischen Abstammung und dem Recht der Mutter auf Schutz ihrer Intimsphäre vorzunehmen.

M.E. will die Mutter, Henriette Palow, weniger sich selbst, sondern die potentiell in Frage kommenden Väter schützen. Ein Schutz des Mannes auf Verschweigen seiner möglichen Vaterschaft ist unserem Recht jedoch fremd. Der Gesetzgeber hat mit der uneingeschränkten gerichtlichen Feststellung der Vaterschaft eindeutig das Recht des Kindes auf Kenntnis seiner Abstammung dem Persönlichkeitsrecht des Vaters vorgezogen. Außerdem scheint eine Verletzung der Intimsphäre der Mutter vergleichsweise gering, wenn sie mögliche Geschlechtspartner in einem 30 Jahre zurück liegenden Zeitraum nennen soll. In der Zwischenzeit ist längst Gras über die Affären einer damals vielleicht noch unreifen jungen Frau gewachsen. Hinzu kommt, dass sie die Namen der Männer nicht der Öffentlichkeit preisgeben soll, sondern ihrer Tochter. Demgegenüber wiegt das Interesse der Tochter auf Kenntnis des Vaters ungleich schwerer. Daher muss das Interesse der Mutter zurücktreten und der Auskunftsanspruch von Luise Palow wird anzuerkennen sein.

In der Realität wird sich ein solcher Anspruch jedoch kaum durchsetzen lassen. In der Regel würde eine Mutter, die den Namen des nichtehelichen Vaters nicht preisgeben will, sich auf die Behauptung zurückziehen, der Name des Vaters sei ihr nicht bekannt.

Quick-Info: Abstammungsrecht

I. Mutterschaft	• Mutter ist die Frau, die das Kind geboren hat (§1591BGB) • Bei Ei- oder Embryonenspende: Die Leihmutter gilt als Mutter, nicht jedoch die Frau, von der das Ei oder der Embryo stammt.
II. Vaterschaft	**1. Vater eines Kindes ist der Mann,** • der bei der Geburt mit der Mutter des Kindes verheiratet ist (§ 1592 Nr.1BGB), • der die Vaterschaft anerkannt hat (§ 1592 Nr.2 BGB), • dessen Vaterschaft gerichtlich festgestellt ist (§ 1592 Nr.3 BGB). **2. Vaterschaft bei Scheidung** • Bei Geburt nach der Scheidung gilt der Ex- Ehemann der Mutter nicht mehr als Vater des Kindes (§ 1592 Nr. 1 BGB). • Bei Geburt während des Scheidungsverfahrens gilt der Noch-Ehemann als Vater des Kindes. Ein anderer Mann kann jedoch das Kind als Vater anerkennen. Dies bedarf der Zustimmung der Mutter sowie des Noch-Ehemannes (§ 1599 Abs. 2 i.V.m § 1592 Nr. 1 BGB). **3. Vaterschaftsanerkennung** • Anerkennung der Vaterschaft durch öffentlich beurkundete Erklärung (beim Notar, Amtsgericht, Standesamt oder Jugendamt) (§ 1592 Nr. 2, § 1597 BGB). • Zustimmung der Mutter notwendig (§ 1595 BGB) **4. Gerichtliche Feststellung der Vaterschaft** • Vaterschaftsfeststellungsklage beim Familiengericht durch die Mutter, das Kind oder den Mann (§ 1592 Nr. 3 i.V.m. § 1600d BGB). **5. Anfechtung der Vaterschaft** • Vaterschaftsanfechtung durch Klage beim Familiengericht durch die Mutter, das Kind oder den Scheinvater (§ 1600 BGB). Bei Minderjährigkeit des Kindes Vertretung durch den gesetzlichen Vertreter (§ 1600a Abs. 3 BGB). • Anfechtungsfrist: 2 Jahre ab Kenntnis der Umstände, frühestens ab Geburt, bzw. wirksamer Anerkennung (§ 1600b BGB).

	6. Anfechtungsrecht des biologischen Vaters • Ein leiblicher (nicht rechtlicher) Vater hat ein eigenes Recht, die Vaterschaft anzufechten, wenn – er als Vater in Betracht kommt – zwischen dem rechtlichem Vater und dem Kind keine sozial-familiäre Beziehung besteht oder im Todeszeitpunkt bestanden hat. • Außerdem muss der Mann eidesstattlich versichern, mit der Mutter während der Empfängniszeit sexuell verkehrt zu haben (§ 1600 Abs. 1 Nr. 2 BGB). **7. Behördliches Anfechtungsrecht** • Die Vorschrift (§ 1600 Abs. 1 Nr. 5 BGB), wonach eine Behörde in begrenztem Umfang befugt ist, ein Vaterschaftsanfechtungsverfahren durchzuführen, ist verfassungswidrig und nichtig (BVerfG vom 17.12.2013 in FamRZ 2007, S. 441). **8. Klärung der biologischen Abstammung (§ 1598a BGB)** • Anspruch auf Klärung der Abstammung (Vater, Mutter, Kind). • Die Betroffenen müssen in die genetische Abstammungsuntersuchung einwilligen. Wird die Einwilligung verweigert, wird diese grds. vom Familiengericht ersetzt. • Heimliche Vaterschaftstests stellen einen Verstoß gegen das informationelle Selbstbestimmungsrecht dar.

II. Verwandtschaft und Schwägerschaft

Definition

Verwandtschaft und Schwägerschaft umschreiben familiäre Rechtsbeziehungen zwischen Personen, die im Familienrecht und im Erbrecht bedeutsam sind.

- **Verwandtschaft basiert auf leiblicher Abstammung oder Adoption** (§ 1589 BGB).
- **Schwägerschaft beruht auf Abstammung und Eheschließung** (§ 1590 BGB).

Arten der Verwandtschaft

Das Gesetz unterscheidet zwischen **Verwandtschaft** (folglich auch Schwägerschaft) **in gerader Linie**, bei der einer vom anderen abstammt (z.B. Sohn vom Vater, Großvater und Urgroßmutter etc.), und **in der Seitenlinie**, bei der die Betroffenen einen gemeinsamen Vorfahren haben (z.B. Vetter und Cousine haben die Großeltern als gemeinsame Vorfahren).

Verwandtschaftsgrade

Der **Grad** der Verwandtschaft (somit auch Schwägerschaft) richtet sich nach der **Anzahl der sie vermittelnden Geburten:**

- Großvater – Enkel: dazwischen liegen zwei Geburten, die von Vater und Enkel.
- Vetter – Cousine: dazwischen liegen vier Geburten, nämlich die von den jeweiligen zwei Elternteilen, die von den Großeltern abstammen – also Tante/Onkel bzw. Vater/Mutter, – und die von Vetter und Cousine.

Eselsbrücke:

Man zähle die beteiligten Personen und ziehe eine ab.

Oder: Man zähle die Striche im Stammbaum.

Verschwägert ist man

1. mit dem (jeweiligen) Ehegatten seiner Verwandten und
2. den Verwandten seines (eigenen) Ehegatten.

Grade der Schwägerschaft

Schwägerschaft besteht – spiegelbildlich zur Verwandtschaft – in der geraden und in der Seitenlinie. Auch der Grad der Schwägerschaft errechnet sich nach der Zahl der sie vermittelnden Geburten zwischen den die Schwägerschaft begründenden Verwandten.[26]

26 Nach Oberloskamp/Marx, Kindschaftsrechtliche Fälle, 2006, S. 13.

Schaubild: Verwandtschaft und Schwägerschaft

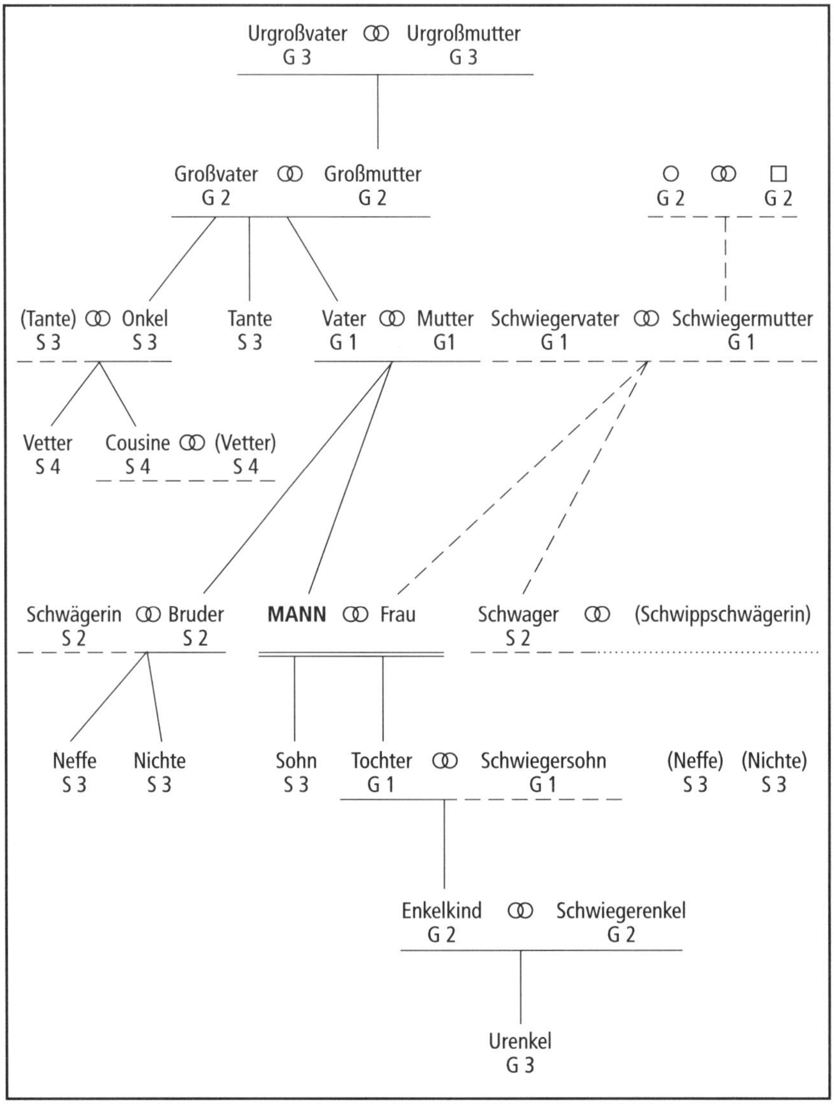

Erläuterung: Bei dem Schaubild ist Ausgangspunkt der Betrachtung der **MANN** im Zentrum. Die Angaben wie Neffe, Enkelkind etc. beziehen sich auf ihn. Im Übrigen bedeutet:

———	Verwandtschaft
– – –	Schwägerschaft
·········	keine Verwandtschaft oder Schwägerschaft
G	gerade Linie
S	Seitenlinie
1, 2, 3	1., 2., 3. Grad

Quelle: Oberloskamp/Marx, Kindschaftsrechtliche Fälle, 2006, S. 12.

III. Elterliche Sorge und Kindeswohl

Verantwortung der Eltern gegenüber ihren Kindern

Das Verhältnis zwischen Eltern und Kindern ist in der Zeit bis zur Volljährigkeit der Kinder primär durch die Verantwortung der Eltern für das körperliche, geistige und seelische Wohl ihrer Kinder geprägt. Die elterliche Sorge ist ein **pflichtgebundenes Recht**, wie § 1626 Abs. 1 Satz 1 BGB klarstellt. Dort ist die Rede von der Pflicht und dem Recht der Eltern, für ihr minderjähriges Kind zu sorgen. In diesem Zusammenhang spricht das Bundesverfassungsgericht auch von der **„Elternverantwortung“.**[27] Dieses Verständnis der elterlichen Sorge war nicht immer Prämisse des Gesetzgebers. Vor 1979 stand der Begriff „Elterliche Gewalt“ im Vordergrund, und das Eltern-Kind-Verhältnis wurde nicht als Sorgeverhältnis sondern als „Gewaltverhältnis“ definiert.[28]

Elterliches Erziehungsprimat: Begrenzungen

Eltern haben bei der Erziehung ihrer Kinder grundsätzlich Vorrang gegenüber allen anderen Erziehungsträgern wie der öffentlichen und freien Jugendhilfe (Art. 6 Abs. 2 Satz 1 GG). Ihr natürliches Erziehungsrecht wird als **„Erziehungsprimat“** bezeichnet. Einschränkungen bestehen durch das öffentliche Recht, z.B. durch Schulpflicht oder Jugendschutzgesetze.

Angelpunkt der elterlichen Sorge ist das **„Wohl des Kindes“** (§§ 1626 Abs. 3, 1666 Abs. 1 BGB).

1. Das Kindeswohl

Definition abhängig vom Kontext

Der Begriff „Kindeswohl“ ist ein zentraler Terminus sowohl im Familien- als auch im Kinder- und Jugendhilferecht. Wegen der vielschichtigen psychologischen, pädagogischen und juristischen Implikationen dieses Begriffs ist es bis heute nicht gelungen, eine eindeutige Definition zu schaffen. Vielmehr wird das Kindeswohl im jeweiligen Kontext interpretiert.

Kindeswohl ist richterlicher Grundsatz

- Im **Familienrecht** ist das Wohl des Kindes Leitlinie der elterlichen Sorge (§ 1627 BGB), für gerichtliche Entscheidungen (§ 1697a BGB), für Adoptionen (§ 1641 BGB), für gerichtliche Entscheidungen über Anträge auf Alleinsorge (§ 1671 Abs. 2 Satz 2 BGB), für Umgangsregelungen (§ 1684 Abs. 4 BGB) sowie für Auskunftsansprüche eines Elternteils (§ 1686 BGB).
- Die **Gefährdung des Kindeswohls** ist Anlass für einen Eingriff in die elterliche Sorge durch das Familiengericht nach § 1666 BGB.
- Für die **öffentliche Jugendhilfe** hat das Kindeswohl ebenso eine richtungweisende Funktion
  - für die Gewährung von Hilfen zur Erziehung (§§ 27 ff. SGB VIII),
  - für den Schutz von Kindern und Jugendlichen bei Gefahren (§ 1 Abs. 3 Ziff. 3 SGB VIII),

27 BVerfG 14, 119.
28 Siehe Schlüter, BGB-Familienrecht, 2012, Rn. 349.

- für die Inobhutnahme von Kindern und Jugendlichen (§ 42 Abs. 1 Ziff. 2 SGB VIII),
- für den Schutzauftrag des Jugendamtes bei Kindeswohlgefährdung (§ 8a SGB VIII).

Programmatik des Rechts auf Erziehung und Erziehungsziele

Eine wertende Entscheidung, inwieweit das Wohl eines Kindes betroffen ist, wird von Familiengerichten, Jugendhilfeträgern und Rechtsanwälten häufig verlangt. Programmatisch wird das Recht auf Erziehung und damit auf eine am Kindeswohl orientierte Persönlichkeitsentwicklung in § 1 Abs. 1 SGB VIII als **„Recht auf Förderung der Entwicklung und auf Erziehung zu einer eigenverantwortlichen und gemeinschaftsfähigen Persönlichkeit"** beschrieben. Als einziges Erziehungsziel hat der Gesetzgeber im Familienrecht die **Fähigkeit zum selbstständigen und verantwortungsbewussten Handeln** des Kindes aufgenommen (§ 1626 Abs. 2 BGB).

Mit dem folgenden Schaubild hat Dettenborn[29] den Versuch unternommen, wichtige Grundbedürfnisse von Kindern und Jugendlichen zu benennen und Risikofaktoren für das Kindeswohl aufzustellen.

Grundbedürfnisse	Risikofaktoren für das Kindeswohl
Nahrung, Pflege, Versorgung	Fehlernährung, mangelnde Gesundheitsvorsorge, Verhinderung notwendiger Heilmaßnahmen, mangelnder Schutz vor Suchtstoffen
Sicherheit, Geborgenheit	Bindungsbrüche, Personenverluste; Diskontinuität der Lebensbedingungen; eingeengter Wohn- und Lebensraum; Angsterzeugung
Emotionale Zuwendung in stabilen sozialen Beziehungen	Häufig wechselnde Bezugspersonen; Erleben von Feindseligkeit, Ablehnung, Kälte, Gleichgültigkeit, Desinteresse, Instrumentalisierung für Erwachseneninteresse; Belastung mit Konflikten anderer; Misshandlung, Missbrauch
Verlässliche Bindungen	Instabile emotionale Beziehungen; Mangel an Empathie und feinfühliger Fürsorge durch Bezugspersonen; Trennungsangst; Vorschädigung durch Verlassenwerden
Umwelterkundung	Misslingen sicherer Bindungen; mangelnde Anregung; inadäquate Reaktion auf Neugierverhalten bzw. Erkenntnisstreben; Missachtung von Fragephasen

29 Dettenborn, Kindeswohl und Kindeswille, München 2001, S. 50 ff.

Grundbedürfnisse	Risikofaktoren für das Kindeswohl
Anerkennung, Wertschätzung	Unangemessenes Anspruchsniveau; inadäquate Rückmeldung auf Sozial- und Leistungsverhalten; Kumulation von Misserfolgen im Sozial- und Leistungsverhalten; Überforderung; Abwertung/Verächtlichmachen des Kindes
Orientierung	Pendelerziehung; zu starre oder unklare Grenzen zwischen Kind und Erwachsenem; mangelnde Vermittlung von Moral- und Leistungsnormen, von Pflicht- und Verantwortungsbewusstsein; mangelnde Gelegenheit zur angemessenen Konfliktaustragung; mangelnde Identifikationsmöglichkeit und Vorbildwirkung von Bezugspersonen; chaotische Lebensbedingungen
Selbstbestimmung	Ausnutzen von Abhängigkeit; übermäßige Kontrolle, Missachtung angemessener Interessen und Verhaltensintentionen; Verhindern von Verantwortungsübernahme und Partizipation
Selbstverwirklichung	Verhindern von Individuation, Selbstreflexion, Selbstkontrolle; Einengen von Kreativität
Wissen/Bildung	Mangelnde Anregung und Förderung; Demotivierung im Leistungsbereich; Mängel in Bildungs- und Ausbildungssituationen

2. Formen des Sorgerechts

Erscheinungsformen Erwerb

Die elterliche Sorge kommt in drei rechtlichen Erscheinungsformen vor, der gemeinsamen Sorge, der Alleinsorge und als sog. kleines Sorgerecht. Sie kann über drei Wege erworben werden, kraft Gesetzes, durch Willenserklärung und aufgrund gerichtlicher Anordnung.

a) Gemeinsames Sorgerecht

Gemeinsame elterliche Sorge steht Eltern in folgenden Konstellationen zu:

- Eltern, die bei Geburt des Kindes verheiratet sind (§ 1626a i.V.m. § 1592 Nr. 1 BGB);
- wenn die Eltern nach der Geburt des Kindes heiraten und die Vaterschaft des Ehemannes der Mutter feststeht (§ 1626a Nr. 2 i.V.m. § 1592 Nrn. 2 und 3 BGB);
- nicht miteinander verheiratete Eltern, die eine Sorgeerklärung abgeben, sofern die Vaterschaft des Mannes feststeht (§ 1626a Nr. 1 i.V.m. §§ 1626b bis 1626e BGB);

- nicht miteinander verheiratete Eltern, denen das gemeinsame Sorgerecht vom Familiengericht übertragen wurde (§ 1626a Nr. 3, Abs. 2 BGB);
- getrennt lebende Eltern mit einem gemeinsamen Sorgerecht, deren Antrag auf Alleinsorge vom Familiengericht abgelehnt wird (§ 1671 Abs. 2 BGB).

b) Alleinsorgerecht

Ein Alleinsorgerecht hat ein Elternteil in folgenden Konstellationen inne:

- Die Mutter, die bei Geburt des Kindes ledig ist (§ 1626a Abs. 3 BGB);
- Mutter oder Vater, die nach der Trennung einen Antrag auf Alleinsorge gestellt haben und das Familiengericht diesem stattgegeben hat (§ 1671 BGB);
- Vater oder Mutter, die aufgrund von Störungen im Eltern-Kind-Verhältnis (Tod, Todeserklärung, Ruhen der e.S., Entzug) kraft Gesetzes oder gerichtlicher Anordnung das Alleinsorgerecht erhalten haben (§§ 1678, 1680, 1681 BGB).

c) Das „kleine Sorgerecht"

- Der Ehegatte eines alleinsorgeberechtigten Elternteils, der nicht Elternteil des Kindes ist (Stiefelternteil), hat im Einvernehmen mit dem sorgeberechtigten Elternteil die Befugnis zur Mitentscheidung in Angelegenheiten des täglichen Lebens des Kindes (§ 1687b BGB).

Dem Lebenspartner, der mit einem alleinsorgeberechtigten Elternteil eine Lebenspartnerschaft führt, steht im Einvernehmen mit dem alleinsorgeberechtigten Elternteil ein Mitentscheidungsrecht in Angelegenheiten des täglichen Lebens zu (§ 9 Lebenspartnerschaftsgesetz).[30]

30 Oberloskamp/Marx, Kindschaftsrechtliche Fälle, 2006, S. 39.

IV. Personensorge und Aufsichtspflicht

Die Personensorge umfasst vor allem die Pflicht und das Recht der Eltern das Kind zu pflegen, zu erziehen, zu beaufsichtigen und seinen Aufenthalt zu bestimmen (§§ 1626 und 1631 Abs. 1 BGB). Die Eltern bestimmen nach **Art. 6 Abs. 2 GG** die Erziehungsziele

Pflichten und Rechte der Eltern

1. Pflege und Erziehung

Den Kernbereich der Personensorge bilden **Pflege (Ernährung, Kleidung und Sorge für die Gesundheit)** und **Erziehung (sittliche, geistige und körperliche Entwicklung)** des Kindes. Nach **§ 1626 Abs. 2 BGB** ist die wachsende Fähigkeit und das wachsende Bedürfnis des Kindes zu selbständigem und verantwortungsbewusstem Handeln zu berücksichtigen.

Kernbereich der Personensorge

Die mit der **(Schul-)Ausbildung und Berufswahl** zusammenhängenden Weichenstellungen für die Persönlichkeitsentwicklung sowie für das künftige Erwerbsleben eines Kindes legen den Eltern besondere Verantwortung auf. Dabei spielen Talent und Fähigkeiten des Kindes eine Rolle. In **§ 1631a BGB** wird deshalb hervorgehoben, dass Eltern die Eignung und Neigungen des Kindes zu berücksichtigen haben.

Entwicklung der Persönlichkeit des Kindes

Ärztliche Behandlungen, insbesondere Operationen, sind nur gegen den Willen eines einsichtsfähigen Minderjährigen zulässig, wenn nachhaltige gesundheitliche Schäden zu befürchten sind. Weder Eltern noch Kinder können in eine **Sterilisation** einwilligen **(§ 1631c BGB).**

Medizin

Die **religiöse Erziehung** des Kindes wird bis zur Vollendung des 12. Lebensjahres nach **§ 1 RelKErzG** von den Eltern bestimmt, danach müssen Eltern den Willen des Kindes berücksichtigen. Nach Vollendung des 14. Lebensjahres kann das Kind sein religiöses Bekenntnis selbst bestimmen.

Religion

Durch das **„Gesetz zur Ächtung der Gewalt in der Erziehung"** vom 2.11.2000 wurde das **Recht aller Kinder auf gewaltfreie Erziehung** verankert **(§ 1631 Abs. 2 BGB).** Körperliche Bestrafungen, seelische Verletzungen und andere entwürdigende Maßnahmen sind unzulässig **(§ 1631 Abs. 2 Satz 2 BGB).** Das **Gewaltschutzgesetz** beschränkt sich nicht darauf, den Eltern eine gewaltfreie Erziehung zu gebieten, sondern verleiht den Kindern vielmehr einen Rechtsanspruch. Mit diesem Gewaltverbot in der Erziehung wurde Art. 19 UN-Kinderrechtekonvention erfüllt, die alle Vertragsstaaten verpflichtet, die „geeigneten Gesetzgebungsmaßnahmen zu treffen, um das Kind vor jeder Form körperlicher oder geistiger Gewalt zu schützen."

Recht des Kindes auf gewaltfreie Erziehung

2. Aufsichtspflicht[31]

Schadensersatz bei vernachlässigter Aufsichtspflicht

Schadensersatzansprüche gegen aufsichtspflichtige Eltern oder andere Betreuer (z.B. Kitas, Schulen, Jugendhilfeeinrichtungen) von Minderjährigen können erhebliche Dimensionen annehmen. An dieser Stelle findet eine Verschränkung zwischen Familienrecht und Deliktsrecht statt. Eltern haben nach **§ 1631 Abs. 1 BGB** das Kind vor einer Selbstgefährdung und einer Gefährdung durch Dritte zu bewahren. Kommen Eltern ihrer Aufsichtspflicht nicht nach, sind sie dem Kind oder Dritten gegenüber, die durch das Kind geschädigt wurden, **zum Schadensersatz verpflichtet (§ 1664; § 832 Abs. 1 BGB).**

Fall: Achim Artus – Spiel mit der Pistole

Der 14-jährige Achim wurde in seiner Familie schon früh mit Waffen vertraut gemacht. Sein Vater, Herr Artus, ist passionierter Jäger, der seine Urlaube gerne in Osteuropa mit der Großwildjagd verbringt. Achim hat seinen Vater mehrfach bei seinen Jagdausflügen begleitet. Er hat seine Vorliebe für kleinkalibrige Pistolen, die auch im Waffenschrank des Vaters lagern. Eines Tages nimmt Achim eine 7,65 Walther mit in die Schule, um seine Mitschüler zu beeindrucken. Auf dem Pausenhof löst sich bei der Demonstration versehentlich ein Schuss und durchschlägt den Unterarm von Beate, einer Mitschülerin. Bei der persönlichen Vernehmung stellt sich heraus, dass Achim den Schlüssel zu dem Waffenschrank seines Vaters aus dessen Nachttischschublade entwendet hatte.

Aufsichtspflicht

DEFINITION

Aufsichtspflicht ist die Verpflichtung, dafür zu sorgen, dass anvertraute Minderjährige oder aufsichtsbedürftige Volljährige sich nicht selbst oder Dritte schädigen (§ 832 BGB).

Rechtliche Verankerung

Die Aufsichtspflicht kann entweder auf gesetzlicher Grundlage oder auf vertraglicher Übernahme beruhen.

a. Gesetzliche Aufsichtspflicht

Zu den Aufsichtspflichtigen, die per Gesetz diese Verantwortung übertragen bekommen haben, gehören vor allem

- die sorgeberechtigten Eltern (§ 1631 Abs. 1 BGB);
- ein Vormund (§§ 1793, 1800 i.V.m. § 1631 BGB);
- ein Pfleger (§§ 1909, 1915 BGB);
- ein Betreuer (§§ 1896, 1901 BGB);
- sowie das Personal von öffentlichen Heil- und Pflegeanstalten.[32]

31 Kievel/Knösel/Marx, Recht für soziale Berufe, München 2013, S. 128 ff.
32 Vgl. Schleicher, Jugend- und Familienrecht, München 2014, S. 7.

b. Vertragliche Aufsichtspflicht

Übertragung der Aufsichtspflicht

Der Inhaber der Aufsichtspflicht kann die Ausübung auch auf andere übertragen **(Delegation),** etwa auf einen Verein, ein Jugendheim oder einen Kindergarten. Wird ein Minderjähriger in eine Einrichtung aufgenommen, schließt dies stillschweigend (konkludent) die Übernahme der Aufsichtspflicht ein.

Übernahme der Aufsichtspflicht für längere Zeit

Der Leiter einer Jugendgruppe oder sein Vertreter kann die Aufsichtspflicht durch formlosen Vertrag übernehmen, wenn er geschäftsfähig ist oder die Zustimmung seines gesetzlichen Vertreters zum Führen der Gruppe hat.

Eine vertragliche Übernahme der Aufsicht wird ebenfalls angenommen, wenn der Aufsichtsbedürftige bei Pflegeeltern oder Verwandten (z.B. Großeltern) für längere Zeit untergebracht ist. Dies setzt jedoch eine weitreichende Obhut von längerer Dauer und weitgehende Einwirkungsmöglichkeiten voraus.[33]

Bedingungen zur Übergabe der Aufsichtspflicht an Dritte

Wird die Aufsicht an eine Einzelperson delegiert, soll im Regelfall eine persönliche Verpflichtung begründet werden, die eine Weiterübertragung an Dritte ausschließt. Dagegen sieht man es bei Übernahme der **Aufsicht durch Träger sozialpädagogischer Einrichtungen** als selbstverständlich an, dass die Aufsicht rechtlich verbindlich an Heim- und Gruppenleiter, Erzieherinnen oder Praktikanten weitergegeben wird **(Subdelegation).** Die Rechtsprechung verlangt, dass diese Personen sorgfältig ausgewählt, unterrichtet und beaufsichtigt werden[34], besonders wenn Zivildienstleistende, ehrenamtliche Mitglieder von Organisationen und andere nicht voll ausgebildete „Berufsfremde" eingesetzt werden. Eine allgemeine Aufsichtspflicht bleibt für den Delegierenden weiterhin bestehen. So hat die Heimleitung ihre Erzieherinnen ausreichend anzuleiten, über die speziellen Anforderungen der Kinder zu informieren und zu überwachen.

c. Gefälligkeitsverhältnisse

Gefälligkeiten ohne vertragliche Verpflichtung

Die Aufsichtspflicht darf nicht überstrapaziert werden. Das hat der Bundesgerichtshof in seiner Rechtsprechung deutlich gemacht. Wenn etwa Eltern ihr Kind kurzzeitig bei Nachbarn abgeben, um Besorgungen zu erledigen oder Bekannte ein Kind gelegentlich im Auto zum Kindergarten mitnehmen, begründet dies in der Regel nur ein Gefälligkeitsverhältnis ohne vertragliche Verpflichtungen.[35] Wird jedoch ein Honorar vereinbart, kann dies ein Indiz für das Bestehen einer Aufsichtspflicht sein. Entscheidend aber ist, wie sich die Gefälligkeit einem objektiven Beobachter bei lebensnaher Betrachtung darstellt.

33 BGH in NJW 85, S. 678.
34 BGH in NJW 96, S. 1146.
35 Palandt/Sprau, BGB, München 2014, § 832, Rn. 8; OLG Hamm in MDR 99, S. 671.

d. Anforderungen an die Aufsicht

Der BGH zu Art und Umfang der Aufsicht

Minderjährige sind nach herrschender Meinung immer aufsichtsbedürftig.[36] Gesetzlich nicht definiert ist jedoch, wie und in welchem Umfang die Aufsicht wahrgenommen werden muss. Anhaltspunkte liefert die Rechtsprechung des Bundesgerichtshofs: *„Bei Kindern bestimmt sich das Maß der gebotenen Aufsicht nach Alter, Eigenart und Charakter, nach der Voraussehbarkeit des schädigenden Verhaltens sowie danach, was verständige Eltern nach vernünftigen Anforderungen in der konkreten Situation an erforderlichen und zumutbaren Maßnahmen treffen müssen, um Schädigungen Dritter durch ihr Kind zu verhindern."*[37]

Konkretisierung

Pädagogische Erkenntnisse sollen zur Auslegung dieser unbestimmten Begriffe herangezogen werden. Die Verletzung von Erziehungspflichten begründet alleine noch keine Haftung; der Verpflichtete muss konkreten Anlass haben, bestimmte Aufsichtsmaßnahmen zu treffen.

Anpassung der Aufsichtspflicht

Außer den genannten Kriterien sind der Entwicklungsstand des Kindes, Verhaltensauffälligkeiten und die von ihm ausgehenden Gefahren zu berücksichtigen.[38] Eine erhöhte Aufsichtspflicht ergibt sich bei Kindern, die in gefährlicher Umgebung spielen (Gartenteich, Baustelle) oder wenn die Vorliebe für gefährliche Aktionen bekannt ist (Vorliebe des Sohnes für Waffen).[39]

Konkret kann von einem Aufsichtspflichtigen verlangt werden,

Pflichten der Aufsichtsperson

- dass er sich über die Individualität des Kindes und seine Freizeitgestaltung informiert;
- dass er es über erkennbare Gefahren (z.B. durch gefährliches Spielzeug, Sportgeräte) belehrt;
- dass er vor Fehlverhalten warnt (z.B. Verbot, einen zugefrorenen Teich zu betreten) und zu richtigem Handeln ermahnt;
- dass er sich vergewissert, dass der Aufsichtsbedürftige verstanden hat, ob Weisungen (z.B. für den Straßenverkehr) befolgt werden;
- dass er bei Kindern, die zu gefährlichen Streichen oder Straftaten neigen, erhöhte Aufsicht beachtet;
- dass er bei Gefährdung Verbote durchsetzt (Wegschließen des Dreirads eines unvorsichtigen Vierjährigen oder von Streichhölzern; Ausschluss von einer Bergtour; Verhinderung des Ballspiels auf dem Gehweg).

---

36 Palandt/Sprau, a. a. O., zu § 832, Rn. 4.
37 BGH in NJW 93, S. 1103.
38 BGH in NJW 96, S. 1404.
39 OLG Frankfurt/M. in MDR 97, S. 1028.

e. Beweislast

Beweislast beim Aufsichtspflichtigen

Da der Geschädigte meist keinen Einblick in Organisation und konkrete Ausgestaltung der Aufsichtspflicht hat (z.B. in einer Kita), gelten veränderte Beweisregeln. Grundsätzlich muss der Geschädigte in Haftungsfällen immer nachweisen, dass der Schädiger den Schaden verschuldet hat. Bei der Aufsichtspflichtverletzung ist die Beweislast jedoch verändert **(Beweislastumkehr)**. Der Aufsichtspflichtige muss nämlich beweisen, dass ihn kein Verschulden triff. Wenn ein Aufsichtsbedürftiger einem Dritten widerrechtlich einen Schaden zufügt, stellt das Gesetz (§ 832 Abs. 1 BGB) eine doppelte Vermutung auf. Die Aufsichtspflicht wurde verletzt, und dadurch ist der Schaden eingetreten. Der Aufsichtspflichtige muss hingegen den Entlastungsbeweis antreten.

Kriterien der Beweisführung

Nur wenn der Aufsichtspflichtige nachweisen kann,

- dass er seiner Aufsichtspflicht genügt hat oder
- der Schaden auch bei ordnungsgemäßer Aufsichtsführung eingetreten wäre

muss er keinen Schadensersatz leisten (§ 832 Abs. 1 Satz 3 BGB).

Zum Fall: Achim Artus – Spiel mit der Pistole

Herr Artus, der Vater des 14-jährigen Achim, ist Inhaber einer gesetzlichen Aufsichtspflicht als sorgeberechtigter Elternteil (§ 1631 Abs. 1 BGB). Was den Umgang mit Pistolen angeht, kann er seine Aufsichtspflicht auch nicht stillschweigend an Mitarbeiter der Schule bzw. an den Klassenlehrer oder andere Lehrer delegieren. Nach der Rechtsprechung bestimmt sich das Maß der gebotenen Aufsicht nach dem Alter und Charakter des Kindes und nach der Voraussehbarkeit eines schädigenden Verhaltens. Maßstab ist, was vernünftige Eltern an erforderlichen Maßnahmen hätten treffen müssen. Herr Artus wusste, dass Achim ein Waffennarr ist. Er hatte ihn selbst an den Umgang mit Pistolen herangeführt. Er hätte ihm deutlich machen müssen, dass er nur in seiner Gegenwart mit Waffen hantieren darf. Außerdem hätte er dafür Sorge tragen müssen, dass Achim nicht relativ einfach Zugang zu dem Waffenschrank bekommt. Herr Artus hat somit seine Aufsichtspflicht gem. § 832 BGB verletzt und ist damit gegenüber der Geschädigten schadensersatzpflichtig.

Umgang mit Dritten

Die Aufsichtspflicht beinhaltet ferner, dass Eltern den **Umgang des Kindes bestimmen** können **(§ 1632 Abs. 2 BGB),** um schädliche Einflüsse Dritter von ihm fernzuhalten und das Kind vor Belästigungen zu schützen. Bei Streitigkeiten über den Umgang können Eltern eine Entscheidung des Familiengerichts beantragen **(§ 1632 Abs. 3 BGB).**

3. Aufenthaltsbestimmungsrecht

Bestimmung des Aufenthaltsortes

Das Aufenthaltsbestimmungsrecht ist wichtiger Bestandteil der Personensorge und gibt Eltern die Befugnis, über den Wohnort sowie über den Aufenthalt des Kindes bei Verwandten, in Pflegestellen, Kindertageseinrichtungen, Heimen etc. zu bestimmen **(§ 1631 Abs. 1 BGB)**. Im **Sorgerechtsstreit zwischen Eltern bei Trennung und Scheidung** spielt die Forderung nach dem alleinigen Aufenthaltsbestimmungsrecht oft eine gravierende Rolle. Dabei steht nicht immer das Bedürfnis des Kindes im Vordergrund, sondern häufig sind eigennützige Motive der Eltern ausschlaggebend, etwa um dem Partner auch noch das Kind wegzunehmen und ihn damit zu demütigen. Ein ungelöster Partnerkonflikt wird auf dem Rücken des Kindes ausgetragen.

Konflikte bei Scheidungen

Eltern haben ferner das Recht, die **Herausgabe des Kindes** von jedem zu verlangen, der es ihnen widerrechtlich vorenthält **(§ 1632 Abs. 1 BGB)**. Dieser Herausgabeanspruch kann auch gegenüber dem Noch-Ehepartner geltend gemacht werden, der ohne Absprache mit dem mitsorgeberechtigten Elternteil und gegen dessen Willen mit dem Kind umgezogen ist.

Kindeswohl steht im Vordergrund

In Sorgerechtsauseinandersetzungen zwischen leiblichen **Eltern und Pflegeeltern** wird von beiden Seiten primär mit dem Kindeswohl argumentiert. Hier gibt **§ 1632 Abs. 4 BGB** eine Richtung vor. Das Herausgaberecht der Eltern kann zeitweilig eingeschränkt sein, wenn das Kind längere Zeit in einer Pflegefamilie lebt und die Herausnahme des Kindes aus der Pflegefamilie das Wohl des Kindes gefährden würde. Das Familiengericht kann eine entsprechende Anordnung erlassen.

V. Vermögenssorge und gesetzliche Vertretung

Fall: Jonas – Grundlagen der Vermögenssorge

Großmutter Martha will ihrem 10-jährigen Enkel Jonas ein Sparbuch über 25.000,– € schenken. Da ihr Verhältnis zu ihrer Schwiegertochter äußerst angespannt ist, will sie jedoch sicher gehen, dass ihre Schwiegertochter nicht über das Geld verfügen kann. Sie befürchtet, ihre Schwiegertochter könnte das Geld verschwenden und für Jonas würde dann am Ende nicht mehr viel übrig bleiben.

▶ *Kann die Großmutter bestimmen, dass das Sparbuch nur von ihrem Sohn alleine verwaltet wird bis Jonas volljährig ist und ihre Schwiegertochter von der Verwaltung ausgeschlossen wird?*

Der Vater von Jonas hat schon klare Vorstellungen, wie er die 25.000,– € am besten Gewinn bringend anlegen wird. Er hält nicht viel von einer konservativen Geldanlage in Form eines Sparbuches. Die Zinsen auf Sparbücher seien momentan so niedrig, dass der Wertzuwachs von der Inflationsrate geschluckt werde. Der Vater von Jonas ist begeisterter Kunstsammler. Er hat kürzlich in einer Galerie ein Gemälde eines gerade in den letzten Jahren bekannt gewordenen russischen Künstlers gesehen, das für 22.000,– € zu erwerben ist. Er ist überzeugt, dass in den nächsten 10 – 20 Jahren ein erheblicher Wertzuwachs zu erzielen sei. Wenn er das Gemälde im Namen seines Sohnes kauft, hätte dies noch einen anderen angenehmen Nebeneffekt. An der Schönheit des Gemäldes könnte sich nicht nur Jonas, sondern auch er erfreuen.

▶ *Ist der Vater von Jonas im Rahmen der elterlichen Vermögenssorge berechtigt, das Geld seines Sohnes zum Kauf eines Kunstwerkes anzulegen?*

Vermögen des Kindes wird von beiden Elternteilen gemeinsam verwaltet

Grundsätzlich üben die Eltern eines Minderjährigen die **Vermögenssorge gemeinsam** aus **(§ 1626 i.V.m. § 1627 BGB).** Die Vermögenssorge umfasst die **Verwaltung des Vermögens** (§§ 1638 ff. BGB) sowie die **gesetzliche Vertretung** des Kindes (§ 1629 Abs. 1 Satz 1 BGB). Sie ermächtigt zur Inbesitznahme der Vermögensgegenstände, zur Erhaltung, zur Verfügung über diese sowie zum Erwerb von anderen Vermögensbestandteilen. Der Sorgeberechtigte ist grundsätzlich befugt, im Rahmen der Vermögenssorge Verpflichtungen zu Lasten des Kindes einzugehen. Die Vermögenssorge dient der **Erhaltung und Mehrung des Vermögens.** Die Eltern können frei über das Vermögen verfügen, soweit sie nicht gesetzlich beschränkt sind.

1. Beschränkungen der Vermögenssorge

Schenkung oder Nachlass

Die Vermögenssorge erstreckt sich grundsätzlich auf das gesamte Vermögen des Kindes. Ausgenommen ist jedoch das Vermögen, das ein Dritter dem Kind vererbt oder ihm schenkt und dabei angeordnet hat, dass die Eltern dieses Vermögen nicht verwalten sollen (§ 1638 Abs. 1 BGB).

Ergänzungspfleger

Einem Erblasser bzw. Schenker ist also vom Gesetzgeber die Möglichkeit eingeräumt worden, die Eltern von der Verwaltung dieses überlassenen Vermögens auszuschließen. Er braucht dies nicht zu begründen. Wenn beide Elternteile von der Vermögenssorge dieses Vermögensteils ausgeschlossen sind, muss für das verwaltungsfreie Vermögen ein Pfleger bestellt werden (§ 1909 Abs. 1 Satz 2 BGB).

Der Erblasser bzw. der Zuwendende hat dabei ebenfalls das Recht, einen bestimmten Pfleger zu bestimmen (§ 1917 Abs. 1 BGB).

Das Gesetz räumt dem Erblasser bzw. dem Schenkenden ebenfalls das Recht ein, nur einen Elternteil von der Verwaltung des Vermögens auszuschließen (§ 1638 Abs. 3 BGB). In diesem Fall verwaltet der andere Elternteil diesen bestimmten Vermögensteil alleine. Es ist nicht notwendig, einen Ergänzungspfleger zu bestellen.

Zum Fall Jonas:

In unserem Fall bedeutet dies, dass die Großmutter Martha die Option nutzen kann, ihre Schwiegertochter von der Verwaltung des geschenkten Sparbuches auszuschließen. Am besten erklärt sie dies schriftlich gegenüber den Eltern von Jonas sowie gegenüber der Bank. Aufgrund dieser Beschränkung der Verfügungsbefugnis darf die Bank das Geld nicht an die Schwiegertochter auszahlen.

2. Ordnungsgemäße und wirtschaftliche Verwaltung des Vermögens

Sicherung des Kindesinteresses

Der Gesetzgeber hat mit einigen Bestimmungen dafür Vorsorge getroffen, dass der Sorgeberechtigte das Vermögen des Kindes auch in dessen Interesse verwaltet. Dem Familiengericht werden gewisse Kontrollbefugnisse eingeräumt.

Kontrolle des Familiengerichtes in bestimmten Fällen

Nach § 1640 BGB muss der Sorgeberechtigte in bestimmten Fällen dem Familiengericht ein **Inventarverzeichnis über das Vermögen** des Kindes vorlegen. Das gilt einmal für Vermögen, das das Kind erbt oder in Folge eines Sterbefalles erwirbt, aber auch für unentgeltliche Zuwendungen oder für Abfindungen, die anstelle von Unterhalt gewährt werden (§ 1640 Abs. 1 BGB).

Kein Inventarverzeichnis

Die Inventarisierungspflicht ist den Eltern jedoch erlassen, wenn der Vermögenserwerb 15.000,– € nicht übersteigt oder der Erblasser bzw. der Zuwender eine anders lautende Anordnung getroffen hat (§ 1640 Abs. 2 BGB).

Grundsatz der Wirtschaftlichkeit

Die Pflicht des sorgeberechtigten Elternteils, das Geld des Kindes nach den **„Grundsätzen einer wirtschaftlichen Vermögensverwaltung"** anzulegen, ergibt sich aus § 1642 BGB. Der frühere Gesetzgeber hat den Vermögensverwalter verpflichtet, das Geld „mündelsicher" anzulegen, das heißt, es kamen nur eine beschränkte Auswahl von mündelsicheren Anlagemöglichkeiten in Betracht. Von dieser Einschränkung hat der heutige Gesetzgeber abgesehen und den Eltern einen größeren Spielraum zugestanden.

Unbestimmter Rechtsbegriff

Sie müssen jedoch die Grundsätze einer wirtschaftlichen Vermögensverwaltung beachten. Dieser Begriff ist jedoch gesetzlich nicht näher definiert.

Zum Fall Jonas:

Da Jonas das Sparbuch über 25.000,– Euro von seiner Großmutter aufgrund einer Schenkung erworben hat und es den Wert von 15.000,– Euro übersteigt, muss sein Vater als Verwalter des Vermögens dies dem Familiengericht gegenüber anzeigen. Etwas anderes wäre es, wenn die Großmutter in ihre Bestimmungen mit aufgenommen hätte, dass von der Anzeige gegenüber dem Familiengericht abgesehen werden soll.

Nehmen wir an, dass sich der Vater von Jonas bei dem Erwerb des Gemäldes vollkommen verspekuliert hat und der tatsächliche Wert des Gemäldes weitaus niedriger als der Kaufpreis liegt, muss der Vater Jonas gegenüber für den Verlustteil haften. Die Haftung der Eltern ist jedoch nach § 1664 i.V.m. § 276 BGB auf Vorsatz und grobe Fahrlässigkeit beschränkt. Fraglich ist, ob bei einem solchen Spekulationsgeschäft grobe Fahrlässigkeit angenommen werden kann. Weiterhin ist davon auszugehen, dass nur im äußersten Konfliktfall Kinder gegenüber ihren Eltern Schadensersatzansprüche durchsetzen.

Inwieweit jedoch eine Gefährdung des Kindesvermögens angenommen werden kann, erscheint recht problematisch. Grundsätzlich wird das Familiengericht mit seiner Sachkenntnis überfordert sein, festzustellen, ob der Erwerb eines Gemäldes den Grundsätzen einer wirtschaftlichen Verwaltung entspricht oder ob das Vermögen gefährdet ist. Es wird vor einer Entscheidung einen Kunstsachverständigen hinzuziehen.

Weitere Maßnahmen bei Gefährdung des Kindesvermögens

Eine weitere **Kontrollinstanz bei Gefährdung des Kindesvermögens** ist durch das Familiengericht geschaffen. Nach **§§ 1666 Abs. 1, 1667 BGB** ist das Familiengericht von Amts wegen verpflichtet, die erforderlichen Maßnahmen zu treffen, falls der Vater oder die Mutter die mit der Vermögenssorge verbundenen Pflichten verletzt oder zu verletzen droht oder in Vermögensverfall gerät. Aber auch hier gilt die Maxime: „Wo kein Kläger, da kein Richter". Selbstverständlich wird das Familiengericht nur tätig, wenn ihm eine Gefährdung des Kindesvermögens bekannt wird.

In unserem Fall könnte das Familiengericht anordnen, das Geld des Kindes in bestimmter Weise sicher anzulegen (§ 1667 Abs. 2 BGB).

3. Genehmigungspflichtige Geschäfte

Wegen ihrer wirtschaftlichen Bedeutung ist bei einigen Geschäften die Genehmigung des Familiengerichts erforderlich. Welche Geschäfte im Einzelnen genehmigungspflichtig sind, ergibt sich aus den §§ 1643, 1821, 1822 BGB. Dies sind im Wesentlichen die Ausschlagung einer Erbschaft (§ 1643 Abs. 2 BGB) sowie Grundstücksgeschäfte nach § 1821 BGB.

4. Die gesetzliche Vertretung

Rechtliche Vertretung des Kindes

Nach **§ 1629 Abs. 1 Satz 1 BGB sind die Sorgeberechtigten gesetzliche Vertreter des Kindes.** Dies sind in der Regel die Eltern, die Verträge für das minderjährige Kind abschließen. Die gesetzliche Vertretung resultiert aus der elterlichen Sorge. Wenn das Familiengericht einem Elternteil oder beiden Eltern die elterliche Sorge ganz oder teilweise entzogen hat (§§ 1666 ff., 1671 ff. BGB), so ist die Berechtigung zur Vertretung ebenso betroffen. Die Eltern vertreten das Kind gemeinsam (§ 1629 Abs. 1 Satz 2 BGB).

Bei alleinigem Sorgerecht auch alleiniges Vertretungsrecht

Allein vertretungsbefugt ist ein Elternteil, wenn er die elterliche Sorge allein ausübt, wie etwa bei einer richterlichen Anordnung nach einer Trennung gem. § 1671 BGB, oder wenn ihm die Entscheidung der betreffenden Frage nach § 1628 Abs. 1 BGB vom Familiengericht übertragen worden ist (§ 1629 Abs. 1 Satz 3 BGB).

5. Ausschluss der gesetzlichen Vertretung

Fall: Helga Kaufmann – Verbot des Selbstkontrahierens ?

Die Eheleute Kaufmann wollen ihrer 13-jährigen Tochter Helga einen Anteil an einer GmbH im Wert von 50.000,– € schenken. Herr Kaufmann ist gut verdienender Zahnarzt und hatte seinerzeit Gesellschaftsanteile an einer GmbH erworben, die ein umfangreiches Immobilienprojekt betreibt, um Steuern zu sparen. Da für den Bau der Wohnanlage in den ersten Jahren keine Gewinne anfielen, sondern im Gegenteil erhebliche Investitionen notwendig waren, konnte er Verluste in seiner Steuererklärung abschreiben und so Einkommenssteuern sparen. Mittlerweile ist die Wohnanlage gut vermietet und wirft Gewinne ab. Vorwiegend aus steuerlichen Gründen will er daher seiner Tochter Helga diesen GmbH-Anteil übertragen. Es handelt sich dabei um eine stille Beteiligung, die für den Inhaber weder mit einer persönlichen Haltung noch mit einer Gründungshaftung verbunden ist.

▶ *Kann Herr Kaufmann die Übertragung des Gesellschaftsanteils vornehmen, obwohl er gleichzeitig als Schenkender sowie als gesetzlicher Vertreter seiner Tochter handelt und es somit zu einer Interessenkollision kommen könnte?*

Fallkonstellationen

Vater und Mutter können das Kind nicht vertreten (§ 1629 Abs. 2 Satz 1 BGB), wenn auch ein Vormund nach § 1795 das Kind nicht vertreten könnte. § 1795 Abs. 1 Nr. 1 bis 3 BGB nennt Konstellationen, die einen Interessengegensatz zwischen dem Kind und seinem Vertreter provozieren können. Als Beispiel nennt das Gesetz ein Rechtsgeschäft zwischen einem

Elternteil und dem anderen Elternteil, seinem Lebenspartner oder einem Verwandten in gerader Linie auf der einen Seite und dem Kind auf der anderen Seite (§ 1629 Abs. 2 Satz 1, § 1795 Abs. 1 Nr. 1 BGB). Einen solchen Vertrag kann der Vertreter nur abschließen, wenn damit eine Verbindlichkeit erfüllt wird.

Vertreter und Geschäftspartner

Außerdem dürfen **Eltern keine Rechtsgeschäfte zwischen sich und dem vertretenen Kind oder zwischen mehreren von ihnen vertretenen Kinder abschließen.**[40] Dies ergibt sich aus § 1795 Abs. 2 i.V.m. § 181 BGB: das sog. Verbot des Selbstkontrahierens.

Zum Fall Helga Kaufmann:

Für unseren Fall hätte der eindeutige Gesetzestext des § 181 BGB zur Folge, dass Herr Kaufmann gegen das Verbot des Selbstkontrahierens nur dann nicht verstößt, wenn das Geschäft **„in der Erfüllung einer Verbindlichkeit"** besteht. Bei einer Schenkung bzw. einer Übertragung eines Geschäftsanteils handelt es sich aber nicht um die Erfüllung einer Verbindlichkeit. Um hier nicht zu unbilligen Ergebnissen zu kommen, hat der **Bundesgerichtshof den Anwendungsbereich der §§ 1795 und 181 BGB eingeschränkt.**[41] Der BGH führt aus, dass ein gesetzlicher Vertreter eines Minderjährigen mit sich und dem Minderjährigen ein Geschäft durchführen kann, wenn der Minderjährige/Vertretene **„lediglich einen rechtlichen Vorteil erhält."** Dieses Argument wurde aus § 107 BGB abgeleitet, wonach ein beschränkt geschäftsfähiger Minderjähriger die Einwilligung seines gesetzlichen Vertreters zu einer Willenserklärung nur benötigt, wenn er nicht lediglich einen rechtlichen Vorteil erlangt. Somit ist die früher viel erörterte Frage, ob Eltern ohne Bestellung eines Pflegers ihrem Kind Schenkungen machen können, zu bejahen, weil eine Schenkung dem Kind lediglich einen rechtlichen Vorteil bringt. Dies bedeutet, dass die Eheleute Kaufmann als gesetzliche Vertreter des Kindes handeln, auch wenn Herr Kaufmann Helga einen Gesellschaftsanteil schenkungsweise überträgt. Daneben handelt es sich bei der Übertragung eines Geschäftsanteils, der keine persönliche Haftung bzw. keine Gründungshaftung des Gesellschafters nach sich zieht, um kein genehmigungspflichtiges Rechtsgeschäft nach § 1643 Abs. 1 i.V.m. § 1822 Nr. 3 BGB.

40 Vgl. Schlüter, BGB-Familienrecht, 2012, Rn. 378.
41 BGH in FamRZ, 1989, S. 945, 946.

Quick-Info: Vermögenssorge und gesetzliche Vertretung

	Die **Vermögenssorge** umfasst alle tatsächlichen und rechtlichen Maßnahmen, die der Erhaltung, Verwahrung und Verwertung des Kindesvermögens dienen. **Regelungen: § 1638 bis 1649 BGB; § 1667 BGB; §§ 1698 bis 1698b BGB**
I. Grundsätze	**1. Anlage von Geld (§ 1642 BGB)** • Eltern müssen das Geld ihres Kindes nach den Grundsätzen einer wirtschaftlichen Vermögensverwaltung anlegen. **2. Verwendung der Einkünfte des Kindesvermögens (§ 1649 BGB)** • Einkünfte des Kindesvermögens, die nicht zur ordnungsmäßigen Verwaltung des Vermögens benötigt werden, sind für den Unterhalt des Kindes zu verwenden. • Reichen diese Einkünfte nicht aus, können Eltern auch Einkünfte verwenden, die das Kind durch seine Arbeit erwirbt (§ 1649 Abs. 1 BGB). • Darüber hinaus sind Eltern berechtigt, Einkünfte des Vermögens des Kindes für ihren eigenen Unterhalt oder den der minderjährigen unverheirateten Geschwister zu verwenden, soweit es der „Billigkeit" entspricht. Diese Befugnis erlischt mit der Eheschließung des Kindes (§ 1649 Abs. 2 BGB). **3. Beschränkte Haftung der Eltern (§ 1664 BGB)** • Eltern haben bei der Ausübung der Vermögenssorge nur für die Sorgfalt einzustehen, die sie in eigenen Angelegenheiten anzuwenden pflegen (§§ 1664, 277 BGB → grobe Fahrlässigkeit und Vorsatz). • Eltern haften als Gesamtschuldner, wenn sie beide für einen Schaden verantwortlich sind.

II. Beschränkungen	**1. Ausschluss der Vermögensverwaltung (§ 1638 BGB)** • Eltern sind von der Verwaltung des Kindesvermögens ausgeschlossen, wenn der Erblasser oder der Zuwendende dies durch letztwillige Verfügung bestimmt hat. • Durch eine letztwillige Verfügung kann auch bestimmt werden, dass nur ein Elternteil das Vermögen verwalten soll. **2. Genehmigungspflichtige Rechtsgeschäfte (§§ 1643, 1821, 1822 BGB)** • Bei bestimmten, wirtschaftlich bedeutsamen Rechtsgeschäften für das Kind benötigen die Eltern die Genehmigung des Familiengerichts: → z.B. die Übertragung eines Grundstücks; → die Ausschlagung einer Erbschaft oder für den Verzicht auf einen Pflichtteil; → weitere genehmigungspflichtige Geschäfte: § 1821 und § 1822 BGB
III. Gefährdung des Kindesvermögens (§ 1667 BGB)	• Bei Gefährdung des Kindesvermögens muss das Familiengericht erforderliche Maßnahmen treffen. • Das Familiengericht kann den Eltern aufgeben, → ein Verzeichnis über das Vermögen des Kindes anzulegen, (gegebenenfalls muss das Verzeichnis auch durch eine zuständige Behörde oder einen Notar aufgenommen werden) oder → das Geld des Kindes in bestimmter Weise anzulegen. • Bei Gefährdung des Kindesvermögens kann das Familiengericht den Eltern eine „Sicherheitsleistung" für das ihrer Verwaltung unterliegende Vermögen auferlegen.
IV. Gesetzliche Vertretung des Kindes (§ 1629 BGB)	• Die gesetzliche Vertretung des Kindes berechtigt die Eltern, das Kind bei der Vornahme von Rechtsgeschäften zu vertreten und alle Rechtshandlungen vorzunehmen, die zum Wohl des Kindes notwendig sind.

	1. Gemeinschaftliche Vertretung der Eltern (§ 1629 Abs. 1 Satz 2 BGB) • Grundsätzlich vertreten die Eltern das Kind gemeinschaftlich und sind **„Gesamtvertreter":** → Eltern können sich gegenseitig ausdrücklich oder stillschweigend zur Vertretung des Kindes bevollmächtigen. → Handelt ein Elternteil jedoch ohne Bevollmächtigung des anderen, können auf diese Weise zustande gekommene Verträge unwirksam werden **(§ 177 Abs. 1 BGB).** **2. Alleinige Vertretung durch ein Elternteil** • Zur alleinigen Vertretung ist ein Elternteil berechtigt, wenn er die elterliche Sorge allein ausübt **(z.B. §§ 1671 f. BGB),** oder wenn ihm die alleinige Entscheidung über eine bestimmte Frage durch das Familiengericht übertragen worden ist **(§ 1629 Abs. 1 Satz 3 BGB).** • Ein Elternteil ist auch dann zur alleinigen Vertretung des Kindes berechtigt, wenn sich das Kind in seiner Obhut befindet und es darum geht, Unterhaltsansprüche dem anderen Elternteil gegenüber durchzusetzen **(§ 1629 Abs. 2 Satz 2 BGB).** **3. Ausschluss der Vertretung** • Eltern sind von der Vertretung ihres Kindes ausgeschlossen, wenn ein Vormund von der Vertretung seines Mündels ausgeschlossen wäre (§ 1629 Abs. 2 i.V.m. § 1795 BGB); → d.h., wenn es sich um Rechtsgeschäfte mit ihm selbst, seinem Ehegatten, Lebenspartner oder seinem Verwandten in gerader Linie einerseits und dem Kind/ Mündel andererseits handelt. • Ist den Eltern die elterliche Sorge ganz oder teilweise entzogen (§ 1666 ff, 1671 f. BGB), entfällt auch die Berechtigung zur gesetzlichen Vertretung.

VI. Elterliche Sorge nicht verheirateter Eltern

Entwicklung der Gleichstellung nichtehelicher Kinder

Die Prinzipien des alten Kindschaftsrechts vor 1998 bezogen auf das Rechtsverhältnis nichtehelicher Kinder zu ihren Eltern wurden als äußerst unbefriedigend kritisiert. So versagte es dem Vater eines nichtehelichen Kindes jegliche Teilhabe am Sorgerecht. Darüber hinaus wurde ihm kein eigenständiges Umgangsrecht zugestanden. Sein Kontakt zu dem Kind war vorwiegend von dem Willen der Mutter abhängig. Zugleich wurde der automatische Eintritt einer Amtspflegschaft, ausgeübt vom Jugendamt, als Zwangspflegschaft und Einmischung in private Angelegenheiten empfunden. Der Verfassungsauftrag aus Art. 6 V GG, gleiche Bedingungen für eheliche wie für nichtehelich geborene Kinder zu schaffen, wurde angemahnt.

Die Neufassung des elterlichen Sorgerechts für nichteheliche Kinder wurde damit zu einem Kernstück der Reform des Kindschaftsrechts von 1998.

Elterliche Sorge nichtehelicher Kinder wurde angeglichen

Die aktuellen gesetzlichen Normen kennen keinen besonderen Titel zur elterlichen Sorge für nichteheliche Kinder mehr. Die elterliche Sorge für das nichteheliche Kind unterliegt den allgemeinen Vorschriften (§§ 1626 ff. BGB). Die früher automatisch mit Geburt eines nichtehelichen Kindes eingetretene Amtspflegschaft des Jugendamtes wurde durch eine freiwillige Beistandschaft der Jugendbehörde abgelöst.

Die wesentliche Neuerung der Kindschaftsrechtsreform war es, dass seit 1998 Eltern eines nichtehelichen Kindes die gemeinsame elterliche Sorge begründen können. Weiterhin ist dem Vater eines nichtehelichen Kindes, wenn die Mutter die Alleinsorge behält, ein eigenständiges Umgangsrecht eingeräumt. Es wird nicht unterschieden zwischen dem Umgangsrecht für eheliche und für nichteheliche Kinder.

Forderungen des Europäischen Gerichtshofes

Durch Interventionen des Europäischen Gerichtshofs für Menschenrechte sowie des Bundesverfassungsgerichts[42] war der Gesetzgeber gezwungen, mit dem **„Gesetz zur Reform der elterlichen Sorge nicht miteinander verheirateter Eltern,“** in Kraft seit 19.5.2013 (BGBl. I Seite 795), Väter weitergehende Rechte einzuräumen.[43]

Seitdem ist es Vätern nichtehelicher Kinder möglich, auch gegen den Willen der Mutter – durch Beschluss des Familiengerichts – die gemeinsame elterliche Sorge zu erhalten.

42 BVerfG in FamRZ 2010, S. 1403.
43 Siehe Huber/Antomo (2013), 665.

Fall: Murdoch/Hermes – Elterliche Sorge nicht verheirateter Eltern

Beatrix Murdoch (25 Jahre) und Roman Hermes (34 Jahre) haben eine gemeinsame Tochter Sophia (3 Jahre). Herr Hermes hat gleich nach der Geburt die Vaterschaft von Sophia rechtswirksam anerkannt. Frau M. und Herr H. haben die vergangenen fünf Jahre in nichtehelicher Gemeinschaft in Königslutter zusammengelebt. Die Eltern haben sich die Erziehung und Pflege von Sophia geteilt. Frau Murdoch hat auch nach der Geburt von Sophia stets eine Halbtagsstelle als Optikerin ausgeübt. Ihre Arbeitszeit liegt an den Nachmittagen. Herr Hermes hat seine Arbeitszeit als freiberuflicher Kinderbuchillustrator nach Belieben einrichten können. Er hat die Betreuung von Sophia an den Nachmittagen übernommen. Sophia besucht neuerdings vormittags den Kindergarten in Königslutter und hat zu beiden Eltern ein gutes Verhältnis.

Frau M. und Herr H. beabsichtigen nun, ihr partnerschaftliches Engagement um die Erziehung von Sophia auch rechtlich zu dokumentieren. Sie empfinden es als unbefriedigend, dass formal Frau Murdoch die alleinige Sorgeberechtigte ist. Sie wollen ihre tatsächlich ausgeübte gemeinsame Sorge um Sophia rechtlich verankern.

1. *Welche Schritte müssen die Eltern von Sophia unternehmen, um ihre gemeinsame Sorge rechtlich abzusichern? Welche Konsequenzen hat dies?*

Variante:

Vor drei Monaten haben sich Frau M. und Herr. H. getrennt. Den Trennungskonflikt hat eine neue Partnerschaft von Herrn H. ausgelöst. Frau M. ist aus der gemeinsamen Wohnung in eine 2-Zimmer-Wohnung einige Straßen entfernt gezogen und ist nun ganztags tätig. Sie hat Sophia gegen den Willen von Herrn H. mitgenommen und bei ihrer Mutter Elisabeth Murdoch (52 Jahre) in Salzgitter untergebracht. Die Wochenenden verbringt Beatrix Murdoch mit ihrer Tochter.

Herr Hermes ist der Meinung, dass es für die Entwicklung von Sophia besser sei, wenn sie während der Woche bei ihm wohnt und die Wochenenden bei ihrer Mutter verbringt. Dann müsste Sophia auch nicht den Kindergarten und ihre angestammte Umgebung wechseln. Frau Murdoch wehrt diesen Vorschlag ab. Herr Hermes wendet sich an seine Anwältin und bittet um Aufklärung über seine Elternrechte.

2. *Welchen Rechtsrat wird die Anwältin erteilen, wenn*
   a) *Herr H. und Frau M. schon eine Sorgeerklärung abgegeben hatten,*
   b) *keine Sorgeerklärung abgegeben haben?*

1. Alleinsorge der Mutter

Mutter hat i.d.R. bei nichtehelichen Kindern Sorgerecht

Bei Geburt eines Kindes, dessen Eltern nicht miteinander verheiratet sind, steht die **Alleinsorge für das Kind grundsätzlich der Mutter** zu (§ 1626a Abs. 3 BGB). Wenn die Kindesmutter noch minderjährig ist, tritt bei Geburt des Kindes eine Vormundschaft ein, und das Jugendamt wird zum Vormund (§ 1791c BGB). Es ist aber auch möglich, schon vor der Geburt einen Vormund zu bestellen, z.B. einen Großelternteil (§ 1791c BGB).

Beratungsgespräche durch das Jugendamt

Das **Jugendamt ist zur Beratung für die Mutter eines nichtehelichen Kindes verpflichtet** (§ 52a SGB VIII). Es hat seine Unterstützung für die Vaterschaftsfeststellung und die Geltendmachung von Unterhaltsansprüchen für das Kind anzubieten und auf die Möglichkeit, eine Beistandschaft zu beantragen, hinzuweisen. Das Jugendamt soll die Mutter darüber belehren, dass die Elternteile auch die gemeinsame elterliche Sorge ausüben können.

2. Gemeinsame elterliche Sorge durch Sorgeerklärung

Die Eltern haben die Option, mit einer **Sorgeerklärung** ein gemeinsames elterliches Sorgerecht zu begründen (§ 1626a Abs. 1 Nr. 1 BGB). Das gemeinsame Sorgerecht für nichteheliche Kinder tritt demnach nicht automatisch ein. Es gilt das **Antragsprinzip.**

Voraussetzungen

Die Sorgeerklärungen der Eltern unterliegen bestimmten formalen Voraussetzungen. Sie dürfen nicht mit einer Bedingung oder einer Befristung versehen werden (§ 1626b Abs. 1 BGB). Sie müssen höchstpersönlich von beiden Elternteilen abgegeben werden (§ 1626c Abs. 1 BGB), und sie bedürfen öffentlicher Beurkundung (§ 1626d Abs. 1 BGB). Zuständig hierfür sind Notare (§ 20 Abs. 1 Bundesnotarordnung) sowie Jugendämter (§ 59 Abs. 1 Satz 1 Nr. 8 SGB VIII). Eine inhaltliche Prüfung, ob die gemeinsame Sorge dem Wohl des Kindes dient, findet nicht statt. Außerdem wird nicht zur Voraussetzung gemacht, dass die Eltern zusammenleben, ansonsten würde wieder eine Diskriminierung nichtehelicher gegenüber ehelichen Kindern festgeschrieben.

Verbindlichkeit

Eine einmal begründete gemeinsame elterliche Sorge durch eine Sorgeerklärung hat weitgehende Bindungswirkungen. Den Eltern ist es grundsätzlich verwehrt, durch eine gemeinsame Entscheidung und durch eine gemeinsame Erklärung sich wieder von der gemeinsamen elterlichen Sorge zu lösen. Sie können sich nicht etwa an das Jugendamt oder einen Notar wenden und durch eine Art Aufhebungsvertrag ihre Sorgeerklärung wieder rückgängig machen. In einem Beratungsgespräch sollte ihnen daher verdeutlicht werden, dass sie mit Abgabe einer Sorgeerklärung eine langfristige Entscheidung treffen, die nicht so ohne weiteres aufhebbar ist. Inwieweit an diesem Punkt der Staat zu stark in die Privatautonomie und die autonome Ausgestaltung der elterlichen Sorge eingreift, steht auf einem anderen Blatt. M.E. sollte den

Eltern mehr Autonomie eingeräumt werden. In diesem Kontext gängelt der Staat die unverheirateten Eltern und stellt ihre Mündigkeit in Frage.

Auflösung nur durch Familiengericht

Aus dem Kindschaftsrecht lässt sich somit der **Grundsatz ableiten, dass eine einmal durch eine Sorgeerklärung begründete gemeinsame elterliche Sorge nur durch Einschaltung des Familiengerichtes aufgelöst werden kann.**

Zum Fall Murdoch/Hermes:

Frau Murdoch hat bei Geburt die Alleinsorge für Sophia inne. Gem. § 52a SGB VIII hat die Mutter einen Anspruch auf Beratung und Unterstützung durch das Jugendamt. Das Jugendamt wird sie u.a. darauf hinweisen, in welcher Weise das unverheiratete Paar die gemeinsame elterliche Sorge begründen kann. Frau Murdoch und Herr Hermes sollten in dem Beratungsgespräch darauf hingewiesen werden, dass die gemeinsame elterliche Sorge für ein Kind als langfristige Verantwortung beider Elternteile verstanden wird, die wiederum nur durch ein Gericht geändert werdend kann.

3. Antrag auf gemeinsame elterliche Sorge durch den Vater

Europäischer Gerichtshof rügt Diskriminierung deutscher Väter

Der Europäische Gerichtshof für Menschenrechte (EuGHMR) rügte in einem Urteil vom 3.12.2009[44] das damalige deutsche Familienrecht, wonach Väter nichtehelicher Kinder nur mit Zustimmung der Mutter die gemeinsame elterliche Sorge erhalten können (§ 1626a BGB a.F.). Dies diskriminiere diese Vätergruppe und verstoße gegen die Europäische Menschenrechtskonvention. Das Bundesverfassungsgericht (BVerfG) schloss sich mit einem Beschluss vom 21. Juli 2010 der Rechtsauffassung des EuGHMR an und erklärte den damaligen § 1626a BGB für verfassungswidrig.[45]

Zur Vorgeschichte

Der Fall Zaunegger

Herr Zaunegger ist Vater einer 1995 nicht ehelich geborenen Tochter. Die Eltern trennten sich nach fünf Jahren Beziehung im Jahr 1998. Seitdem lebte die Tochter bei Herrn Zaunegger, während die Mutter in einer eigenen Wohnung im selben Haus wohnte. Eine gemeinsame Sorgerechtserklärung gaben die Eltern nicht ab, die elterliche Sorge lag nach dem damaligen § 1626a Abs. 2 BGB allein bei der Mutter.

Nachdem die Tochter 2001 zu ihrer Mutter zog, begannen die Streitigkeiten zwischen beiden Elternteilen. Mit Hilfe des Jugendamtes Köln Nippes konnte eine Einigung erzielt und ein Umgang von zusammengefasst ca. vier Monaten im Jahr ausgehandelt werden.

44 Siehe EuGHMR (2009) in FamRZ 2010, S. 103 ff.
45 FamRZ 2010, S. 1403 ff., siehe Huber/Antomo (2013), 665.

Zeitgleich stellte Herr Zaunegger einen Antrag auf gemeinsames Sorgerecht, da die Mutter einer Sorgerechtserklärung, trotz guter Verständigung beiderseits, nicht zustimmte.

Im Juni 2003 wies das Amtsgericht Köln den Antrag zurück. Eine persönliche Anhörung wurde nicht durchgeführt. Man berief sich auf den alten § 1626a BGB, wonach ein gemeinsames Sorgerecht nur erlangt werden konnte, wenn eine gemeinsame Sorgerechtserklärung, eine Eheschließung der Eltern oder eine gerichtliche Regelung nach §1672 Abs. 1 BGB a.F. (hier wurde ebenfalls die Zustimmung des anderen Elternteils benötigt) vorläge. Das Oberlandesgericht sowie das Bundesverfassungsgericht lehnten noch in 2003 die Beschwerden von Herrn Zaunegger ab.[46]

Erst die 2004 eingereichte Individualbeschwerde gegen die Bundesrepublik Deutschland beim Europäischen Gerichtshof für Menschenrechte wurde 2008 als zulässig erklärt. Herr Zaunegger machte geltend, dass sein Recht auf Achtung seines Familienlebens von den innerstaatlichen Gerichten nicht anerkannt und er als unverheirateter Vater diskriminiert werde.[47] Der § 1626a Abs. 2 BGB a.F. stelle eine Diskriminierung nach Artikel 14 i.V.m. Artikel 8 der Europäischen Menschenrechtskonvention dar.

Artikel 8 lautet:

„1. Jede Person hat das Recht auf Achtung ihres Privat- und Familienlebens, ihrer Wohnung und ihrer Korrespondenz.

2. Eine Behörde darf in die Ausübung dieses Rechts nur eingreifen, soweit der Eingriff gesetzlich vorgesehen und in einer demokratischen Gesellschaft notwendig ist für die nationale oder öffentliche Sicherheit, für das wirtschaftliche Wohl des Landes, zur Aufrechterhaltung der Ordnung, zur Verhütung von Straftaten, zum Schutz der Gesundheit oder der Moral oder zum Schutz der Rechte und Freiheiten anderer."

Artikel 14 lautet wie folgt:

„Der Genuss der in dieser Konvention anerkannten Rechte und Freiheiten ist ohne Diskriminierung insbesondere wegen des Geschlechts, der Rasse, der Hautfarbe, der Sprache, der Religion, der politischen oder sonstigen Anschauung, der nationalen oder sozialen Herkunft, der Zugehörigkeit zu einer nationalen Minderheit, des Vermögens, der Geburt oder eines sonstigen Status zu gewährleisten."[48]

Nach Anhörung und Prüfung des Falles kommt der EuGHMR zu dem Entschluss, dass Artikel 14 i.V.m. Artikel 8 verletzt wurde.[49] Der Gerichtshof ging konträr zur deutschen Regierung nicht davon aus, dass ein gemeinsames Sorgerecht gegen den Willen der Mutter dem Kindeswohl widerspreche. Ferner seien europäische Tendenzen zu berücksichtigen, die zum größten Teil eine Prüfung der innerstaatlichen Gerichte vorsieht sowie die

46 Siehe EuGHMR a.a.O.
47 Siehe EuGHMR a.a.O.
48 EuGHMR a.a.O., S. 104.
49 Siehe EuGHMR a.a.O., S. 106.

Tendenz zur Zunahme nicht verheirateter Eltern. Weiterhin erkannte der Europäische Gerichtshof eine Diskriminierung gegenüber verheirateten Vätern, die ihr Sorgerecht nach einer Trennung beibehalten. Ein genereller Ausschluss einer gerichtlichen Überprüfung bezüglich der feststehenden Alleinsorge der Mutter verfolge nicht das Ziel, das Kindeswohl zu schützen.[50]

Erst in einer späteren Entscheidung korrigiert das Bundesverfassungsgericht[51] seine frühere Rechtsauffassung und stellt sich hinter den Europäischen Gerichtshof. Die Abhängigkeit der väterlichen Sorge vom Willen der Mutter und ohne die Möglichkeit einer gerichtlichen Prüfung, ob dem Kindeswohl eine gemeinsame Sorge oder die alleinige Sorge des Vaters nütze, stelle einen unverhältnismäßigen Eingriff dar. Der Gesetzgeber sei zur Sicherstellung des Kindeswohles angehalten, gerichtlich überprüfen zu lassen, ob eine gemeinsame Sorge, die alleinige Sorge der Mutter oder die alleinige Sorge des Vaters dem Wohl des Kindes am ehesten entspräche. Des Weiteren zeigten Untersuchungen, dass die Ablehnung einer Sorgerechtserklärung oftmals nicht auf Kindeswohlerwägungen beruht. Häufig führten persönliche Konflikte und vorherige Verletzungen zur Ablehnung.[52]

Neues Recht seit 2013

Beide höchstrichterliche Urteile veranlassten die Stärkung der Rechte nichtehelicher Väter durch das **„Gesetz zur Reform der elterlichen Sorge nicht miteinander verheirateter Eltern“**, in Kraft seit 19.5.2013 (BGBl. I Seite 795).

Im Wesentlichen wurde § 1626a Abs. 1 BGB durch Nr. 3 erweitert, § 1671 BGB neu gefasst, § 1672 BGB abgeschafft und ein beschleunigtes Verfahren entsprechend § 155a FamFG eingeführt.[53]

Antrag auf gemeinsame Sorge beim Familiengericht

Nach neuem Recht erhält die elterliche Sorge nicht verheirateter Eltern weiterhin zunächst die Mutter. Gem. § 1626a Abs. 1 Nr. 3, Abs. 2 BGB ist es nun jedem Elternteil möglich, beim Familiengericht die gemeinsame Sorge zu beantragen. Wenn dies dem Kindeswohl entspricht, können entweder Teile oder das gesamte Sorgerecht übertragen werden. Es findet eine negative Kindeswohlprüfung statt, d.h. die Sorgeübertragung darf dem Kindeswohl nicht widersprechen.

Im Regelfall soll es zu einem beschleunigten Verfahren nach § 155a Abs. 3 FamFG kommen. Auf eine Anhörung des Jugendamtes oder der Eltern wird grundsätzlich verzichtet. Die Mutter erhält vom Familiengericht eine Frist zur Stellungnahme. Wird keine Stellungnahme abgegeben und sprechen keine Gründe für eine Gefährung des Kindeswohls, wird dem Antrag auf gemeinsame Sorge stattgegeben.

Sollten Gründe gegen die Übertragung sprechen, findet das normale Verfahren vor dem Familiengericht statt. Dies wird voraussichtlich in den sel-

50 Siehe EuGHMR, a.a.O.
51 BVerG in FamRZ 2010, S. 1403 ff.
52 Siehe BVerfG, a.a.O.
53 Siehe Huber/Antomo (2013), 665.

tensten Fällen vorkommen, da die Darlegungslast der Mutter groß ist, konkrete Anhaltspunkte glaubhaft gemacht werden müssen. Kommunikationsstörungen zwischen Mutter und Vater, sofern nicht schwerwiegend, reichen nicht aus als Grund für eine Ablehnung. Den Eltern wird nahegelegt, ihre Kommunikation durch professionelle Hilfe zu verbessern.[54]

Der Vater ist somit nicht mehr abhängig von der Zustimmung der Mutter; und das Wohl des Kindes steht verstärkt im Mittelpunkt.[55]

Europäischer Gerichtshof initiiert Reform

Die Vorgeschichte unterstreicht wieder einmal, dass Reformbemühungen oft einen langen Weg beschreiten müssen und es erst dem Europäischen Gerichtshof für Menschenrechte gelingt, den zähen Widerstand des Deutschen Gesetzgebers zu brechen.

4. Änderung der elterlichen Sorge

a. Bei einer zuvor abgegebenen Sorgeerklärung

Wie im vorherigen Abschnitt herausgearbeitet, hat eine Sorgeerklärung bindende Wirkung und kann nur über die Intervention bei einem Familiengericht abgeändert werden.

Zum Fall Murdoch/Hermes – Variante 2. a) (siehe Seite 78):

Die von Frau Murdoch und Herrn Hermes abgegebene Sorgeerklärung (§ 1626a Abs. 1 Nr. 1 BGB), mit der sie die gemeinsame elterliche Sorge begründet haben, ist also noch wirksam. Dies gilt auch, wenn das nicht verheiratete Paar sich trennt. Die gemeinsame elterliche Sorge beinhaltet ein gemeinsames Aufenthaltsbestimmungsrecht (§ 1631 Abs. 1 BGB) für Sophia. Es ist somit als Rechtsbruch zu werten, wenn Frau Murdoch ohne Zustimmung von Herrn Hermes Sophia aus der gemeinsamen Wohnung entfernt. Sie hat damit das Mitsorgerecht von Herrn Hermes verletzt. Ihre Handlung, Sophia gegen den Willen von ihrem Vater bei der Großmutter unterzubringen, ist als Kindesmitnahme, oder schärfer ausgedrückt, als **„Kindesentführung"** zu qualifizieren. Auch eine im Familienkreis vorgenommene Verletzung des elterlichen Sorgerechts und das Verbringen eines Kindes gegen den Willen des allein- oder mitsorgeberechtigten Elternteils gilt als Kindesentführung.[56]

a) Will Herr Hermes gerichtlich gegen die Aktion seiner Partnerin vorgehen, könnte er über seine Anwältin einen **Antrag auf Herausgabe des Kindes beim Familiengericht stellen (§ 1632 Abs. 1 BGB).** In dieser Norm heißt es, dass die Personensorge das Recht umfasst, die Herausgabe des Kindes von jedem zu verlangen, der es den Eltern oder **einem Elternteil** widerrechtlich vorenthält. Eine dahingehende Rechtsposition würde Herrn Hermes zustehen. Fraglich ist, ob ein solches Vorgehen ratsam ist. Denn über eine gerichtliche Konfrontation wird letztendlich der Sorgerechtskonflikt nicht

54 Siehe Huber/Antomo (2013), 665/666.
55 Siehe Huber/Antomo (2013), 667.

gelöst und die fehlende Kommunikationsbereitschaft zwischen den Eltern nicht wieder hergestellt. Im Gegenteil, der Konflikt könnte weiter eskalieren.

b) Sinnvoller wäre es m.E., auf eine Kooperationsbereitschaft der Elternteile hinzuarbeiten. Hier bietet sich die **Trennungs- und Scheidungsberatung des Jugendamtes** an, die in § 17 SGB VIII verankert ist. Das Angebot der Trennungs- und Scheidungsberatung ergibt sich insbesondere aus § 17 Abs. 1 Nr. 3 und § 17 Abs. 2 SGB VIII. Aufgabe des Jugendamtes ist es, den Konflikt zu entschärfen und auf ein einvernehmliches Konzept hinzuarbeiten. Dazu würde in unserem Fall die Aufklärung darüber gehören, dass Frau Murdoch nicht gegen den Willen ihres Partners den Aufenthaltsort von Sophia ändern kann. Außerdem stellt sich die Frage, ob es vernünftig ist, Sophia von einer sozialen Umgebung in die andere zu stoßen. Die Unterbringung bei der Großmutter bedingte einen Ortswechsel von Königslutter nach Salzgitter, und damit eine Veränderung des sozialen Umfeldes, wie Kindergarten, Freunde usw.

c) Wenn die Eltern nicht zu einem einvernehmlichen Konzept gelangen, bleibt Herrn Hermes immer noch die Möglichkeit, mithilfe seiner Anwältin beim Familiengericht einen Antrag auf Abänderung der elterlichen Sorge zu stellen. Er kann einen **Antrag auf Übertragung der Alleinsorge auf sich gem. § 1671 Abs. 1 i.V.m. Abs. 2 2 Nr. 2 BGB** einreichen. Ebenso kann er beantragen, ihm einen Teil der elterlichen Sorge zu übertragen, etwa das Aufenthaltsbestimmungsrecht. Herr Hermes hat Aussicht auf Erfolg, wenn entweder Frau Murdoch seinem Antrag zustimmt. Das scheint aber kaum zu erwarten. Oder, wenn das Gericht die Prognose aufstellen kann, dass die Übertragung der Alleinsorge auf ihn dem Kindeswohl am besten entspricht (§ 1671 Abs. 2 Nr. 2 BGB).

Die Entscheidung des Familiengerichts hängt von der tatsächlichen Lage sowie der Einschätzung des Gerichts ab. M.E. spricht jedoch vieles dafür, Herrn Hermes das Aufenthaltsbestimmungsrecht und die Personensorge zu übertragen, wenn seine Partnerin sich nicht kompromissbereit zeigt.

Denn Sophia könnte zumindest halbtags von einem Elternteil, nämlich ihm, betreut werden, sie müsste ihre angestammte Umgebung, insbesondere den Kindergarten, nicht wechseln. Außerdem hat Herr Hermes gezeigt, dass er sich im Alltag auf die Bedürfnisse Sophias einstellen und sie betreuen kann.

56 Siehe BVerfG in ZKJ 2008, S. 378.

b. Regelung des Sorgerechts ohne Sorgeerklärung

Zum Fall Murdoch/Hermes – Variante 2. b) (Seite 78):

Wenn Sophias Eltern keine Sorgeerklärung abgegeben haben, ändert sich die Rechtslage.

a) Gem. § 1626a Abs. 3 BGB liegt die Alleinsorge automatisch bei der Mutter, Frau Murdoch. Ihr obliegt somit auch das Aufenthaltsbestimmungsrecht. Wenn sie Sophia bei der Großmutter unterbringt, liegt somit kein Eingriff in ein etwaiges elterliches Sorgerecht von Herrn Hermes vor.

   Seit der Gesetzesänderung im Mai 2013 kann Herr Hermes beim Familiengericht jedoch einen Antrag auf Mitsorge stellen (§ 1626a Abs. 1 Nr. 3 BGB). Trägt Frau Murdoch keine stichhaltigen Gründe gegen eine gemeinsame Sorge vor, wird das Gericht Herrn Hermes die gemeinsame Sorge übertragen, zumal der Sachverhalt keine Gründe gegen ein gemeinsames Sorgerecht hergibt.

b) Herr Hermes kann weiterhin ein **Umgangsrecht beanspruchen (§ 1684 i.V.m. § 1626 Abs. 3 BGB).** Gem. § 1684 Abs. 1 BGB wird für jeden Elternteil, ob nun ehelich oder nichtehelich, ein eigenständiges Umgangsrecht verankert. Gleichzeitig wird eine **Pflicht zum Umgang mit dem Kind** postuliert, um die andauernde Elternverantwortung zu unterstreichen. Der sorgeberechtigte Elternteil wird daneben aufgefordert, alle Aktionen zu unterlassen, um das Umgangsrecht zu unterminieren.

   Es steht zu hoffen, dass Frau Murdoch und Herr Hermes zu einer einvernehmlichen Umgangsrechtsregelung gelangen, möglicherweise mit Unterstützung ihrer Rechtsanwälte oder des Jugendamtes. Wenn dies nicht der Fall ist, wird das Familiengericht Herrn Hermes ein umfangreiches Umgangsrecht gewähren, denn er hat sich in der Vergangenheit intensiv an der Erziehung von Sophia beteiligt. Frau Murdoch würde dann verurteilt, ein Umgangsrecht zuzulassen. Dies könnte etwa so aussehen, dass Herr Hermes sich mit seiner Tochter an einem oder zwei Tagen in der Woche treffen kann sowie alle 14 Tage am Wochenende, und dass die Ferien zwischen den Eltern aufgeteilt werden.

5. Aufgaben des Jugendamtes

Beistandschaft

Eine **Beistandschaft des Jugendamtes** kann auf Antrag eines Elternteils zur Feststellung der Vaterschaft und Geltendmachung von Unterhaltsansprüchen gem. § 1712 BGB begründet werden. Die Beistandschaft wird beendet, wenn der Antragsteller dies schriftlich verlangt (§ 1715 Abs. 1 BGB).

Beratung

Daneben ist es Pflichtaufgabe des Jugendamtes, nach der Geburt eines nichtehelichen Kindes **der Mutter Beratung und Unterstützung anzubieten** und auf die Möglichkeit einer Sorgeerklärung sowie der Einrichtung einer Beistandschaft hinzuweisen (§§ 52 a, 55 SGB VIII).

Weiterhin **berät das Jugendamt in Fragen der Partnerschaft sowie bei Trennung und Scheidung (§ 17 SGB VIII).**

Quick-Info: Elterliche Sorge nicht verheirateter Eltern

	Neues Recht seit 2013! Die Rechtsprechung des Europäischen Gerichtshofs für Menschenrechte und des Bundesverfassungsgerichts veranlassten den deutschen Gesetzgeber zur Stärkung der Rechte nichtehelicher Väter mit dem **„Gesetz zur Reform der elterlichen Sorge nicht miteinander verheirateter Eltern,"** in Kraft seit 19.5.2013. • Im Wesentlichen wurden § 1626a Abs. 1 BGB durch Nr. 3 erweitert, § 1671 BGB neu gefasst, § 1672 BGB abgeschafft und ein beschleunigtes Verfahren entsprechend § 155a FamFG eingeführt.[57] • Nach neuem Recht erhält die elterliche Sorge nicht verheirateter Eltern weiterhin zunächst die Mutter. Gem. § 1626a Abs. 1 Nr. 3 und Abs. 2 BGB ist es nun jedem Elternteil möglich, beim Familiengericht die gemeinsame Sorge zu beantragen.
I. Elterliche Sorge	**1. Grundsätzlich Alleinsorge der Mutter** (ausgenommen bei minderjähriger Mutter) (§ 1626a Abs. 3 BGB) → schriftl. Beratungs- und Unterstützungsangebot des Jugendamtes (JA) an die Mutter (§ 52a SGB VIII). **2. Gemeinsame elterliche Sorge nicht miteinander verheirateter Eltern** • durch Sorgeerklärung (öffentlich beurkundete Erklärungen der Eltern, dass sie die Sorge gemeinsam übernehmen wollen) (§ 1626a Abs. 1 BGB); • übereinstimmende Willenserklärung von Mutter und Vater (§ 1626 c Abs. 1 BGB); • keine Kindeswohlprüfung; kein Zusammenleben erforderlich; • **Seit der Gesetzesänderung vom Mai 2013** kann der **Vater beim Familiengericht die Mitsorge beantragen,** wenn die Mutter die Zustimmung zur Sorgeerklärung verweigert (§ 1626a Abs. 1 Nr. 3 BGB). Das Familiengericht überträgt die gemeinsame elterliche Sorge, wenn dies dem Kindeswohl nicht widerspricht und die Mutter keine hinreichenden Gründe vorgetragen hat (§ 1626a Abs. 2 BGB); • Das Jugendamt muss die Mutter auf die Möglichkeit der gemeinsamen elterlichen Sorge hinweisen (§ 52a SGB VIII);

57 Siehe Huber/Antomo (2013), 665.

<table>
<tr><td></td><td><ul><li>Beurkundung von Sorgeerklärungen durch Notar oder Jugendamt (§ 59 Abs. 1 Satz 1 Nr. 8 SGB VIII);</li><li>gemeinsame elterliche Sorge entsteht auch durch Heirat (§ 1626a Abs. 1 Nr. 2 BGB).</li></ul></td></tr>
<tr><td>II. Änderung der elterlichen Sorge</td><td>→ Nicht miteinander verheiratete Eltern sind an ihre Sorgeerklärung gebunden und können diese durch einen Widerruf nicht einfach aufheben. Eine Änderung der elterlichen Sorge ist nur eingeschränkt möglich:
1. Bei getrenntlebenden Eltern
→ Übertragung der alleinigen elterlichen Sorge nur durch das Familiengericht auf Antrag (§ 1671 Abs. 1 BGB):<ul><li>bei Zustimmung des anderen Elternteils und des über 14-jährigen Kindes (§ 1671 Abs. 2 Nr. 1 BGB), oder</li><li>wenn die Übertragung der Alleinsorge dem Kindeswohl am besten entspricht (§ 1671 Abs. 2 Nr. 2 BGB).</li><li>Nach Erlass einer gerichtlichen Entscheidung sind weitere Sorgeerklärungen ausgeschlossen (§ 1626b Abs. 3 BGB).</li></ul>2. Bei zusammenlebenden Eltern
→ Leben die Eltern zusammen, so ist (bei gemeinsamer oder alleiniger mütterlicher Sorge) eine Sorgerechtsänderung nur möglich:<ul><li>durch Entziehung des Sorgerechts (§§ 1666, 1667 BGB),</li><li>bei Verhinderung oder Ruhen der Sorge (§ 1678 BGB) oder</li><li>bei Tod des sorgeberechtigen Elternteils (§§ 1680 bis 1682 BGB)</li></ul></td></tr>
<tr><td>III. Umgangsrecht</td><td><ul><li>Recht des Kindes auf Umgang mit beiden Elternteilen (§ 1684 Abs. 1 BGB);</li><li>Umgangspflicht und -recht jedes Elternteils (§ 1684 Abs. 1 BGB);</li><li>Umgangsrecht Dritter (Großeltern, Geschwister, Stief- oder Pflegeeltern), wenn dem Kindeswohl dienend (§ 1685 BGB).</li></ul></td></tr>
<tr><td>IV. Beistandschaft</td><td><ul><li>Beistandschaft des Jugendamts auf Antrag der Mutter zur Feststellung der Vaterschaft und Geltendmachung von Unterhaltsansprüchen (§ 1712 BGB)
→ Pflichtaufgabe des Jugendamts und Hinweispflicht (§§ 52a, 55 SGB VIII)</li></ul></td></tr>
</table>

VII. Elterliche Sorge bei Trennung und Scheidung

1. Grundkonzeption

Kindschaftsrechtsreform

Die Kindschaftsrechtsreform von 1998 hat eine einschneidende Kursänderung für die Regelung der elterlichen Sorge vorgenommen. Nach Einschätzung eines der führenden Experten des Familienrechts, Prof. Dieter Schwab, blieb „kaum ein Stein auf dem anderen;" man könne gar von einem „abrupten Szenenwechsel sprechen."[58]

Alleiniges Sorgerecht nur auf Antrag

Eine fundamentale Änderung ist die **Herausnahme der Sorgeregelung bei Scheidung aus dem Zwangsverbund.** Grundsätzlich kommt es zu einer Regelung des elterlichen Sorgerechts durch das Familiengericht nur, wenn ein Elternteil oder beide Elternteile einen Antrag auf Übertragung der Alleinsorge oder eines Teils des alleinigen Sorgerechts stellt (§ 1671 Abs. 1 BGB). Eine Priorität zugunsten der gemeinsamen elterlichen Sorge lasse sich aber weder dem Wortlaut des § 1671 BGB noch den Gesetzesmaterialien entnehmen, so jüngst das Bundesverfassungsgericht.[59] Auch der BGH[60] lehnt ein Regel-Ausnahme-Verhältnis zugunsten der gemeinsamen elterlichen Sorge ab.

Gemeinsames Sorgerecht

Den Erfolgschancen für einen Antrag auf Alleinsorge stehen nicht geringe Hürden im Wege. Ein entsprechender Antrag wird vom Familiengericht nur positiv entschieden, wenn entweder der andere Elternteil dem zustimmt oder die Aufhebung der gemeinsamen Sorge und die Übertragung der Alleinsorge auf den Antragsteller dem Wohl des Kindes am besten entsprechen (§ 1671 Abs. 2 BGB). Liegen diese Voraussetzungen nicht vor, bleibt es beim gemeinsamen Sorgerecht.

Ausgangspunkt für Klärung des Sorgerechts

Mit der Aufhebung des Zwangsverbundes für die Regelung der elterlichen Sorge geht einher, dass Anknüpfungspunkt für eine Sorgerechtsregelung nicht mehr die Scheidung der Eltern ist, sondern eine „nicht nur vorübergehende Trennung" der Eltern (§ 1671 Abs. 1 BGB).

Kompetenzverteilung per Gesetz definiert

Der Gesetzgeber hat sich auch dafür entschieden, Prinzipien für die Ausgestaltung der gemeinsamen elterlichen Sorge in der Praxis aufzustellen. Die Kompetenzen der Elternteile sind durch gesetzliche Vorgaben festgelegt (§§1687, 1687a BGB).

58 Schwab, Elterliche Sorge bei Trennung und Scheidung der Eltern, FamRZ 1998, S. 457 ff.
59 BVerfG in FamRZ 2007, S. 1876.
60 BGH in FamRZ 2008, S. 592.

Fall: Nussbaum – Gemeinsame Sorge oder Alleinsorge

Günter (44 Jahre) und Doris Nussbaum (32 Jahre) sind seit 11 Jahren verheiratet. Ihre Tochter Helen (8 Jahre) besucht die zweite Klasse einer Grundschule.

Vor 18 Monaten trennten sich die Eltern, und Frau Nussbaum verließ zusammen mit Helen die eheliche Wohnung in Mannheim. Sie wohnten zunächst bei Frau Nussbaums Tante in Rastatt. Als Herr Nussbaum schließlich vor einem Jahr wegen einer Stauballergie krank geschrieben wurde und seine Arbeitsstelle als Konditor aufgeben musste, einigten sich die Eltern, dass Helen wieder zu ihrem Vater in ihre gewohnte Umgebung zieht. Frau Nussbaum nahm eine Halbtagsstelle als Angestellte bei einem Steuerberater an und mietete eine 2-Zimmer-Wohnung in Rastatt.

Nach einer Trennungs- und Scheidungsberatung beim Jugendamt Mannheim unterzeichneten die Eheleute Nussbaum vor zehn Monaten folgende Sorgevereinbarung:

> *„Wir sind uns bewusst, dass unsere Tochter Helen beide Elternteile für eine gesunde Persönlichkeitsentwicklung und Reife braucht. Als Eltern von Helen tragen wir beide die elterliche Verantwortung und vereinbaren, dass auch im Falle einer Scheidung das gemeinsame elterliche Sorgerecht bei uns beiden verbleibt."*

Seitdem nimmt Frau Nussbaum Helen etwa jedes zweite Wochenende zu sich und besucht sie auch öfter wochentags.

Vor drei Monaten, nach Ablauf des Trennungsjahres, reichte Herr Nussbaum Scheidungsantrag beim Familiengericht Mannheim ein. Er beantragte entgegen der getroffenen Vereinbarung, ihm das alleinige elterliche Sorgerecht für Helen zu übertragen. Er ist der Auffassung, dass er geeigneter sei, für Helen zu sorgen, da er ganztags zur Betreuung zur Verfügung stehe. Außerdem habe Helen bei ihm ein eigenes Zimmer und sie bliebe in ihrer gewohnten Umgebung (Schule, Freunde, Schwimmclub) integriert.

Frau Nussbaum fühlt sich von ihrem Mann hintergangen und unterstreicht, dass ihre Sorgerechtsvereinbarung auch für die Zeit nach der Scheidung gelte. Sie beantragt, das gemeinsame elterliche Sorgerecht beizubehalten oder ihr hilfsweise die alleinige elterliche Sorge zu gewähren. Sie führt aus, dass ihr Mann mit der Erziehung der Tochter überfordert sei. Sie habe eine natürlichere und unverkrampftere Beziehung zu Helen. Außerdem sei es für die Persönlichkeitsentwicklung eines Mädchens ungünstig, wenn ihr die Mutter nicht als Rollenvorbild zur Verfügung stehe.

Bei der Anhörung durch das Familiengericht hat Helen zu erkennen gegeben, dass sie beide Eltern gleich liebe und sich am meisten wünsche, dass ihre Eltern sich wieder vertragen. Anschließend sagte sie, sie wolle lieber „beim Papa wohnen und die Mama besuchen."

1. *Auf welche Beratungsangebote hat das Familiengericht Mannheim hinzuweisen?*
2. *Welche Voraussetzungen sind an den Fortbestand der gemeinsamen elterlichen Sorge geknüpft?*
3. *Unter welchen Voraussetzungen kann einem Elternteil die Alleinsorge übertragen werden?*
4. *Wie ist die elterliche Erziehungskompetenz bei gemeinsamer Sorge nach Trennung ausgestaltet?*
5. *Wer ist im Sorgerechtsverfahren anzuhören?*

Beratung statt Rechtsstreit

M.E. gehört der Fall Nussbaum nicht zu der Kategorie der extrem konfliktträchtigen Konstellationen. Gerade bei einem solch relativ niederschwelligen Konflikt kann ein vernünftig und professionell ausgestattetes Beratungsangebot die Eltern zu einer Konsolidierung ihrer gegensätzlichen Auffassungen führen.

2. Beratungs- und Unterstützungsangebote

Hinweis auf Beratungsangebote obligatorisch

Zum einen hat der Gesetzgeber das Familiengericht verpflichtet, auf **Beratungsangebote des Jugendamtes** hinzuweisen, damit Eltern nicht aus purer Ignoranz, um einen Konflikt vordergründig zu vermeiden, oder etwa um Kosten zu sparen auf eine Regelung des Sorgerechts verzichten. Folgende Maßnahmen sind vorgesehen:

- Zum einen muss der **Scheidungsantrag Angaben zu gemeinsamen** Kindern enthalten (§ 133 Abs. 1 FamFG).
- In jedem Eheverfahren hört das Gericht die Eltern zur elterlichen Sorge an, soweit minderjährige Kinder vorhanden sind, und weist auf bestehende Möglichkeiten der Beratung durch Beratungsstellen und Träger der Jugendhilfe hin (§ 160 FamFG).
- **Jugendamt wird automatisch informiert**

  Wenn gemeinsame Kinder betroffen sind, erhält das Jugendamt automatisch Mitteilung über die Anhängigkeit eines Scheidungsverfahrens, damit das Jugendamt die Eltern über das Leistungsangebot der Jugendhilfe unterrichtet (§ 17 Abs. 3 SGB VIII). Weiterhin ist die **Trennungs- und Scheidungsberatung der Jugendhilfe als Anspruchsleistung für Eltern** ausgestattet (§ 17 Abs. 2 SGB VIII).

  Unterstützung zur Erarbeitung eines gemeinsamen Konzeptes

  Daneben soll das Jugendamt oder der entsprechende Träger der Jugendhilfe (z.B. eine Familien- oder Erziehungsberatungsstelle) die Eltern unterstützen, ein **einvernehmliches Konzept für die Wahrnehmung der elterlichen Sorge** zu erarbeiten (§ 17 Abs. 2 SGB VIII).

Beratungsgespräch

Es bleibt insgesamt zu bemerken, dass diese Beratungs- und Unterstützungsangebote auf Freiwilligkeit basieren und nicht etwa, wie bei der Schwangerschaftsberatung, eine „Zwangsberatung" nach sich ziehen. Der Gesetzgeber unterstreicht damit die Elternautonomie. Er akzeptiert die Eltern als mündige Bürger, die Beratung in Anspruch nehmen können, wenn sie ein Sorgerechtskonflikt belastet. Ihnen wird keine Beratung aufgedrängt. Von Kritikern dieses Konzepts des Antragsprinzips und der Stärkung der Elternautonomie wird eingeworfen, dass das Kindeswohl dabei u.U. auf der Strecke bleiben könnte, wenn Eltern ihren Partnerkonflikt ohne Unterstützung von Fachleuten auf dem Rücken ihrer Kinder austragen.

Mittlerweile scheint sich ein Umdenken abzuzeichnen. In streitigen Kindschaftssachen kann das Familiengericht eine Beratung anordnen (§ 156 Abs. 1 Satz 4 FamFG).

Zum Fall Nussbaum:

Das Familiengericht hat die Eheleute Nussbaum über das Beratungsangebot der öffentlichen und freien Jugendhilfe aufzuklären, insbesondere auf die Trennungs- und Scheidungsberatung hinzuweisen.

3. Gemeinsame Sorge

Gemeinsame Sorge ist Ausgangssituation

An den Fortbestand der gemeinsamen elterlichen Sorge sind zunächst grundsätzlich keine besonderen Anforderungen gestellt. Stellt kein Elternteil einen Sorgerechtsantrag beim Familiengericht, besteht für das Gericht kein Anlass, eine Sorgerechtsentscheidung zu treffen, und es bleibt bei der gemeinsamen Sorge.

Alleiniger Sorgerechtsantrag führt nicht zwangsläufig zum Erfolg

Lediglich, wenn ein Sorgerechtsantrag beim Familiengericht vorliegt, ergibt sich die Notwendigkeit einer Sorgerechtsentscheidung (§ 1671 BGB). In dieser Konstellation fordern die Gerichte die objektive Kooperationsfähigkeit und subjektive Kooperationsbereitschaft der Eltern.[61] Aber auch wenn ein Antrag auf Alleinsorge bei Gericht vorliegt, ist nicht gesagt, ob dieser Erfolg haben wird. Es kann „durchaus sein, dass der Antrag abgewiesen wird und die gemeinsame Sorge aufrechterhalten wird, obwohl ein Elternteil sie nicht mehr will."[62]

Im Fall Nussbaum haben die Eltern divergierende Sorgerechtsanträge gestellt. Dies ist jedoch nach geltendem Kindschaftsrecht kein Hinderungsgrund, Herrn und Frau Nussbaum die gemeinsame elterliche Sorge zu belassen. Grundsätzlich, das hat die Vergangenheit gezeigt, können sie miteinander in Erziehungsfragen kooperieren. Nehmen wir an, ihre Kooperationsbereitschaft wurde inzwischen durch eine Beratung der Erziehungsberatungsstelle unterstrichen.

61 BGH in FamRZ 2005, S. 1167; OLG Hamm in FamRZ 2006, S. 1697.
62 Schwab, Familienrecht, 2013, Rn. 774.

4. Übertragung der Alleinsorge

a. Voraussetzungen (§ 1671 BGB)

Die Voraussetzungen, unter welchen Umständen das Familiengericht einem Elternteil die Alleinsorge oder einen Teil der Alleinsorge übertragen kann, ergeben sich aus § 1671 BGB.

Prüfungsschema

- Mindestens ein Elternteil muss einen Antrag auf (partielle) Alleinsorge gestellt haben;
- momentan muss ein gemeinsames Sorgerecht bestehen;
- die Eltern müssen sich auf Dauer und nicht nur vorübergehend getrennt haben;
- der andere Elternteil stimmt entweder dem Antrag zu (§ 1671 Abs. 2 Nr. 1 BGB);
- oder es ist zu erwarten, dass die Aufhebung der gemeinsamen Sorge und die Übertragung auf den Antragsteller dem Kindeswohl am besten entspricht (§ 1671 Abs. 2 Nr. 2 BGB).

Das Gericht hat in zweifacher Hinsicht eine Prognose aufzustellen:

Entscheidung immer zu Gunsten des Kindeswohls

1. die Aufhebung der gemeinsamen elterlichen Sorge entspricht dem Kindeswohl am besten und
2. die Übertragung der Alleinsorge gerade auf den Antragsteller stellt die beste Lösung für das Kind dar.

Die Prognose für die Kindeswohlüberprüfung findet statt, indem zunächst mögliche Gründe für die Aufhebung der gemeinsamen Sorge untersucht werden.

b. Gründe für die Aufhebung der gemeinsamen Sorge

Aus den Materialien des Gesetzgebers sowie der ständigen Rechtsprechung lassen sich exemplarisch Gründe für die Aufhebung der gemeinsamen Sorge ableiten:

Argumente für die Übertragung des alleinigen Sorgerechts an einen Elternteil

- Mangelnde Kooperationsbereitschaft der Eltern; ständiger Streit in Erziehungsfragen.
- Bei erkennbarem Desinteresse eines Elternteils, z.B. bei fehlenden Besuchskontakten oder bei Verletzung der Unterhaltspflicht.
- Ein Elternteil ist wegen äußerer Umstände schwer erreichbar.
- Damit sind Fälle gemeint, in denen ein Elternteil sich häufig auf Dienstreise befindet oder im Ausland lebt.
- Bei Gewaltanwendung[63] eines Elternteils gegen den anderen.
- Bei einem entgegenstehenden Willen des Kindes; diesem ist jedoch keine Rechtsposition eingeräumt, seinen Willen auch durchzusetzen.

63 BVerfG in FamRZ 2004, S. 354.

Zum Fall Nussbaum (Seite 88):

Da Frau Nussbaum dem Antrag ihres Ehemannes auf alleinige elterliche Sorge nicht zugestimmt hat, muss das Familiengericht nun überprüfen, ob die Übertragung der Alleinsorge auf Herrn Nussbaum eine bessere Sorgerechtsalternative ist, als wenn die gemeinsame elterliche Sorge bestehen bliebe. Aus unserem Sachverhalt ergeben sich keine Anhaltspunkte, dass die Eltern in ständigem Streit über einzelne Erziehungsfragen liegen. Offenbar haben sich die Eltern in der Vergangenheit recht gut verständigen können. Es besteht kein Grund anzunehmen, weshalb dies auch künftig nicht möglich sein soll. Lediglich Herr Nussbaum ist mit seinem Antrag auf Alleinsorge ausgeschert. Dies ist aber für sich genommen noch kein Grund, von der gemeinsamen Sorge abzurücken.

Wir kommen also zu dem Zwischenergebnis, dass sich keine triftigen Gründe erkennen lassen, weshalb bei den Nussbaums von dem Konzept der gemeinsamen Sorge, die offenbar in der Vergangenheit während des Trennungsjahres funktioniert hat, abzurücken wäre. Es ist nicht ersichtlich, dass die Übertragung der Alleinsorge auf Herrn oder Frau Nussbaum die bessere Alternative unter Kindeswohlgesichtspunkten für eine Regelung der elterlichen Sorge wäre. Das Familiengericht Mannheim wird demnach dem Sorgerechtsantrag von Herrn Nussbaum nicht stattgeben, sondern beiden Elternteilen die gemeinsame elterliche Sorge auch nach der Scheidung belassen.

5. Ausgestaltung der gemeinsamen Sorge nach Trennung und Scheidung

Wie lässt sich die gemeinsame elterliche Sorge auch nach Trennung der Eltern im Alltag ausgestatten?

Konzepte der gemeinsamen Sorge

Der Gesetzgeber hat zu dieser Frage eine Richtung vorgegeben **(§§ 1687, 1687a BGB)** und eine Kompetenzverteilung vorgenommen. Am häufigsten kommt in der Realität die Konstellation vor, dass die Eltern getrennt leben und das Kind sich vorwiegend bei einem Elternteil aufhält. Andere Modelle, wie eine Internatunterbringung des Kindes oder ein Pendeln des Kindes zwischen den nah beieinander liegenden Wohnungen der Eltern, werden weniger oft praktiziert.

Entscheidungsrecht

Damit der Elternteil, bei dem das Kind gerade wohnt, nicht wegen jeder kleinen Entscheidung in Erziehungsfragen den anderen Elternteil konsultieren muss, belässt das Gesetz dem Elternteil, bei dem sich das Kind gewöhnlich aufhält, ein **Alleinentscheidungsrecht in „Angelegenheiten des täglichen Lebens"** (§ 1687 Abs. 1 BGB). Davon abzugrenzen ist die **obligatorische gemeinsame Entscheidung der Eltern in „Angelegenheiten von erheblicher Bedeutung"** (§ 1687 Abs. 1 BGB).

Gemeinsame Sorge wird den Lebensumständen angeglichen

Es ist nicht zu übersehen, dass das Konzept der gemeinsamen Sorge nach Trennung und Scheidung keine absolute gemeinsame Sorge beinhaltet, sondern eine Modifizierung der gemeinsamen Sorge als Kombination von partieller Alleinsorge und echter gemeinsamer Sorge darstellt. Dies ist sicherlich vernünftig, um den Alltag bewältigen zu können, und um keine überhöhten Anforderungen an eine ständige Kooperation der Eltern zu stellen. Trotzdem wird dieses Konzept vereinzelt kritisiert, da eine Abgrenzung von Angelegenheiten des tägliches Lebens zu Angelegenheiten von erheblicher Bedeutung häufig auf Schwierigkeiten stoßen wird und zum anderen, weil hier der Lebensalltag und Erziehungsalltag eines Kindes in einzelne Segmente aufgeteilt wird. M. E. wird dem vorhandenen Konzept keine ernsthaft diskutable Alternative gegenüber gestellt.

Kritik

Alleinige Entscheidungen

Was ist nun unter **Angelegenheiten des täglichen Lebens** zu fassen? Darunter wird man z.B. die Behandlung leichter Krankheiten, die Teilnahme an Sportveranstaltungen, den Besuch bei Verwandten oder die Verwaltung von Geldgeschenken verstehen können. Hier ist der Elternteil, bei dem sich das Kind befindet, allein entscheidungsbefugt.

Gemeinsame Entscheidungen

Als **Angelegenheiten von erheblicher Bedeutung,** die eine gemeinsame und einvernehmliche Entscheidung der Eltern erfordern, lässt sich z.B. klassifizieren die Wahl der Schulart oder Ausbildungsstätte, Operationen (davon ausgenommen sind Eilfälle), Grundfragen religiöser Erziehung oder die Wahl einer Vermögensanlage

Zum Fall Nussbaum (Seite 88):

In unserem Fall Nussbaum sollten die Eltern durch entsprechende Beratung auf die Kompetenzverteilung bei der gemeinsamen elterlichen Sorge hingewiesen werden, um ihnen bewusst zu machen, dass dem Elternteil, der das Kind tagtäglich betreut, in unserem Fall Herr Nussbaum, durch die gemeinsame Sorge nicht die Hände gebunden sind.

Eine anschauliche Gegenüberstellung, welche Bereiche der elterlichen Sorge den Angelegenheiten des täglichen Lebens bzw. Angelegenheiten von erheblicher Bedeutung zuzuordnen sind, hat Tanja Keller entwickelt:

Übersicht: Ausübung der gemeinsamen elterlichen Sorge

§ 1687 BGB	Angelegenheit von erheblicher Bedeutung	Angelegenheiten des täglichen Lebens
Ernährung	Grundentscheidungen zu Fragen wie: Vollwertkost, vegetarische Kost, Süßigkeiten	Planung, Einkauf, Kochen
Gesundheit	Operationen, grundlegende Entscheidungen der Gesundheitsvorsorge (Homöopathie, Impfungen)	Behandlungen leichterer Erkrankungen, alltägliche Gesundheitsvorsorge
Aufenthalt	Grundentscheidung, bei welchem Elternteil das Kind lebt	Besuch bei Verwandten, Freunden, Teilnahme an Ferienreisen
Krippe, Kindergarten, Tagesmutter	Grundentscheidung, Wahl von Krippe, Kindergarten, Tagesmutter	Dauer des täglichen Aufenthalts, Absprachen mit Betreuungsperson
Schule	Wahl der Schulart und der Schule, der Fächer und Fachrichtungen, Besprechung mit Lehrern über gefährdete Versetzung	Entschuldigung bei Krankheit, Teilname an besonderen Veranstaltungen, Arbeitsgruppen, Chor oder Orchester, Hausaufgaben beaufsichtigen, Nachhilfe
Ausbildung	Wahl der Ausbildungsstätte, Wahl der Lehre	Entschuldigung bei Krankheit, Ableistung von Praktika
Umgang	Grundentscheidung des Umgangs	Einzelentscheidungen
Fragen der Religion	Bestimmung des Religionsbekenntnisses § 2 Abs. 1 RKEG	Teilnahme an Gottesdiensten, anderen Angeboten der Kirchen
Geltendmachung von Unterhalt	Spezialregelung § 1629: Der Elternteil, in dessen Obhut sich das Kind befindet	

§ 1687 BGB	Angelegenheit von erheblicher Bedeutung	Angelegenheiten des täglichen Lebens
Sonstige Angelegenheiten	Grundfragen der tatsächlichen Betreuung: Erziehungsstil, Fernsehkonsum, Art des Spielzeugs, Gewalterziehung, Hygiene	Umsetzung der Grundentscheidungen: welche Fernsehsendung, welches Computerspiel wie lange, welches Spielzeug
Vermögens-sorge	Grundentscheidung: Anlage und Verwendung des Vermögens	Einzelentscheidungen: welches Bankinstitut, welche Anlage
Status und Namensfragen	Sind grundsätzliche Fragen von erheblicher Bedeutung: Namensrecht, Abstammungsrecht	
Sonstiges	Ausübung teurer Sportarten	Kleidung, Freizeitgestaltung

Quelle: Tanja Keller, Das gemeinsame Sorgerecht nach der Kindschaftsreform, Bundesanzeiger 1999.

6. Anhörungen

Jugendamt

Neben der Trennungs- und Scheidungsberatung hat das **Jugendamt** im Rahmen der **Familiengerichtshilfe** Aufgaben zu übernehmen (§ 50 Abs. 1 SGB VIII, § 162 FamFG). Es findet eine **obligatorische Anhörung des Jugendamtes durch das Familiengericht** statt, wenn ein Elternteil Alleinsorge begehrt. In diesem Rahmen wird das Jugendamt aufgefordert, eine gutachterliche Stellungnahme zur Sorgerechtsregelung abzufassen.

Eltern und Kinder

Daneben findet eine **persönliche Anhörung der Eltern** statt (§ 160 FamFG), sowie eine **persönliche Anhörung des Kindes** (§ 159 FamFG), wobei die Anhörung der Kinder nach der Rechtsprechung schon ab dem 5. Lebensjahr vorgenommen werden soll.

Verfahrensbeistand

Hinzuweisen ist noch auf die Möglichkeit, dem Kind einen **„Anwalt des Kindes"** oder, anders ausgedrückt, einen **Verfahrensbeistand** beizuordnen. Dies kommt dann in Betracht, wenn es zur Interessenwahrnehmung für das Kind erforderlich ist (§ 158 FamFG). Das wird in der Regel in hochstreitigen Sorgerechtsangelegenheiten der Fall sein, und in anderen Fällen, die im Gesetz enumerativ aufgeführt sind (Gefährdung des Kindeswohls; Wegnahme des Kindes von der Pflegeperson – § 158 Abs. 2 Nr. 2 und 3 FamFG).

7. Kriterien für eine Sorgerechtsentscheidung bei Antrag auf Alleinsorge

Fall Sürberg – Hochstreitige Sorgerechtsangelegenheit

Beim Amtsgericht Bamberg ist eine hoch streitige Sorgerechtsangelegenheit anhängig. Beide Elternteile begehren die alleinige elterliche Sorge für die gemeinsamen Söhne Sergej (8 Jahre) und Georg (6 Jahre) für sich.

Die Eltern, Regina (36 J.) und Imanuel (52 J.) Sürberg, sind seit 13 Jahren miteinander verheiratet. Herr Sürberg stammt aus einer angesehenen Familie. Auf Druck seiner Eltern erlernte er einen „anständigen" Beruf und trat als Kunstpädagoge in den Schuldienst, obwohl er eigentlich einen Hang zur freien Kunst hatte. Vor sieben Jahren ließ er sich vom Schuldienst beurlauben und entschied sich mit seiner Frau für den Ausstieg aus der bürgerlichen Enge. Frau Sürberg erwarb aus einer Erbschaft ein einfaches Bauernhaus am Fuße der Abruzzen / Italien in einem Dorf namens Alfedena in romantischer Lage. Sie renovierten das Anwesen, kauften einige Schafe und Kühe, und Herr Sürberg bot von Zeit zu Zeit Töpferkurse für deutsche Aktivurlauber an. Ihr Sohn Georg wurde in Italien geboren.

Nach dramatischen Auseinandersetzungen verließ Herr Sürberg zusammen mit Georg vor etwa einem Jahr das gemeinsame Domizil und zog zurück in seine alte Heimat Bamberg. Den Zerwürfnissen waren beiderseitige außereheliche Beziehungen vorausgegangen. Herr Sürberg hatte ein Verhältnis mit der Praktikantin Manuela Baum und nahm sich die Freiheit, mit wechselnden Freundinnen ausgedehnte Reisen zu unternehmen. Frau Sürberg ging eine Liebschaft mit einem Felicio ein, der in einem Nebengebäude unterkam. Aus Eifersucht zeigte Herr Sürberg beide bei den örtlichen Carabinieri wegen illegaler Drogengeschäfte an. Tatsächlich hatten die drei in den Jahren zuvor Marihuana angebaut und konsumiert. Frau Sürberg und Felicio wurden zu Freiheitsstrafen auf Bewährung verurteilt. Immer wieder kam es zwischen den Sürbergs zu Eifersuchtszenen und tätlichen Auseinandersetzungen. Herr Sürberg warf seiner Frau vor, Sergej vor ihm abzuschotten, ihn gar einzusperren, worauf der Junge mit heftigen Fieberanfällen reagiere. Frau Sürberg beschreibt ihren Mann als paranoide Persönlichkeit. Psychopathologische Reaktionen seien im Übrigen von dem Gutachter attestiert worden, der seinerzeit wegen der Beurlaubung Herrn Sürbergs vom Schuldienst herangezogen worden war.

Mittlerweile reichte Herr Sürberg beim Familiengericht Bamberg Scheidungsantrag ein. Gleichzeitig beansprucht er die alleinige elterliche Sorge für beide Söhne.

Frau Sürberg wiederum stellt Strafanzeige wegen Kindesentführung und beantragt ihrerseits die Alleinsorge für Sergej und Georg.

Das Familiengericht beauftragt daraufhin einen psychologischen Gutachter, der die Beziehung der Kinder zu beiden Elternteilen untersuchen soll. Nach Hausbesuchen in Alfedena und Bamberg kommt der Dipl. Psych. Elias zu folgenden Aussagen:

„Sergej zeige gute schulische Leistungen, sei in das dortige soziale Leben gut integriert, habe eine positive emotionale Beziehung zu seiner Mutter, jedoch ein recht ambivalentes Verhältnis zu seinem Vater. Georg hingegen habe den Wunsch geäußert, beim Vater wohnen zu wollen."

1. *Was hat das Familiengericht Bamberg bei seiner Entscheidung zur elterlichen Sorge zu bedenken?*
2. *Nach welchen Kriterien gibt ein psychologischer Gutachter bzw. ein Jugendamt eine Stellungnahme zur elterlichen Sorge ab?*

Im Fall Sürberg hat sich das Familiengericht mit einer typischen strittigen Sorgerechtsangelegenheit zu befassen, in dem beide Elternteile das alleinige Sorgerecht begehren. Es liegt auf der Hand, dass in dieser Konstellation die gemeinsame elterliche Sorge nicht in Frage kommt. Die Eltern sind so zerstritten, sie würden bei der kleinsten Berührung wieder aneinander geraten. Die Kinder wären die Leidtragenden. Es kommt also offenbar nur die Übertragung der Alleinsorge auf den einen oder anderen Elternteil in Betracht.

Kindeswohlprüfung

Bei **hochstreitigen Sorgerechtsfällen** ist das Familiengericht in der undankbaren Position, aus den möglichen Alternativen eine Regelung für das Kind zu treffen, die dem Kindeswohl am besten entspricht (§ 1671 Abs. 2 Nr. 2 BGB). Im Rahmen dieser Prüfung sind die Kriterien heranzuziehen, die schon die bisherige Rechtsprechung für streitige Sorgerechtsverfahren entwickelt hat.

Innere und äußere Umstände

Bindung

Schlagwortartig sind in der Regel bei der Kindeswohlprüfung die Persönlichkeit und die erzieherische Eignung der Eltern, ihre Bereitschaft, Verantwortung für die Kinder zu tragen, und die Möglichkeiten der Unterbringung und Betreuung zu berücksichtigen. Als wesentlicher Faktor tritt die emotionale Bindung der Kinder zu den Eltern und anderen Bezugspersonen hinzu. Von der Rechtsprechung und der Literatur sind für die Kindeswohlprüfung verschiedene Kriterien entwickelt worden.[64]

64 Weiterführend Wanitzek, Die Rechtsprechung zum Recht der elterlichen Sorge und des Umgangs seit 2006, FamRZ 2008, S. 933 ff.

a. Förderungsprinzip

Innere Bereitschaft relevanter als äußere Umstände

Nach dem Förderungsprinzip erhält derjenige Elternteil die elterliche Sorge, von dem **das Kind für den Aufbau seiner Persönlichkeit die meiste Unterstützung erwarten kann.** Dabei können äußere Umstände (soziale Stellung, Berufsausbildungschancen, Unterbringung), aber noch mehr seelische und geistige Gegebenheiten entscheiden. Es kommt weniger auf die Ausbildung an, sondern auf die innere Bereitschaft, das Kind zu sich zu nehmen und die Verantwortung für Erziehung und Versorgung zu tragen.

Ausschlussprinzip zur Bestimmung der besten Alternative für das Kind

Grundsätzlich wird dabei nach dem Verfahren der negativen Auslese vorgegangen. Nach dem Grundsatz der am wenigsten schädlichen Alternative ist zunächst nach Gründen zu fragen, die eindeutig gegen die Zuweisung des Sorgerechts an den einen oder den anderen Elternteil sprechen: mangelnde Bereitschaft zur Wahrnehmung der Elternverantwortung, gestörtes Verhältnis zum Kind, schwere Pflichtverletzung gegenüber dem Kind, Neigung zu Gewalttätigkeit und Misshandlungen, auch gegenüber dem anderen Partner, Geschäftsunfähigkeit und andere subjektive Defizite, aber auch besonders ungünstige äußere Verhältnisse können dagegen sprechen, dem davon betroffenen Elternteil die alleinige Sorge zu übertragen.

Können derartige eindeutig negative Indizien weder gegen den Vater noch gegen die Mutter vorgebracht werden, so spielen die weiteren Kriterien bei der Abwägung eine zentrale Rolle.

Beispiele aus der Rechtsprechung zum Förderungsprinzip:

- Weil keines der übrigen Kindeswohlkriterien bezüglich des Aufenthaltsbestimmungsrechts einen Elternteil besonders hervorhob, zog das OLG Jena die Angaben der Klassenlehrerin heran. Diese machte darauf aufmerksam, dass während der Zeit, in der die Mutter das alleinige Sorgerecht innehatte, eine negative Entwicklung auf Leistungs- und Persönlichkeitsebene zu bemerken war. Zudem war es dem Vater möglich, die langen und störenden Hortzeiten zu reduzieren. Das Gericht übertrug dem Vater das Aufenthaltsbestimmungsrecht (OLG Jena in FamRZ 2012, S. 1345).
- Der unbegründete Vorwurf sexuellen Missbrauchs, soweit dieser von einem Elternteil besonders leichtfertig oder gar wider besseres Wissen erhoben worden ist, stellt ein schwerwiegendes Indiz gegen dessen Erziehungseignung dar. Diesem Gesichtspunkt kommt bei der Prüfung der Frage, ob diesem Elternteil nach Auflösung der gemeinsamen elterlichen Sorge die Alleinsorge übertragen werden kann, ein ganz erhebliches und entscheidendes Gewicht zu (BGH in FamRZ 2008, S.141).
- Im Rahmen des Förderungsprinzips ist zu berücksichtigen, dass ein Elternteil, möglicherweise auf Grund seiner beruflichen Situation, gezwungenermaßen größeren Wert darauf legt, dass sich das Kind durch den Besuch einer Kindertagesstätte soziale Kompetenzen im

Umgang mit anderen Kindern aneignen kann. Ein Elternteil, der keinen eigenen Haushalt führt, sondern wesentliche Verpflichtungen des Alltags seiner Mutter überlässt, kann demgegenüber keine Vorbildfunktion übernehmen (Brandenburgisches OLG, 8.10.2007, 9 WF 194/07, iuris).

- Die Bindungstoleranz, d.h. die Bereitschaft und Fähigkeit, den Kontakt des Kindes zum anderen Elternteil zu unterstützen, ist ebenfalls im Rahmen des Förderungsprinzips zu berücksichtigen (Brandenburgisches OLG a.a.O.).

b. Kontinuitätsprinzip

Prinzip der Stabilität

Nach dem Kontinuitätsprinzip ist für das Kind diejenige Sorgerechtsgestaltung anzustreben, die dem Kind seine bisherige Lebenswelt möglichst erhält. Das Prinzip gebietet es, die Stetigkeit der Erziehung und Betreuung des Kindes sicherzustellen. Anzustreben ist die Stabilität bezüglich der Person, die das Kind umsorgt, der Erziehungsgrundsätze und des sozialen Umfelds (Kindergarten, Schule etc.). Abrupte Wechsel in wichtigen Lebensbezügen sind möglichst zu vermeiden.

Beispiele aus der Rechtsprechung zum Kontinuitätsprinzip:

- Das Gericht vertrat die Meinung, dass aufgrund des Umzuges des Vaters (600km) keine optimale Lösung gefunden werden kann. Zentral sei daher die Frage, „...welche Lösung prognostisch weniger nachteilige Folgen“ habe. Daraufhin bekam die Mutter das alleinige Aufenthaltsbestimmungsrecht zugesprochen. Entgegen dem Willen des Kindes schätze man die Chance auf einen kontinuierlich ungestörten Umgang zum anderen Elternteil und eine Kontinuität bezüglich des räumlich-sozialen Umfeldes bei der Mutter am größten ein (OLG Brandenburg in FamRZ 2013, S. 1170).
- Ein **Obhutswechsel** von Kindern, die mehrere Jahre von einem Elternteil betreut wurden und dann zum anderen Elternteil wechseln sollen, führt regelmäßig zu Belastungen für die Kinder. Daher sind triftige Gründe für den Obhutswechsel nötig (BVerfG in FamRZ 2007, S. 1876).
- Bei gleichwertigen persönlichen Voraussetzungen beider Elternteile, die Verantwortung für die Erziehung und Versorgung ihres Kindes zu tragen, kann für die Sorgerechtsentscheidung der **Kontinuitätsgrundsatz** den Ausschlag geben, der einen bedeutenden Kindeswohlaspekt darstellt. Der Begriff der Kontinuität stellt auf die Bewahrung der aktuell bestehenden Bindungen, Lebens- und Erziehungsverhältnisse ab. Dabei ist zu berücksichtigen, dass aus psycho-

logischer Sicht das Kontinuitäts- und Stabilitätsbedürfnis von Kindern altersabhängig ist. Hatte ein im Jahr 2000 geborenes Kind eineinhalb Jahre seinen Aufenthalt beim Vater, kann eine Änderung des Lebensmittelpunktes nur gerechtfertigt erscheinen, wenn erhebliche Gründe für eine solche Veränderung sprechen (Brandenburgisches OLG, 22.7.2007, 10 UF 200/06, iuris).

- Bei gleicher Erziehungseignung beider Elternteile hat das OLG Frankfurt der nicht verheirateten Mutter nach der Trennung der Eltern das alleinige Sorgerecht im Hinblick auf den Kontinuitätsgrundsatz zugesprochen mit der Begründung, dass das Kind inzwischen in sein Lebensumfeld integriert sei und es ihm nicht mehr zuzumuten sei, den Lebensmittelpunkt und die Lebensumstände, die wesentlich von der Mutter als seine Hauptbezugsperson geprägt seien, erneut zu verändern (OLG Frankfurt/M., 28.7.2006, 1 UF 119/05, iuris).

c. Bindungen des Kindes

Prinzip zur Aufrechterhaltung der Bindungen des Kindes

Ergibt sich weder nach dem Förderungsprinzip noch nach dem Kontinuitätsprinzip ein Übergewicht zugunsten eines Elternteils, so kommt den Bindungen des Kindes die ausschlaggebende Bedeutung zu. Zu berücksichtigen sind dabei insbesondere die emotionalen Bindungen des Kindes vor allem an seine Eltern, aber auch an seine Geschwister. Hinzu kommen aber weitere Bindungen, die für das Kind sehr wichtig sind, nämlich zu seinem Freundeskreis und seinem ganzen sozialen Umfeld. Ein Wechsel des Lebensumfeldes von Kindern, die mehrere Jahre von einem Elternteil betreut wurden und dann bei dem anderen Elternteil leben sollen, führt fast immer zu Belastungen der Kinder.[65]

Beispiele aus der Rechtssprechung zur Bedeutung der Bindungen des Kindes:

- Das OLG Brandenburg übertrug das Aufenthaltsbestimmungsrecht sowohl für die 12-jährige Tochter als auch für die 7-jährige Tochter auf den Vater. Nachdem für die 12-jährige Tochter entschieden wurde, dass ein ständiger Aufenthalt beim Vater vorteilhaft sei, wurde ebenso der Aufenthalt für die 7-jährige Tochter mitbestimmt. Aus verschiedenen Perspektiven wurde betont, dass eine Geschwistertrennung unbedingt zu vermeiden sei. Die ältere Tochter stelle für die jüngere eine enge Bezugsperson dar. Eine Trennung der Kinder würde deren Wohl entgegenstehen (Brandenburgisches OLG in FamRZ 2013, S. 1230).

65 BVerfG in FamRZ 2007, S. 633.

- Eine Trennung von Geschwistern kann ausnahmsweise gerechtfertigt sein, wenn jedes der Geschwister zu jeweils einem anderen Elternteil eine besonders enge und innige Bindung hat (OLG Celle in FamRZ 2007, S.1838).
- Das OLG Hamm übertrug die Alleinsorge auf die (türkische) Mutter, weil der (ebenfalls türkische) Vater kaum eine Beziehung zu den Kindern hatte (statt seiner kümmerten sich die Großmutter und der Onkel um die Kinder), während die Bindungen der Kinder an die Mutter wesentlich stärker waren. Zudem hatten die Geschwister untereinander eine ausgeprägte Bindung. Eine durch den Umzug der Mutter unterbrochene Kontinuität des Lebensumfeldes hatte das Gericht in Kauf genommen (OLG Hamm, 8.9.2006, 5 UF 37/06, iuris).

d. Wille und Neigungen des Kindes

Wunsch des Kindes

Ein weiterer Faktor für die Zuschreibung des elterlichen Sorgerechts ist der Wille des Kindes. Welches Gewicht ein vom Kind geäußerter Wunsch hat, hängt von seinem Alter und seinen Motiven ab. Insbesondere muss berücksichtigt werden, dass jüngere Kinder oft nicht in der Lage sind, ihre persönlichen Bindungen zu den Eltern einem Gericht gegenüber mitzuteilen.

Zudem befindet sich das Kind in einem Loyalitätskonflikt, da es sich mit seiner Entscheidung für den einen Elternteil gezwungenermaßen gegen den anderen entscheiden muss. Dies ist etwas, was das Kind nicht leisten kann.

Dem Willen eines über 14-jährigen Kindes kommt besondere Bedeutung zu. Jedoch ist zu fragen, ob das Kind von unrealistischen Vorstellungen ausgeht oder von einem Elternteil manipuliert wurde.

Beispiele aus der Rechtsprechung zum Willen und den Neigungen des Kindes:

- In einem Verfahren des Kammergerichts wurde der Umgang des Vaters aufgrund des Kindeswillens ausgeschlossen. Das Gericht entschied, dass der Wille zu beachten sei, wenn dieser „autonom, intensiv, stabil und zielorientiert" und über eine gewisse Zeit andauernd ist, unabhängig von differenzierten Umständen. Der Wille müsse eigene Bedürfnisse ausdrücken und nicht Reaktion auf eventuelle Wünsche der Eltern sein. Das Kind sollte zudem Vorstellungen bezüglich der Folgen haben (KG in FamRZ 2013, S. 709).
- In einem vom OLG München entschiedenen Fall bestanden keine Zweifel, dass auch die Mutter eines an Epilepsie erkrankten fünfzehnjährigen Jungen allein zur Ausübung der elterlichen Sorge in der Lage war. Da sich der Junge aber ganz eindeutig dahin ausgesprochen hat, dass er nicht nur beim Vater leben wolle, sondern dass ausschließlich dieser die elterliche Sorge ausüben solle, und weil

beide Eltern nicht in der Lage waren, ohne konflikthafte Auseinandersetzungen sachliche Entscheidungen zum Wohle des Kindes zu treffen, blieb keine andere Möglichkeit, als dass der Vater allein die elterliche Sorge für den Jungen ausüben musste (OLG München in NJW-RR 2009, S. 2).

- Das OLG Hamm hat trotz einer besonders stark ausgeprägten **Bindungsintoleranz** der Mutter, die ihre tiefgreifenden und andauernden Auseinandersetzungen mit dem Vater auf Paarebene nicht von ihrem Kind ferngehalten, sondern dieses auch in den Konflikt einbezogen hatte, den Entzug des Aufenthaltsbestimmungsrecht der Mutter durch das Amtsgericht wieder rückgängig gemacht. Begründet wurde dies mit der guten Entwicklung des Kindes, der guten sozialen Integration in ihr Umfeld und vor allem mit der **engen Bindung des Kindes zur Mutter** und der **tief verfestigten Ablehnung des Vaters.** Das Kind würde eine Herausführung aus dem mütterlichen Haushalt als eine tiefgreifende Missachtung seines Willens empfinden, was mit Sicherheit zu einer Gefährdung des Kindeswohls führen würde. Berücksichtigt hat das Gericht bei seiner Entscheidung, dass das schlechte Verhältnis des Kindes zum Vater vor allem dem Einfluss der Mutter zuzuschreiben ist (OLG Hamm in FamRZ 2007, S. 1677).
- Unter Berücksichtigung des Kontinuitätsprinzips hat das OLG Dresden dem ausdrücklich geäußerten Willen eines achtjährigen Kindes, bei seiner Mutter bleiben zu wollen, durch Übertragung des Aufenthaltsbestimmungsrechts auf die Mutter Rechnung getragen (OLG Dresden in FamRZ 2007, S. 923).
- Hat das Kind das 14. Lebensjahr vollendet, so ist auch bei Zustimmung des Antragsgegners zum Sorgerechtsantrag des anderen Elternteils durch persönliche Anhörung des Kindes zu klären, ob es der begehrten Regelung nicht widerspricht (OLG Celle in FamRZ 2007, S. 756).

Zum Fall Sürberg (Seite 96):

Die oben aufgeführten Kriterien sind sowohl vom Familiengericht als auch von dem psychologischen Gutachter sowie von dem Jugendamt bei seiner gutachterlichen Stellungnahme zu berücksichtigen.

In unserem Fall wurde Herrn Sürberg eine psychopathische Persönlichkeitsstruktur attestiert. Herr S. war sogar soweit gegangen, seine Frau des Drogenhandels anzuzeigen, wobei er sie in eine äußerst missliche Lage manövrierte, obwohl er selbst an dem Drogenanbau beteiligt war. Das ist sicherlich ein negatives Persönlichkeitsindiz, das nach dem Förderungsprinzip gegen ihn spricht. Andererseits ist auch seine Frau in die täglichen Streitereien mit einbezogen, und sie hat sich einen Liebhaber genommen, was das Verhältnis der Eltern sicherlich nicht erleichtert.

Für Sergej spielt sicherlich der Kontinuitätsgrundsatz, sein Interesse an einer verlässlichen Lebensumwelt, eine herausragende Rolle. Sergej ist in Italien aufgewachsen, ist dort in der Umgebung verwurzelt und besucht dort die Schule, hat seine Freunde, so dass es einen massiven Bruch bedeuten würde, wollte man die elterliche Sorge für Sergej Herrn Sürberg zuerkennen. Dann müsste Sergej sein angestammtes Lebensumfeld verlassen.

Hinzu kommen noch seine Neigung und sein Wille, der eindeutig ein positives Verhältnis zur Mutter signalisiert und eine ambivalente Haltung gegenüber seinem Vater.

Unter diesen Gesichtspunkten spricht bisher alles dafür, Sergej bei der Mutter zu belassen und der Mutter für Sergej die alleinige elterliche Sorge zu übertragen.

Was Georg anbetrifft, ergibt sich eine andere Einschätzung. Georg hat offenbar eine stärkere emotionale Neigung zum Vater. Er ist widerspruchslos und auf seinen Wunsch dem Vater in dessen Heimatstadt Bamberg gefolgt. Er besucht dort den Kindergarten. Hier ist der Wille des Kindes ausschlaggebend, beim Vater leben zu wollen. Das bedingt jedoch gleichzeitig die Trennung der Geschwister. Aber die Bindung und der Wille von Georg überwiegen, so dass das Familiengericht wohl in Bezug auf Georg die Alleinsorge dem Vater übertragen wird.

Quick-Info: Elterliche Sorge bei Trennung und Scheidung

I. Grundsätze	• Gerichtliche Sorgerechtsentscheidung ergeht nur, wenn ein Elternteil Alleinsorge oder einen Teil des alleinigen Sorgerechts beantragt (§ 1671 Abs. 1 BGB). • Gemeinsame elterliche Sorge gilt nicht als Regelfall; zur Übertragung der Alleinsorge sind jedoch erhebliche Hürden zu überwinden (§ 1671 Abs. 2 BGB). • Anknüpfungspunkt für eine gerichtliche Sorgerechtsentscheidung ist eine „nicht nur vorübergehende Trennung" der Eltern, nicht etwa ein Scheidungsverfahren (§ 1671 Abs. 1 BGB). • Kompetenzverteilung bei gemeinsamer Sorge durch gesetzliche Vorgaben (§§ 1687, 1687a BGB).
II. Gemeinsame Sorge	**1. Fortbestand der gemeinsamen Sorge** • Gemeinsame Sorge bleibt bestehen, wenn kein Elternteil Antrag auf Alleinsorge stellt (§ 1671 BGB), bzw. wenn keine Sorgeregelung wegen Gefährdung des Kindeswohls von Amts wegen ergehen muss (§ 1666 BGB). • Reflexion der Eltern über Ausgestaltung des Sorgerechts soll durch Anhörung und Beratungsangebote angestoßen werden. • Scheidungsantrag muss Angaben zu gemeinsamen Kindern enthalten (§ 133 Abs. 1 FamFG). • Gerichtliche Anhörung der Eltern in jedem Eheverfahren und Hinweis auf Beratungsangebote der Jugendhilfe (§ 160 FamFG). • Mitteilung über anhängige Scheidungsverfahren an Jugendamt, wenn gemeinsame Kinder betroffen sind (§ 17 Abs. 3 SGB VIII). • Trennungs- und Scheidungsberatung der Jugendhilfe als Anspruchsleistung für Eltern (§ 17 Abs. 2 SGB VIII). **2. Ausgestaltung der gemeinsamen Sorge nach Trennung und Scheidung** • Modifizierung der gemeinsamen Sorge als Kombination von partieller Alleinsorge und gemeinsamer Sorge.

	3. Kompetenzverteilung: • **Alleinentscheidungsrecht** des Elternteils, bei dem sich das Kind gewöhnlich aufhält in ***„Angelegenheiten des täglichen Lebens"*** (§ 1687 Abs. 1 BGB): z.B. Behandlung leichter Krankheiten, Teilnahme an Sportveranstaltungen, Besuch bei Verwandten; Verwaltung von Geldgeschenken. • **Einvernehmliche Entscheidung** der Eltern in ***„Angelegenheiten von erheblicher Bedeutung"*** (§ 1687 Abs. 1 BGB); z.B. Wahl der Schulart oder Ausbildungsstätte, Operationen (ausgenommen Eilfälle), Grundfragen religiöser Erziehung, Wahl einer Vermögensanlage.
III. Übertragung der Alleinsorge	**1. Voraussetzungen (§ 1671 BGB)** • Mindestens ein Elternteil hat Antrag auf (partielle) Alleinsorge gestellt. • Aktuell besteht ein gemeinsames Sorgerecht. • Dauernde, nicht nur vorübergehende Trennung der Eltern. • Entweder der andere Elternteil stimmt dem Antrag zu (§ 1671 Abs. 2 Nr.1 BGB), • oder es ist zu erwarten, dass die Aufhebung der gemeinsamen Sorge und die Übertragung auf den Antragsteller dem Kindeswohl am besten entspricht (§ 1671 Abs. 2 Nr.2 BGB). • Wenn das über 14-jährige Kind dem Antrag widerspricht, obwohl der andere Elternteil zugestimmt hat, muss der Sorgerechtstransfer ebenfalls dem Kindeswohl am besten entsprechen (§ 1671 Abs. 2 Nr.1 u.2 BGB). **2. Gründe für die Aufhebung der gemeinsamen Sorge** • Mangelnde Kooperationsbereitschaft der Eltern; ständiger Streit in Erziehungsfragen. • Bei erkennbarem Desinteresse eines Elternteils, z.B. bei fehlenden Besuchskontakten oder bei Verletzung der Unterhaltspflicht. • Ein Elternteil ist wegen äußerer Umstände schwer erreichbar. • Gewaltanwendung eines Elternteils gegen den anderen. • Entgegenstehender Wille des Kindes; dem Kind ist jedoch keine Rechtsposition eingeräumt.

	3. Kriterien für eine Sorgerechtsentscheidung bei Antrag auf Alleinsorge durch beide Elternteile • Persönlichkeit und erzieherische Eignung der Eltern (Förderungsprinzip). • Einheitlichkeit und Gleichmäßigkeit der Erziehung (Kontinuitätsprinzip). • Emotionale Bindungen des Kindes an Eltern, Geschwister und andere Personen. • Neigungen und Wille des Kindes. • Bedingungen der Unterbringung und Betreuung.
IV. Andere Sorgerechtsentscheidungen	1. Gestaltung des elterlichen Sorgerechts von Amts wegen bei Gefährdung des Kindeswohls (§ 1666 i.V.m 1671 Abs. 3 BGB). 2. Bei einem Sorgerechtskonflikt von erheblicher Bedeutung können Eltern das Familiengericht anrufen (§ 1628 BGB). 3. Bei triftigen, nachhaltig das Kindeswohl berührenden Gründen hat das Gericht seine Sorgerechtsentscheidung zu ändern (§ 1696 BGB).
V. Beteiligung	**1. Aufgaben des Jugendamtes** • Eltern haben Anspruch auf Beratung und Unterstützung durch das Jugendamt (§ 17 Abs. 1 Nr. 3, Abs. 2; § 18 Abs. 1 SGB VIII). • Familiengerichtshilfe durch das Jugendamt (§ 50 Abs. 1 SGB VIII, § 162 FamFG). → Anhörung des Jugendamtes durch das Familiengericht; → Abgabe einer gutachterlichen Stellungnahme. **2. Anhörungen** • Persönliche Anhörung der Eltern (§ 160 FamFG). • Persönliche Anhörung des Kindes (§ 159 FamFG). **3. „Anwalt des Kindes"** • Möglichkeit dem Kind einen Verfahrensbeistand beizuordnen, soweit zur Interessenwahrnehmung erforderlich (§ 158 FamFG).

VIII. Umgangsrecht

Zum psychologischen Allgemeinwissen gehört mittlerweile die Erkenntnis, dass die Aufrechterhaltung der Bindung zu beiden Elternteilen auch nach deren Trennung für die Persönlichkeitsentwicklung eines Kindes große Bedeutung hat. Damit keine Entfremdung zwischen dem Kind und dem Vater bzw. der Mutter entsteht, hat der Gesetzgeber einen Grundsatz aufgestellt: Der Umgang mit beiden Elternteilen und anderen wichtigen Bezugspersonen ist ein Kernelement des Kindeswohls (§ 1626 Abs. 3 BGB).

Umgang mit beiden Elternteilen

Die Aufrechterhaltung der Beziehungen zwischen Eltern und Kind soll gefördert werden bzw. umgangsunwillige Eltern sollen durch die Hervorhebung der Bedeutung des Umgangs für das Kind zur Erfüllung ihrer elterlichen Aufgaben angehalten und vom verbreiteten Umgangsboykott abgehalten werden.

Art des Umgangs

Gekennzeichnet ist der Umgang durch zeitlich begrenzte Kontakte wie z.B. gemeinsame Wochenenden, Tages- oder Halbtagesbesuche, Telefonate, Briefe, Reisen und sonstige Unternehmungen.

Das Umgangsrecht wird in den §§ 1684 bis 1686 BGB näher geregelt.

1. Umgang des Kindes mit den Eltern

a. Das Recht des Kindes auf Umgang mit jedem Elternteil (§ 1684 BGB)

UN-Kinderrechtekonvention

Die endgültige Fassung des § 1684 BGB berücksichtigt die **UN-Kinderrechtekonvention** (1989) und definiert das Umgangsrecht ausdrücklich als das **Recht des Kindes** und nicht wie zuvor § 1711 BGB a.F. als das Recht des nicht sorgeberechtigten Elternteils.

Umgangspflicht

Korrespondierend zu diesem Recht des Kindes besteht eine **Verpflichtung der Eltern zum Umgang** mit dem Kind (§1684 Abs. 1 Hs. 2 BGB).

Umgekehrt haben auch die **Eltern ihrerseits ein subjektives Recht auf Umgang** mit dem Kind (§ 1684 Abs. 1 Hs. 2 BGB).

Schutz des Umgangsrechts durch Grundgesetz

Recht und Pflicht zum Umgang bestehen unabhängig von der sorgerechtlichen Lage. Das **Bundesverfassungsgericht**[66] hat im Jahr 2007 unterstrichen, dass das Umgangsrecht eines Elternteils ebenso wie die elterliche Sorge unter dem **Schutz des Art. 6 Abs. 2 Satz 1 GG** steht. Der Elternteil, bei dem sich das Kind gewöhnlich aufhält, müsse grundsätzlich den persönlichen Umgang des Kindes mit dem anderen Elternteil ermöglichen. Können sich Eltern über die Ausübung des Umgangsrechts nicht einigen, so müsse das Gericht in seiner Entscheidung sowohl die beiderseitigen Grundrechtspositionen der Eltern als auch das Wohl des Kindes und dessen Individualität als Grundrechtsträger berücksichtigen.

66 BVerfG in FamRZ 2007, S. 105.

Bedeutung hat das Umgangsrecht für

Praxisrelevanz

- den nicht sorgeberechtigten Elternteil, vor allem für den nichtehelichen Vater;
- den Fall gemeinsamer elterlicher Sorge, wenn das Kind überwiegend nur bei einem Elternteil lebt;
- bei Entziehung der elterlichen Sorge, wenn das Kind z.B. in einer Pflegefamilie lebt und der Umgang mit den leiblichen Eltern dem Kindeswohl entspricht.

Keine Umgangspflicht

Das Kind hat keine Pflicht zum Umgang mit dem nicht sorgeberechtigten Elternteil.

Umgangsrecht gilt für gesetzliche Eltern

Eltern im Sinne von § 1684 sind nach einer Definition des Bundesverfassungsgerichts[67] nur die **gesetzlich legitimierten Eltern**, also auch der durch Anerkennung oder Statusurteil festgestellte Vater, **nicht** dagegen die leiblichen Eltern nach Adoption des Kindes oder bei anderweitiger rechtlicher Vaterschaft der lediglich biologische Vater.

Problematisch erscheint die gerichtliche Durchsetzbarkeit sowohl der Verpflichtung der Eltern zum Umgang mit dem Kind als auch die Durchsetzbarkeit der Berechtigung der Eltern zum Umgang mit dem Kind.

b. Verhältnis des Kindes zum Umgangsberechtigten (§ 1684 Abs. 2 BGB)

„Die Eltern haben alles zu unterlassen, was das Verhältnis des Kindes zum jeweils anderen Elternteil beeinträchtigt oder die Erziehung erschwert " (§ 1684 Abs. 2 Satz 1 BGB).

Umgang mit dem jeweils anderen Elternteil darf nicht boykottiert werden

Grund für dieses gesetzliche **„Wohlverhaltensgebot"** ist die Erkenntnis, dass Streit zwischen den Eltern um den Umgang, bei dem das Kind hin- und hergerissen ist, sich schädigend auf die Entwicklung des Kindes auswirken kann.

Keiner der Eltern hat das Recht, den Konflikt, der zum Scheitern der Lebensgemeinschaft geführt hat, auf das Kind zu projizieren, indem er etwa das Kind gegen den anderen Elternteil aufbringt oder durch verschiedene Maßnahmen ihm zu entfremden versucht **(sog. Parental Alienation Syndrome – PAS).** Die amerikanische Gesellschaft hat es abgelehnt, das PAS als psychiatrische Diagnosekategorie aufzunehmen.[68] Auch wenn es kein klar definiertes Syndrom gibt, ist die elterliche Beeinflussung des Kindes im Rahmen des Kindeswohls zu berücksichtigen.

---

67 BVerfG in NJW 2003, S. 2151.

68 Fegert, Endgültiges Aus für das Parental Alienation Syndrome (PAS) im amerikanischen Klassifikationssystem DSM-5, in ZKJ 2013, S. 190 f.

Beispiele aus der Rechtsprechung zum Verstoß gegen die Wohlverhaltenspflicht des § 1684 Abs. 2 BGB:

- Die Wohlverhaltenspflicht umfasst nach dem Beschluss des BGH auch „die Verpflichtung des betreuenden Elternteils, das Kind zur Ausübung des Umgangsrechts durch den anderen Elternteil an der Wohnung bereitzustellen." Eine konkrete Ausformulierung bezüglich der Übergabemodalitäten ist im Rahmen der Umgangsregelungen nicht erforderlich (BGH in FamRZ 2013, S. 1177).
- Nach dem OLG Saarbrücken handelt man dem Umgangstitel zuwider, wenn der Umgang mit dem anderen Elternteil dem Kind freigestellt wird. Das Kind müsse zum Umgang motiviert werden (OLG Saarbrücken in FamRZ 2013, S. 1178).
- Trotz der Verweigerung der Mutter, den Umgang mit dem Vater zuzulassen, entschied das OLG Saarbrücken, dass eine Unterbringung bei der Mutter dem Kindeswohl und -willen diene. Als Sanktion erwöge man, eine Teil- oder Gesamtverwirkung des Anspruches auf Betreuungsunterhalt der Mutter (OLG Saarbrücken in FamRZ 2012, S. 1351).
- Der sorgeberechtigte Elternteil weigert sich, das Kind zum Flughafen zu bringen und dort bzw. am Wohnort des umgangsberechtigten Elternteils abzuholen (OLG Dresden in FamRZ 2005, S. 927).

Gem. § 1684 Abs. 2 Satz 2 BGB gilt das Wohlverhaltensgebot auch für Eltern, wenn sich das Kind in der Obhut von Großeltern, Pflegern, Vormündern oder Pflegeeltern befindet ebenso umgekehrt für die genannten Obhutspersonen in Bezug auf ihr Verhalten gegenüber den Eltern.

c. Umfang des Umgangsrechts (§ 1684 Abs. 3 BGB)

Umgangsregelungen: Flexibilität

Eine gerichtlich festgelegte, starre Umgangsregelung von genau festgelegten Tagen, Zeiten oder evtl. sogar Telefonaten und Briefen entspricht oft nicht den wirklichen Bedürfnissen aller Beteiligten.

Daher ist grundsätzlich eine einvernehmliche Umgangsregelung, etwa als Vereinbarung der Eltern oder als Ergebnis einer Mediation, die genau auf die Interessen einer Familie zugeschnitten ist, einer gerichtlichen Lösung vorzuziehen.

Regelung durch Familiengericht

Für den Fall des Scheiterns einer einvernehmlichen Lösung entscheidet das Familiengericht in der Regel auf Antrag über den Umfang des Umgangsrechts und regelt die Art und Weise seiner Ausübung auch gegenüber Dritten (§ 1684 Abs. 3 Satz 1).

Eingriff durch Familiengericht auch ohne Antrag möglich

Ein Antrag an das Familiengericht auf Regelung nach § 1684 Abs. 3 ist nicht immer Voraussetzung für das Eingreifen des Gerichts.

Da es jedoch eine unzulässige Einmischung in das Elternrecht aus Art. 6 Abs. 2 GG wäre, wenn das Gericht ohne Anlass tätig werden würde, ist Voraussetzung für das Tätigwerden des Gerichts entweder die Uneinigkeit der Eltern über den Umgang oder ein Desinteresse beider Eltern an der Verwirklichung des dem Kind zustehenden Umgangsrechtes.

Inhaltlich können Häufigkeit und Dauer des Besuchsrechts (z.B. auch während der Ferien und Feiertage) und feste Besuchszeiten unter Berücksichtigung der **Erziehungskontinuität** festgelegt werden.

Standardisierte Formen

Inzwischen haben sich **gerichtliche Standards** herausgebildet, die die Art und den Umfang der Kontakte betreffen. Wichtig dabei sind Alter und konkrete Lebensumstände des Kindes.

Beispiele aus der Rechtsprechung für Umgangsregelungen:

- Das frühere Hinausschieben von Übernachtungen bis zur Schulpflicht ist überholt; das Alter ist kontinuierlich gesenkt worden (OLG Hamm in FamRZ 1990, S. 654: 4 Jahre, OLG Frankfurt/M. in FamRZ 2002, S. 978: 2 Jahre).
- Periodischer Kontakt ist durch längere Kontakte zu ergänzen (OLG Bamberg in FamRZ 1990, S. 193; AG Detmold in FamRZ 2000, S. 1605).
- Der Bedarf nach einer Ferienregelung kann bereits bei einem 4 1/2-jährigen Kind entstehen (OLG Frankfurt/M. in FamRZ 2007, S. 667)
- Nach längerer Unterbrechung bedarf es einer behutsamen Wiederbelebung des Kontaktes (OLG Braunschweig in FamRZ 1999, S. 185).
- Wenn Eltern vor nicht allzu langer Zeit eine einvernehmliche Umgangsvereinbarung getroffen haben, sprechen nach dem Beschluss des OLG Köln in der Regel triftige Gründe für die Beibehaltung der vereinbarten Regelungen, die unter dem Gesichtspunkt des Kindeswohls vor allem in der Kontinuität und dem Vertrauen des Kindes in die Verlässlichkeit der Regelungen zu sehen seien (OLG Köln in FamRZ 2013, S. 1177).

Intervalle

Als Alternative zu einem periodischen Umgang, z.B. bei weiter Entfernung zwischen den Eltern, kommt ein Umgang in Zeitblöcken in Betracht.

Schwierig ist die Frage der tatsächlichen **Durchsetzbarkeit** von Umgangsregelungen:

d. Durchsetzbarkeit des Rechts auf Umgang durch das Kind

Sollten Eltern zum Umgang gezwungen werden?

Grundsätzlich wird man wohl davon ausgehen müssen, dass der Umgang mit einem unwilligen Elternteil eigentlich wertlos für ein Kind ist.

Möglicherweise kann er dem Kind sogar einen seelischen Schaden zufügen,[69] da durch die Anordnung des Umgangs bei dem Kind bestimmte Erwartungen in Bezug auf den Kontakt geweckt werden können, die der unwillige Elternteil dann enttäuscht.[70]

Dennoch hat nach einer verbreiteten Ansicht[71] das Kind einen eigenen durchsetzbaren Anspruch auf Umgang mit jedem Elternteil, das mit den Zwangsmitteln des § 35 FamFG erzwungen werden kann.[72]

Differenziert wird dieses Problem in einem Urteil des Bundesverfassungsgerichts vom 1.4.2008[73] dargestellt:

Rechtsprechung:

Aus der außerehelichen Beziehung eines verheirateten Familienvaters war ein im Februar 1999 geborenes weiteres Kind entstanden.

Unterhalt hatte der Vater gezahlt, einen Umgang mit seinem Sohn jedoch abgelehnt. Das Amtsgericht hatte die Anordnung eines Umgangskontaktes aufgrund eines Antrags der Kindesmutter zurückgewiesen und das Oberlandesgericht darauf im Beschwerdeverfahren ein Sachverständigengutachten eingeholt. Dieses war zu dem Ergebnis gekommen, dass begleitete Umgangskontakte, jedenfalls für einen gewissen Zeitraum, dem Kind auch dann nicht schaden würden, wenn der Beschwerdeführer das Kind entsprechend seiner Ankündigung ignorieren würde.

Mit Beschluss vom 21.1.2004 hatte das Oberlandesgericht betreuten Umgang des Vaters mit dem Kind für die Dauer von 2 Stunden alle 3 Monate angeordnet und für den Fall der Weigerung ein Zwangsgeld von bis zum 25.000,– Euro angedroht.

Auf die Verfassungsbeschwerde hat das Bundesverfassungsgericht den Beschluss aufgehoben, die Sache zur erneuten Entscheidung an das Oberlandesgericht zurück verwiesen und angeordnet, dass § 33 Abs. 1 Satz 1 und Abs. 3 FGG (a.F.) verfassungskonform dahingehend auszulegen sind, dass eine zwangsweise Durchsetzung der Umgangspflicht eines den Umgang mit seinem Kind verweigernden Elternteils zu unterbleiben hat, es sei denn, es gibt im konkreten Einzelfall hinreichende Anhaltspunkte, die darauf schließen lassen, dass ein erzwungener Umgang dem Kindeswohl dienen würde.

69 BVerfG in FamRZ 2008, S. 334.
70 OLG Nürnberg in FamRZ 2007, S. 925.
71 OLG Cochem in FamRZ 2002, S. 979; OLG Brandenburg in FamRZ 2005, S. 293.
72 Andere Ansicht OLG Nürnberg in FamRZ 2007, S. 925.
73 FuR 2008, S. 334.

Das Bundesverfassungsgericht hat in der Androhung des Zwangsgeldes einen Verstoß gegen Art. 2 Abs. 1 i.V.m. Art. 1 GG erblickt, soweit dem Beschwerdeführer darin ein Zwangsgeld für den Fall der Verweigerung des Umgangs mit seinem Kind angedroht worden ist.

Grundsätzlich sei es einem Elternteil zumutbar, angehalten zu werden, mit seinem Kind Umgang zu pflegen. Zwar handele es sich dabei um einen Eingriff in das Grundrecht auf Schutz der Persönlichkeit eines Elternteils von nicht geringer Intensität.

Wägt man jedoch das Interesse des Kindes an einem gedeihlichen Umgang mit seinen beiden Elternteilen mit dem Interesse eines Elternteils ab, mit dem Kind nicht oder aber nicht mehr in persönlichen Kontakt treten zu wollen, dann ist dem kindlichen Anliegen gegenüber dem elterlichen Wunsch ein erheblich größeres Gewicht beizumessen.

Jedoch sei die Androhung der zwangsweisen Durchsetzung der Umgangspflicht eines Elternteils gegen dessen erklärten Willen regelmäßig nicht geeignet, den Zweck zu erreichen, der mit ihr verfolgt wird, nämlich dem Kind einen Umgang mit seinem Elternteil zu ermöglichen, der zu einer gedeihlichen Persönlichkeitsentwicklung des Kindes beiträgt.

Dieser Zwang nehme Einfluss auf das persönliche Verhältnis zum Kind und setze den umgangsverpflichteten Elternteil unter Druck, sich seinem Kind gegenüber so zu verhalten, wie er selbst nicht will.

Eine Ausnahme von der Anordnung von Zwangsmitteln macht das Bundesverfassungsgericht lediglich dann, wenn auch im Hinblick auf die psychische Stabilität des Kindes eine reelle Chance besteht, dass das Kind in der Lage ist, durch sein offenes und freundliches Verhalten den Widerstand des den Kontakt zu ihm meidenden Elternteils aufzulösen, was allerdings dann nicht gegeben ist, wenn Kinder noch nicht zu einer stabilen Persönlichkeit herangereift sind. Eine weitere Ausnahme kann dann bestehen, wenn sich bei einem Kind oder Jugendlichen das Interesse an einem Kennenlernen bislang noch nicht bekannter Elternteile stark herausgebildet hat und es ihm vor allem um ein – sei es auch nur einmaliges – Zusammentreffen mit diesem Elternteil geht, um diesen kennen zu lernen. Dann kann die Erfüllung dieses Bedürfnisses für das Kind gewichtiger sein als die möglicherweise damit verbundene Erfahrung, dass dieser Elternteil von ihm nichts wissen will. Dieses ist ggf. mit Hilfe von Sachverständigen zu klären. In einem solchen Fall kann selbst ein erzwungenes Zusammentreffen mit dem Elternteil dem Wohle des Kindes dienen.

e. Durchsetzbarkeit des Umgangsrechts der Eltern

Umgangsregelungen entgegen dem Willen des anderen Elternteiles oder des Kindes

Wesentlich praxisrelevanter als die oben dargestellte Durchsetzbarkeit des Kindesrechts ist die Frage, wann und wie ein umgangsberechtigter Elternteil eine gerichtliche Umgangsregelung oder eine zwischen den Eltern getroffene und vom Gericht bestätigte Umgangsregelung gegen den Willen des anderen Elternteils oder dem entgegenstehenden Willen des Kindes durchsetzen kann.

Grundsätzlich sind gerichtliche Umgangsregelungen mit den Zwangsmitteln des § 35 FamFG durchsetzbar, jedoch darf gegen das Kind zur Verwirklichung des Umgangsrechtes keine Gewalt angewendet werden, wenn es herausgegeben werden soll, um das Umgangsrecht auszuüben.

Wunsch des Kindes

Der Wunsch des Kindes, den anderen Elternteil zu sehen, ist in der Praxis ein wichtiges Indiz dafür, dem entgegenstehenden Willen des Sorgeberechtigten einen geringeren Stellenwert beizumessen.

Parental Alienation Syndrom

Bei einer ablehnenden Haltung jüngerer Kinder gegenüber dem Umgang ist genau zu prüfen, ob diese die wirklichen Bindungsverhältnisse des Kindes darstellt oder ob es sich unter Umständen um ein sog. **Parental Alienation Syndrome** handelt. Hierunter versteht man die einseitige Beeinflussung des Kindeswillens durch die Person, bei der das Kind überwiegend lebt.

Die Reaktion auf dieses Phänomen wird kontrovers diskutiert.[74]

Beispiele aus der Rechtsprechung:

- Um einer Entfremdung zwischen Vater und Kind entgegenzuwirken, wurden die Umgangskontakte (des Vaters zu seinem Sohn) von viermal jährlich auf einmal monatlich erhöht. Das Kind lebte derzeit in einer Pflegefamilie (OLG Hamm in FamRZ 2012, S. 1351).
- Nach einem Beschluss des OLG Saarbrücken „muss in der Umgangsregelung von Amts wegen zum Ausdruck kommen, dass es sich nicht nur um ein Recht, sondern auch um eine Pflicht des betreffenden Elternteils handelt." (OLG Saarbrücken in FamRZ 2012, S. 1351)
- In Entscheidungen des OLG Saarbrücken sowie des Brandenburgischen OLG wurden dagegen dem allein sorgeberechtigten Elternteil, der die Umgangskontakte des anderen Elternteils mit dem gemeinsamen Kind in einer das Kindeswohl gefährdenden Weise ablehnte, das Aufenthaltsbestimmungsrecht für die Dauer der Umgangskontakte entzogen und eine Umgangspflegschaft angeordnet (OLG Saarbrücken in FamRZ 2008, S. 86; Brandenburgisches OLG in FamRZ 2007, S. 577).

74 Bruch in FamRZ 2002, S. 1304; Staudinger/Rauscher, § 1684 Rn. 37 ff.

- Nach Auffassung des OLG München kann im fortgesetzten massiven und schuldhaften Vereiteln des Umgangsrechts des Kindes und des Umgangsberechtigten ein offensichtliches schwerwiegendes Fehlverhalten i. S. des § 1579 Nr. 2 BGB liegen und damit der nacheheliche Unterhalt wegen Kindesbetreuung versagt werden (OLG München in FamRZ 2006, S. 1605).
- Laut OLG Stuttgart gilt für die gerichtliche Umgangsregelung das sog. Konkretheitsgebot, das heißt, der Umgang darf nicht nur dem Grunde nach geregelt sein, sondern muss vielmehr konkrete Modalitäten wie Tage, Uhrzeit, Ort, Häufigkeit der Besuche etc. enthalten (OLG Stuttgart in FamRZ 2007, S. 1682).

f. Anordnung zur Erfüllung des Wohlverhaltensgebots (§ 1684 Abs. 3 Satz 2 BGB)

Anordnungen zum Wohlverhaltensgebot

Das Familiengericht kann gem. § 1684 Abs. 3 Satz 2 Anordnungen gegen einen Elternteil erlassen, die ihn zum „Wohlverhalten" im Sinne des § 1684 Abs. 2 verpflichten. Dies eröffnet dem Gericht Handlungsspielraum, um Aktionen eines Elternteils zu begegnen, die einen Umgang erschweren oder unmöglich machen.

Eine gerichtliche Reaktion auf einen Verstoß gegen das Wohlverhaltensgebot ist z.B. die Entziehung eines Teils der elterlichen Sorge: So entzog etwa das OLG Rostock diesen Teilbereich der elterlichen Sorge gem. § 1666 BGB und übertrug diesen auf einen Pfleger.[75] Der sorgeberechtigte Elternteil hatte zuvor die Zustimmung zur Begutachtung des Kindes im Umgangsverfahren ohne sachlich gerechtfertigten Grund verweigert.

Rechte des Umgangspflegers

Relativ neu ins Gesetz aufgenommen wurde die sog. **„Umgangspflegschaft"** nach § 1684 Abs. 3 Satz 3 BGB. Boykottiert ein Elternteil das Umgangsrecht des anderen oder entwickelt er oder sie keine Bindungstoleranz, kann das Familiengericht eine Umgangspflegschaft anordnen. Der Pfleger erhält in einem solchen Fall die Befugnis, das Kind für die Durchführung des Umgangs heraus zu verlangen und seinen Aufenthalt zu bestimmen (§ 1684 Abs. 3 Satz 4 BGB).

75 OLG Rostock in FamRZ 2006, S. 1623.

Textbeispiel: ***Anordnung einer Umgangspflegschaft gem. § 1684 Abs. 3 Satz 3 BGB***

Amtsgericht
Seeburg

Beschluss

143 F 125/13 SO

In der Familiensache

Betreffend

1. Aisha Görem, geboren am 27.7.2002
2. Mira Görem, geboren am 3.11.2003
3. Mahmut Görem, geboren am 10.1.2005

sämtlichst wohnhaft Dinkelstr. 43, 24680 Seeburg
Verfahrensbeistand zu 1 bis 3:
Rechtsanwalt Henrik Damke, Potsdamer Platz 3, 24680 Seeburg

Beteiligte:

1. Kira Görem, geb. Fell, geboren am 7.9.1982
   wohnhaft Hafenstr. 23, 24680 Seeburg
   – Kindesmutter und Antragstellerin –
   Verfahrensbevollmächtigter:
   Rechtsanwalt Ralf Buchacker, Marienstr. 8, 24682 Seeburg
   Gerichtsfach: 13
2. Ibrahim Görem, geboren am 28.7.1971
   wohnhaft Dinkelstr. 43, 24680 Seeburg
   – Kindesvater und Antragsgegner –
   Verfahrensbevollmächtigte:
   Rechtsanwältin Helena Dietrichs, Kreuzstr. 40a, 24680 Seeburg
3. Stadt Seeburg FB Kinder, Jugend und Familie, Körnergasse 1-3, 24680 Seeburg, Geschäftszeichen: 51. 14-23

hat das Amtsgericht – Familiengericht – Seeburg durch die Richterin am Amtsgericht Schlägel nach mündlicher Erörterung am 11.9.2014 beschlossen:

1. **Für die Durchführung des Umgangs der Kinder Aisha Görem, geboren am 27.7.2002 und Mira Görem, geboren am 3.11.2003 mit der Kindesmutter Kira Görem, geboren am 7.9.1982 wird**
   a. **den Kindeseltern Kira Görem, geboren am 7.9.1982, und Ibrahim Görem, geboren am 28.07.1971, das Recht zur Bestimmung des Umgangs der vorgenannten Kinder mit der Kindesmutter bis zum 31.12.2014 entzogen;**
   b. **eine Umgangspflegschaft im Sinne des § 1684 Abs. 3 Satz 3 BGB befristet bis zum 31.12.2014 angeordnet.**
2. **Zur Umgangspflegerin wird Frau Rechtsanwältin Ulrike Winter, Theodor-Heuss-Weg 8, 24781 Seeburg bestimmt.**
3. **Die Umgangspflegschaft dient der Umsetzung des Vergleichs der Kindeseltern in der mündlichen Erörterung vom 11.9.2014 zum Umgang der Töchter Aisha und Mira mit der Kindesmutter. Ziel ist es, dass Aisha und Mira spätestens ab Ende des Jahres die Mutter an den Wochenenden alle zwei Wochen von Freitag nach der Schule bis Montag vor der Schule (beziehungsweise in den Ferien von Freitag 14.00 Uhr bis Montag 10.00 Uhr) besuchen.**

   Die Umgangspflegschaft umfasst das Recht, die Herausgabe der Kinder Aisha Görem, geboren am 27.7.2002 und Mira Görem, geboren am 3.11.2003 zur Durchführung des Umgangs zu verlangen, die konkrete Dauer des Umgangs festzulegen und für die Dauer des Umgangs den Aufenthalt der Kinder zu bestimmen.

Gründe:

Die Kindeseltern haben sich in der mündlichen Erörterung vom 11.9.2014 darauf geeinigt, dass künftig ihre Töchter Aisha und Mira regelmäßig 14-tägig Umgang mit der Kindesmutter von Freitagnachmittag bis Montagvormittag haben sollen. Zur Anbahnung und Begleitung dieses Umgangs – der in den vergangenen neun Monaten nicht praktiziert worden ist – haben sie sich darüber hinaus auf die Einsetzung einer Umgangspflegschaft geeinigt.

Aufgrund der Einigung der Kindeseltern – nach Zustimmung des Verfahrensbeistandes und des Jugendamtes – wird von einer weiteren Begründung des Beschlusses abgesehen.

Schlägel

Richterin am Amtsgericht

Ausgefertigt

Amtsgericht Seeburg, 5.10.2014

Friedrichs, Justizangestellte

als Urkundsbeamtin der Geschäftsstelle

Textbeispiel: Umgangsvergleich

Amtsgericht
Seeburg

Nicht öffentliche Sitzung vom 11.9.2014

143 F 125/13 SO

Gegenwärtig:

Richterin am Amtsgericht Schlägel

Ohne Protokollführer

In der Familiensache

Betreffend den Antrag auf Übertragung des Aufenthaltsbestimmungsrechts auf die Kindesmutter für

1. Aisha Görem, geboren am 27.7.2002
2. Mira Görem, geboren am 3.11.2003
3. Mahmut Görem, geboren am 10.1.2005

sämtlichst wohnhaft Dinkelstr. 43, 24680 Seeburg

Verfahrensbeistand zu 1 bis 3:

Rechtsanwalt Henrik Damke, Potsdamer Platz 3, 24680 Seeburg

Beteiligte:

1. Kira Görem, geb. Fell, geboren am 7.9.1982

   wohnhaft Hafenstr. 23, 24680 Seeburg

   – Kindesmutter und Antragstellerin –

   Verfahrensbevollmächtigter:

   Rechtsanwalt Ralf Buchacker, Marienstr. 8, 24682 Seeburg

   Gerichtsfach: 13

2. Ibrahim Görem, geboren am 28.07.1971

   wohnhaft Dinkelstr. 43, 24680 Seeburg

   – Kindesvater und Antragsgegner –

   Verfahrensbevollmächtigte:

   Rechtsanwältin Helena Dietrichs, Kreuzstr. 40a, 24680 Seeburg

3. Stadt Seeburg FB Kinder, Jugend und Familie, Körnergasse 1-3, 246800 Seeburg, Geschäftszeichen: 51. 14-23

erschienen bei Aufruf:

1. Die Kindesmutter mit Rechtsanwalt Buchacker
2. Der Kindesvater mit Rechtsanwältin Dietrichs
3. Als Verfahrensbeistand Rechtsanwalt Damke
4. Für das Jugendamt der Stadt Seeburg, Herr König.

Nach ausführlicher Erörterung zur Sache – insbesondere des Gutachtens der Gutachterin Frau Eiffel vom 17.8.2014 (Bl. 84 ff. der Akte) – sowie der schriftlichen Stellungnahmen der Beteiligten – der Kindesmutter vom 2.9.2014, des Kindesvaters vom 10.9.2014, des Verfahrensbeistands vom 20.1.2014, des Jugendamtes vom 11.9.2014 sowie der Anhörung der Kinder vom 2.9.2014 – erklären die Kindeseltern, dass sie bereit sind, eine einvernehmliche Regelung zur elterlichen Sorge und zum Umgang mit den betroffenen Kindern zu treffen.

Die beteiligten Kindeseltern schließen sodann folgenden

Vergleich:

1. Es bleibt bei der gemeinsamen elterlichen Sorge.
2. Beide Eltern werden an einer Erziehungsberatung teilnehmen – entweder im Elternkurs „ Kinder im Fokus" oder bei einer der Seeburger Beratungsstellen.
3. Die Eltern werden am Kurs für Trennungskinder bei der Beratungsstelle „EZB" teilnehmen.
4. Aisha und Mira haben weiterhin ihren Lebensmittelpunkt im Haushalt ihres Vaters.
5. Aisha und Mira werden die Mutter alle zwei Wochen über das Wochenende besuchen – jeweils von Freitag nach der Schule bis Montag vor der Schule; in den Ferien von Freitag 14.00 Uhr bis Montag 10.00 Uhr.
6. Auf Grund der bisherigen Kontaktverweigerung von Aisha und Mira zu ihrer Mutter soll seitens des Gerichts eine Umgangspflegschaft eingerichtet werden. Diese Pflegschaft soll dazu dienen, den Kindern einen unkomplizierten Umgang mit ihrer Mutter an den Besuchswochenenden zu ermöglichen. Als Umgangspflegerin soll Frau Rechtsanwältin Winter entsprechend dem Vorschlag des Verfahrensbeistandes Herrn Rechtsanwalt Damke eingesetzt werden.
7. Mahmut wechselt ab der zweiten Hälfte der Herbstferien in den Haushalt der Mutter. Sein Umzug findet am 14.10.2014 statt. Der Vater wird Mahmut um 12.00 Uhr zum Haus der Mutter bringen.
8. Mahmut wird den Vater und seine Schwester in jeder Woche am Mittwoch nach der Schule bis 19.00 Uhr und am Freitag nach der Schule bis Samstagabend 19.00 Uhr besuchen. Diese Regelung gilt auch in den Ferienzeiten. In den Ferien beginnt der Umgang am Freitag ab 14.00 Uhr.

9. Beide Eltern verzichten auf die Vorlage einer Bescheinigung des jeweiligen anderen Elternteils zur Frage des Alkoholmissbrauchs.
10. Die Überprüfung der vorstehenden Regelung soll durch das Jugendamt von Amts wegen nach Ablauf von ca. 6 Monaten erfolgen.
Im Rahmen dieser Überprüfung sollen auch etwaige Änderungen der Umgangsvereinbarung sowie der Umgang in den Ferien festgelegt werden.

Laut diktiert, nochmals vorgespielt und allseits genehmigt.

Beschlossen und Verkündigt:

1. Der Verfahrenswert wird auf 3.000,00 € gemäß § 45 FamFG festgesetzt.
2. Von der Kostenerhebung wird gemäß § 81 FamFG abgesehen; außergerichtliche Kosten werden nicht erstattet.
3. Es ergeht anschließender Beschluss zur Umgangspflegerbestellung.

Für die Richtigkeit der Übertragung vom Tonträger

Schlägel	Friedrichs, Justizangestellte
Richterin am Amtsgericht	als Urkundsbeamtin der Geschäftsstelle

g. Ausschluss des Umgangsrechts (§ 1684 Abs. 4 BGB)

aa) Einschränkung oder Ausschluss des Umgangsrechts

Ausschluss nur bei Gefährdung des Kindeswohls

Das Umgangsrecht kann vom Familiengericht gem. 1684 Abs. 4 Satz 1 BGB (vorübergehend) eingeschränkt oder ausgeschlossen werden, wenn dies zum Wohl des Kindes erforderlich ist. Ausschluss oder Einschränkung auf längere Zeit oder auf Dauer dürfen nur ergehen, wenn andernfalls das Wohl des Kindes gefährdet wäre (§ 1684 Abs. 4 Satz 2 BGB). Entscheidend ist allein das Kindeswohl, wobei eine tatsächliche konkrete Gefährdung des Kindeswohls erforderlich ist (§ 1697a BGB).

Beispiele aus der Rechtsprechung:

Bei Gewalt:

- Nicht zwingend ist der Ausschluss bei Gefahr sexuellen Missbrauchs. Dabei ist vielmehr der Tatverdacht gegen die durch den Abbruch der Begegnungen möglichen seelischen Schwierigkeiten des Kindes abzuwägen. In diesen Fällen ist aber besonders an die Möglichkeit des begleiteten Umgangs zu denken (OLG Frankfurt/M. in FamRZ 2007, S. 1432). Maßgeblich soll die Intensität des Tatverdachtes sein (AG Oldenburg in FamRZ 2006, S. 882).
- Zur Einschränkung oder zum Ausschluss des Umgangsrechts bei extremem Hass gegen den anderen Elternteil (AG Magdeburg in FamRZ 2005, S. 1770).
- Entgegen der Absicht des sorgeberechtigten Elternteils, das Kind störungsfrei in die neue Familie einzugliedern, wird dem Umgangsrecht der Vorrang eingeräumt (Brandenburgisches OLG in DAV 2000, S. 72).
- Bei Krankheit des Kindes erfolgt kein Ausschluss des Umgangs, solange das Kind dadurch nicht gefährdet wird (OLG Brandenburg in FamRZ 2003, S. 111).
- Ebenfalls kein Ausschluss des Umgangsrechts bei längerer Strafhaft des Vaters, solange das Kind dadurch nicht gefährdet ist (OLG Köln in KindPrax 1999, S. 173).
- Auch kein Ausschluss des Umgangsrechtes bei Prostitution der umgangsberechtigten Mutter, solange das Kind dadurch nicht gefährdet wird (OLG Braunschweig in MDR 1962, S. 132).
- Kein Umgangsrecht bei drohender Kindesentführung (OLG Celle in FamRZ 1996, S. 364; AG Hamm in FamRZ 1997, S. 307).

Umgangsverweigerung durch das Kind:

- Zu prüfen ist vom Gericht, inwieweit der geäußerte Kindeswille tatsächlich mit dem Kindeswohl in Einklang steht (BVerfG in FamRZ 2005, S. 1057).

- Der ablehnende Kindeswille gewinnt mit zunehmendem Alter für die Entscheidung des Gerichts an Bedeutung (OLG Köln in FF 2004, S. 297).
- Das Gericht hat bei Anhörung des Kindes den Gründen für seinen entgegenstehenden Willen nachzugehen (BVerfG in NJW 1993, S. 2671).
- Die Ablehnung des Umgangsberechtigten durch das Kind ist nur beachtlich, wenn sie auf tatsächlichem Erleben des Kindes beruht (OLG Celle in FamRZ 1998, S. 1458). Beispiel dafür ist das Entstehen einer Situation, in der das Kind die durch Besuchskontakte entstehenden Konfliktsituationen nicht bewältigen kann (OLG Hamm in FamRZ 1990, S. 45) oder bei Angst vor dem gewalttätigen Vater (OLG Karlsruhe in ZfJ 1980, S. 292) oder bei Vorstrafe des Vaters wegen sexuellen Missbrauchs (LG Ravensburg in DAV 1975, S. 243).

bb) Begleiteter Umgang (§ 1684 Abs. 4 Satz 3 BGB)

Schutzmaßnahmen für das Kindeswohl

Als eine Form der Umgangsbeschränkung nennt das Gesetz den begleiteten Umgang. Hier darf der Umgang nur stattfinden, wenn ein zur Mitwirkung bereiter Dritter anwesend ist. Voraussetzung für die Anordnung des begleiteten Umgangs ist immer eine Gefährdung des Kindeswohls ohne Umgangsbegleitung.

Begleiteter Umgang ist anzuordnen, wenn sachliche Gründe gegen einen unbeaufsichtigten persönlichen Kontakt des umgangsberechtigten Elternteils mit dem Kind bestehen:

Beispiele aus der Rechtsprechung:

- Gefahr der Kindesentführung (OLG Köln in ZKJ 2006, S. 259);
- Alkoholismus (OLG Koblenz in FamRZ 2007, S. 926);
- vom Umgangsberechtigten mit verursachte Ängste des Kindes (OLG Thüringen in FamRZ 2007, S. 661)

Als Begleitpersonen kommen Verwandte, Freunde oder Nachbarn etc. in Betracht, aber auch Vereine wie z.B. der Kinderschutzbund oder das Jugendamt. Die Kosten für den begleiteten Umgang hat das Jugendamt zu tragen.

Textbeispiel: ***Zurückweisung einer Umgangseinschränkung gem. § 1684 Abs. 4 BGB***

Amtsgericht
Hochburg

Anlage zum Verkündungsprotokoll
vom 15.6.2014

Beschluss

In der Familiensache
betreffend die Kinder

Lena Hengert, geboren am 2.7.2006
Isabel Hengert, geboren am 9.10.2007
beide aufhältig bei der Mutter

Beteiligte:

1. **Mutter:**
   Veronika Hengert, geb. Lidtke
   geboren am 19.8.1974 in Hochburg
   wohnhaft Lagerweg 13, 40978 Hochburg

   – Antragstellerin –

   Verfahrensbevollmächtigter:
   Rechtsanwalt Thorsten Günther, Ingwergasse 19, 40971 Hochburg
   Geschäftszeichen: 19/02KR/KR
   Gerichtsfach: 65

2. **Vater:**
   Ludwig Hengert,
   geboren am 1.11.1967 in Lückstadt, jetzt Schmellstadt,
   wohnhaft Goethestr. 33, 40900 Nebenberg

   – Antragsgegner –

Verfahrensbevollmächtigter:

Rechtsanwalt Manfred Schuster, Ährenstr. 31, 40978 Hochburg

Geschäftszeichen: 45/800133-245

Gerichtsfach: 93

3. Stadt Hochburg, FB Kinder, Jugend und Familie,

Ährenstr. 1, 40978 Hochburg

Geschäftszeichen: 51.04-1

hat das Amtsgericht – Familiengericht – Hochburg durch den Richter am Amtsgericht Meierich

beschlossen:

Der Antrag der Antragstellerin, den Umgang des Kindesvaters an den von den Parteien vereinbarten Besuchswochenenden und in den Ferien auf die Tageszeit zu beschränken und eine Übernachtung bei dem Kindesvater auszuschließen, wird zurückgewiesen.

Die Kostenentscheidung bleibt dem Beschluss in der Hauptsache vorbehalten.

Gründe:

I.

Die Eltern sind geschiedene Eheleute. Sie sind gemeinsam sorgeberechtigt. Der Kindesvater ist wieder verheiratet. Durch Beschluss des Amtsgerichts Hochburg vom 12.08.2009 (Geschäftsnummer: 114 G 223/07 UG) ist der Umgang des Kindesvaters mit dem Kind wie folgt festgelegt worden:

1. An jedem 2. Wochenende von Freitag 16.00 Uhr bis Sonntag 18.00 Uhr, an den beiden ersten Besuchswochenenden jedoch nur am Samstag von 10.00 Uhr bis 18.00 Uhr und an den beiden darauf folgenden Besuchswochenenden von Samstag 10.00 Uhr bis Sonntag 18.00 Uhr.
2. Jährlich drei Wochen in den Sommerferien.
3. Jeweils am Geburtstag des Kindesvaters am 1. November jeden Jahres von 14.00 Uhr bis 18.00 Uhr.
4. An jedem 2. Feiertag zu Weihnachten und zu Ostern von 10.00 Uhr bis 18.00 Uhr.

Dem Kindesvater ist dabei aufgegeben worden, die Kinder jeweils pünktlich abzuholen und wieder zurückzubringen. Der Kindesmutter ist aufgegeben worden, die Kinder jeweils pünktlich und der Witterung entsprechend mit Kleidung ausgestattet zur Abholung bereit zu halten.

Im Hauptsacheverfahren, in dem es um eine Abänderung der Ferienregelung geht, haben sich die Eltern am 22.11.2013 auf eine Modifizierung der beschlossenen Umgangsregelung verständigt. Wegen der weiteren Einzelheiten wird auf die Niederschrift des Gerichts vom 22.11.2013 im Hauptsacheverfahren (Blatt 31-37 der Akte) Bezug genommen.

Für die Osterferien 2014 ist durch Beschluss vom 24.2.2014 der Umgang des Kindesvaters mit den Kindern einstweilen geregelt worden. Wegen der weiteren Einzelheiten wird auf den vorgenannten Beschluss (Blatt 18-20 der Akte GEOK) Bezug genommen.

Die von den Parteien begonnenen gemeinsamen Beratungsgespräche in der Erziehungsberatungsstelle hat die Antragstellerin im Februar 2014 abgebrochen.

Sie hat durch ihren Verfahrensbevollmächtigten mit Schriftsatz vom 21.3.2014 Strafanzeige und Strafantrag gegen den Kindesvater und dessen Ehefrau wegen des Verdachts sexueller Nötigung erstattet.

Sie behauptet, der Kindesvater verlange von den Kindern, wenn sie sich zum Besuchswochenende bei ihm aufhalten, dass beide sich laut seiner Anweisung abends nackt vor ihm und seiner Ehefrau zeigen und kontrollieren lassen müssten, ob sie sich auch „überall" sorgfältig gewaschen hätten. Diese gleiche Prozedur müssten beide Kinder am darauf folgenden Morgen wieder über sich ergehen lassen.

Sie trägt weiter vor, in diesem Zusammenhang sei eine „Kuschelprozedur" absurd und bedenklich, die der Kindesvater sonntags morgens gegen 4.00 Uhr mit den beiden Kindern immer dann absolviere, wenn seine Ehefrau, die in einer Bäckerei arbeite, so früh die Wohnung verlasse. Obwohl er auf Vorbehalt ausdrücklich bestätigt habe, dass er grundsätzlich unbekleidet schlafe, gäbe er vor, sich in einer solchen Situation eine Unterhose anzuziehen. Hier seien grundlegende Zweifel angebracht. Damit nicht genug, erwarte der Kindesvater von seinen beiden Töchtern, dass sie gemeinsam mit seiner Ehefrau, also zu dritt, ein Wannenbad nehmen, was von Mädchen in diesem Alter überhaupt nicht mehr verlangt werden könne. Dieses Eingeständnis habe seinerzeit die Diplom-Psychologin Michaelis zu dem Hinweis gegenüber dem Kindesvater veranlasst:

„Ein Wannenbad zu dritt mit so großen Mädchen ist nicht normal. Sie sind die einzigen Menschen, die ein Wannenbad zu dritt mit so großen Mädchen machen."

Gleichwohl bestehe der Kindesvater unverändert darauf, dass seine Ehefrau Ilona Hengert dieses Wannenbad zu dritt mit den Kindern weiterhin praktiziere. Nach den Erkenntnissen der Antragstellerin seien dies Anhaltspunkte für eine Kompensation des unerfüllbaren Kinderwunsches der Frau Ilona Hengert.

In die gleiche Richtung ziele schließlich auch noch der regelrechte Zwang des Kindesvaters gegenüber beiden Mädchen und in besonderer Weise gegenüber der älteren Tochter Lena Hengert, wenn er von ihr erwarte, dass sie seiner Ehefrau einen Kuss gebe.

Weiterhin wirft die Antragstellerin dem Antragsgegner „seelischen Missbrauch" durch eine Indoktrinierung der Kinder gegen sie und durch einen nicht von ihr genehmigten Ferienaufenthalt der Kinder im letzten Sommer bei den Schwiegereltern des Kindesvaters in Polen vor.

Die Antragstellerin beantragt,

> den Beschluss des Amtsgerichts – Familiengericht – Hochburg vom 24.2.2014 dahingehend abzuändern, dass dem Kindesvater Ludwig Hengert bis zur Entscheidung in der Hauptsache das Recht, die Kinder Lena Hengert, geboren am 2.7.2006 und Isabel Hengert, geboren am 9.10.2007, an den jeweils von den beiden Parteien vereinbarten Besuchswochenenden und in den Ferien tagsüber also ohne Übernachtung, in der Zeit von 09.00 Uhr bis 17.00 Uhr an den Besuchswochenenden und von 7.30 Uhr bis 17.00 Uhr in der Ferienzeit zu sich zu nehmen und eine Übernachtung der Kinder beim Kindesvater auszuschließen.

Der Antragsgegner behauptet, die von der Antragstellerin erhobenen Vorwürfe seien unzutreffend. Es sei von der Antragstellerin frei erfunden, dass die Kinder sich nackt vor ihm und seiner Ehefrau zeigen und kontrollieren lassen müssten, ob sie sorgfältig gewaschen seien. Dies müssten die Kinder selbstverständlich weder abends noch morgens noch erfolge eine derartige Kontrolle. Die Kinder würden sich selber und selbständig waschen.

Es gäbe auch Sonntagmorgens gegen 4.00 Uhr keine „Kuschelprozedur". Um diese Zeit würden der Kindesvater und die Kinder schlafen. Selbstverständlich habe er eine Unterhose im Bett an. Er erwarte von den Töchtern auch nicht, dass sie mit seiner Ehefrau ein Wannenbad einnehmen. Es sei vielmehr so, dass die Töchter manchmal von sich aus gemeinsam mit der Ehefrau des Kindesvaters zu dritt in der Badewanne sitzen wollen. Für die Kinder dominiere der Spaßfaktor und nicht der Reinigungseffekt. Der Kindesvater sei unstreitig dabei nicht zugegen. Das gemeinsame Baden sei letztlich für Frau Michaelis von der Erziehungsberatungsstelle in Ordnung gewesen.

Absolut frei erfunden sei auch die Behauptung, dass der Kindesvater erwarte, dass die Kinder seiner Ehefrau einen Kuss geben.

Er habe im Rahmen der Gespräche in der Erziehungsberatungsstelle erklärt, dass er die Antragstellerin als Mutter seiner Kinder respektiere. Er bestreitet eine Beeinflussung der Kinder gegen die Antragstellerin und verweist auf die Prozessgeschichte in dem Umgangsverfahren 114 G 223/07 UG und die Widerstände der Antragstellerin gegen den Umgang.

Das Gericht hat eine Stellungnahme des Jugendamts eingeholt, auf die Bezug genommen wird (Bl. 156, 157 d.A. GEOK).

II.

Der Antrag der Kindesmutter war zurückzuweisen, da sie nicht glaubhaft gemacht hat, dass die Beschränkung des Umgangs auf die von ihr gewünschten Zeiten dem Wohl der Kinder entspricht.

Grundsätzlich gehört der Umgang während der Ferien, als auch an den Wochenenden mit einer entsprechenden Übernachtungsmöglichkeit bei dem Elternteil, bei dem die Kinder ihren Lebensmittelpunkt nicht haben, zum Umgangsrecht. Dieser Umgang dient im vorliegenden Fall auch dem Wohl der Kinder, weil er den natürlichen und ungezwungenen Umgang des Vaters mit ihnen ermöglicht. Zu diesem Umgang gehört auch die Möglichkeit gemeinsame Ferien miteinander zu verbringen. Die Entscheidung darüber wo diese Ferien verbracht werden, ist grundsätzlich Sache des umgangsberechtigten Elternteils.

Die von der Antragstellerin vorgetragenen Gründe, die vom Antragsteller bestritten worden sind, rechtfertigen keine Einschränkung des Umgangs auf die Tageszeiten. Die Ermittlungen des Jugendamtes haben ergeben, dass die Diplom-Psychologin Andrea Michaelis unterschiedliche Haltungen der Eltern bezüglich des Umgangs mit Nacktheit wahrgenommen hat, aber keine Hinweise auf einen unangemessenen Umgang des Vaters mit den Kindern bzw. auf sexuelle Nötigung der Kinder.

Angesichts des Alters der Kinder von aktuell 6 und 7 Jahren erscheint ein sexueller Bezug beim Baden in der Wanne mit Frau Ilona Hengert und bei einem etwaigen unbekleideten Waschen der Kinder auch eher abwegig. Bei dem Vorwurf, der Kindesvater trage bei der „Kuschelprozedur" keine Unterhose, handelt es sich um eine bloße durch keine Fakten untermauerte Vermutung.

Das Jugendamt hat sich schließlich gegen eine Beschränkung der Umgangskontakte auf die von der Antragstellerin begehrten Tageszeiten ausgesprochen. Frau Groß, die zuständige Mitarbeiterin des Jugendamtes, hat berichtet, sie habe die Kinder während der Osterferien im Haushalt des Kindesvaters erlebt und den Eindruck gewonnen, dass die Eheleute Hengert sich differenziert mit den Belangen der Kinder auseinandersetzen und umsichtig und bemüht mit den Kindern umgehen.

Dass die Kinder bereits Auffälligkeiten zeigen, ist angesichts des seit Jahren andauernden Streites der Eltern nicht verwunderlich. Dass dafür aber allein der Kindesvater verantwortlich sein könnte, hält das Gericht für unwahrscheinlich.

Das Gericht bedauert es außerordentlich, dass die Gespräche in der Erziehungsberatung nicht fortgeführt worden sind. Die Leidtragenden der fortdauernden Auseinandersetzungen der Eltern sind nämlich die Kinder.

Das Gericht beabsichtigt, wenn möglich, in der Hauptsache noch vor den Herbstferien 2014 zu entscheiden.

Die Kostenentscheidung beruht auf § 620 g ZPO.

Meierich

Richter am Amtsgericht

Textbeispiel: Gutachtliche Stellungnahme des Jugendamtes gem. § 162 FamFG, § 50 Abs. 1 Nr. 1 SGB VIII

Postanschrift: Stadt Hochburg, Postfach 246, 40978 Hochburg

Stadt Hochburg
Der Oberstadtdirektor

Amtsgericht
Familiengericht
Gerichtsgasse 2
40970 Hochburg

Jugendamt
Bearbeitet durch:
Frau Groß

Diensträume/ Zimmer:
Ährenstr. 1
Durchwahl: 0325/ 4711

Mein Zeichen (unbedingt angeben)
51.04-1

Hochburg, den 7.6.2014

Familiensache betreffend
Lena Hengert, geboren am 2.7.2006
Isabel Hengert, geboren am 9.10.2007

Sehr geehrte Damen und Herren,

in der oben genannten Familiensache berichte ich wie folgt:

am 26.3.2014 wurde ein Hausbesuch bei dem Kindesvater durchgeführt. Zu dieser Zeit waren sowohl seine Ehefrau Ilona Hengert als auch die Kinder Lena und Isabel anwesend. Die Kinder verbrachten derzeit die Osterferien bei dem Vater. Lena und Isabel spielten mit Nachbarskindern in der eingezäunten Grünfläche hinter dem Wohnhaus.

Herr Hengert berichtete, dass die Ferienwoche gut verlaufen sei. Mit Herrn Hengert und seiner Frau wurde die allgemeine Situation der Kinder besprochen. Hier entstand der Eindruck, dass die Eheleute sich differenziert mit den Belangen der Kinder auseinandersetzen und umsichtig und bemüht mit den Kindern umgehen.

Die Kinder wirkten im Spiel mit den Nachbarskindern ausgelassen und lebendig.

Nur Lena suchte oft die Nähe der Erwachsenen, es schien, dass sie versuchte zu verstehen, was dort im Einzelnen besprochen wurde. Die Eheleute beschreiben Lena als ein sensibles Mädchen, das eher zurückgezogen wirkt und dem es schwer falle, angemessene Sozialkontakte zu Gleichaltrigen aufzubauen. Im Gespräch wirkte Lena sehr scheu. Sie vermied den Augenkontakt und wandte sich beim Sprechen ab.

Frau Ilona Hengert reagierte darauf sehr adäquat, indem sie sie positiv ermunterte, den Gesprächspartner beim Sprechen anzuschauen. Das Verhältnis zwischen Lena und Frau Ilona Hengert wirkte vertraut. Lena suchte von sich aus den Kontakt zu ihr.

Ebenso suchten die Kinder von sich aus die Nähe zu Herrn Hengert. Sie umarmten ihn und wirkten dabei vertraut und natürlich. Lena sagte zum Vater, sie sehe aus wie er, und sei auch so wie er. Isabel sagte, dass sie eher aussehe wie die Mutter aber gern beim Vater sei.

Mit den Eheleuten wurde thematisiert, dass die Großeltern mir gegenüber geäußert haben, dass die Kinder aus deren Sicht beim Vater einem unangemessenen Umgang mit Nacktheit ausgesetzt seien und dass die Kinder darunter sichtbar leiden würden.

Herr Hengert gab dazu an, dass dieses Thema bereits in der Erziehungsberatungsstelle besprochen worden sei. Für die Eheleute sei es ganz selbstverständlich und natürlich, dass die Kinder sich einmal pro Tag duschen oder einmal ein gemeinsames Wannenbad nehmen.

Weder er noch Frau Ilona Hengert haben Anzeichen bemerkt, die darauf hindeuten würden, dass die Kinder mit den Abläufen des Zusammenlebens an den Wochenenden oder in den Ferien nicht einverstanden seien. Sie haben auch nicht bemerkt, dass die Kinder ein Problem mit Nacktheit haben. Sie hätten eher die Erfahrung gemacht, dass die Kinder im Garten im Hochsommer am liebsten nackt mit den anderen Kindern herumtollen würden und sich in diesem Punkt recht frei fühlen. Eine Nachbarin, deren

Sohn oft gemeinsam mit den beiden im Garten spielt, bestätigt dazu, dass sie die Kinder als ganz normal und nicht in besonderem Maße schambesetzt erlebt.

Mit der Mitarbeiterin der Erziehungsberatungsstelle, Frau Ziebart, wurde ebenso Rücksprache gehalten. Sie bestätigt, dass das Thema in der Beratung besprochen wurde. Frau Ziebart gibt an, dass beide Eltern bezüglich des Umgangs mit Nacktheit unterschiedliche Haltungen vertreten. Herr Hengert sei in dem Gespräch jedoch sehr offen gewesen. Frau Ziebart habe in der Beratung keine Hinweise auf einen unangemessenen Umgang des Vaters mit den Kindern bzw. auf sexuelle Nötigung erkennen können.

Die Eindrücke des Hausbesuches und die Rückmeldung der Erziehungsberatungsstelle ergeben für mich keine Hinweise darauf, dass die Kinder durch die Besuche beim Vater unter Druck gesetzt werden oder Zwängen ausgesetzt sind. Einer Fortsetzung der Umgangsregelung in der bisherigen Form kann vor diesem Hintergrund von hier aus zugestimmt werden.

Mit freundlichen Grüßen

i. A.

Groß

h. Kosten des Umgangs

Ausgaben trägt i.d.R. der Umgangsberechtigte

Die Kosten des Umgangs (Fahrt- und Übernachtungskosten, Verpflegung des Kindes etc.) hat grundsätzlich der Umgangsberechtigte selbst zu tragen,[76] auch für den Fall, dass er unterhaltspflichtig ist. Dies gilt jedoch nur eingeschränkt für Besuchskontakte bei weiter Entfernung zwischen Kind und Umgangsberechtigten.

Beispiele aus der Rechtsprechung:

- So muss z.B. der Umgangspflichtige das Kind auf eigene Kosten zum Flughafen bringen und dort wieder abholen (BVerfG in NJW 2002, S. 1864).
- Hat der sorgeberechtigte Elternteil durch Umzug eine erhebliche räumliche Distanz des Kindes zum Umgangsberechtigten geschaffen, kann eine Verpflichtung zur Beteiligung an den Umgangskosten entstehen (OLG Schleswig in FamRZ 2006, S. 881).

Schadensersatz

Verhindert der Sorgeberechtigte durch Gerichtsbeschluss festgelegte Besuchskontakte, so kann er verpflichtet sein, dem Umgangsberechtigten einen hieraus entstehenden Schaden zu ersetzen. Als Rechtsgrundlage zieht der BGH[77] die positive Vertragsverletzung heran. Zwischen den Eltern bestehe ein Rechtsverhältnis, das einen Elternteil u.a. verpflichte, auf die Vermögenssituation des Umgangsberechtigten Rücksicht zu nehmen.

2. Umgang des Kindes mit anderen Bezugspersonen (§ 1685 BGB)

Umgangsrecht anderer Vertrauter bei enger Bindung

Soweit es dem Wohl des Kindes entspricht, besteht ein Umgangsrecht für dessen Bezugspersonen, bzw. Menschen, die längere Zeit für das Kind Verantwortung getragen haben oder längere Zeit mit ihm in häuslicher Gemeinschaft gelebt haben. Zu diesem Personenkreis gehören Großeltern, Geschwister, frühere Ehegatten oder Lebenspartner sowie Pflegeeltern, nicht jedoch Tanten und Onkel.

Dies kann zur Konsequenz haben, dass mehrere umgangsberechtigte Personen im sozialen Umfeld eines Kindes möglich sind, wenn z.B. ein Elternteil mit häufig wechselnden Personen zusammengelebt hat.

Das Umgangsrecht anderer Bezugspersonen ist daran gebunden, dass **die Kontakte dem Kindeswohl dienen** (§ 1685 Abs. 1 BGB). Ein positiver Indikator für das Kindeswohl ist eine enge Bindung des Kindes an diejenige Person, die Umgang begehrt.

76 BGH in FamRZ 2005, S. 706; 2007, S. 707.
77 BGH in FamRZ 2002, S. 1099.

Beispiele aus der Rechtsprechung:

- Ein zusätzlicher Umgang eines 4 1/2-jährigen Kindes mit seinen Großeltern kann neben dem bereits ausreichend geregelten Umgang des Kindes mit seinem Vater im Einzelfall eine Überforderung darstellen. Insbesondere wenn den Großeltern im Rahmen des Umgangs des Kindesvaters Kontakte zu dem Kind ermöglicht werden, ist in einem solchen Fall ein eigenständiges Umgangsrecht der Großeltern nicht kindeswohldienlich (OLG Hamm in FamRZ 2011, S. 1154).
- Bestanden in der Vergangenheit intensive Beziehungen zu den Großeltern, ist deren Umgang entsprechend großzügig auszugestalten (OLG Hamm in FamRZ 2003, S. 953).
- Bei massiver Störung der Beziehung zu den Eltern dient der Umgang mit den Großeltern regelmäßig nicht dem Wohl des Kindes (AG Konstanz in FamRZ 2004, S. 299).
- Bei Meinungsverschiedenheiten soll es darauf ankommen, ob die Großeltern den Vorrang der elterlichen Sorge der Erziehungsberechtigten grundsätzlich anerkennen (OLG Hamm in FamRZ 2000, S. 1601).

3. Rechte des leiblichen, nicht rechtlichen Vaters (§ 1686a BGB)

Stärkung der Väterrechte

Wieder einmal ist es auf den Europäischen Gerichtshof für Menschenrechte zurück zu führen, dass Väterrechte gestärkt wurden.[78] Der Gesetzgeber reagierte mit dem **„Gesetz zur Stärkung der Rechte des leiblichen, nicht rechtlichen Vaters“** (in Kraft seit 13.7.2013, BGBl. I Seite 2176). Dem leiblichen Vater wird ein Umgangsrecht gewährt, auch wenn kein sozial-familiäres Verhältnis zum Kind bestanden hat. Eingeführt wurde die Regelung des § 1686a BGB, die folgende Voraussetzungen aufstellt:

- Der leibliche Vater muss ein ernsthaftes Interesse an seinem Kind zeigen, obwohl die rechtliche Vaterschaft eines anderen Mannes besteht.
- Der Umgang dient dem Kindeswohl.

78 EuGMR in FamRZ 2011, S. 269.

4. Auskunft über die persönlichen Verhältnisse des Kindes (§ 1686 BGB)

Pflicht zur Erteilung von relevanten Auskünften

Zur Ausübung der persönlichen Elternverantwortung gehört es auch, über die persönlichen Verhältnisse des Kindes informiert zu sein. Daher gewährt § 1686 BGB jedem Elternteil gegenüber dem anderen einen Anspruch auf Auskunft über die persönlichen Verhältnisse des Kindes.

Dieser Anspruch ist abhängig von **zwei Voraussetzungen:**

1. Es besteht ein berechtigtes Interesse des Auskunft begehrenden Elternteils.

   Keine anderen Auskunftsquellen

   Dies ist nur dann der Fall, wenn ein Elternteil sich nicht in anderer Weise über die Entwicklung und das Wohlergehen des Kindes informieren kann, z.B. weite Entfernung, Auslandsaufenthalt, schwere Krankheit, Einschränkungen oder Ausschluss des Umgangs durch das Familiengericht.

2. Die Auskunftserteilung muss mit dem persönlichen Wohl des Kindes vereinbar sein.

   Kindeswohl muss gewährleistet sein

   Dies ist z.B. nicht der Fall, wenn durch die Auskunftserteilung die Intimsphäre des Kindes beeinträchtigt ist.

Streitigkeiten über das Auskunftsrecht entscheidet das Familiengericht.

5. Vermittlungsverfahren (§ 165 FamFG)

Möglichkeiten zur Vollstreckung der Umgangsregelung

Umgangsregelungen, die das Familiengericht festgelegt hat, lassen sich grundsätzlich vollstrecken (§ 35 FamFG), um einem Elternteil keinen Anreiz zu bieten, sich den Anordnungen zu widersetzen.

Statt eines Vollstreckungsverfahrens gibt es bei Nichteinhalten der Umgangsregelungen nach **§ 165 FamFG** auch die Möglichkeit, ein **Vermittlungsverfahren** zu beantragen.

Bleibt auch dieses Verfahren erfolglos, wird geprüft, ob Ordnungsmittel ergriffen, Änderungen der Umgangsregelung oder Maßnahmen in Bezug auf die elterliche Sorge angeordnet werden (§ 165 Abs. 5 FamFG).

IX. Störungen im Eltern-Kind-Verhältnis

1. Einschränkungen der Elterlichen Sorge

Zahlreiche Fallkonstellationen sind denkbar, in denen die Eltern gehindert sind, ihre elterliche Sorge faktisch oder aus rechtlichen Gründen in vollem Umfang auszuüben. Der Gesetzgeber hat für diese Fälle Vorsorge getroffen, um zu verhindern, dass Kinder nicht vertreten oder versorgt sind.

Die folgenden Schaubilder sollen einen Überblick verschaffen.

AO	=	Anordnung	PFL	=	Pfleger
e.S.	=	elterliche Sorge	PS	=	Personensorge
ET	=	Elternteil	VM	=	Vormund
FamFG	=	Familiengericht	VS	=	Vermögenssorge
JA	=	Jugendamt			

Generelle Einschränkungen

	Rechtsgrundlage	Ursache	Art der Beschränkung	Folgen für Betroffene	Übrige Folgen
1.	§ 1678 Abs. 1 Hs. 1 Alt. 1	faktische Verhinderung des ET			Ausführung durch anderen ET (§1678). Bei Fehlen Bestellung eines VM (§1773)
2.	§ 1674	faktische Verhinderung des ET auf längere Zeit, wenn Bedarf für Maßnahme besteht (tats. Grund)	Ruhen der e.S. in vollem Umfang durch FamG-Beschluss	kein Ausübungsrecht (§ 1675)	e.S. bei anderem ET allein (§ 1678: bei Fehlen Bestellung eines VM (§ 1773)
3.	§§ 1680, 1677, 1680 Abs. 1 und Abs. 2, 1681	Tod, Todeserkl. (§ 2 VerschG) oder Feststellung der Todeszeit (§§ 39 ff. VerschG)	Ende der e.S.	Bei Todeserklärung kein Ausübungsrecht (§ 1681 Abs. 2)	e.S. bei anderem ET (§§ 1680, 1681); bei Fehlen Bestellung eines VM (§ 1773)
4.	§ 1673 Abs. 1	Geschäftsunfähigkeit des ET (§ 104 Nr. 2) (rechtl. Grund)	Ruhen der e.S. in vollem Umfang	kein Ausübungsrecht (§ 1675)	e.S. bei anderem ET allein (§ 1678); bei Fehlen Bestellung eines VM (§ 1773)

	Rechtsgrundlage	Ursache	Art der Beschränkung	Folgen für Betroffene	Übrige Folgen
5.	§ 1673 Abs. 2	beschränkte Geschäftsfähigkeit (§ 106) (rechtl. Grund)	Ruhen der e.S. unter Beibehaltung der tats. PS neben dem g.V.	Ausübungsrecht nur für tats. PS neben anderem ET oder neben VM (§§ 1675, 1678, 1673 Abs. 2)	e.S. bei anderem ET (§ 1678); tats. PS neben diesem (§ 1673 Abs. 2 Satz 1). Bei Fehlen Bestellung eines VM (§ 1773); tats. PS neben diesem (§1673 Abs. 2 2)
6.	§ 1791c Abs. 1	Geburt eines Kindes, dessen Eltern nicht miteinander verheiratet sind, bei fehlender Geschäftsfähigkeit der Mutter (§ 2 a. e. c., § 104 Nr. 2)	Ruhen der e.S. der Mutter im Umfang von 4. oder 5.	kein Ausübungsrecht	e.S. beim JA als Amtsvormund, es sei denn, aufgrund pränatalen Vaterschaftsanerkenntnisses und Sorgeerklärung ist anderer ET vorhanden
7.	§ 1791c Abs. 1 Satz 2	Nachträgliche Beseitigung der Vaterschaft im Fall 6 (§§ 1592 Nr. 1 und 2, 1599 Abs. 1)	s.o. 6	s.o. 6	s.o. 6
8.	§ 1751 Abs. 1 Hs. 1	Abgabe der Einwilligung in die Adoption eines Kindes (§§ 1747, 1748)	Ruhen der e.S.	Kein Ausübungsrecht und kein Umgangsrecht (§ 1751 Abs. 1 Satz 1 Hs. 2)	JA wird Amtsvormund (§ 1751 Abs. 1 2)

Individuelle Einschränkungen

	Rechtsgrundlage	Ursache	Art der Beschränkung	Folgen für Betroffene	übrige Folgen
1.	§ 1666 Abs. 1	Gefährdung des Kindeswohls Unwilligkeit oder Unfähigkeit der Eltern, die Gefahr abzuwenden	Eingriff in die PS im erforderlichen Umfang (bis zum vollen Entzug) durch FamG-Beschluss (§§ 1666, 1666a) (in beiden Alternativen); Maßnahmen mit Wirkung gegen Dritte (§ 1666 Abs. 4)	Wegfall der PS im angegebenen Umfang	PS bei anderem ET allein (§ 1680 Abs. 3). Bei Fehlen eines anderen ET Bestellung eines PFL (§1909) oder eines VM (§ 1773)
2.	§ 1632 Abs. 4	seit längerer Zeit Kind in Familienpflege Herausgabeanspruch der leiblichen Eltern Kindeswohl durch Wegnahme gefährdet	Verbleibens-AO (= Herausnahmeverbot) durch FamG	Befolgungspflicht, sonst evtl. weitergehende Beschränkung der e.S.	Keine, da Anspruch i. d. R. von beiden Eltern geltend gemacht wird
3.	§ 1666 Abs. 1 und Abs. 2, § 1667	Verletzung der Unterhaltspflicht, Gefährdung des Kindesvermögens oder Nichtbefolgung von Vermögensanordnungen	AO des FamG zur Kontrolle und Sicherheit des Kindesvermögens in erforderlichem Umfang, schlimmstenfalls Entzug des VS	Pflicht gerichtl. Anordnungen zu befolgen, sonst drohender Entzug der VS; bei Entzug Wegfall der VS im angegebenen Umfang	VS allein beim anderen ET (§ 1680 Abs. 2). Bei Fehlen eines anderen ET Bestellung eines PFL (§ 1909) oder eines VM (§ 1773).

Quelle: Oberloskamp/Marx, Kindschaftsrechtliche Fälle, 2006, S. 63 ff.

2. Gefährdung des Kindeswohls

Praxisrelevanz

Im letzten Jahrzehnt sind etliche Fälle bekannt geworden, in denen Kinder von ihren Eltern vernachlässigt und misshandelt wurden und dadurch zu Tode gekommen sind. Besonders der Fall Kevin, der sich in Bremen zutrug und Defizite des staatlichen Schutzes von Kindern deutlich machte, hat zu erheblicher Kritik der staatlichen Organe und ihres verspäteten Eingreifens geführt.

Sicherung des Kindeswohls durch Wächteramt

Maßnahmen zum Schutz von Kindern bei Gefährdung des Kindeswohls zu ergreifen, ist eine im Grundgesetz verankerte Aufgabe des staatlichen Wächteramtes (Art. 6 Abs. 2 Satz 2 GG). Funktionsträger dieser Schutzaufgaben sind zum einen das Jugendamt über § 8a SGB VIII (Schutzauftrag bei Kindeswohlgefährdung) sowie das Familiengericht über §§ 1666 und 1666a BGB (gerichtliche Maßnahmen bei Gefährdung des Kindeswohls).

Rechtzeitige Sicherstellung des Kindeswohls

Eine Expertengruppe, der Praktiker von Familiengerichten und der Kinder- und Jugendhilfe angehörten, stellte fest, dass die Familiengerichte bei Kindeswohlgefährdung häufig viel zu spät angerufen werden, oft so spät, dass die Gerichte den Eltern nicht selten nur noch die Sorge entziehen können. Effektiver Kindesschutz müsse früher ansetzen, um den Familien durch andere Maßnahmen zu helfen, damit die Kinder nicht von ihren Eltern getrennt werden müssen.

Gesetzliche Verankerung

Auf der Grundlage von Expertenempfehlungen beschloss der Deutsche Bundestag das **„Gesetz zur Erleichterung familiengerichtlicher Maßnahmen bei Gefährdung des Kindeswohls", das 2008 in Kraft trat.**

Das Gesetz hat insbesondere folgende **Neuerungen** eingeführt:

- Es wurden **Tatbestandshürden** für die Anrufung der Familiengerichte **abgebaut** (§ 1666 Abs. 1 BGB).
- Ins Gesetz eingefügt wurde ein beispielhafter **Maßnahmenkatalog** für Handlungsmöglichkeiten des Familiengerichts (§ 1666 Abs. 3 BGB).
- Ein **Erörterungsgespräch** mit den Eltern, dem Jugendamt und ggf. dem Kind wird Bestandteil des familiengerichtlichen Kindesschutzverfahrens.
- Verfahren wegen Gefährdung des Kindeswohls unterliegen einem **Vorrang- und Beschleunigungsgebot.**

Bei Absehen von Maßnahmen wird das Gericht verpflichtet, diese Entscheidung später noch einmal zu überprüfen.

Fall: Olivia Dietrich – Gefährdung der Gesundheit

Die 7-jährige Olivia Dietrich ist schwer an Krebs erkrankt. Vor einem halben Jahr wurde durch Prof. Hackemann, Chefarzt der onkologischen Abteilung des Universitätskrankenhauses Hannover, ein tennisballgroßer Tumor an der rechten Niere diagnostiziert. Eine spätere Computertomographie in einer Privatklinik bestätigte die Krebsdiagnose und ergab, dass sich der Tumor lebensbedrohlich vergrößerte. Die behandelnden Ärzte sind sich einig, dass nur die klassischen Mittel der Schulmedizin, nämlich ein operativer Eingriff und forcierte Chemotherapie, das Leben von Olivia retten können. Prof. Hackemann, der in Fachkreisen einen ausgezeichneten Ruf genießt, prognostiziert eine 70prozentige Heilungswahrscheinlichkeit für Olivia, vorausgesetzt, die operative Entfernung des Tumors und eine anschließende Chemotherapie werden konsequent durchgeführt.

Die Eltern von Olivia, die Eheleute Dietrich, stehen der Schulmedizin skeptisch bis ablehnend gegenüber. Sie sind alternativen Therapieformen gegenüber aufgeschlossen und wollen Olivia vor dem Messer der Chirurgen und der chemischen Keule schützen. Bei ihrer verzweifelten Suche nach alternativen Krebstherapien stießen sie auf den durch Funk und Fernsehen bekannten Geistheiler Fernando Celeste. Herr Celeste überzeugt die Eltern von Olivia davon, dass die Ursachen für die Entstehung eines Karzinoms auf der geistigen und nicht auf der körperlichen Ebene anzusiedeln seien. Ein Tumor sei eine natürliche Reaktion des Körpers auf ein traumatisches Erlebnis. Es gelte, diesen traumatischen Knoten auf der geistigen Ebene zu beseitigen, dann würde sich der Tumor ganz von selbst auflösen. Herr Celeste verspricht den Dietrichs, Olivia mit seinen spirituellen Fähigkeiten ganzheitlich zu behandeln und innerhalb der nächsten Monate zu heilen.

Alle Überzeugungsversuche von Prof. Hackemann und Olivias Kinderarzt konnten die Eheleute Dietrich nicht zu der Operation bewegen. Sie lehnen die ihrer Meinung nach vagen Therapie- und Heilungsaussichten als auch die gravierenden Nebenwirkungen der Schulmedizin ab und begeben sich mit der sterbenskranken Olivia zu Fernando Celeste in eine längerfristige Behandlung.

Prof. Hackemann sowie Olivias Kinderarzt wenden sich nun an das zuständige Jugendamt sowie an das Familiengericht und fragen an, unter welchen Bedingungen in das elterliche Sorgerecht eingegriffen werden kann, um die ihrer Auffassung nach überlebensnotwendige Operation mit anschließender Chemotherapie durchzuführen.

1. *Welche Anteile des elterlichen Sorgerechts sind betroffen?*
2. *Unter welchen Voraussetzungen kann das Familiengericht das elterliche Sorgerecht einschränken?*
3. *Welche Maßnahmen kann das Familiengericht bei Gefährdung des Kindeswohls ergreifen, und welche Maßnahme ist in Olivias Fall angebracht?*
4. *Welche Personen und Institutionen sind im Rahmen des familiengerichtlichen Verfahrens anzuhören?*

a) Eingriffsvoraussetzungen (§ 1666 BGB)

Nach dem alten bis Juli 2008 geltenden Recht konnte das Familiengericht in die elterliche Sorge nur eingreifen, wenn die Eltern durch ein Fehlverhalten – nämlich durch missbräuchliche Ausübung der elterlichen Sorge, durch Vernachlässigung des Kindes oder durch unverschuldetes Versagen – das Wohl ihres Kindes gefährdeten und nicht gewillt oder in der Lage waren, die Gefahr abzuwenden. Ein solches Fehlverhalten der Eltern war jedoch in der Praxis zuweilen schwer nachzuweisen. Deswegen hat der Gesetzgeber diese Tatbestandshürden abgebaut.

Neues Recht macht Eingriff schneller möglich

Nach neuem Recht hat das Familiengericht unter zwei Voraussetzungen Maßnahmen zum Schutz des Kindes zu treffen:

- **Wenn das körperliche, geistige oder seelische Wohl des Kindes gefährdet ist und**
- **die Eltern nicht gewillt oder in der Lage sind, die Gefahr von dem Kind abzuwenden (§ 1666 Abs. 1 BGB).**

Definition „Kindeswohl" kontrovers

Die Konkretisierung des **unbestimmten Rechtsbegriffs „Kindeswohl"** bereitet große Schwierigkeiten. Da der Staat Erziehungsziele und -maßnahmen nur in Umrissen (Förderung der Entwicklung des Kindes zu einer selbstverantwortlichen Persönlichkeit) formulieren darf, sind kontroverse Vorstellungen unvermeidlich. Das Familiengericht bzw. das Jugendamt sollen ihre schichtorientierten Wertvorstellungen zurückstellen. Der Begriff Kindeswohl ist unter Berücksichtigung des Milieus, in das das Kind hineingeboren wird, auszufüllen. Voraussetzung für das Eingreifen des Familiengerichts ist eine konkrete und aktuelle Gefährdung des Kindes.[79]

Bestimmung des Begriffs „Gefährdung des Kindeswohls"

DEFINITION

Eine „Gefährdung des Kindeswohls bezieht sich auf alle schwerwiegenden Beeinträchtigungen der **Integritätsinteressen** und **Entfaltungsinteressen** des jungen Menschen. Die **Integritätsinteressen** umfassen die **Wahrung der körperlichen wie psychischen Gesundheit, die Versorgung mit Nahrung, Kleidung und Wohnung und das Mindestmaß an persönlicher Zuwendung.** Die **Entfaltungsinteressen** beziehen sich auf die **Entwicklung durch Erziehung, durch geeignete soziale Kontakte, Schul- und Berufsausbildung, Pflege geistiger und kultureller Interessen, mit zunehmendem Alter auch die Möglichkeit zu wachsender Selbstbestimmung."**[80]

Des Weiteren ist, wie oben vermerkt, Eingriffsvoraussetzung, dass die Eltern nicht gewillt bzw. in der Lage sind, die Gefahr abzuwenden. Verschuldensgesichtspunkte spielen dabei keine Rolle.

79 BVerfG in FamRZ 2008, S. 492.
80 Schwab, Familienrecht, 2013, Rn. 742.

b) Maßnahmenkatalog

Nur zwingend erforderliche Maßnahmen sind zulässig

In Verfahren wegen Gefährdung des Kindeswohls hat das Familiengericht die Maßnahmen zu treffen, die **zur Abwendung der Gefahr erforderlich** sind (§ 1666 Abs. 1 BGB): Diese Formulierung ist ein Hinweis auf das **Verhältnismäßigkeitsprinzip (Grundsatz des geringsten Eingriffs).** Es sind nur die Maßnahmen anzuordnen, die unbedingt erforderlich sind. Eine Entziehung der gesamten Personensorge ist nur zulässig, wenn andere Maßnahmen erfolglos geblieben sind oder wenn anzunehmen ist, dass sie zur Abwendung der Gefahr nicht ausreichen (§ 1666a Abs. 2 BGB).

Außerdem darf ein Kind nur von seiner Familie getrennt werden, wenn die Gefahr nicht anders abwendbar ist (§ 1666a Abs. 1 BGB). Maßnahmen der Jugendhilfe, etwa Erziehungsberatung, familientherapeutische Maßnahmen, Antigewalttraining etc. (§§ 27 bis 36 SGB VIII) haben Vorrang.

Der neue § 1666 Abs. 3 BGB führt beispielhaft einen **Maßnahmenkatalog für Anordnungen des Familiengerichts** auf:

Exemplarische Maßnahmen

1. Gebote, öffentliche Hilfe wie z.B. Leistungen der Kinder- und Jugendhilfe und der Gesundheitsfürsorge in Anspruch zu nehmen;
2. Gebote, für die Einhaltung der Schulpflicht zu sorgen;
3. Verbote, vorübergehend oder auf unbestimmte Zeit die Familienwohnung oder eine andere Wohnung zu nutzen, sich in einem bestimmten Umkreis der Wohnung aufzuhalten oder zu bestimmende andere Orte aufzusuchen, an denen sich das Kind regelmäßig aufhält;
4. Verbote, Verbindungen zum Kind aufzunehmen oder ein Zusammentreffen mit dem Kind herbeizuführen;
5. die Ersetzung von Erklärungen des Inhabers der elterlichen Sorge;
6. die teilweise oder vollständige Entziehung der elterlichen Sorge.

c) Verfahren

Bei einer Gefährdung des Kindeswohls greift das Familiengericht **von Amts wegen** ein. Relativ neu ist ein **Vorrang- und Beschleunigungsgebot,** das in § 155 FamFG installiert ist. Ziel ist eine Verkürzung der Verfahrensdauer und schnelle Hilfe für das Kind.

§ 155 FamFG sieht ausdrücklich vor:

- Erörterungstermin mit allen Beteiligten,
- Durchführung des Erörterungstermins spätestens einen Monat nach Beginn des Verfahrens,
- Anhörung des Jugendamts im Termin,
- Verlegung des Termins nur bei zwingenden Gründen.

Außerdem wurde noch eine **Erörterung einer möglichen Kindeswohlgefährdung** eingeführt (§ 157 FamFG). In diesem Erörterungstermin soll das Gericht mit den Eltern und ggf. mit dem Kind besprechen, wie einer möglichen Kindeswohlgefährdung begegnet werden kann und besonders auf die öffentliche Jugendhilfe hinweisen. Außerdem sollen den Erziehungsberechtigen die Konsequenzen einer Ablehnung von Jugendhilfemaßnahmen vor Augen geführt werden (§ 157 Abs. 1 FamFG). Das persönliche Erscheinen der Eltern wird angeordnet, wobei die Eltern auch getrennt angehört werden können, wenn dies zum Schutz einer der Beteiligten notwendig ist (§ 157 Abs. 2 FamFG).

Zum Fall Olivia Dietrich (siehe Seite 136):

1. Betroffen sind die Personensorge, insbesondere die Gesundheitsfürsorge sowie das Aufenthaltsbestimmungsrecht der Eltern (§ 1631 Abs. 1 BGB).
2. Die Voraussetzungen für ein Eingreifen des Familiengerichts ergeben sich aus § 1666 Abs. 1 BGB. Eine akute Gefährdung des Kindeswohls ist nicht zu übersehen, da bei unterbleibender Operation und Chemotherapie das Leben von Olivia gefährdet ist. Außerdem sind die Eltern auf ihre ablehnende Haltung gegenüber der Schulmedizin festgelegt.
3. Das Familiengericht sollte die Einwilligung der Eltern in die schulmedizinische Behandlung ersetzen sowie dem Jugendamt das Aufenthaltsbestimmungsrecht übertragen, damit ein Krankenhausaufenthalt sowie eine OP von Olivia ermöglicht wird (§ 1666 Abs. 3 BGB).
4. Anzuhören sind die Eltern von Olivia, das Jugendamt, der medizinische Gutachter sowie nach Einschätzung des Gerichts Olivia selbst.

Textbeispiel: ***Gefährdung des Kindeswohls – Antrag auf Übertragung der Personensorge auf das Jugendamt gem. § 1666 BGB***

Postanschrift: Stadt Holle, Postfach 1234, 56789 Holle

Stadt Holle
Der Oberstadtdirektor

Amtsgericht
– Familiengericht –
Hohe Gasse 12
56788 Holle

Jugendamt
Bearbeitet durch:
Frau Müller (Dipl. Sozialarbeiterin)

Diensträume/ Zimmer: ...

...

Durchwahl: ...

Fax: ...

Mein Zeichen (unbedingt angeben):
JA FS 0210kr

Holle, den 19.2.2014

Antrag gem. § 1666 BGB auf Übertragung der Personensorge im Wege der einstweiligen Anordnung für das

Kind: Anton Krause, geb. am 1.12.2008

Geschwister: Paul Krause, geb. am 5.7.2004 und Otto Krause, geb. am 22.4.2006, beide wohnhaft bei der Mutter

Mutter: Elisabeth Krause, geb. Schmidt, geb. am 16.11.1985, wohnhaft: Langer Weg 95, 56787 Holle

Vater: Herbert Krause, geb. am 28.2.1983, wohnhaft: Hauptstr. 36, 56789 Holle

Frau Krause wurde im Januar 2013 das alleinige Sorgerecht für alle drei Söhne durch das Oberlandesgericht übertragen.

Im Januar 2013 informierte erstmalig der Kindergarten, dass Anton von der Polizei am Bahnhof aufgegriffen und von dort durch den Beamten in die Einrichtung gebracht wurde. Frau Krause konnte zu Hause nicht erreicht werden.

Bereits vorher hatte der Kindergarten berichtet, dass die Mutter teilweise über eine Stunde verspätet kommen würde, um Anton vom Kindergarten abzuholen.

Frau Krause konnte die Aufregung der Erzieherinnen, der Polizei und des Jugendamtes nicht verstehen.

Der Mutter wurden Hilfsangebote zur Betreuung (Hort, Tagesmutter, etc.) und zu Erziehungsfragen (Sozialpädagogische Familienhilfe, Video-Home-Training, Intensive Sozialpädagogische Einzelbetreuung) angeboten. Frau Krause sah zunächst keine Notwendigkeit, eine Hilfe in Anspruch zu nehmen.

Da auch die jeweiligen Schulen der älteren Geschwister Paul und Otto sich Sorgen über die Versorgungs- und Erziehungssituation der Jungen (fehlende Hausaufgaben, kein Schulbrot, keine Schulmaterialien, häufige Fehlzeiten der Kinder in der Schule und im Kindergarten, keine Gesprächsbereitschaft der Mutter über die Situation) machten, wurde im April 2013 eine Anzeige gemäß §§ 8a, 50 SGB VIII gestellt.

Die Situation spitzte sich erneut zu, als Anton im Juli 2013 nicht vom Kindergarten abgeholt wurde und die Erzieherinnen die Polizei riefen. Das Kind konnte der Mutter erst um 20 Uhr bei einer Nachbarin übergeben werden. Frau Krause war davon ausgegangen, dass die Geschwisterkinder Anton abholen würden. Die Rückkehr von Anton hatte sie nicht überprüft.

Nach mehrmaligem Ermahnen wg. verspätetem Abholen wurde der Kindergartenplatz schließlich von der Kindertagesstätte „Holle II" gekündigt.

Frau Krause bemühte sich erneut um einen Kindergartenplatz im Kindergarten „Hoher Turm", den sie seit Juli 2013 wahrnehmen kann. Hier äußerte man immer deutlicher den Wunsch nach Austausch. Die Mutter wurde mehrfach gebeten, Anton direkt in die Gruppe zu bringen. Dieser Bitte kam Frau Krause nicht nach. Ein Informationsaustausch war und ist somit nicht möglich.

Der Kindergarten berichtet, dass vor allem die Abholsituationen auffällig seien. Die Mutter kommt inzwischen pünktlich. Allerdings reagiert Anton nach Aussagen des Kindergartens nicht auf seine Mutter, sondern spielt weiter, ohne auf sie aufmerksam zu werden.

Im Kindergarten sei Anton lenkbar, sobald jedoch die Mutter komme, reagiere er kaum auf Aufforderungen. Die Erzieherinnen müssten den Jungen schließlich anziehen und ihn der Mutter „in die Hand drücken".

Da Frau Krause die Versorgungs- und Betreuungssituation den Kindern gegenüber nicht veränderte und eine Zusammenarbeit mit dem Jugendamt ablehnte, wurde im August 2010 erneut eine Anzeige gem. §§ 8a, 50 SGB VIII gestellt.

Erst in der Anhörung beim Familiengericht erklärte sich Frau Krause bereit, Hilfe des Jugendamtes in Form einer sozialpädagogischen Familienhilfe anzunehmen.

Am Dienstag, den 21.11.2013 meldete sich die Leiterin der Kindertagesstätte, Frau Meier, telefonisch bei der Unterzeichnerin und berichtete, Anton sei aus der Einrichtung entflohen. Sie habe bereits eine Suchmeldung bei der Polizei aufgegeben. Die Mutter sei telefonisch nicht zu erreichen.

Auf Bitten von Frau Meier sagte Frau Krause einen Beratungstermin für den Nachmittag desselben Tages zu. Frau Krause erschien jedoch nicht zu dem Termin. Frau Meier, Frau Schulze (Gruppenerzieherin) und die Unterzeichnerin warteten eine Stunde auf die Mutter und versuchten währenddessen, sie dreimal telefonisch zu erreichen. Das 1. Mal sagte Frau Krause, sie müsse noch essen.

Beim 2. Anruf erklärte sie, sie mache sich jetzt auf den Weg. Beim 3. Anruf wurde der Hörer nicht mehr abgenommen. Das Treffen wurde aufgrund dessen abgebrochen.

Erst zwei Stunden nach dem vereinbarten Termin erschien Frau Krause in der Einrichtung, so dass ein Gespräch mit allen Beteiligten nicht mehr möglich war.

In einem Gespräch mit Herrn Krause, der regelmäßigen Besuchskontakt zu seinen Kindern hat, berichtete dieser, die Kinder hätten keine Weihnachtsgeschenke von ihrer Mutter erhalten. An den Weihnachtsfeiertagen hätte sie sich bis zum Mittag mit ihrem Lebensgefährten im Schlafzimmer eingeschlossen.

Auf unsere Nachfrage bezüglich der Weihnachtsgeschenke bestätigte Frau Krause die Aussage und erklärte, dass die Kinder diese nicht verdient hätten und dass dies schon seit der Trennung von ihrem Mann so sei.

Seit dem 14. Januar 2014 wird die Familie von einer sozialpädagogischen Familienhelferin unterstützt. Die betreuende Fachkraft Frau Funke äußert bereits nach dieser kurzen Zeit erhebliche Bedenken bezüglich der Bindungsfähigkeit zwischen Mutter und Kindern.

Frau Funke konnte schnell Kontakt zu Paul und Otto durch altersgerechte Spielangebote herstellen. Anton hingegen wirkte in diesen Situationen angesichts seines Alters auffällig introvertiert.

Im Januar 2014 berichtete Frau Krause, dass sie Arbeit in Aussicht habe. Die Betreuungszeiten seien gesichert. Kurz vor Arbeitsaufnahme teilte die Mutter ihre Arbeitszeiten mit (täglich von 6 bis 14.30 Uhr). Auf Nachfrage gab Frau Krause an, dass die Betreuungszeiten am frühen Morgen nicht gewährleistet seien, d.h. die 5, 7 und 9-jährigen Jungen müssten den Zeitraum vom Aufstehen bis zum Kindergarten- bzw. Schulbeginn alleine bewältigen.

Mehrfach wurde Frau Krause von der Unterzeichnerin darauf hingewiesen, dass sie die Betreuungszeiten sicherzustellen hat.

Frau Krause vertrat die Meinung, dass Paul, Otto und Anton nicht „die Füße hoch legen könnten" und schon alt genug seien, um ohne eine Betreuung klar zu kommen.

Frau Krause änderte ihre Arbeitszeiten auf 11 bis 19 Uhr. Auch hier vertrat sie die Ansicht, dass Anton zwischen 10.30 und 20 Uhr alleine in der Wohnung bleiben könne. Um dafür zu sorgen, dass er nicht weglaufen könne, würde sie ihn einschließen.

Wir machten Frau Krause deutlich, dass sie hiermit in keiner Weise ihrer Aufsichtspflicht genügt und dass dieser Umstand eine Gefährdung des Kindeswohls darstellen könnte. Sollten wir Anton in einer ungesicherten Betreuungssituation antreffen, würden wir ihn in Obhut nehmen.

Am Dienstag, den 18.2.2014 meldete die Kindergartenleiterin, Frau Meier, dass Anton bis 16.00 Uhr erneut nicht abgeholt worden sei. Auch diesmal war die Mutter telefonisch nicht zu erreichen.

Daraufhin wurde Anton um 17.15 Uhr von der Unterzeichnerin in Obhut genommen und in die Jugendhilfestelle gebracht.

Da Frau Krause trotz intensiver Beratung durch die Unterzeichnerin und die sozialpädagogische Familienhelferin keine Einsicht entwickeln konnte, dass sie die Betreuung von Anton sicherstellen muss, können Kindeswohl gefährdende Momente nicht ausgeschlossen werden.

Ich bitte daher im Wege der einstweiligen Anordnung um Übertragung des Aufenthaltsbestimmungsrechts und die Ermächtigung, Jugendhilfemaßnahmen einleiten zu können.

I.A.

Müller

3. Rechtsprechung zur Gefährdung des Kindeswohls

- **OLG Celle in FamRZ 2006, S.1478 – Kindesmisshandlung in Form eines Münchhausen-Stellvertreter-Syndroms:**[81]

Die Mutter eines im Jahr 2003 geborenen Kindes hatte seit Januar 2004 immer wieder den Notarzt gerufen bzw. war gemeinsam mit ihrem Kind wiederholt stationär im Krankenhaus aufgenommen worden, weil das Kind schlapp, apathisch und in lebensbedrohliche cyanotische Zustände verfallen war.

Untersuchungen des Kindes hatten keinen Krankheitsbefund ergeben. Auffällig war, dass diese Zustände nur auftauchten, wenn die Mutter mit dem Kind allein war.

Nach einigen weiteren Vorfällen (ein anonymer Anrufer teilte dem Krankenhaus in zwei Telefonaten mit, dass das Kind gefährdet sei, wenn es mit der Mutter entlassen werde; ein Überwachungsmonitor, an den das Kind angeschlossen sein sollte, funktionierte immer wieder nicht richtig) wandte sich das Krankenhaus an das zuständige Jugendamt und äußerte den Verdacht auf ein so genanntes **Münchhausen-Stellvertreter-Syndrom, auch bekannt als Münchhausen-by-proxy-Syndrom (MbpS).**

Nach mehreren Gesprächen der Kindesmutter mit zwei Kinder- und Jugendpsychiatern wurde das Kind Ende Februar 2004 gemäß § 42 SGB VIII in Obhut genommen. Inzwischen befindet sich das Kind in einer Dauerpflegefamilie.

Mit Beschluss vom 3. August 2004 hat das Amtsgericht Celle der Mutter die elterliche Sorge entzogen und auf das Jugendamt als Vormund übertragen.

Zur Begründung hat es ausgeführt, es vermöge zwar nicht zu beurteilen, ob die Kindesmutter an einem **MbpS** erkrankt sei und/oder ob es sich bei ihr um einen Menschen mit multipler Persönlichkeit handle. Es sei aber aufgrund des gesamten Sachverhalts überzeugt, dass das Kind bei der Kindesmutter gefährdet sei.

Gegen diesen Beschluss hatte die Kindesmutter Beschwerde eingelegt, der sich der Kindesvater anschloss.

Das Oberlandesgericht Celle hat diese Beschwerden mit Beschluss vom 3.2.2006 zurückgewiesen.

81 Das Münchhausen-Stellvertreter-Syndrom ist eine Form der Kindesmisshandlung, bei der meist ein Elternteil bei einem Kind eine Krankheit vortäuscht oder verursacht, um es anschließend in medizinische Behandlung zu geben. Die Störung ist nach Karl Friedrich Hieronymus von Münchhausen benannt und kommt in der Praxis recht selten vor.

Nach dem Ergebnis der durchgeführten Ermittlungen stehe es zur Überzeugung des Senats fest, dass die aufgetretenen Symptome auf Manipulationen der Kindesmutter zurückzuführen seien. Das **Münchhausen-Stellvertreter-Syndrom sei nach dem heutigen Stand der Kinderheilkunde eine als gesichert geltende Form der Kindesmisshandlung, die darauf beruhe, dass eine nahestehende Person (in der Regel die Mutter) bei einem Kind Anzeichen einer Krankheit vortäuscht oder aktiv erzeugt, um es wiederholt zur medizinischen Abklärung vorzustellen.** Die akuten Symptome bilden sich zurück, wenn das Kind von der Täterin/dem Täter getrennt wird.

Für die Prognose einer naheliegenden Gefährdung des Kindeswohls reiche es aus, wenn die Wahrscheinlichkeit, dass die lebensbedrohlichen Zustände des Kindes krankheitsbedingte Ursachen hatten, verschwindend gering sei und mehrere konkrete Anhaltspunkte für Lebensgefährdende Manipulationen der Mutter an ihrem Kind vorliegen.

- **OLG Karlsruhe, in FamRZ 2007, S.576 – Keine Entziehung der Personensorge trotz festgestellter Verletzungen des Kindes:**

Bei einem im Oktober 2004 geborenen Kind waren im Dezember 2004 einige Verletzungen, unter anderem eine Schienbeinabsprengung festgestellt worden.

Der durch das zuständige Jugendamt hinzugezogene Sachverständige hatte dazu festgestellt, dass diese Verletzungen mit hoher Wahrscheinlichkeit nach der Geburt des Kindes am 22.10.2004 verursacht worden waren.

Die Eltern hatten keine nachvollziehbaren Erklärungen für das Zustandekommen der Verletzungen geben können, lediglich Vermutungen angestellt und die Verantwortung für die Verursachung nicht vorbehaltlos übernommen.

Auf diese Umstände hatte das Jugendamt die Prognose gestützt, es könnte bzw. werde auch in Zukunft zu Misshandlungen des Kindes kommen und daraufhin den Entzug des Personensorgerechts beantragt. Das Amtsgericht war dem Antrag des Jugendamtes gefolgt und hatte den Eltern die Personensorge entzogen. Seitdem lebte das Kind in einer Pflegefamilie.

Die gegen die Entziehung der Personensorge gerichtete Beschwerde der Eltern sah das Oberlandesgericht Karlsruhe als begründet an.

Wird das körperliche, geistige oder seelische Wohl eines Kindes durch missbräuchliche Ausübung der elterlichen Sorge, durch Vernachlässigung des Kindes, durch unverschuldetes Versagen der Eltern gefährdet, so hat das Familiengericht **die zur Abwendung der Gefahr erforderlichen Maßnahmen** zu treffen (so der damalige §1666 Abs. 1 BGB).

Die Trennung von ihrem Kind sei für die Eltern der stärkste vorstellbare Eingriff in ihr Elternrecht, der nur bei strikter **Wahrung des Grundsatzes der Verhältnismäßigkeit** mit dem Grundgesetz vereinbar sei (BVerfGE in FamRZ 1982, S.567)

Daher dürfe der Entzug des Personensorgerechts nur als außergewöhnliches Mittel angeordnet werden, wenn andere Maßnahmen zur Beseitigung der Kindeswohlgefährdung nicht in Frage kommen.

Nach dem Ergebnis der Ermittlungen könne nicht davon ausgegangen werden, dass die Eltern vorsätzlich ihr Kind misshandelt hätten. Vielmehr sei davon auszugehen, dass die Verletzungen die Folge eines unsachgemäßen, nicht kleinkindgerechten Umgangs mit dem Kind in seinen ersten Lebenswochen gewesen seien.

Solche einzelnen Erziehungsfehler reichen jedoch zur Rechtfertigung einer Trennung von Eltern und Kind nicht aus. Ein von §§ 1666, 1666a BGB vorausgesetztes schwerwiegendes Fehlverhalten und eine entsprechende erhebliche Gefährdung des Kindeswohls liege hier nicht vor. Ein Sachverständigengutachten habe bestätigt, dass keine grundsätzlichen Zweifel an der Erziehungsfähigkeit der Eltern bestünden.

Schließlich sei gegen § 1666a BGB verstoßen worden, der vor einer Trennung des Kindes von den Eltern verlangt, dass der Gefahr nicht auf andere Weise begegnet werden kann bzw. dass andere Maßnahmen zur Abwendung der Gefahr erfolglos geblieben sind.

Es sei unverständlich, dass die Eltern auf keinerlei Hilfsangebote, wie z.B. therapeutische Beratung oder intensive ärztliche Kontrolle aufmerksam gemacht worden seien.

- **OLG Koblenz, in FamRZ 2007, S.1680 – Entzug der elterlichen Sorge bei Verhaltensanomalien des Kindes**

Ein im Oktober 1996 geborenes, inzwischen zehnjähriges Kind war bereits seit dem Kindergartenalter deutlich verhaltensauffällig und reagierte mittlerweise so aggressiv und manipulativ vor allem in der Schule, dass eine Beschulung an einer Regelschule nicht mehr möglich war.

Der Junge lebte allein bei seiner vom Vater getrennt lebenden Mutter.

Eine hinzugezogene Sachverständige hatte der Mutter eine kaum vorhandene Grenzziehung in der Erziehung ihres Sohnes bescheinigt.

Erziehungsversuche des Vaters hatte die Mutter als „Erpressung" abgelehnt.

Der Vater hatte sich daraufhin, was die Erziehung des Sohnes anging, immer mehr zurückgezogen.

Die Mutter war weder bereit, ihr eigenes Verhalten gegenüber dem Sohn zu reflektieren noch sich mit erzieherischen Institutionen und Behörden zu kooperieren.

Vielmehr machte sie für die massiven Verhaltensprobleme eine „Hochbegabung" ihres Sohnes verantwortlich, dem die hinzugezogene Sachverständige allenfalls eine „Teilbegabung im mathematischen Bereich" attestiert hatte.

Das Amtsgericht hatte daraufhin beiden Eltern die elterliche Sorge entzogen.

Die Beschwerde der Mutter wurde vom Oberlandesgericht Koblenz zurückgewiesen.

Die Eingriffsvoraussetzungen für den **Entzug aller Teilbereiche der elterlichen Sorge** liegen auch nach Meinung des Senats vor.

Das **geistige, seelische und letztlich auch körperliche Wohl** des Kindes sei in den zurückliegenden Jahren durch die missbräuchliche Ausübung des elterlichen Sorgerechts, namentlich des Aufenthaltsbestimmungs-, des Umgangs-, des Erziehungs- und des Schulbestimmungsrechts in einem Ausmaß gefährdet worden, dass nur noch der Entzug des Sorgerechts zur Abwendung der gegenwärtigen Gefahr ausreiche.

Die tragenden Ursachen des asozialen Verhalten des Kindes seien – gestützt auf das Sachverständigengutachten – der lang anhaltende Elternkonflikt und die durch die – einseitig auf eine angenommene „Hochbegabung" fokussierte und vollends beratungsresistente – Mutter zu verantwortende Erziehung und Sozialisation.

Die Mutter verletze durch ihren im Grunde eine Eingliederung des Kindes in die Gesellschaft verhindernden (Nicht-)Erziehungsstil, durch die Abwehr einer tragfähigen Beziehung zum leiblichen Vater sowie durch die Ablehnung jedweder selbstkritischer Aufarbeitung in besonders krasser und nachhaltiger Weise die Bedürfnisse des Kindes.

Die bei dem Kind bereits eingetretenen, hoffentlich noch behebbaren gravierenden (Verhaltens-)Störungen erzwängen das Eingreifen des Familiengerichts in Ausübung des ihm anvertrauten **Wächteramtes** (Art. 6 Abs. 2 GG). Der **gegenwärtigen Gefahr für das Kindeswohl,** die ungehindert eine stetige Entwicklung zum Schlimmeren befürchten ließe, könne – vor allem auch im Hinblick auf die bisherige Entwicklung und die erfolglos versuchten Hilfs- und Unterstützungsangebote – nur durch den **vollständigen Entzug** der elterlichen Sorge begegnet werden.

Quick-Info: Gefährdung des Kindeswohls

I. Grundsatz	• Schutz des Kindes vor Gefährdungen durch staatliche Maßnahmen; Eingriff in das elterliche Sorgerecht; • Konkretisierung des staatlichen Wächteramts (Art. 6 Abs. 2 Satz 2 GG) und des Gesetzesvorbehalts für eine Trennung des Kindes von der Familie (Art. 6 Abs. 3 GG).
II. Eingriffsvoraussetzungen (§ 1666 Abs. 1 BGB)	**1. Gefährdung des Kindeswohls** • Das körperliche, geistige oder seelische Wohl des Kindes ist gefährdet. • Schwere Beeinträchtigung der Integritätsinteressen oder Entfaltungsinteressen des Kindes. • Bsp.: körperliche Misshandlung, sexueller Missbrauch, Verweigerung medizinischer Behandlung, Abhalten vom Schulbesuch. • Bsp.: unzureichende Ernährung, Bekleidung und ärztliche Versorgung des Kindes, mangelnde Beaufsichtigung. • Bsp.: Alkoholkrankheit, Gleichgültigkeit, Passivität und Antriebsarmut des Elternteils. **2. Mangelnde Bereitschaft oder Fähigkeit der Eltern zur Gefahrenabwendung** • Auf ein Verschulden der Eltern kommt es nicht an.
III. Maßnahmen (§1666 Abs. 3 BGB)	• Grundsatz des geringsten Eingriffs (Verhältnismäßigkeitsgrundsatz); • Gebote, öffentliche Hilfen wie Jugendhilfeleistungen in Anspruch zu nehmen; • Gebote zur Einhaltung der Schulpflicht; • Verbote, die Familienwohnung oder eine bestimmte andere Wohnung zu nutzen; • Verbote, Kontakt mit dem Kind aufzunehmen; • die Ersetzung von Erklärungen des Inhabers der elterlichen Sorge; • teilweiser Entzug der elterlichen Sorge; • Entzug der gesamten Personensorge nur, wenn mildere Mittel nicht ausreichen (§ 1666a Abs. 2 BGB); • Trennung des Kindes von der Familie nur, wenn Gefahr nicht anders abwendbar (§ 1666a Abs. 1 BGB), Vorrang der Jugendhilfe (§§ 27 bis 35 SGB VIII).

	• Bei Entzug einzelner Bestandteile der Personensorge, Bestellung eines Pflegers (§§ 1909 ff.). • Bei Entzug des gesamten Sorgerechts (Personen- und Vermögenssorge), Bestellung eines Vormunds (§§ 1773 ff).
IV. Verfahren	• Eingreifen des Familiengerichts von Amts wegen; • Vorrang- und Beschleunigungsgebot (§ 155 FamFG); • Erörterungstermin mit den Beteiligten (§ 157 FamFG); • obligatorische Anhörung der Eltern (§ 160 Abs. 1 FamFG); • Anhörung des Kindes, von der nur aus schwerwiegenden Gründen abgesehen werden darf (§ 159 Abs. 3 FamFG); • grundsätzlich Bestellung eines Verfahrensbeistands – „Anwalt für das Kind" (§ 158 Abs. 2 Nr. 2 FamFG).

X. Adoption

1. Auftrag der Adoptionsvermittlung

Prinzip

Verwandtschaftsverhältnisse

Das moderne Adoptionsrecht basiert auf dem **Grundsatz, Eltern für ein elternloses Kind zu suchen** und nicht umgekehrt, kinderlose Eltern mit einem Kind zu versorgen. Mit der Adoption wird zwischen den Adoptiveltern und dem Adoptivkind ein Eltern-Kind-Verhältnis geschaffen und das Adoptivkind erhält die Rechtsstellung eines leiblichen Kindes (§§ 1754, 1767 Abs. 2, 1770 BGB). Die Verwandtschaftsbeziehungen zur Ursprungsfamilie erlöschen fast vollständig (§ 1755 BGB). Diese Form der Minderjährigenadoption wird als **Volladoption** bezeichnet.

Gesetzliche Grundlage

Leitlinie: Das Wohl des Kindes

Es ist Auftrag der Adoptionsvermittlungsstellen für elternlose Kinder Adoptiveltern zu suchen. Dies ergibt sich implizit aus dem **Adoptionsvermittlungsgesetz (AdVermiG),** das in Deutschland das Procedere der Adoptionsvermittlung regelt. Staatlichen und akkreditierten Adoptionsvermittlungsstellen wird die Aufgabe übertragen, Adoptionsbewerber unter Berücksichtigung der Persönlichkeit des Kindes und seiner besonderen Bedürfnisse auf ihre Eignung hin zu überprüfen (§ 7 Abs. 1 AdVermiG). Das **Kindeswohl** ist somit Ausgangspunkt für eine Adoption und gleichzeitig Voraussetzung (§ 1741 Abs. 1 BGB).

Das **materielle Adoptionsrecht** ist in den **§§ 1741 bis 1772 BGB** geregelt.

Gerichtlicher Beschluss

Deutschland hat sich für das System der **Dekretadoption** entschieden, d.h. eine Adoption kommt nur durch **gerichtlichen Beschluss (Familiengericht)** zustande und nicht durch einen Vertrag (§ 1752 BGB).

Auslandsadoption

Da mit dem Rückgang der Geburtenquote in westlichen Industrieländern die Zahl unerwünschter Kinder zurückgegangen ist und gleichzeitig die Anzahl kinderloser Ehepaare stark zunahm, ist das Institut der Adoption zu einem internationalen Phänomen geworden. So haben sich internationale Organisationen auf Standards grenzüberschreitender Adoptionsvermittlung verständigt, um Missbrauch und Kinderhandel zu verhindern. An internationalen Abkommen und Richtlinien sind zu nennen:

- das **Europäische Adoptionsübereinkommen**
- die UN-Deklaration über Jugendwohlfahrt, Pflegekindschaft und Adoption,
- die **UN-Kinderrechtekonvention**

  sowie
- das **Haager Übereinkommen** über den Schutz von Kindern und die Zusammenarbeit auf dem Gebiet der internationalen Adoption vom 29.5.1993.

Haager Konvention zum Schutz von Kindern

Deutschland ist seit dem 1.3.2002 neben zahlreichen anderen Ländern Vertragsstaat des **Haager Übereinkommens über den Schutz von Kindern und die Zusammenarbeit auf dem Gebiet der internationalen Adoption (HAÜ).** Im Zusammenhang mit diesem Übereinkommen und dem dazugehörenden Ausführungsgesetz wurde das Verfahren der internationalen Adoption vereinheitlicht und sicherer gestaltet. Zielvorgaben des HAÜ sind:

- die Einführung von **Schutzmaßnahmen** für die Gewährleistung des Kindeswohls;
- die Errichtung eines **Kooperationssystems** zwischen den Vertragsstaaten und
- die Sicherung der **Anerkennung von Adoptionen** in den Vertragsstaaten (Artikel 1 HAÜ).[82]

Gesetzliche Verankerung der Auslandsadoption

Daraufhin wurde **§ 2a in das Adoptionsvermittlungsgesetz** eingeführt, in dem im Wesentlichen die Zuständigkeiten für transnationale Adoptionen festgelegt werden und darauf verwiesen wird, dass die **Koordination der internationalen Adoption** dem Bundesamt der Justiz als **Bundeszentralstelle für Auslandsadoption** unterliegt (§ 2a Abs. 3 und 4 AdVermiG).

82 Marx/Weitzel, in Paulitz, Adoption, 2006, S. 275.

2. Globalisierung der Adoption

Das Phänomen der internationalen Adoption hat seit dem Zweiten Weltkrieg einen rasanten Wandel durchlaufen. Waren während der 50er, 60er und 70er Jahre primär Kriege und Bürgerkriege Auslöser für grenzüberschreitende Adoptionen, um das Elend von Kriegswaisen und Besatzungskindern abzumildern, wird seit den 70er Jahren eine Polarisierung zwischen **Entwicklungsländern als Herkunftsländer** und **Industrienationen als Aufnahmeländer für ausländische Adoptivkinder** sichtbar.

Historische Gesichtspunkte der Auslandsadoption

In der gegenwärtigen Kontroverse um den Stellenwert der internationalen Adoption wird leicht die Tatsache verdrängt, dass Deutschland nach Ende des Zweiten Weltkrieges bis weit in die 60er Jahre hinein in der Rolle eines Herkunftslandes für Adoptivkinder war. Damals wurde zeitweise bis zu einem Drittel der deutschen Adoptivkinder von Adoptanten aus den Vereinigten Staaten und aus skandinavischen Ländern aufgenommen. Überwiegend humanitäre Motive standen bei den Adoptiveltern im Vordergrund.

Wandel der Rolle Deutschlands

Einen traurigen Rekord erlebte die **Auslandsadoption als Folge des Korea-Krieges** (1950 – 1953). Über die Hälfte der Bevölkerung der Republik Korea wurde von staatlicher Hilfe abhängig, so dass zunächst nicht daran zu denken war, die Kriegswaisen und Mischlingskinder – das waren Kinder von amerikanischen Soldaten und koreanischen Müttern – im eigenen Land zur Adoption zu vermitteln. Bei der Ausarbeitung eines Hilfekonzepts konzentrierte sich die südkoreanische Regierung vorrangig auf die Maßnahme der internationalen Adoptionsvermittlung. So wurden zwischen 1953 und 1981 etwa 38.000 koreanische Kinder von amerikanischen Familien adoptiert. Als die Republik Korea als Gastgeber der Olympiade 1988 in die Schlagzeilen der Medien geriet, die den Vorwurf des Kinderexports erhoben, entschied sich die Regierung praktisch von einem Tag auf den anderen die internationalen Adoptionsprogramme einzustellen.

Auslandsadoption als Teil des Hilfekonzeptes nach dem Korea-Krieg

Seit den **70er Jahren** hat sich das **Phänomen der internationalen Adoption global ausgeweitet** und berührt nicht mehr nur einzelne Staaten, sondern mittlerweile weite Teile Süd- und Süd-Ost-Asiens, Lateinamerikas sowie Westeuropa, Nordamerika, Australien und seit dem Zusammenbruch der kommunistischen Regime im Ostblock auch osteuropäische Staaten. Jüngeren Schätzungen zufolge werden jährlich etwa 15.000 bis 20.000 Kinder aus wirtschaftlich schwächeren Staaten von Adoptiveltern aus Industrienationen adoptiert.

Ausweitung der beteiligten Länder

Die demographischen Entwicklungstendenzen in den Industrienationen sind allgemein bekannt. Hier sank die Zahl adoptierbarer Kinder erheblich, während gleichzeitig die Quote kinderloser Ehepaare zunahm. Als Adoptionsmotiv trat die Heilung der Kinderlosigkeit und die Verwirklichung des Wunsches nach einem Kind vermehrt in den Vordergrund. Kritiker der internationalen Adoption werfen Adoptanten vor, dass ein ausländisches Kind ein Kind vierter Wahl sei. Nach dem vergeblichen Versuch, ein leibliches Kind zu zeugen, den Fehlschlägen der Reproduktionsmedizin, den geringen Chancen auf Adoption eines deutschen Kindes, finden sich Adoptionsbewerber mit der Aufnahme eines Kindes aus einem anderen Kulturkreis ab.

Kritik an dem Konzept der Auslandsadoption

Studie zur Adoptionszufriedenheit

Diese Behauptung wurde durch eine Studie von Kühl,[83] einem ehemaligen Mitarbeiter von terre des hommes, relativiert. Kühl kam zu dem Ergebnis, dass die Adoptionszufriedenheit von ausländischen Adoptivkindern in deutschen Familien überdurchschnittlich gut ausgeprägt sei.

Situation der Herkunftsländer

In den **80er Jahren** waren **asiatische Staaten**, vor allem Indien, die Philippinen, Sri Lanka und Thailand die wichtigsten Herkunftsländer für ausländische Adoptivkinder. Das soziale Stigma einer nichtehelichen Geburt, mangelnde Familienplanung, wirtschaftliche Not, zunehmende Urbanisierung und der allmähliche Auflösungsprozess großfamiliärer Strukturen waren dort Ursachen für sozial und wirtschaftlich unerwünschte Schwangerschaften und eine große Zahl verlassener Kinder. Die innerstaatliche Adoption war und ist in diesen Ländern meist wegen kultureller, religiöser und rechtlicher Barrieren unpopulär.

Neue Herkunftsländer

Mit dem **politischen Zusammenbruch des ehemaligen Ostblocks**, dem Fall des Eisernen Vorhangs und dem sich anschließenden wirtschaftlichen Niedergang rückten die Probleme von Entwicklungsländern quasi an die Türschwelle Deutschlands. Es waren vor allem Bilder des Kinderelends in Rumänien, die nach dem Sturz des Ceaucescu-Regimes Ende 1989 die Weltöffentlichkeit bewegten und auf die entsetzlichen Lebensbedingungen in rumänischen Kinderheimen aufmerksam machten.

Anstieg der Adoptionen rumänischer Kinder

Eine Art Adoptionstourismus bahnte sich den Weg nach Rumänien, getragen aus einer Mischung aus Hilfsbereitschaft und Eigeninteresse. Die unterentwickelten Sozial- und Jugendhilfestrukturen in Rumänien waren nicht in der Lage, den Bewerberstrom aufzufangen und in fachliche Bahnen zu lenken. Wilde Adoptionen, korrumpierbare Beamte und Kinderhandel bestimmten die Szene. Die rumänische Regierung sah sich veranlasst, mit einem Adoptionsstopp zu reagieren. Seit Juli 1991 ist in Rumänien ein Adoptionsgesetz in Kraft, das Auslandsadoptionen nach Fachlichkeitsgesichtspunkten reguliert und unter zentrale staatliche Kontrolle stellt.

Regulierung der Auslandsadoptionen

Wegen der relativ kurzen Reisewege bewegen sich Adoptionsinteressenten heutzutage oftmals in eigener Regie in Staaten des ehemaligen Ostblocks, um dort persönliche Kontakte zu Kinderheimen zu knüpfen und ihre Adoptionschancen zu eruieren. In zahlreichen Fällen kommen Adoptionen durch private Kontakte zustande, die in dem Land selbst als rechtsgültig angesehen werden, die aber hier in den Verdacht geraten, illegal zu sein. Um die Adoptionsvermittlung in seriöse Kanäle zu lenken, die Adoptionseignung der Bewerber sicherzustellen und um festzustellen, dass sich für die Kinder in ihrem Herkunftsland keine geeignete Ersatzfamilie findet, war es besonders wichtig, eine fachlich verantwortbare Kooperation zwischen deutschen und osteuropäischen Adoptionsvermittlungsstellen aufzubauen.

HAÜ

Dies ist inzwischen weitgehend durch die **Umsetzung des Haager Adoptionsübereinkommens** (HAÜ) geschehen.

83 Kühl, Wenn fremdländische Kinder erwachsen werden, Osnabrück 1985.

3. Adoptionsvoraussetzungen

Basis und Bedingungen

Voraussetzung für eine Adoption ist, dass sie dem **Kindeswohl** dient und die Entstehung eines Eltern-Kind-Verhältnisses zu erwarten ist (§ 1741 Abs. 1 BGB). Ein besonders hohes Alter der Adoptiveltern kann gegen ein Eltern-Kind-Verhältnis sprechen.[84]

Alter/Konstellationen

Ehepaare können ein Kind nur gemeinsam adoptieren. Ebenso ist eine **Stiefkindadoption** möglich, wenn ein Ehepartner das Kind des anderen adoptiert, das er in die Ehe mitgebracht hat. Auch alleinstehende, **nicht verheiratete Personen** können adoptieren (§ 1741 Abs. 2 BGB).

Mindestalter

Ein Adoptant muss mindestens das 25. Lebensjahr vollendet haben. Adoptiert ein Ehepaar ein Kind, muss der eine Ehepartner mindestens 25, der andere mindestens 21 Jahre alt sein (§ 1743 BGB).

Einwilligung der leiblichen Eltern

Grundsätzlich ist zur Adoption eines Kindes sowohl die **Einwilligung der Mutter** als auch **des (nichtehelichen) Vaters** erforderlich (§ 1747 Abs. 1 BGB). Um den Eltern bzw. der Mutter eine Überlegungsfrist zu belassen, kann die Einwilligung erst dann erteilt werden, wenn das Kind mindestens 8 Wochen alt ist (§ 1747 Abs. 2 Satz1 BGB). Grundsätzlich kann die Einwilligung in die Adoption erst gegeben werden, wenn die Adoptanten feststehen. Die Adoptanten brauchen den biologischen Eltern jedoch nicht bekannt gegeben zu werden (sog. **Inkognito-Adoption**, § 1747 Abs. 2 Satz 2 BGB).

Ersetzung der Einwilligung

Die **Einwilligung eines Elternteils** kann nach § 1748 BGB durch das Familiengericht **ersetzt** werden, wenn:

- er seine Pflichten dem Kind gegenüber dauerhaft vernachlässigt,
- er durch sein Verhalten zeigt, dass ihm das Kind gleichgültig ist,
- er eine besonders schwerwiegende Pflichtverletzung begangen hat,
- oder wenn er wegen einer besonders schwerwiegenden psychischen Krankheit oder geistigen Behinderung dauernd nicht in der Lage ist, das Kind zu pflegen und zu erziehen.

Nicht erforderlich ist die Einwilligung eines Elternteils, wenn dieser dazu dauernd außerstande ist oder sein Aufenthalt nicht bekannt ist (1747 Satz 4 BGB).

Formerfordernisse

Sämtliche **Einwilligungserklärungen** müssen **notariell beurkundet** werden und sind gegenüber dem Familiengericht abzugeben (§ 1750 Abs. 1 BGB). Sie dürfen nicht unter einer Bedingung oder unter einer Zeitbestimmung und nicht durch einen Bevollmächtigten abgegeben werden (1750 Abs. 2 und Abs. 3 BGB).

Einwilligung des Kindes

Auch die **Einwilligung des Kindes** ist erforderlich (§ 1746 Abs. 1 BGB). Ist das Kind geschäftsunfähig oder noch nicht 14 Jahre alt, ist die Zustimmung seines gesetzlichen Vertreters (in der Regel beide Eltern) notwendig.

84 LG Kassel in FamRZ 2006, S. 727.

4. Adoptionsverfahren

Fachliche Betreuung

Adoptionsvermittlung ist die **Zusammenführung eines Kindes mit adoptionswilligen Eltern** und deren fachliche Begleitung (§ 1 AdVermiG). Ziel einer Adoptionsvermittlung ist es, eine Adoption so vorzubereiten, dass eine tragfähige Eltern-Kind-Beziehung entstehen kann.

Zulassung der Adoptionsvermittlungsstellen

Nach dem Adoptionsvermittlungsgesetz (§2 Abs. 2 AdVermiG) müssen **Adoptionsvermittlungsstellen** durch die zuständige zentrale Adoptionsstelle des Landesjugendamtes anerkannt sein. Die Vor- und Nachbetreuung der Adoptionsbewerber bzw. der abgebenden Eltern muss gewährleistet sein. Es ist Aufgabe des **Landesjugendamtes als zentrale Adoptionsstelle**, Adoptionsvermittlungsstellen zuzulassen. Dies können **Jugendämter** sein aber auch **freie Wohlfahrtsverbände** wie das Diakonische Werk, der Deutsche Caritasverband, die Arbeiterwohlfahrt und sonstige Organisationen (§ 2 AdVermiG). Anderen Stellen ist die Adoptionsvermittlung nach § 5 Abs. 1 AdVermiG untersagt, wie beispielsweise Krankenhäusern, Hebammen, Ärzten oder Priestern. Bevor das Familiengericht die Adoption ausspricht, ist ein Gutachten der Adoptionsvermittlungsstelle einzuholen (§ 189 FamFG). In Fällen mit Auslandsberührung ist ebenfalls die zentrale Adoptionsstelle des Landesjugendamtes anzuhören. Außerdem ist bei **internationalen Adoptionen** die **Bundeszentralstelle für Auslandsadoptionen** als Koordinationsstelle einzuschalten (§ 2a Abs. 4 AdVermiG).

Pflegezeit vor der Adoption

Grundsätzlich soll vor Adoption eines Kindes eine sog. **Adoptionspflegezeit** (ca. ein Jahr) bei seinen zukünftigen Adoptiveltern eingehalten werden. Die Adoptionspflege dient als Grundlage für die Prognose, ob eine Eltern-Kind-Beziehung entstehen wird (§ 1744 BGB). Es handelt sich hierbei nicht um eine zwingende Adoptionsvoraussetzung, allerdings kann das Familiengericht auf Einhaltung der Adoptionspflege bestehen.

Endgültiger Beschluss

Die **Entscheidung über die Adoption** trifft das **Familiengericht** durch Beschluss (§ 1752 Abs. 1 BGB). Die Adoption wird nur ausgesprochen, wenn die oben aufgeführten Voraussetzungen erfüllt sind, die Annahme dem Wohl des Kindes dient und zu erwarten ist, dass zwischen dem Annehmenden und dem Kind ein Eltern-Kind-Verhältnis besteht (§ 1741 Abs. 1 BGB). Der **Adoptionsbeschluss** wird mit Zustellung an die Adoptiveltern wirksam und ist **unanfechtbar** (§ 197 FamFG FGG).

Durch den Adoptionsbeschluss erwirbt das Kind die volle rechtliche Stellung eines leiblichen Kindes des / der Adoptanten (§ 1754 BGB). Das verwandtschaftliche Band zur Ursprungsfamilie wird aufgehoben. Ansprüche des Kindes allerdings, die vor der Adoption entstanden sind, wie z.B. Ansprüche auf Renten, Waisengeld oder andere Leistungen bleiben erhalten (§ 1755 Abs. 1 BGB).

Mit der Adoption erwirbt das Kind den **Familiennamen des Annehmenden** (§ 1757 Abs. 1 BGB). Auf Antrag kann mit Einwilligung des Kindes der Vorname geändert oder der ursprüngliche Familienname vorangestellt oder angefügt werden. Dies muss jedoch dem Kindeswohl entsprechen (§ 1757 Abs. 4 BGB).

Namensänderungen

Mit der Adoption durch deutsche Adoptiveltern erwirbt das Adoptivkind automatisch die **deutsche Staatsangehörigkeit** (§ 6 StAG).

Staatsangehörigkeit

5. Besondere Adoptionsformen und Aufhebung

Ausnahmefälle/abweichende Regelungen bei besonderen Formen der Adoption

Verwandtenadoption: Wird ein Kind von Verwandten zweiten Grades (Großeltern oder Geschwister) oder dritten Grades (Tante, Onkel) adoptiert, erlischt lediglich das Verwandtschaftsverhältnis zu den leiblichen Eltern (§ 1756 Abs. 1 BGB).

Stiefkindadoption: Nimmt ein Ehegatte das Kind seines Partners an, so erlischt nur das Verwandtschaftsverhältnis zum anderen Elternteil (§ 1756 Abs. 2 BGB).

Adoption Volljähriger: Die Adoption eines Volljährigen wird nach § 1767 Abs. 1 BGB davon abhängig gemacht, ob sie „sittlich gerechtfertigt" ist. Ein Indiz dafür besteht, wenn zwischen den Adoptiveltern und dem Anzunehmenden bereits ein Eltern-Kind-Verhältnis entstanden ist. Erforderlich sind Anträge des Adoptierenden sowie des zu Adoptierenden (§ 1768 Abs. 1 BGB). Eine Volljährigenadoption entfaltet nicht die Rechtsfolgen einer Volladoption, da sie keine Wirkung für die Verwandten des Adoptanten entfaltet (§ 1770 Abs. 1 Satz 1 BGB). Unter bestimmten Voraussetzungen kann das Vormundschaftsgericht einer Volljährigenadoption jedoch die Wirkungen einer Minderjährigenadoption beimessen (§ 1772 BGB).

Aufhebung einer Adoption: Eine Adoption kann nur in sehr eingegrenzten Fällen aufgehoben werden. Dies geschieht nur durch Beschluss des Familiengerichts, wenn eine Adoption ohne Antrag des Annehmenden oder ohne Einwilligung des Kindes oder eines Elternteils begründet worden ist (§ 1760 BGB) oder wenn eine Aufhebung aus schwerwiegenden Gründen zum Wohl des Kindes erforderlich ist (§ 1763 BGB).

XI. Vormundschaft, Pflegschaft, Beistandschaft

1. Vormundschaft (§§ 1773 bis 1895 BGB)

a. Allgemeines

Vormundschaften nur für Minderjährige

Die Bestellung eines Vormundes wird notwendig, wenn ein Minderjähriger nicht unter elterlicher Sorge steht oder wenn die Eltern von der gesetzlichen Vertretung ausgeschlossen sind (§ 1773 Abs. 1 BGB). Vormundschaften bestehen seit 1992 nur noch für Minderjährige. Sie haben die gesamte elterliche Sorge zum Inhalt (§§ 1793, 1800 BGB).

Gerichtlicher Beschluss/Ausnahmefälle

Vormundschaften bedürfen grundsätzlich der **Anordnung und Bestellung** durch das **Familiengericht** (§§ 1774, 1775 BGB, § 151 Nr. 4 FamFG). Eine Ausnahme besteht bei einem nichtehelichen Kind, dessen Mutter minderjährig, unbekannten Aufenthalts, geisteskrank oder verstorben ist.[85] In diesem Fall tritt eine gesetzliche Amtsvormundschaft des Jugendamtes ein (§ 1791c BGB).

Rangfolge möglicher Vormünder

Da ein Vormund praktisch die Eltern eines Kindes ersetzt, ist wegen der persönlichen Betreuung eine **Einzelvormundschaft einer Amts- oder Vereinsvormundschaft vorzuziehen.** Bei der Auswahl möglicher Vormünder geht das Familiengericht in folgender Reihenfolge vor: Ehepaar, Einzelperson, Verein (Wohlfahrtsverband), Jugendamt (vgl. §§ 1779, 1887 BGB).

Das Familiengericht beaufsichtigt die Vormünder (vgl. §§ 1821, 1822, 1837 ff. BGB). Es hat den Vormündern gegenüber eine Beratungspflicht (§ 1837 BGB).

Beendung der Vormundschaft

Fällt der Grund für die Vormundschaft fort, endet diese automatisch (§ 1882 BGB), z.B. bei Volljährigkeit des Mündels oder dem Wiedereintritt der elterlichen Sorge. Das Amt des Vormunds endet jedoch erst mit Entlassung durch das Familiengericht.

b. Reform des Vormundschaftsrechts – der Anlass

Personalsituation in Jugendämtern

Der Fall Kevin aus Bremen löste eine bundesweite Debatte aus, in dessen Blickfeld die Personalsituation in Jugendämtern, der Umgang mit gefährdeten Kindern und die Überlastung von Amtsvormündern gerieten. Der unter Amtsvormundschaft stehende Kevin war im Alter von zwei Jahren tot in der Kühltruhe seines drogenabhängigen Vaters gefunden worden.[86] Der Fall löste u.a. eine Reform des Vormundschaftsrechtes aus. Im Zentrum der Reform steht das Ziel, die Pflege und Erziehung der anvertrauten Kinder durch den Vormund durch persönliche Kontakte zu fördern und das Mündel zu beteiligen.[87]

85 Schleicher, Jugend- und Familienrecht, 2014, S. 345.

86 Hans, B., „Urteil im Fall Kevin: Sie müssen mit dieser Schuld fertig werden" SPIEGELONLINE, 5.6.2008; www.spiegel.de.

87 Siehe Deutsches Institut für Jugendhilfe und Familienrecht (2011), „Zur Umsetzung des Gesetzes zur Änderung des Vormundschafts- und Betreuungsrechts". dijuf.de., S. 20,

Zum Hintergrund: Der Fall Kevin aus Bremen

Der Fall Kevin

Im Januar 2004 wird Kevin als Sohn zweier Drogenabhängiger in Bremen geboren. Sein Leben beginnt mit einer Entgiftungstherapie im Krankenhaus und endet nach zweieinhalb Jahren infolge diverser Frakturen, Blutungen und Kopfverletzungen.

Im August 2004 kommt Kevin zum ersten Mal wegen Unterernährung und Knochenbrüchen ins Heim. Das Jugendamt stellt jedoch das Vorhandensein „notwendiger Erziehungskompetenzen" bei den Eltern fest, so dass Kevin später zurück zu den Eltern kommt. Der Tod der Mutter und die damit verbundene Unterbringung des Vaters in Untersuchungshaft führten zu Kevins zweitem Heimaufenthalt. Trotz zahlreicher Hinweise auf Kindesmisshandlung und dem dringenden Abraten der Heimmitarbeiter wird Kevin wiederholt in die Obhut des Vaters übergeben, der eine „günstige Sozialprognose" durch das Jugendamt bescheinigt bekommt. Kevin bleibt jedoch unter der Vormundschaft des Jugendamtes. Zudem wird der Vater angewiesen, Hilfe in Anspruch zu nehmen. Kevin bekommt eine Tagesmutter, die ihn allerdings nur viermal zu Gesicht bekommt. Im April 2006 findet der letzte, der bereits bis dahin wenigen, Besuche des Jugendamtes statt.

Im Juli 2006 teilt die Frühförderstelle Kevins Abwesenheit mit. Gleichzeitig macht die Großmutter darauf aufmerksam, dass Kevin Monate nicht mehr gesehen wurde. Am 18. September trifft das Jugendamt die Entscheidung, dem Vater den Jungen zu nehmen und diesen in einer Pflegefamilie unter zu bringen. Am 2. Oktober ergeht ein entsprechender Beschluss des Familiengerichts. Bei der geplanten Abholung am 10. Oktober 2006 finden Bedienstete der Polizei und des Jugendamtes Kevins Leiche in der Kühltruhe des Vaters.[88] Der Todeszeitpunkt lässt sich nicht mehr genau bestimmen; man geht von einem Datum Ende Juni/Anfang Juli aus. 2008 wird Kevins Vater zu einer Haftstrafe von 10 Jahren verurteilt.[89]

Im Jahr 2010 findet die Gerichtsverhandlung gegen Kevins Vormund satt. Der 68-jährige (2010) Sozialarbeiter wird wegen fahrlässiger Tötung durch Unterlassung angeklagt. Im Prozess zeigt sich deutlich, dass es einen akuten Mangel an Informationen gab. Selbst das Jugendamt war nach eigener Aussage nicht über das Ermittlungsverfahren gegen den Vater aufgeklärt.

Zeitgleich zu Kevins Fall bearbeitete der Vormund 250 weitere Mündel und war dementsprechend überbelastet. Er verließe sich auf den Case-Manager im Sozialamt. Dieser wurde ebenfalls angeklagt, war aber aufgrund einer lang anhaltenden Krankheit verhandlungsunfähig. Das Verfahren gegen den Vormund wurde fallen gelassen. Er spendete einen Geldbetrag von 5000 Euro an eine Kinderschutz-Organisation.[90]

88 Jüttner, J., „Fall Kevin: Chronik eines vermeidbaren Todes". SPIEGELONLINE, 12.10.1006; www.spiegel.de.

89 Hans, B., „Urteil im Fall Kevin: Sie müssen mit dieser Schuld fertig werden" SPIEGELONLINE, 5.6.2008, www.spiegel.de

90 Wiegand, R., „Fall Kevin – Verfahren eingestellt. Hätte ein Sozialarbeiter den schwer misshandelten Kevin retten können? Ein Gericht wird diese Frage nicht beantworten. Der Staatsanwalt stimmt dem vorzeitigen Verhandlungsende zu",17.8.2010, www.sueddeutsche.de

c. Änderungen der Vormundschaftsrechts

Das Gesetz zur Änderung des Vormundschafts- und Betreuungsrechts trat an zwei versetzten Zeitpunkten in Kraft. Der erste Teil, gültig ab 6.7.2011, beinhaltet

- die Verpflichtung des Vormundes zum kontinuierlichen persönlichen Kontakt mit dem Mündel, grundsätzlich einmal im Monat (§ 1793 BGB Abs. 1a BGB n.F.);
- das Gebot, die Pflege und Erziehung persönlich zu fördern und zu gewährleisten (§ 1800 Satz 2 BGB n.F.);
- die jährliche Berichtspflicht an das Familiengericht über die erfolgten Kontakte (§ 1840 Abs. 1 Satz 2 BGB n.F.).

Am 05.07.2012 trat der zweite Teil der Vorschriften in Kraft. Er umfasst

- die familiengerichtliche Aufsicht über den Vormund (§ 1837 Abs. 2 Satz 2 BGB n.F.);
- die Neuregelungen des § 55 Abs. 2 und 3 SGB VIII;
- insbesondere die Anhörung des Kindes vor Auswahl des Amtsvormundes;
- die Begrenzung der Fallzahlen auf maximal 50 Fälle pro Vormund;
- der Kontakt zum Kind durch den Vormund wird persönlich wahrgenommen.

Mit der Einführung der Neuregelungen wird eine Abkehr von der „Schreibtischvormundschaft" zur „persönlich geführten Vormundschaft" initiiert.

2. Pflegschaft (§§ 1909 bis 1921 BGB)

Pflegschaften ersetzen Teilbereiche

Pflegschaften ersetzen die elterliche Sorge in einzelnen Bereichen, nicht total. Deshalb wirken sie praktisch wie begrenzte Vormundschaften. Für Minderjährige sind sie vorgesehen, wenn die Inhaber der elterlichen Sorge partiell rechtlich oder tatsächlich ausfallen (§ 1909 BGB). Sie werden als Ergänzungspflegschaft bezeichnet. Die Notwendigkeit für die Bestellung eines Ergänzungspflegers ergibt sich u.a. dann, wenn den Eltern wegen Gefährdung des Kindwohls Teile der Personen- oder Vermögenssorge entzogen wurden, bei schweren Erkrankungen oder bei Abwesenheit der Sorgeberechtigten.

Feststellung der Notwendigkeit einer Pflegschaft

Das Familiengericht hat von Amts wegen zu ermitteln, wenn es etwa vom Jugendamt, einer Schule, dem Krankenhaus oder von Verwandten Mitteilung erhält, dass Sorgeberechtige gehindert sind, ihren Sorgepflichten für ein Kind nachzukommen.

Auf Pflegschaften findet generell Vormundschaftsrecht Anwendung (§ 1915 BGB). Der Wirkungskreis eines Pflegers ergibt sich aus seiner Bestallungsurkunde. Gleichzeitig werden die Eltern oder ein Vormund in ihrer (elterlichen) Verantwortung für das Kind eingeschränkt (§§ 1630 Abs. 1, 1794 BGB).[91]

Besondere Regelungen

Weitere Pflegschaften, die eigentlich nicht in die Systematik des Familienrechts passen,[92] sind dennoch in den §§ 1911 ff. BGB geregelt:

- die Abwesenheitspflegschaft für Volljährige (§ 1911 BGB)
- die Pflegschaft für unbekannte Beteiligte (insb. Nacherben) (§ 1913 BGB)
- die Pflegschaft für Sammelvermögen (§ 1914 BGB).

3. Der Verfahrensbeistand oder Anwalt des Kindes (§ 158 FamFG)

Wahrung der Interessen des Kindes

In familienrechtlichen Verfahren, in denen die Interessen des Minderjährigen zu denen ihrer gesetzlichen Vertreter im Gegensatz stehen, kann das Familiengericht dem Kind zur Wahrung seiner Interessen einen sog. Verfahrensbeistand oder Anwalt des Kindes beiordnen (§ 158 FamFG). Funktion des Verfahrensbeistands ist es, das Kindeswohl festzustellen und in das Verfahren einzubringen. Im Einzelfall kann das Gericht dem Beistand die Aufgabe übertragen, Gespräche mit den Eltern und Bezugspersonen zu führen und auf eine Einigung hinzuwirken.

Grundsätzlich ist die Bestellung eines Verfahrenspflegers erforderlich (§ 158 Abs. 2 FamFG):

- wenn Kindesinteresse und Elterninteresse in erheblichem Gegensatz stehen;
- bei Gefährdung des Kindeswohls nach §§ 1666, 1666a BGB;
- bei Trennung des Kindes von einer Pflegeperson;
- in Verfahren auf Herausgabe des Kindes oder bei einer Verbleibensanordnung;
- bei einem Ausschluss oder einer wesentlichen Beschränkung des Umgangsrechts

91 Schleicher, Jugend- und Familienrecht, 2014, S. 355.
92 Wabnitz, Grundkurs Familienrecht, 2012, S. 149.

Textbeispiel: Bestellung eines Verfahrensbeistandes gem. § 158 FamFG

Amtsgericht Mittenberg

Beschluss

141 F 213/14 EASO

In der Familiensache

betreffend

Arzu Yilmaz, geb. am 1.9.2012, wohnhaft Thomas-Mann-Straße 31, 22740 Mittenberg

Beteiligte:

1. Sanem Yilmaz, wohnhaft Fontaneweg 7, 20123 Oberstadt

– Antragstellerin –

Verfahrensbevollmächtigte: Rechtsanwältin Ingrid Stein, Salomongasse 13d, 20125 Oberstadt, Geschäftszeichen: 190109

2. Demir Yilmaz, wohnhaft Thomas-Mann-Straße 31, 22740 Mittenberg

– Antragsgegner –

hat das Amtsgericht – Familiengericht – Mittenberg durch den Richter am Amtsgericht Worner am 20.9.2014 beschlossen:

Frau Rechtsanwältin Hanna Mohrberg, Leonhardtstr.1, 22721 Mittenberg wird für das minderjährige Kind

Arzu Yilmaz, Thomas-Mann-Straße 31, 22740 Mittenberg

zum Verfahrensbeistand bestellt.

Der Verfahrensbeistand hat das Interesse des Kindes festzustellen und im gerichtlichen Verfahren zur Geltung zu bringen. Er hat das Kind über Gegenstand, Ablauf und möglichen Ausgang des Verfahrens in geeigneter Weise zu informieren.

Der Verfahrensbeistand soll Gespräche mit den Eltern und weiteren Bezugspersonen des Kindes führen sowie am Zustandekommen einer einvernehmlichen Regelung über den Verfahrensgegenstand mitwirken.

Gründe:

Zur Wahrung der Interessen des minderjährigen Kindes war die Bestellung des Verfahrensbeistandes gemäß § 158 FamFG erforderlich.

Worner
Richter am Amtsgericht

Ausgefertigt
Amtsgericht Mittenberg, 20.9.2014

Kiechler, Justizangestellte
Als Urkundsbeamtin der Geschäftsstelle

Textbeispiel: Antrag auf Erlass einer einstweiligen Anordnung zur Herausgabe und Rückführung des Kindes

Amtsgericht Mittenberg
– Familiengericht –
Libellenweg 4
22740 Mittenberg

Mohrberg & Coll. – Rechtsanwältinnen
Rechtsanwalt / Salomongasse 13d,
20125 Oberstadt

Antrag auf Erlass
einer einstweiligenAnordnung

für Frau Sanem Yilmaz Fontaneweg 7, 20123 Oberstadt

– Antragstellerin –

Prozessbevollmächtigte: Mohrberg & Collegen,
Salomongasse 13d, 20125 Oberstadt

gegen

Herrn Demir Yilmaz, Thomas-Mann-Straße 31, 22740 Mittenberg

– Antragsgegner –

wegen Herausgabe des Kindes und Rückführung des Kindes zur Kindesmutter.

Im Wege der einstweiligen Anordnung wird beantragt, ohne mündliche Verhandlung wie folgt zu beschließen:

1.) Der Antragstellerin wird einstweilen bis zur Entscheidung in der Hauptsache das Aufenthaltsbestimmungsrecht für die Tochter Arzu, geboren am 01.09.2012, übertragen.

2.) Der Kindesvater, dem Antragsgegner, wird aufgegeben, das Kind an die Antragstellerin herauszugeben.

3.) Wir beantragen, unserer Partei Prozesskostenhilfe zu bewilligen und Frau Rechtsanwältin Mohrberg beizuordnen.

Begründung:

Die Antragstellerin und der Antragsgegner sind Eheleute. Sie leben seit April 2014 voneinander getrennt.

Beide Parteien sind Deutsche und haben im Jahr 2009 die Ehe geschlossen. Aus der Ehe sind zwei Kinder hervorgegangen:

Arzu, geboren am 1.9.2012, außerdem das Kind Sinan, geboren am 12.10.2013. Dieses Kind ist leider, zum großen Schmerz der Antragstellerin, am 1.7.2014 in der Badewanne ertrunken. Das Jugendamt hat sich sofort eingeschaltet, der Mutter Arzu weggenommen und zum Vater zurückgebracht. Es hat außerdem der Mutter untersagt, Arzu ohne Begleitung zu sehen.

Ein Ermittlungsverfahren ist bei der Staatsanwaltschaft Mittenberg unter der Geschäftsnummer 117 Js 13479/14 anhängig. Wir regen die Beiziehung der Ermittlungsakte an.

Der Vater ist nicht dagegen, wenn der Sohn zur Mutter zurückkehrt. Wenn die Mutter das Kind besucht, weint das Kind jedes Mal herzzerreißend und klammert sich an seine Mutter.

Unsere Partei möchte unbedingt das Kind wieder in ihrem Haushalt aufnehmen. Wenn das Jugendamt meint, dass eine Überwachung erforderlich sei, hat unsere Partei auch nichts dagegen, regelmäßig mit dem Jugendamt Kontakt zu halten und eine entsprechende Hilfe vom Jugendamt anzunehmen.

Unsere Mandantin möchte unbedingt ihr Kind wiederhaben. Sie war immer eine zuverlässige und tüchtige Mutter. Der Unfall ist auf sehr unglückliche Umstände zurückzuführen, die gegenwärtig im Rahmen eines Strafverfahrens aufgeklärt werden. Unserer Partei kann aber nicht zugemutet werden, so lange abzuwarten, bis das Strafverfahren abgeschlossen ist.

Frau Yilmaz ist eine umsichtige Mutter. Sie hat ihre Kinder immer bestens beaufsichtigt, betreut und sie erzogen. Sie hat alles getan, damit es ihren Kindern gut geht. Der Unfall am 1.7.2014 ist auf tragische Umstände zurückzuführen.

Die Tochter Arzu leidet darunter, dass sie von ihrer Mutter abgeschnitten ist. Der Vater weiß, dass die Mutter eine liebevolle und gute Mutter ist. Wenn er damit einverstanden ist, dass das Kind zur Mutter zurückkehrt, kann sich das Jugendamt m.E. dem nicht widersetzen.

Derzeit sieht unsere Mandantin Arzu regelmäßig in Mittenberg. Der Kindesvater überlässt die Tochter der Antragstellerin für große Zeiträume, nach den hier vorliegenden Informationen mehrere Stunden. Die Antragstellerin möchte in jedem Fall regelmäßigen Kontakt zu ihrer Tochter und besonders Übernachtungsbesuche.

Derzeit wohnt die Kindesmutter im Fontaneweg 7, Oberstadt bei ihren Eltern. Es besteht von daher keinerlei Grund der Kindesmutter, wenigstens bis zum Abschluss des Ermittlungsverfahrens, Umgangskontakte zu Arzu inklusive Übernachtung zu gewähren, da in jedem Fall die erweiterte Familie der Antragstellerin zur Unterstützung bereit steht.

Schon jetzt soll darauf hingewiesen werden, dass die Antragstellerin beabsichtigt, ihren zukünftigen Lebensmittelpunkt in der Nähe ihrer Familie in Mittenberg zu suchen. Damit ist sichergestellt, dass die Antragstellerin regelmäßig auf die Hilfe der Familie zurückgreifen kann. Neben der Mutter unserer Partei, Frau Nergis Arslan, steht unter anderem auch die Schwester, Frau Tuba Gökdal, zur Verfügung.

Wir weisen noch einmal darauf hin, dass im Kindeswohlinteresse sichergestellt werden muss, dass Arzu nicht weiter durch den Verlust der Mutter traumatisiert wird. Diese ist bereit, jegliche Hilfestellung in Anspruch zu nehmen. Sie befindet sich derzeit in therapeutischer Behandlung.

Es darf keine weitere Zeit verstreichen, denn die Tochter leidet sehr darunter, dass sie ihren Bruder verloren hat und nun noch von ihrer Mutter abgeschnitten ist. Unsere Partei wartet dringend auf die Herausgabe der Tochter Arzu.

Desweiteren bitten wir Prozesskostenhilfe zu bewilligen.

4. Beistandschaft (§ 55 SGB VIII, §§ 1712 bis 1717 BGB)

Freiwillige Basis

Zur **Unterstützung allein sorgeberechtigter Elternteile** wurde 1998 die freiwillige Beistandschaft durch das Jugendamt eingeführt. Bis dahin standen nichteheliche Kinder bei Geburt automatisch unter der Amtspflegschaft des Jugendamtes. Diese Amtspflegschaft wurde von vielen Müttern als Zwangspflegschaft angesehen.

Antragsprinzip

Aufgaben des Beistandes

Eine Beistandschaft tritt auf **Antrag eines allein sorgeberechtigten Elternteils** ein, wobei das Jugendamt automatisch die Funktion des Beistandes übernimmt (§ 1712, § 1714 BGB). Der Antrag kann auch schon vor Geburt des Kindes gestellt werden (§ 1714 Satz 2 BGB). Der Aufgabenkreis des Beistandes konzentriert sich nach dem Gesetz auf die **Feststellung der Vaterschaft** sowie die **Geltendmachung von Unterhaltsansprüchen für das Kind** (§ 1712 Abs. 1 Nr. 1 und 2 BGB), wobei eine Einschränkung auf einen der beiden Teilbereiche möglich ist. Eine Delegation der Beistandschaft vom Jugendamt auf autorisierte freie Träger ist möglich. Neben der Beratung und Unterstützung in den gesetzlich definierten Aufgabenkreisen kommt die gesetzliche Vertretung des Kindes in den genannten Funktionen hinzu. Die Beistandschaft endet automatisch mit Wegfall der Voraussetzungen bzw. auf schriftliches Verlangen des Antragstellers (§ 1715 BGB).

XII. Rechtliche Betreuung

Keine Entmündigung

Psychisch kranke Menschen, ältere, demente Personen und geistig oder körperlich Behinderte sind meist auf Unterstützung und Schutz des Staates angewiesen. Sind sie nicht mehr in der Lage, ihre persönlichen Angelegenheiten so zu regeln, dass sie am Lebensalltag teilnehmen können, sieht das Familienrecht das Institut des Betreuers vor. Heutzutage wird ein hilfebedürftiger Mensch nicht mehr entmündigt und unter Vormundschaft gestellt, sondern eine **rechtliche Betreuung** kann auf Antrag des Betroffenen bzw. von Amts wegen bestellt werden (§§ 1896 ff. BGB). Neben dem Schutzgedanken ist ein Kernpunkt des Betreuungsrechts der Grundsatz der Verhältnismäßigkeit. Das bedeutet, dass Wünsche und Wille des Betroffenen beachtet werden und einschränkende Maßnahmen auf das Notwendigste begrenzt werden.

1. Bestellung des Betreuers

Eigenständigkeit soll weitestgehend erhalten bleiben

Voraussetzung für die Bestellung eines Betreuers ist eine Krankheit bzw. körperliche, geistige oder seelische Behinderung des Betroffenen, weshalb er seine Angelegenheiten ganz oder teilweise nicht selber besorgen kann (§ 1896 Abs. 1 BGB). In jedem Fall reicht ein Antrag des Betroffenen aus, ansonsten kann das Betreuungsgericht von Amts wegen einen Betreuer bestellen. Bei einer nur körperlich behinderten Person muss jedoch ein persönlicher Antrag vorliegen (§ 1896 Abs. 1 BGB). Grundsätzlich ist der Betroffene persönlich anzuhören, außerdem auf Antrag eine ihm nahestehende Person (§§ 278 und 279 FamFG). Ein Gutachten eines Sachverständigen ist nach § 280 FamFG einzuholen.

Bedingungen für die Anordnung einer Betreuung

Das Betreuungsgericht muss prüfen, ob die Betreuung erforderlich ist. Die Betreuung ist subsidiär, sofern eine Vorsorgevollmacht vorhanden ist und diese ausreicht, um die persönlichen und finanziellen Angelegenheiten des Betroffenen zu regeln (§ 1896 Abs. 2 BGB). Eine Vorsorgevollmacht bevollmächtigt den Vollmachtnehmer dazu, im Namen und mit Wirkung für den Vollmachtgeber Erklärungen abzugeben, zu denen er selbst wegen Krankheit oder altersbedingter Gebrechlichkeit nicht mehr in der Lage ist.

2. Umfang der Betreuung und Auswahl des Betreuers

Betreuung ist subsidiär

In der Regel wird die Betreuung auf bestimmte Aufgabenbereiche eingegrenzt, z.B. auf die Verwaltung des Vermögens, die Besorgung gesundheitlicher Angelegenheiten oder die Bestimmung des Aufenthalts. Auch hier gilt wieder der Erforderlichkeitsgrundsatz: eine Betreuung ist nur für die Aufgabenbereiche zu bestellen, für die eine konkrete Notwendigkeit der Hilfestellung besteht.

Rangfolge der möglichen Betreuer

Grundsätzlich wird zunächst versucht, im Verwandten- oder Freundeskreis des zu Betreuenden einen ehrenamtlichen Betreuer zu rekrutieren (§ 1897 VI BGB). Vorschläge des Betroffenen werden besonders berücksichtigt. Sollten sich im Umkreis des zu Betreuenden keine geeigneten Personen finden, kommt die Bestellung eines Mitarbeiters eines anerkannten Betreuungsvereins (Vereinsbetreuer) oder ein Mitarbeiter einer Betreuungsbehörde in Betracht (§ 1897 Abs. 2 BGB).

Pflichten des Betreuers

Zu den Pflichten des Betreuers gehören alle Tätigkeiten, die notwendig sind, um die übertragenen Aufgabenbereiche zu erfüllen (§ 1901 Abs. 1 BGB). Dabei sind die Wünsche und Interessen des Betroffenen zu beachten, soweit sie mit seinem Wohl im Einklang stehen. Geht ein Betreuer seiner Aufgabe nicht gewissenhaft nach, kann er sich schadensersatzpflichtig machen, beispielsweise wenn er Sozialleistungen zu spät oder nicht beantragt.

3. Umfang der Vertretungsbefugnis

Gesetzliche Vertretung

Im Rahmen seiner Aufgaben vertritt der Betreuer den Betreuten gerichtlich und außergerichtlich. Er fungiert dabei als gesetzlicher Vertreter (§ 1902 BGB). Dem Betreuer können darüber hinaus noch weitere Befugnisse eingeräumt werden, wie etwa die Entgegennahme von Telefonaten, das Öffnen und Lesen von Briefen, die Erteilung einer Einwilligung in die ärztliche Behandlung. Beschränkungen der Vertretungsmacht des Betreuungsgerichts gelten entsprechend (siehe § 1795, §§ 1803 ff. BGB).

Weitere Befugnisse

4. Einwilligung in medizinische Behandlungen

Genehmigungspflichtige Maßnahmen

Eine Einwilligung des Betreuers in eine medizinische Heilbehandlung oder einen ärztlichen Eingriff bedarf der Genehmigung des Familiengerichts, wenn aufgrund der Maßnahme Lebensgefahr für den Betreuten eintreten kann oder die Gefahr besteht, dass er schwere und lange anhaltende Schäden erleiden kann (§ 1904 Abs. 1 BGB). Bei Gefahr im Verzug darf die Maßnahme auch ohne gerichtliche Genehmigung durchgeführt werden.

Rechtsprechung des BGH zur Patientenverfügung

Die schwierige Frage der **passiven Sterbehilfe** mit Einwilligung des Betreuers hat der BGH im Wege der Rechtsfortbildung vor einiger Zeit entschieden.[93] Es ging um den Fall, in dem der Betreuer auf der Grundlage einer Patientenverfügung den Abbruch einer lebensverlängernden Maßnahme durch künstliche Ernährung (Magensonde) herbeiführen wollte. Das OLG Schleswig legte dem BGH die Frage vor, inwieweit die Einwilligung des Betreuers in den Abbruch der Maßnahme verbindlich sei und ob sie vormundschaftsgerichtlich genehmigt werden müsse. Der BGH hat entschieden, dass der Betreuer die Aufgabe habe, dem Willen des Betroffenen, wie er in der Patientenverfügung dargelegt ist, gegenüber dem Arzt Geltung zu verschaffen. Der Betreuer sei an den Willen des Betroffenen gebunden. **Jedoch unterliege die Weigerung des Betreuers in eine lebensverlängernde Behandlung einzuwilligen, der vormundschaftsgerichtlichen – jetzt betreuungsgerichtlichen – Kontrolle**. Das Vormundschaftsgericht (jetzt Betreuungsgericht) habe keine eigene Entscheidung zu treffen, das Verhalten des Betreuers jedoch auf seine Rechtmäßigkeit hin zu überprüfen. Das Gericht müsse der Entscheidung des Betreuers gegen eine Behandlung zustimmen, wenn feststehe, dass die Krankheit des Betreuten einen irreversiblen tödlichen Verlauf genommen hat und dass die angebotene medizinische Behandlung dem Willen des Patienten widerspricht.[94]

Auch die Kündigung eines Mietvertrages für eine Wohnung, die der Betreute angemietet hat, bedarf der betreuungsgerichtlichen Genehmigung (§ 1907 BGB).

93 BGH in FamRZ 2003, S. 745 ff.
94 BGH in FamRZ 2003, S. 745, S. 752 ff.

5. Beendigung der Betreuung

Entlassung

Das Betreuungsgericht muss einen Betreuer entlassen, wenn seine Eignung nicht mehr gewährleistet ist oder ein anderer wichtiger Grund vorliegt (§ 1908b Abs. 1 BGB). Auch kann der Betreuer seine Entlassung selbst verlangen, wenn die Betreuung ihm nicht mehr zugemutet werden kann oder wenn der Betreuer einen anderen bereiten und geeigneten Betreuer vorschlägt (§ 1908b Abs. 2 und Abs. 3 BGB).

Weiterhin ist eine Betreuung aufzuheben, wenn sie nicht mehr notwendig ist.

2. Teil Ehe – Trennung – Scheidung

A. Die Ehe und ihre Wirkungen

I. Eheschließung

1. Voraussetzungen der Eheschließung und Eheverbote

Zu den **Voraussetzungen für eine Eheschließung** gehören:

Bedingungen

- die **Ehefähigkeit,** wobei ein Geschäftsunfähiger keine Ehe eingehen kann (§ 1304 BGB);
- die **Ehemündigkeit,** die mit der Volljährigkeit eintritt (§ 1303 Abs. 1 BGB). Das Familiengericht kann jedoch auf Antrag Befreiung erteilen, wenn ein Heiratswilliger mindestens 16 Jahre alt und sein künftiger Partner volljährig ist (§ 1303 Abs. 2 BGB).

Zu den **Eheverboten** zählen:

Kriterien, die eine Ehe verhindern

- **eine bestehende Ehe oder eine Lebenspartnerschaft** (§ 1306 BGB). Diese Bestimmung basiert auf dem in unserem Kulturkreis herrschenden Prinzip der Monogamie. Das Verbot der Doppelehe ist in zahlreichen anderen Staaten, besonders denen, die sich der islamischen Rechtsordnung (Sharia) verpflichtet fühlen, nicht selbstverständlich. Dennoch lässt sich weltweit ein Trend beobachten, die Polygamie zurückzudrängen.
- Seit Einführung der eingetragenen Lebenspartnerschaft für gleichgeschlechtliche Paare gilt eine **bestehende Lebenspartnerschaft** ebenso als Ehehindernis.
- **Verwandtschaft.** Des Weiteren darf zwischen Verwandten in gerader Linie sowie zwischen Voll- und Halbgeschwistern keine Ehe geschlossen werden (§ 1307 BGB).
- **Adoption.** Zwischen Personen, deren Verwandtschaft im Sinne von § 1307 BGB (Eltern – Kind – Enkel, Geschwister) durch Adoption begründet wurde, besteht ebenfalls ein Eheverbot.

Das Ehefähigkeitszeugnis für Ausländer

Zeugnis zur Bestätigung, dass keine Ausschlusskriterien vorliegen

Wirtschaftliche Prosperität, Sicherheit und stabile gesellschaftliche Verhältnisse haben Deutschland zu einem attraktiven Einwanderungsland gemacht. Mittlerweile betrifft etwa **jede achte in Deutschland vorgenommene Eheschließung einen oder zwei ausländische Partner.** Dabei muss der Standesbeamte die materiellen Eheschließungsvoraussetzungen für jeden Verlobten nach dessen Heimatrecht beachten (Art. 13 Abs. 1 EGBGB). Um die Überprüfung der Eheschließungshindernisse nach dem jeweiligen ausländischen Recht zu erleichtern, wird von dem ausländischen Heiratswilligen verlangt, ein sog. **Ehefähigkeitszeugnis** vorzulegen

(§ 1309 Abs. 1 BGB). In diesem Zeugnis soll eine „innere Behörde" des Heimatstaates bestätigen, dass kein Ehehindernis besteht (z.B. Doppelehe). Dieses Erfordernis betrifft Verlobte mit ausländischem Personalstatut, nicht jedoch Staatenlose, Asylberechtigte und Flüchtlinge (Art. 5 EGBGB). In einigen Fällen, besonders bei der Herkunft aus einem Land mit instabilen politischen Verhältnissen, ist es dem Ausländer nicht möglich, ein solches Dokument vorzulegen. Dann kann **beim OLG-Präsident Befreiungsantrag** gestellt werden (§ 1309 Abs. 2 BGB). Dieser überprüft die Ehefähigkeit nach dem Heimatrecht des Verlobten, soweit dies möglich ist.

2. Trauung

Trauung durch Standesbeamten

Die zivilrechtliche Trauung wird durch den Standesbeamten bei gleichzeitiger Anwesenheit der Heiratswilligen vorgenommen (§§ 1310 bis 1312 BGB). Dabei soll eine bestimmte Zeremonie eingehalten werden (§ 1312 BGB). Als Minimum wird erwartet, dass die Brautleute ihr Ja-Wort in Gegenwart des Standesbeamten abgeben. Es bleibt ihrer Entscheidung überlassen, ob sie Trauzeugen hinzuziehen (§ 1312 Satz 2 BGB).

3. Das Problem der „Scheinehe"

Missbräuchliche Eheschließung

Binationale Paare, von denen ein Partner die deutsche Staatsangehörigkeit besitzt, geraten mitunter in den Verdacht, das Institut der Ehe zu missbrauchen, um für den ausländischen Partner in Deutschland eine Aufenthaltserlaubnis zu erhalten. In der Tat existieren inoffizielle, zuweilen kriminelle, Strukturen, die Partnervermittlung gegen Geld betreiben, nicht um eine Lebensgemeinschaft zu begründen, sondern um einen Aufenthaltstitel zu erwirken.

Ermittlungen des Standesbeamten

Um dies zu verhindern, ist der Standesbeamte gehalten, bei offenkundigem Missbrauch des Instituts der Ehe, die Eheschließung zu verweigern (§§ 1310 Abs. 1 Satz 2, 1314 Abs. 2 Nr. 5 BGB). Die Standesbeamten werden legitimiert, den Willen zur Lebensgemeinschaft zu überprüfen. Nähere Ermittlungen sind jedoch nur erlaubt, wenn bereits konkrete Anhaltspunkte für einen Rechtsmissbrauch vorliegen (§ 13 Abs. 2 PStG). Es reicht nicht aus, dass der Bräutigam aus einem typischen Asylbewerberland stammt.

4. Zwangsehe

Situation in Deutschland

Die **Eheschließungsfreiheit ist ein universelles Grundrecht,** das sowohl im Grundgesetz (Art. 6 Abs. 1) sowie in der UN-Grundrechte-Charta (Art. 9) als auch in der Europäischen Menschenrechtskonvention (Art. 12) verankert ist. Dennoch kommen Ehen auch unter familiärem Zwang zustande. Nach einer Studie des Bundesfamilienministeriums von 2011 sind Opfer von Zwangsehen in Deutschland vorwiegend 16 bis 21-jährige junge Frauen mit Migrationshintergrund, vorwiegend aus der Türkei, der größten Migrantengruppe in Deutschland.[1]

1 Mirbach/Schaak/Triebel, Zwangsverheiratung in Deutschland – Anzahl und Analyse von Beratungsfällen, 2011.

Man unterscheidet drei typische Erscheinungsformen:

- **Heiratsverschleppung** – In Deutschland lebende Frauen werden in ihr Herkunftsland gebracht und dort zur Heirat gezwungen.
- **Importehen** – Im Ausland lebende Frauen werden genötigt, in Deutschland lebende Migranten zu heiraten.
- **Aufenthaltsehen** – Frauen mit gesichertem Aufenthaltsstatus werden gezwungen, Ausländer zu heiraten, um diesen einen Aufenthaltstitel zu verschaffen.[2]

Druck zur Zwangsehe

Meist wird das Opfer von der eigenen Familie mit psychischer Gewalt (Erpressung, Beschimpfung, Erniedrigung, Drohung) oder mit körperlichen Übergriffen unter Druck gesetzt. Zuweilen lässt sich schwer abgrenzen, wann eine Frau noch „Nein" sagen kann und wann ihr Wille gebrochen wird (Nötigung, Drohung). Eine arrangierte Ehe gilt nicht als Zwangsehe.[3]

Gesetzliche Regelungen

Das am 1.7.2011 in Kraft getretene **„Gesetz zur Bekämpfung der Zwangsheirat und zum besseren Schutz von Opfern von Zwangsheirat"** (BGBl. 2011 I, Seite 1266) ist ein erster Schritt mit Signalwirkung. Es wurden einige Regelungen im BGB, im Aufenthaltsgesetz sowie im Strafgesetzbuch eingeführt. So muss der Standesbeamte die Eheschließung verweigern, wenn offenkundig ist, dass ein Partner zur Heirat gezwungen werden soll (§ 1310 Abs. 1 Satz 2, § 1314 Abs. 2 Satz 4 BGB). Daneben soll das Aufenthaltsgesetz den Familiennachzug verhindern, wenn ein Partner zur Ehe genötigt wurde (§ 27 Ia Nr.2 AufenthG). Derjenige der Zwang ausübt, kann ausgewiesen werden (§ 55 Abs. 2 Nr.11 AufenthG). Außerdem erhielt das StGB einen eigenen Straftatbestand „Zwangsheirat" mit einem Strafrahmen von sechs Monaten bis zu fünf Jahren (§ 237 StGB).

Trotz Allem entfalten Gesetze nur beschränkten Schutz. Entscheidende Wirkung kann nur durch einen Einstellungswandel in den Köpfen der Menschen erfolgen.

5. Nichtige und aufhebbare Ehe

Ungültige Eheschließung

Als ungültig gilt eine Ehe **(Nichtehe)**, wenn die Mitwirkung des Standesbeamten fehlt, einer der Partner seinen Willen zur Eheschließung nicht bekundet hat oder die Partner nicht verschiedenen Geschlechts sind.

Annullierung der Ehe nur durch Gericht

Aufhebbar ist eine Ehe, wenn einer der in § 1314 aufgeführten Aufhebungsgründe vorliegt. Maßgeblich können **Irrtum, arglistige Täuschung oder Drohung** sein. Als arglistige Täuschung hat die Rechtsprechung die Fälle eingestuft, in denen wegen einer Schwangerschaft geheiratet wurde, die Partnerin während der Empfängniszeit noch mit einem anderen Mann Geschlechtsverkehr hatte und dies nicht offenlegte[4] oder ein Ehepartner schwerwiegende Vorstrafen verschwiegen hat.[5] Außerdem ist eine Ehe aufhebbar, wenn die Eheschließenden keine Lebensgemeinschaft begründen wollen (§ 1314 Abs. 2 Nr. 5 BGB).

2 Kaiser, Dagmar, Zwangsheirat, in FamRZ 2013, S. 77 – 90.
3 Vgl. Kaiser (2013), S. 79.
4 OLG Karlsruhe in NJW-RR 2000, S. 737.
5 AG Kulmbach in NJW 2002, S. 2012.

Ein gerichtliches Aufhebungsverfahren kann jeder Ehegatte sowie die zuständige Verwaltungsbehörde betreiben (§ 1316 Abs. 1 BGB). Die Aufhebung erfolgt durch gerichtliches Urteil (§ 1313 BGB).

II. Die Wirkungen der Ehe

Rechtsfolgen der Ehe im Innen- und Außenverhältnis

Eine Heirat verändert nicht nur die persönliche Lebenssituation der Partner und ihrer Familien, sondern entfaltet auch umfangreiche Rechtswirkungen. Rechtsfolgen entstehen sowohl im Innenverhältnis zwischen den Ehepartnern, wie eheliche Pflichten und Rechte als auch im Außenverhältnis in Bezug auf Ehename, Staatsangehörigkeit, Schlüsselgewalt etc.

1. Eheliche Lebensgemeinschaft

Gesetzliche Eckpunkte der Ehe

Der Ehe als rechtlich verfasster Solidargemeinschaft hat der Gesetzgeber einige Eckpunkte zugeordnet. So wird in § 1353 Abs. 1 BGB konstatiert, dass die **Ehe auf Lebenszeit geschlossen ist, die Ehegatten sich einander zur ehelichen Lebensgemeinschaft verpflichten und füreinander Verantwortung tragen.** Zu diesem Grundkonsens gehören u.a. gegenseitige Liebe, Achtung und Rücksichtnahme, Beistand und Hilfe, die Bereitschaft sich über das gemeinsame Leben zu verständigen, die Privatsphäre, die religiösen und weltanschaulichen Überzeugungen des anderen zu respektieren, für die gemeinsamen Kinder zu sorgen und in häuslicher Gemeinschaft zu leben sowie Hausrat und Ehewohnung gemeinsam zu nutzen.[6]

Rollenverteilung

Die **Rollenaufteilung innerhalb der Ehe** überlässt der Gesetzgeber den Ehepartnern. In § 1356 Abs. 2 Satz 1 BGB ist festgeschrieben, dass beide Ehepartner das Recht haben, einer Erwerbstätigkeit nachzugehen, wobei auf die Belange des anderen Ehepartners und der Familie Rücksicht genommen werden soll. Auch die Aufteilung der Haushaltsführung soll in gegenseitiger Absprache geregelt werden (§ 1356 Abs. 1 BGB). Der moderne Gesetzgeber hat hiermit Raum für alle denkbaren Modelle gelassen, vorausgesetzt die Rollenteilung entspricht dem gegenseitigen Einvernehmen.

2. Ehename

Nachname der Eheleute

Die Eheleute sollen einen gemeinsamen Familiennamen führen, sind dazu aber nicht gezwungen (§ 1355 Abs. 1 BGB). Als Ehename können die Eheleute den Namen der Frau bzw. den Namen des Mannes wählen (§ 1355 Abs. 2 BGB).

Ein gemeinsamer Doppelname, der sich aus dem Namen der Frau und dem des Mannes zusammensetzt, ist jedoch nicht vorgesehen, um im Laufe der Generationen nicht beliebig lange Namensketten zu erhalten. Das Bundesverfassungsgericht hat festgestellt, dass diese Regelung mit dem Grundgesetz vereinbar sei.[7]

---

6 Siehe Schlüter, BGB-Familienrecht, 2012, Rn. 42.
7 BVerfG in FamRZ 2002, S. 530.

Jedoch kann der Ehepartner, dessen Name nicht Ehename wird, seinen Namen dem Ehenamen als Zusatz voran- oder nachstellen (§ 1355 Abs. 4 BGB). Die Registrierung des Familiennamens bzw. des Namenszusatzes erfolgt durch den Standesbeamten.

3. Geschäfte zur Deckung des Lebensbedarfs

Finanzielle Aspekte

Jeder Ehegatte ist berechtigt, Geschäfte zur Deckung des Lebensbedarfs der Familie zu tätigen. Solche Rechtsgeschäfte wirken gegenüber beiden Ehegatten (§ 1357 Abs. 1 BGB). Diese Vorschrift verfolgt zwei Ziele. Zum einen soll der Ehepartner, der nach der internen Rollenverteilung die Haushaltsführung übernommen hat, Alltagsgeschäfte abschließen können, ohne jedes Mal auf die Mitwirkung des anderen Ehegatten angewiesen zu sein. Zum anderen wird der Schutz des Rechtsverkehrs bezweckt. Die Eheleute gelten in diesem Fall als Gesamtschuldner (§ 421 BGB), so dass ein Gläubiger damit einen zusätzlichen Schuldner gewinnt.

Mithaftung des Ehegatten

Voraussetzungen für die Mithaftung des anderen Ehegatten sind eine wirksame Ehe, keine Trennung und das Rechtsgeschäft muss der angemessenen Deckung des Lebensbedarfs der Familie dienen. Die Haftung greift nicht ein, wenn sich aus den Umständen etwas anderes ergibt (§ 1357 Abs. 1 Satz 2 BGB), beispielsweise ein Behandlungsvertrag mit einem Zahnarzt, der die wirtschaftlichen Verhältnisse der Familie sprengt.[8]

4. Haftung

Eingeschränkter Haftungsmaßstab

Zwischen Ehegatten ist der Haftungsmaßstab auf die eigenübliche Sorgfalt beschränkt (§ 1359 BGB). Diese Haftungsnorm gilt für Pflichten aus der Ehe, wie Haushaltsführung, Geschäftsführung zur Deckung des familiären Lebensbedarfs, Unterhaltspflichten oder die Mitarbeit im Betrieb des Ehepartners. Nach herrschender Meinung ist der eingeschränkte Haftungsmaßstab auch auf deliktische Ansprüche zwischen Ehegatten anwendbar, soweit sie mit der Führung der Ehe zusammenhängen, wie z.B. Körperverletzungen oder Sachbeschädigungen im häuslichen Bereich.[9] Nach Auffassung des BGH soll der mildere Maßstab im außerhäuslichen Bereich jedoch nicht gelten, beispielsweise bei einer fahrlässigen Körperverletzung im Straßenverkehr.[10]

5. Eheliches Güterrecht, Unterhalt, Ehewohnung und Hausrat

► *Nähere Ausführungen zum ehelichen Güterrecht, gegenseitigen Unterhaltspflichten, der Nutzung der Ehewohnung und der Verteilung des Hausrats finden sich in den folgenden Kapiteln zum Thema „Ehescheidung" bzw. im dritten Teil „Unterhaltsrecht", Seite 239 ff.*

8 Siehe BGHZ 116, S. 184 ff.
9 Vgl. Schlüter, BGB-Familienrecht, 2012, Rn. 49.
10 BGHZ in FamRZ 1988, S. 476 f.

B. Ehescheidung

I. Die Ehescheidung im historischen Kontext

Heutiges Modell ist geprägt durch historische Einflüsse

Wer das gegenwärtige Ehescheidungsrecht betrachtet, sollte dies im historischen Kontext tun, denn das gegenwärtige Ehemodell ist deutlich geprägt von gesellschaftlichen Strömungen, die im Laufe der Jahrhunderte diversen Wandlungsprozessen unterlagen. Das Ehescheidungsrecht war seit jeher Gegenstand weltanschaulicher Auseinandersetzungen.

Tief verwurzelte Traditionen haben unser heutiges Eheverständnis maßgeblich beeinflusst. Konservativen Einfluss hat die katholische Kirche ausgeübt, liberalere Auffassungen wurden durch den Protestantismus und die Aufklärung eingeführt. Das heutige Scheidungsrecht ließe sich wesentlich moderner und unkomplizierter vorstellen, z.B. durch Einführung einer einverständlichen Ehescheidung durch notariellen Vertrag ohne Beteiligung eines Gerichts.

1. Germanisches und römisches Recht

Liberale Ursprünge

Das frühgermanische Recht sowie das römische Recht hatten relativ liberale Vorstellungen von der Ehe. Die Eheschließung wurde als Vertrag zwischen den Ehepartnern bzw. ihren Familien angesehen, wobei spiegelbildlich die Ehe ebenso durch Vertrag von den Ehegatten aufgelöst werden konnte.

Im germanischen Recht erfolgte die Scheidung demzufolge durch Vertrag, erst mit den Verwandten der Frau, dann mit der Frau selbst. Auch die Frau konnte ihren Mann verlassen, der durch eine Missetat seine Munt (Schutz- und Herrschaftsverhältnis) verwirkt hatte. Umgekehrt hatte gleichfalls der Mann ein Verstoßungsrecht bei Ehebruch oder Unfruchtbarkeit der Frau.

Im römischen Recht blieb die einverständliche Scheidung trotz wachsendem kirchlichen Einfluss auf die kaiserliche Gesetzgebung bis über Justinian hinaus erlaubt.

2. Kanonisches Recht

Ehe als Sakrament nach kirchlichem Verständnis

Seit der Einführung des Christentums setzte sich immer mehr das kanonische Eherecht mit dem Grundsatz der Unauflösbarkeit der Ehe und der Zuständigkeit der kirchlichen Gerichte durch. Die katholische Kirche beschreibt Ehe als **Sakrament,** das **als Bild- und Realsymbol (Ikone) des Bundes Christi mit der Kirche** verstanden wird. Aus der Sakramentsnatur wird die **absolute Unauflösbarkeit** der Ehe zwischen getauften Christen abgeleitet. Lediglich die eheliche Lebensgemeinschaft kann unter erschwerten Voraussetzungen als **„Trennung von Tisch und Bett"** aufgelöst werden. Diese Rechtsauffassung von der Unauflösbarkeit der Ehe spiegelt sich heute noch in einigen christlichen Familienrechten wider. Erst vor einiger Zeit wurde in den katholisch geprägten Ländern Italien und Irland die Ehescheidung zugelassen. Das kanonische Eherecht gilt heute noch mit leichten Abwandlungen in orientalischen und afrikanischen Staaten mit christlicher Bevölkerung, für die das kirchliche Eherecht anwendbar ist (z.B. in Syrien und im Libanon), des weiteren in Staaten, die durch den kolonialen Einfluss der Spanier christianisiert wurden (z.B. die Philippinen). Dort können Christen/Katholiken nicht geschieden werden.

Heutiger Umgang der katholischen Kirche mit Ehescheidungen

Dieser traditionelle Ballast und der ungebrochene Einfluss der katholischen Kirche hat heute noch in Teilen des Arbeitsrechts Gültigkeit, nämlich bei Angestellten kirchlicher Verbände, wie z.B. der Caritas. Eine Ehescheidung einer leitenden katholischen Caritas-Angestellten wird als Kündigungsgrund anerkannt. Das ist m.E. ein eklatanter Missstand. Mit dem Argument des Tendenzbetriebes dürfen in Deutschland – zumindest auf eingegrenzten Gebieten – zwei Rechtsordnungen nebeneinander existieren. Die katholische Kirche beruft sich dabei auf den sog. „Dritten Weg."

3. Reformation und Aufklärung

Erste Neuerungen durch Protestanten

Der Protestantismus leugnete die Sakramentsnatur der Ehe. Die Reformatoren ließen die obrigkeitliche Scheidung wegen Ehebruchs oder einer gleich schweren Verfehlung zu. In katholischen Ländern blieb jedoch die Scheidung weiterhin unzulässig.

Aufklärung

Mit der Aufklärung wurde die Scheidung weitgehend aus der kirchlichen Zuständigkeit gelöst und staatliche Regelungen erlassen. Die Ehe galt als zivilrechtlicher Vertrag und ließ sich aus wichtigem Grund einseitig oder im Einvernehmen der Eheleute beenden.

Scheidungsgründe nach dem Preußischen Allgemeinen Landrecht

Das **Preußische Allgemeine Landrecht von 1794** ließ die „Scheidung wegen bestimmter schuldhafter Verfehlungen eines Ehegatten, daneben wegen unheilbarer, ekel- oder abscheuerregender körperlicher Gebrechen sowie wegen Raserei und Wahnsinn und ferner aufgrund einseitiger Abneigung zu."[11] Blieb eine Ehe ohne Kinder, konnte mit beidseitigem Einverständnis geschieden werden.

In einigen Ländern galt das kanonische Eherecht bis 1875 weiter. Dort war eine Scheidung nicht möglich, lediglich eine Trennung von Tisch und Bett in gravierenden Fällen.[12]

4. Einführung des Bürgerlichen Gesetzbuches

Die Verfasser des BGB suchten einen Mittelweg zwischen den kirchlichen und liberal gesinnten Rechten und schlossen sich im Wesentlichen dem protestantischen Eherecht an. Sie gingen davon aus, dass die Ehe ihrem Begriff und Wesen nach unauflöslich, die Scheidung daher stets etwas Anormales sei. Die Scheidung war aus einigen „absoluten" Scheidungsgründen zulässig (Ehebruch, widernatürliche Unzucht, Lebensnachstellung, bösliche Verlassung), wegen ehewidrigen Verhaltens, das dem anderen Ehegatten die Fortsetzung der Ehe unzumutbar machte, sowie wegen Geisteskrankheit. Mit Rücksicht auf die Unterhaltsansprüche und die vom Schuldausspruch

11 Ey in: Münchener Kommentar zum Bürgerlichen Gesetzbuch, 5. Aufl., München 2010, Vor § 1564 Rn. 4.

12 Ey in: Münchener Kommentar, a.a.O., Vor § 1564 Rn. 4.

schematisch abhängende Zuteilung des Erziehungsrechts für Kinder wurde erbittert um die Feststellung der Scheidungsschuld gekämpft.

5. Ehegesetz (1938) und Kontrollratsgesetz (1946)

Die Bevölkerungspolitik des Nationalsozialismus spiegelte sich in zusätzlichen Scheidungsgründen wider: Verweigerung der Fortpflanzung und Unfruchtbarkeit. Die faschistische Rassenideologie wurde 1935 in das „Gesetz zum Schutz des deutsches Blutes und der deutschen Ehre" inkorporiert.

Nach Ende des Zweiten Weltkriegs eliminierten die Besatzungsmächte die typisch nationalsozialistischen Normen aus dem Ehegesetz von 1938 und erließen 1946 ein Kontrollratsgesetz. Die Verweigerung der Fortpflanzung und die Unfruchtbarkeit eines Ehegatten wurden als Scheidungsgründe gelöscht.[13]

6. Die große Eherechtsreform (1977)

Das heutige Recht beruht auf dem ersten Gesetz zur Reform des Ehe- und Familienrechts, das am 1.7.1977 in Kraft getreten ist und dem eine lange kontroverse öffentliche Diskussion vorangegangen ist. Inhaltlich wurde die Ehescheidung als solche erleichtert.

Schuldzuweisung bei Ehescheidung

Bis zur Ehescheidungsreform galt das **Schuldprinzip** fast uneingeschränkt. Wer schuldig geschieden war, erhielt keinen Unterhalt und konnte nicht damit rechnen, die „elterliche Gewalt", wie es damals hieß, über die gemeinsamen Kinder zugesprochen zu bekommen. So gab es immer einen Gewinner und einen Verlierer, obwohl die Schuld am Zerbrechen einer Ehe gewiss oft nicht eindeutig bei einem Partner liegt.

Neue Prinzipien

In der Praxis wurde in zahlreichen Fällen vor Gericht ein Scheinprozess abgespult. Wer sich scheiden lassen wollte und nicht offensichtlich schuldlos war (in der Regel war dies der Mann), erkaufte die Scheidungsbereitschaft seines Partners mit einem mehr oder minder großzügigen Unterhaltsvertrag. Die Rollen des nichtschuldigen und des schuldigen Parts wurden verteilt. Das Verfahren wurde unter der Regie von routinierten Anwälten glatt über die Bühne gezogen.

Prüfung der Zerrüttung

Die Reform des Scheidungsrechts hat deshalb die Schlagworte **„Abschaffung des Schuldprinzips"** und **„mehr Wahrheit im Scheidungsprozess"** geprägt. Das **Schuldprinzip** wurde durch das **Zerrüttungsprinzip** abgelöst. Dennoch wurde an dem Grundsatz der lebenslangen Ehe festgehalten. Für die Rechtsordnung ist die Ehescheidung die Ausnahme. Sie wird nur unter bestimmten Voraussetzungen in einem eingehend geregelten Verfahren ausgesprochen. Eine Ehe wird geschieden, wenn sie gescheitert ist. Dafür werden Vermutungen aufgestellt: 1 Jahr Trennung bei gemeinsamem Antrag, 3 Jahre Trennung bei einseitigem Antrag.

13 Ey, a.a.O., Vor § 1564 Rn. 8.

Grundlegend reformiert wurde auch das **gerichtliche Scheidungsverfahren.** Bis zur Ehescheidungsreform waren Scheidung und Scheidungsfolgen in jeweils getrennten Prozessen von jeweils anderen Richtern zu entscheiden. Für die Scheidung selbst war das Landgericht zuständig, über die elterliche Gewalt hatte das Vormundschaftsgericht zu entscheiden, über Unterhalt, Hausrat und Wohnung wurde je nach Höhe des Streitwertes vor dem Amtsgericht oder dem Landgericht gestritten. Bis alles endgültig geregelt war, konnten Jahre vergehen.

Integration der Scheidungsfolgen

Das **heutige Scheidungsrecht** hat die Ehescheidung keineswegs leicht gemacht aber erheblich erleichtert. Das Familiengericht hat mit dem Ausspruch der Scheidung lediglich automatisch über den Versorgungsausgleich zu entscheiden. Die anderen Scheidungsfolgen, wie elterliche Sorge und Umgang, Unterhalt, Zugewinnausgleich, die Aufteilung des Hausrats oder der Ehewohnung können die Scheidungswilligen einvernehmlich regeln oder auf Anträge verzichten. Mehrere Anwaltskanzleien in Deutschland bieten mittlerweile eine einfache und schnelle **„Scheidung online"** an.

Entscheidung über Versorgungsausgleich

Die Ehescheidung ist eine Möglichkeit, um eine Ehe aufzuheben. Sie kommt in der Praxis am häufigsten vor. Daneben sieht das Ehegesetz die Aufhebung einer Ehe (§ 29 EheG) sowie die Nichtigerklärung einer Ehe (§ 23 EheG) und daneben die Wiederverheiratung nach der Todeserklärung des Ehegatten vor (§ 38 Abs. 2 EheG).

7. Demografische Daten

Die Scheidungswahrscheinlichkeit von Ehen eines bestimmten Eheschließungsjahrganges ist in den letzten Jahrzehnten ständig gestiegen.

Scheidungsraten

Von den 1957 geschlossenen Ehen waren in der Alt-Bundesrepublik 1980 etwa 12 % geschieden, von den 1960 geschlossenen Ehen nach 25 Ehejahren insgesamt 14,5%. Statistische Daten deuten darauf hin, dass von den Anfang der 70er Jahre geschlossenen Ehen fast 20 % geschieden werden. Wenn die Scheidungsziffern relativ konstant bleiben, werden von den Ehen, die jetzt geschlossen werden, etwa 38 – 40 % durch Scheidung aufgelöst werden.

Scheidungsfälle in Prozent

Demografisch betrachtet, hat sich die Anzahl der Ehescheidungen seit 1960 mehr als verdreifacht. Wurden 1960 noch 48.000 Ehescheidungen registriert, waren es 1980 96.000 Scheidungen und 1994, die neuen Bundesländer eingeschlossen, 166.000. Im Jahr 2003 war mit 214.000 Scheidungen der vorläufige Höhepunkt erreicht. Die absolute Zahl der Ehescheidungen ist seitdem leicht rückläufig (2012 auf 179.100). 2012 waren 143.000 Kinder durch die Ehescheidung ihrer Eltern betroffen.

Scheidungsfälle in Zahlen

II. Scheidungsverfahren

1. Anwaltszwang

Anwaltszwang trotz Zuständigkeit des Amtsgerichts

Im Ehescheidungsprozess besteht Anwaltszwang. Das ist zwar ungewöhnlich, weil eine Ehescheidung vom Familiengericht als Abteilung des Amtsgerichts entschieden wird. Gewöhnlich besteht bei Prozessen, die am Amtsgericht anhängig sind, keine Anwaltspflicht, sondern erst bei Verfahren mit höherem Streitwert beim Landgericht. Insofern fällt die Anwaltspflicht im Ehescheidungsverfahren aus dem Rahmen. Der Gesetzgeber hat dabei die gravierenden Folgen für die Parteien im Auge gehabt und gemeint, dass sich die Eheleute von einem Rechtsexperten vertreten lassen sollten.

Anwaltspflicht bei Scheidung und Folgesachen

Die **Anwaltspflicht in allen Rechtszügen** ergibt sich aus **§ 114 Abs. 1 FamFG.** Der Anwaltszwang bezieht sich nicht nur auf das eigentliche **Scheidungsverfahren** sondern auch auf die **Folgesachen (§ 137 FamFG).** Im Rahmen des Scheidungsverfahrens sind Folgesachen insbesondere die **Regelung der elterlichen Sorge, des Umgangsrechts, des Kindes- und Geschiedenenunterhalts, des Versorgungsausgleichs, der Ehewohnung und des Hausrats sowie Ansprüche aus dem ehelichen Güterrecht.**

Das folgende Schaubild verschafft einen Überblick:

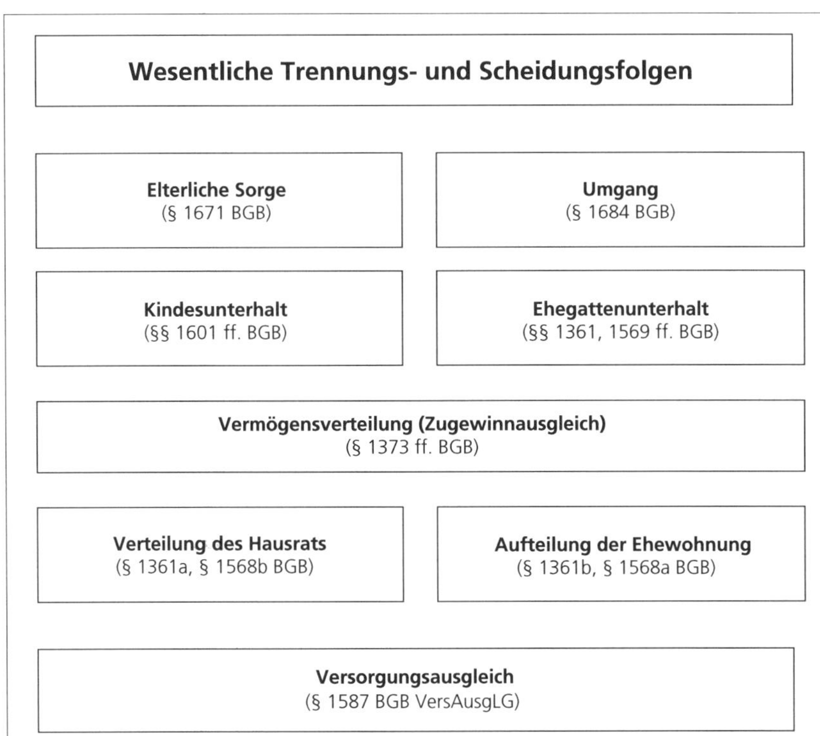

Aus Kostengründen stellen zahlreiche Mandanten die Frage, ob beide Ehepartner jeweils anwaltlich vertreten sein müssen, oder sich auf einen Rechtsanwalt einigen können, der sie im Verfahren vertritt, wenn sie sich in wesentlichen Fragen einig sind. Dies würde gegen die wesentlichen Grundsätze der Prozessordnung sowie gegen das anwaltliche Standesrecht verstoßen. Der Rechtsanwalt ist als Parteivertreter und nicht in der Funktion eines Schlichters tätig.

Grundsätzlich braucht jede Partei einen Anwalt

Jedoch ist es grundsätzlich möglich, dass sich nur der Antragsteller anwaltlich vertreten lässt und über seinen Rechtsanwalt den Scheidungsantrag einreicht. Konsequenz ist allerdings, dass der anwaltlich nicht vertretene Ehegatte vor Gericht keine Anträge stellen kann. Solche Konstruktionen, um mögliche Kosten zu sparen, bieten ein hohes Risikopotential.

Verzicht auf Anwalt ist riskant

Wenn der Antragsgegner anwaltlich nicht vertreten ist und es dem Gericht „zum Schutz des Antragsgegners unabweisbar" erscheint, kann es dem Antragsgegner einen Rechtsanwalt beiordnen (§ 138 FamFG). Dies gilt im Hinblick auf den Scheidungsantrag und die Regelung der elterlichen Sorge. In der Praxis ist diese Beiordnung allerdings extrem selten.

Anwaltliche Vertretung kann angeordnet werden

Postulationsfähig sind die bei einem Amts- oder Landgericht zugelassenen Anwälte.

2. Zuständiges Gericht

Für Familiensachen, insbesondere auch Ehescheidungen sind Familiengerichte als Abteilung bei den Amtsgerichten eingerichtet (§ 23b GVG). Das Familiengericht ist mit einem Einzelrichter besetzt, dem besondere Sachkunde unterstellt wird.

Zuständigkeit des Familiengerichts

Welche Angelegenheiten als **Familiensachen** anzusehen sind, ergibt sich aus § 23a Abs. 1 Nr. 1 GVG i.V.m. **§ 111 FamFG.** In Zusammenhang mit Trennung und Scheidung sind dies u.a. Ehesachen, die Regelung der elterlichen Sorge und des Umgangsrechts, des Kindes- und Ehegattenunterhalts, des Versorgungsausgleichs, der Rechtsverhältnisse an Ehewohnung und Hausrat und des Güterrechts sowie Gewaltschutzsachen. Desweiteren können ebenso eingetragene Lebenspartnerschaften betroffen sein, wobei diese ebenfalls als Familiensachen gelten.

Arbeitsbereiche des Familiengerichts

Örtlich zuständig ist das Familiengericht, in dessen Bezirk die Eheleute ihren gemeinsamen gewöhnlichen Aufenthalt haben. Wohnen beide Eheleute nach der Trennung nicht mehr in der gleichen Stadt, richtet sich die Zuständigkeit danach, wo der Ehegatte mit den gemeinsamen minderjährigen Kindern (die sog. Restfamilie) seinen gewöhnlichen Aufenthalt hat **(§ 122 FamFG).**

Örtliche Zuständigkeit

Haben die Eheleute keinen gemeinsamen gewöhnlichen Aufenthalt mehr und keine gemeinsamen Kinder, dann ist das Gericht zuständig, in dessen Bezirk die Eheleute ihren gemeinsamen gewöhnlichen Aufenthalt zuletzt gehabt haben, unter der Voraussetzung, dass einer von beiden bei Verfahrensbeginn dort noch lebt (§ 122 Nr. 3 FamFG).

Zuständigkeit bei internationalen Ehesachen

Die Regelung der **internationalen Zuständigkeit** erfasst in der Praxis zahlreiche Fallkonstellationen mit Auslandsberührung **(§ 98 FamFG).** In Ehesachen sind deutsche Gerichte (nicht ausschließlich) zuständig, wenn ein Ehepartner aktuell oder bei Eheschließung die deutsche Staatsbürgerschaft hat(te) oder mindestens ein Ehegatte seinen gewöhnlichen Aufenthalt im Inland hat.

Rechtsmittel

Rechtsmittel gegen Endentscheidungen des erstinstanzlichen Gerichts ist die Beschwerde (§ 58 FamFG). In zweiter Instanz ist das Oberlandesgericht als Beschwerdegericht zuständig, und zwar der Familiensenat (§ 119 Abs. 1 Nr. 1a GVG).

Gegen Entscheidungen des Beschwerdegerichts ist die **Rechtsbeschwerde** möglich, sofern zugelassen **(§ 70 Abs. 1 FamFG).** Bei Rechtsangelegenheiten von grundsätzlicher Bedeutung, zur Sicherung einer einheitlichen Rechtsprechung oder zur Rechtsfortbildung ist die Rechtsbeschwerde zuzulassen (§ 70 Abs. 2 FamFG). Zuständig ist der Bundesgerichtshof als Entscheidungsinstanz (§ 133 GVG).

3. Scheidungsverbund

Klärung von Folgesachen

Im Scheidungsverbund wird im Zusammenhang mit der Ehescheidung auch über die Scheidungsfolgen verhandelt und entschieden. Damit wird eine zeitliche Klammer zwischen der Scheidung als solcher und den weiteren Rechtsfolgen gebildet.

Die verbundfähigen Fallbestandteile sind die Regelung der elterlichen Sorge, des Umgangsrechts, des Kindes- und Geschiedenenunterhalts, des Versorgungsausgleichs, der Ehewohnung und des Hausrats, der Ansprüche aus dem ehelichen Güterrecht (§ 137 FamFG). Wird eine Entscheidung aus diesen Regelungsbereichen gewährt, kommt der Verbund zustande.

Notwendiger Verbund

In einem Fall hängt der Verbund nicht vom Willen der Parteien ab, sondern tritt von Amts wegen ein **(Zwangsverbund).** Dies ist die Durchführung des Versorgungsausgleichs (§ 137 Abs. 2 FamFG).

Freiwilliger Verbund

Über die anderen Scheidungsfolgen wird nur entschieden, wenn ein Antrag eines der Ehepartner vorliegt **(Antragsverbund).**

Dem Antragsverbund zugeordnet sind die hier aufgeführten Folgesachen (§ 137 FamFG):

- elterliche Sorge für ein gemeinsames Kind
- Umgang mit einem Kind
- Herausgabe eines Kindes
- Kindesunterhalt
- nachehelicher Unterhalt
- Ehewohnung und Hausrat
- Ansprüche aus dem ehelichen Güterrecht

Der Verbund bedeutet aber auch, dass die Scheidung grundsätzlich erst dann ausgesprochen werden darf, wenn alle Folgesachen entscheidungsreif sind.

Behinderung des Verfahrens

Das kann zur Folge haben, dass ein Ehegatte, der beispielsweise Auskünfte über sein Einkommen verzögert oder die Auskünfte beim Rentenversicherungsträger nicht rechtzeitig einholt, das Scheidungsverfahren blockieren oder zumindest verlangsamen kann. Die Verzögerung des Verfahrens ist für einen Partner dann von Interesse, wenn er etwa aus einer Unterhaltsvereinbarung, die nur bis zum Zeitpunkt der Scheidung gilt, voraussichtlich mehr Unterhalt erhält, als dies ihm nach dem Scheidungsurteil zustünde.

Abtrennung von Folgesachen

Für den Fall überdurchschnittlich langer Verfahrensdauer hat der Gesetzgeber eine Regelung geschaffen, die den Antragsteller schützt, denn nach § 140 FamFG kann die Regelung zum Versorgungsausgleich oder zum Zugewinnausgleich abgetrennt werden. Verzögerungen können insbesondere bei Auskünften der Rentenversicherungsträger eintreten, die erfahrungsgemäß lange Zeit in Anspruch nehmen.

Eine Abtrennung der Regelung der elterliche Sorge und des Unterhaltes sind ebenfalls möglich (§ 140 FamFG).[14]

Beschleunigung

Da das Scheidungsverfahren erheblichen Zeitraum in Anspruch nehmen kann, besteht oftmals Interesse, bestimmte Folgen gleich vorläufig zu regeln. Hier kann auf das Institut der einstweiligen Anordnung (§ 119 FamFG) zurück gegriffen werden.

Eilverfahren

Folgende Komplexe können vorläufig, vor dem endgültigen Scheidungsurteil, per **einstweiliger Anordnung** im Eilverfahren geregelt werden **(§ 119 FamFG):**

- die elterliche Sorge
- den Umgang eines Elternteils mit dem Kind
- die Herausgabe eines Kindes an den anderen Elternteil
- Kindesunterhalt und Ehegattenunterhalt
- das Getrenntleben der Ehegatten
- Benutzung der Ehewohnung und des Hausrats
- die Herausgabe bestimmter Gegenstände
- Maßnahmen nach dem Gewaltschutzgesetz
- und Verpflichtung zur Leistung eines Kostenvorschusses

14 Weiterführend Gerhardt/v. Heintschel-Heinegg/Klein, Handbuch des Fachanwalts Familienrecht, 2013, 1. Kapitel, Rn. 179.

4. Kosten

Verteilung der Kosten

Grundsätzlich werden die **Kosten** der Scheidung und der Folgesachen **gegeneinander aufgehoben (§ 150 Abs. 1 FamFG).** Vom Grundsatz her trägt jeder Ehegatte die Hälfte der Gerichtskosten und zusätzlich die Kosten des eigenen Rechtsanwalts.

Ausnahmen bei Unbilligkeit

Ausnahmsweise kann das Gericht die **Kosten nach billigem Ermessen** in einem anderen Verhältnis auf die Eheleute **verteilen**, wenn die Kostenverteilung im Hinblick auf eine Versöhnung der Eheleute oder das Ergebnis eines Güter- oder Unterhaltsrechtsstreits unbillig wäre (§ 150 Abs. 4 FamFG). Das Gericht soll auch eine **Kostenvereinbarung der Parteien** seiner Kostenentscheidung zugrunde legen. Neu ist, dass das Gericht indirekt über die Kostenregelung Druck auf die Parteien ausüben kann, an einem **Informationsgespräch über Mediation** teilzunehmen (§ 150 Abs. 4 i.V.m. § 135 Abs. 1 FamFG).

Ist ein Ehegatte nicht in der Lage, die Prozesskosten aufzubringen, kann er von seinem Ehegatten einen Prozesskostenvorschuss verlangen (§ 1360a Abs. 4 BGB), der Teil seines Unterhaltsanspruches ist. Das bedeutet, dass der vorschusspflichtige Ehegatte einen Teil oder die gesamten Prozesskosten des vermögenslosen Ehegatten aufzubringen hat.

Kosten berechnen sich nach dem jeweiligen Gegenstandswert

Die Kosten einer Scheidung, d.h. die Gerichts- sowie die Rechtsanwaltskosten, berechnen sich nach den Gegenstandswerten. Daran orientieren sich die Gebührensätze. Die Ehescheidung gilt als nicht vermögensrechtliche Streitigkeit. Ausgangswert für die Berechnung des Gegenstandswertes bildet das gemeinsame Einkommen der Eheleute von drei Monaten (§ 48 Abs. 2 GKG). Teilweise haben die Oberlandesgerichte unterschiedliche Bewertungsgrundsätze entwickelt. Um die Kosten eines Scheidungsverfahrens kalkulieren zu können, müssen die jeweils regionalen Grundsätze berücksichtigt werden.[15]

15 Nach Keske in Gerhardt/v. Heintschel-Heinegg/Klein, a.a.O., 2013, 17. Kapitel, Rn. 18.

5. Aufnahmebogen für ein familienrechtliches Mandat[16]

Mandatsaufnahme am .... bei RAin:...

Mandant:

Name, Vorname: .... Geburtsname: ....

Geburtsdatum, -ort: ....

Anschrift (Str., PLZ, Wohnort): ....

....

Tel.-Nr.: (priv.) . ... (gesch.): ....

Staatsangehörigkeit: .... Konfession: ....

Beruf: .... Nettoverdienst: ....

Arbeitgeber: ....

Gegenpartei:

Name, Vorname: .... Geburtsname: ....

Geburtsdatum, -ort: ....

Anschrift (Str., PLZ, Wohnort): ....

....

Tel.-Nr.: (priv.) .... (gesch.): ....

Staatsangehörigkeit:.................. Konfession: ....

Beruf: .... Nettoverdienst:...

Arbeitgeber: ....

Prozessbevollmächtigter: ....

....

Ehevertrag / gemeinschaftliches Testament: ....

....

....

Eheschließung am: .... in: ....

Letzter gemeinsamer Wohnsitz: ....

....

16 Für die Vorlage sei Frau Rechtsanwältin Eva Susanne Itschner aus Braunschweig herzlich gedankt.

Kinder: geb. am: Aufenthaltsort:

1. ....
2. ....
3. ....
4. ....

Trennung am: .... Auszug am: ....

1. Grundbesitz: ....
   Eigentümer: .... Wert: ....
   Belastungen: ....
   Schenkungen: ....
2. Lebensversicherungen: ....
3. Hausrat: ....
4. Ehewohnung: .... Miete: ....
5. Sorgerecht: ....
6. Besuchsrecht: ....
7. Kindergeld (Höhe, Empfänger): ....
8. Versorgungsausgleich: ....
9. Unterhalt: ....
10. Sonstiges: ....

....
....
....
....
....

6. Beispiel eines Anwaltsschreibens bei Trennung der Eheleute[17]

Herrn

...

– Persönlich –

Cäcilienstr. 17

51234 Köln

Köln, den.....................

<AZ>

Sehr geehrter Herr ...,

Ihre Ehefrau hat mich mit der Wahrnehmung ihrer Interessen in familienrechtlichen Angelegenheiten beauftragt. Auf mich lautende Vollmacht füge ich in beglaubigter Kopie bei.

Nach den mir erteilten Informationen ist es in Ihrer Ehe in den vergangenen Wochen und Monaten zu erheblichen Problemen gekommen. Insbesondere fehlt es an Gemeinsamkeiten und an Gesprächen zwischen Ihnen und Ihrer Frau.

Ich habe deshalb Ihrer Ehefrau dringend empfohlen, sich weitergehenden Rat auch zur Unterstützung Ihrer gemeinsamen drei Kinder zu suchen.

Die Trennung soll nun nach dem Wunsch Ihrer Ehefrau ab sofort vollzogen werden. Dies geschieht vor allem auch im Interesse Ihrer gemeinsamen Kinder.

Im Zusammenhang mit der Trennung und einer möglicherweise bevorstehenden Scheidung sind zahlreiche Fragen zu klären. Im Einzelnen geht es um folgendes:

1. Ehegattenunterhalt:

Sowohl für die Trennungszeit, wie auch für den Fall der Scheidung sind Sie verpflichtet, Ihrer Ehefrau den angemessenen Unterhalt zu zahlen. Bisher haben Sie sich ausdrücklich geweigert, irgendwelche Zahlungen zu leisten.

Mit Wirkung ab .... werden folgende, monatlich im Voraus fällige Unterhaltsbeträge von Ihnen verlangt:

für Ihre Ehefrau € ....

Bei vorstehendem Unterhaltsbetrag, der nur als vorläufig anzusehen ist, bin ich auf Ihrer Seite von einem bereinigten Nettoeinkommen von monatlich ca. 2.000,00 € ausgegangen.

Ich habe Sie aufzufordern, diesen Betrag bis spätestens

....

anzuerkennen und mir einen vollstreckbaren Titel zu übersenden, den Sie sich bei einem Notar besorgen können.

17 Frau Rechtsanwältin Eva Susanne Itschner aus Braunschweig sei für dieses Musterschreiben herzlich gedankt.

2. Kindesunterhalt:

Mit Wirkung ab .... werden weiterhin folgende, monatlich im Voraus fälligen Kindesunterhaltsrenten von Ihnen verlangt:

Für K 1, geb. am ... € ....

für K 2, geb. am ... € ....

für K 3, geb. am ... € ....

Nach der Düsseldorfer Tabelle sind Sie in die 3. Einkommensgruppe einzustufen. Der dortige Tabellenbetrag der 2. Altersstufe beträgt für K 1...... € und für K 2...... je .... € und für K 3 .... nach der 1. Altersstufe .... € Die Zahlbeträge für Ihre Kinder ergeben sich unter Abzug des hälftigen Kindergeldes. Zukünftig wird meine Mandantin das Kindergeld beziehen.

Ich habe Sie aufzufordern, bis spätestens

....

alle vorstehend genannten Unterhaltsbeträge anzuerkennen und mir einen vollstreckbaren Titel zu übersenden. Diesen erhalten Sie beim Jugendamt kostenlos.

Im Falle fruchtlosen Fristablaufes werde ich meiner Mandantin raten, unverzüglich gerichtliche Hilfe in Anspruch zu nehmen. Dies wäre für Sie nur mit erheblichen, sicher vermeidbaren Kosten verbunden.

Um eine exakte Höhe Ihrer Unterhaltsverpflichtung feststellen zu können, ist es erforderlich, dass Sie Auskunft über Ihre Einkommens- und Vermögensverhältnisse in der Zeit von .... bis .... erteilen, insbesondere

- das monatliche Brutto-/Nettoeinkommen aus unselbständiger Tätigkeit einschließlich aller einmaligen Leistungen und Spesen unter Vorlage einer Arbeitgeberbescheinigung, bzw. der monatlichen Gehaltsabrechnungen für diesen Zeitraum oder die Gehaltsabrechnung per Dezember letzten Jahres mit den fortgeschriebenen Jahreszahlen und der Gehaltsabrechnung des letzten Monates
- die Lohnsteuerrückvergütungen unter Vorlage der ergangenen Steuerbescheide,
- die Einkünfte aus Kapitalvermögen unter Vorlage der Bankbescheinigungen,
- die Einkünfte aus Vermietung und Verpachtung unter Vorlage der Verträge,
- etwaige Einkünfte aus selbständiger Tätigkeit unter Vorlage der Gewinn- und Verlustrechnung der vergangenen drei Jahre nebst Steuererklärung und Bescheiden,
- **sonstige Einkünfte.** (Steuererstattungen, Krankengeld, Ausbildungsvergütung, Arbeitslosengeld, Arbeitslosenhilfe, Renten jeweils in den letzten zwölf Monaten gerechnet ab dem Datum dieses Schreibens).

Sollte die eine oder andere Einkommensart auf Sie nicht zutreffen, so genügt ein schriftlicher Hinweis, dass Sie diese Einkünfte nicht erzielen.

Zur Erteilung der Auskunft setze ich Ihnen eine

Frist bis ....

Sollten Sie die Frist ungenutzt verstreichen lassen, werde ich meiner Mandantin empfehlen, gerichtliche Schritte einzuleiten.

Sollte die Auskunft ergeben, dass ein höherer Unterhalt geschuldet wird, werde ich diesen rückwirkend ab .... nach berechnen.

Entschuldigen Sie bitte diese etwas hart klingenden Formulierungen, die Rechtsprechung verlangt jedoch eine so konkrete Aufforderung.

3. Sorgerecht:

Es soll beim gemeinsamen Sorgerecht beider Eltern bleiben.

4. Umgangsrecht:

Das Besuchsrecht soll großzügig gehandhabt werden. Bitte vergessen Sie nicht, dass Sie als Eltern der Kinder ausschließlich in deren Interesse handeln sollten. Auch bei einer Trennung bleibt Ihre Rolle als Eltern erhalten. Deshalb versuchen Sie nicht, den anderen Elternteil schlecht zu machen. Zwingen oder ermutigen Sie Ihre Kinder nicht, in dem Ehestreit Partei zu ergreifen. Die Trennung und/oder die Auflösung einer Ehe ist immer hart für die Kinder, auch wenn sie ihren Kummer nicht richtig zeigen können. Geben Sie Ihren Kindern Zeit für eine Neuorientierung, es dauert, bis sie sich von diesem Eingriff in ihr Gefühlsleben erholt haben!

5. Hausrat und Ehewohnung:

Die Hausratteilung ist vorzunehmen. Mein Vorschlag zu einer gütlichen Einigung ist, dass sie und Ihre Frau jeweils eine Liste der Gegenstände anfertigen, die Sie behalten möchten.

6. Versorgungsausgleich:

Der Versorgungsausgleich ist von Amts wegen durchzuführen.

7. Steuerliche Angelegenheiten:

Da die Trennung im Jahr .... vollzogen worden ist, kommt letztmalig für .... eine gemeinsame steuerliche Veranlagung in Betracht. Ab .... werden Sie und Ihr Ehepartner getrennt veranlagt. Ihre Ehefrau ist bereit, hinsichtlich der von Ihnen zu erbringenden Unterhaltszahlungen dem begrenzten Realsplitting gemäß § 10 EStG zuzustimmen, sofern Sie Ihrerseits erklären, dass Sie Ihre Ehefrau von den dadurch bedingten steuerlichen und sonstigen Nachteilen freistellen.

Ihrer Stellungnahme sehe ich entgegen. Sollten Sie sich selbst anwaltlicher Hilfe bedienen, wird der (die) beauftragte Kollege(in) gebeten, sich mit mir in Verbindung zu setzen.

Mit vorzüglicher Hochachtung

..., Rechtsanwalt

Anlage:

beglaubigte Vollmacht

III. Scheidungsgründe

Scheidung nach Zerrüttungs- statt Schuldprinzip

Das heute geltende Ehescheidungsrecht basiert, wie schon erläutert, auf dem Zerrüttungsprinzip (§ 1565 Abs. 1 BGB). Gefragt wird nicht nach der Scheidungsschuld, sondern das Familiengericht bewertet nach objektiven Maßstäben unter Berücksichtigung der Sichtweise der Partner das Scheitern einer Ehe. Es spielt dabei grundsätzlich keine Rolle, welcher Ehepartner das Scheitern der Ehe herbeigeführt hat. Schuldgesichtspunkte spielen nur am Rande eine Rolle, wie z.B. bei Unterhaltsfragen, aber auch bei der Prüfung einer unzumutbaren Härte.

Individuelle Feststellung des Scheiterns einer Ehe

Im Scheidungsprozess wird das Familiengericht daher eine **Zerrüttungsdiagnose** stellen, die sich an dem individuellen Eheverlauf orientiert. Gesetzliche Grundlage ist § 1565 Abs. 1 Satz 2 BGB, der bestimmt, dass eine Ehe zerrüttet ist, wenn die Lebensgemeinschaft der Ehegatten nicht mehr besteht und außerdem nicht mehr erwartet werden kann, dass die Ehegatten sie wieder herstellen. Die Ehe wird daher aus der **Retrospektive** (rückschauend) betrachtet, und es wird daneben eine **Prognose** (Voraussage) gestellt.

Erörterung der subjektiven Sichtweisen

Der Maßstab ergibt sich objektiv aus den Mindestanforderungen an eine auf gegenseitiger Liebe, Achtung und Treue aufgebaute Lebensgemeinschaft (vgl. § 1353 BGB). Daneben kommt es auf die Sichtweise der Partner an, wobei ihre Vorstellungen entscheidend sind, ob die eheliche Lebensgemeinschaft als endgültig gescheitert anzusehen ist.[18] Dies ist der Fall, wenn die Ehekrise unüberwindbar erscheint und jegliche Versöhnungsbereitschaft fehlt. Eine einseitige Zerrüttung reicht aus.

Fall: Ranasinghe – Voraussetzungen einer Ehescheidung

Die Eheleute Mechthild und Siri Ranasinghe sind seit zwei Jahren verheiratet und leben in einer gemeinsamen Zwei-Zimmer-Wohnung in Peine. Frau Ranasinghe (32 Jahre) besitzt die deutsche und Herr Ranasinghe (26 Jahre) die srilankische Staatsangehörigkeit. Sie haben sich während eines Urlaubs von Frau R. in Sri Lanka kennengelernt. Herr R. war damals Fahrer bei einer Reiseagentur und chauffierte Touristen zu den Sehenswürdigkeiten der Insel. Nach längerem Schriftverkehr heirateten sie in Heidelberg und übersiedelten nach Peine, wo Frau R. als Programmiererin arbeitet.

Vor der Heirat war Frau R. von dem tragischen Schicksal der Familie ihres damaligen Freundes bewegt und von dessen Offenheit berührt, mit der er über seine grausamen Erfahrungen sprach. Sein 18-jähriger Bruder nämlich, der verdächtigt wurde, während des srilankischen Bürgerkrieges der regierungsfeindlichen Bewegung JVP anzugehören, war eines morgens von Regierungsmilizen ermordet mit einem brennenden Reifen um den Hals aufgefunden und von Siri R. identifiziert worden. Dieser Schock hatte bei Herrn R. einen psychotischen Schub ausgelöst, der sich in periodischen Abständen als Verfolgungsfantasien Bahn bricht.

18 BGH in NJW 1995, S. 1082 f.; Schwab, Familienrecht, 2013, Rn. 332.

Bei der Heirat war Frau R. noch überzeugt, ihren Partner durch Liebe und Verständnis von seiner traumatischen Vergangenheit befreien zu können. Ihre Zuversicht schwand während des Ehealltags jedoch zunehmend, als die psychotischen Schübe ihres Mannes in Regelmäßigkeit nunmehr fast jede zweite Woche ausbrechen. Während dieser Attacken fühlt sich Herr R. von Allem und Jedem verfolgt, verbarrikadiert sich in der Wohnung und verfällt in Lethargie. Psychotherapie lehnt Herr R. ab. Seiner Halbtagsstelle als Regalauffüller in einem Supermarkt geht Herr R. noch regelmäßig nach, obwohl er sich dort zunehmend von Kollegen bedroht fühlt.

Die Belastungen ihres Ehelebens sind aus der Sicht von Frau R. unerträglich. Sie sieht keine Perspektiven für eine gemeinsame Zukunft mehr und will sich von ihrem Mann scheiden lassen.

Variante 1:

Frau R. reicht über Ihren Rechtsanwalt Scheidungsantrag beim Familiengericht Peine ein. Hat ihr Scheidungsantrag Aussicht auf Erfolg?

Variante 2:

Frau R. ist vor zehn Monaten aus der Ehewohnung ausgezogen und wohnt nun vorübergehend bei einer Freundin. Sie stellt Scheidungsantrag. Herr und Frau R. sind sich einig, dass sie geschieden werden wollen, streiten sich aber über Unterhaltsansprüche und die Aufteilung des Hausrats. Kann die Ehe geschieden werden?

Variante 3:

Nach der Trennung sind 40 Monate vergangen. Herr R. widersetzt sich dem Scheidungsantrag seiner Frau mit der Begründung, seine Aufenthaltserlaubnis werde auslaufen. Bei einer Ehescheidung bestehe die Gefahr der Ausweisung. In seiner Heimat Sri Lanka habe er wahrscheinlich keine Chance, einen Arbeitsplatz zu finden, da die Tourismusbranche stark rückläufig sei. Seine wirtschaftliche Existenz sei somit gefährdet. Kann die Ehe unter diesen Umständen geschieden werden?

Voraussetzungen einer Scheidung

Anhand des Falls Ranasinghe wollen wir uns mit den Voraussetzungen, unter denen eine Scheidung vom Familiengericht ausgesprochen werden kann, befassen. Dass es sich hierbei um eine binationale Ehe handelt, ist zweitrangig. Denn dieser Fall ist nach deutschem Recht zu beurteilen. Nach § 98 Abs. 1 Nr. 1 und 2 FamFG ist ein deutsches Familiengericht für die Scheidung zuständig, da Frau R. die deutsche Staatsangehörigkeit besitzt bzw. das Paar seinen gewöhnlichen Aufenthalt in Deutschland hat. Die materiellen Scheidungsvoraussetzungen ergeben sich ebenfalls aus deutschem Recht (Art. 17 Abs. 1 Satz 1 i.V.m. Art. 14 Abs. 1 Nr. 2 EGBGB). Diese Konstellation wurde aus methodischen Gründen ausgewählt, um einige Problembereiche besser illustrieren zu können.

An den Nachweis des Scheiterns einer Ehe hat der Gesetzgeber gestaffelt nach der Trennungszeit unterschiedlich hohe Anforderungen gestellt. An dieser Systematik werden wir uns orientieren.

1. Sofortige Scheidung wegen unzumutbarer Härte (§ 1565 Abs. 2 BGB)

Scheidung ohne vorherige Trennungszeit

Für den Fall, dass sich Eheleute noch nicht getrennt haben oder weniger als ein Jahr getrennt leben, gilt § 1565 Abs. 2 BGB. Diese Vorschrift besagt, dass eine Ehe nur dann geschieden werden kann, wenn trotz der Zerrüttung die Fortsetzung der Ehe für den scheidungswilligen Partner eine **unzumutbare Härte** darstellen würde und die **Gründe für die Unzumutbarkeit bei dem anderen Ehegatten** zu suchen sind. Ansonsten ist das Trennungsjahr einzuhalten. Zweck dieser Vorschrift ist es, leichtfertige oder voreilige Scheidungen zu verhindern und den Eheleuten noch eine Überlegungsfrist einzuräumen, damit sie die gesamte Situation ihrer Ehe überdenken können und nach Möglichkeiten für eine Wiederaufnahme der ehelichen Gemeinschaft suchen können.

Zum Fall Ranasinghe – Variante 1:

In dieser Konstellation leben die Eheleute R. noch kein Jahr getrennt. Die Voraussetzungen einer Scheidung ohne Einhaltung des Trennungsjahres gem. § 1565 Abs. 2 BGB sind zu prüfen:

- Die Ehegatten leben noch kein Jahr getrennt (ja)
- und die Ehe muss gescheitert/zerrüttet sein.

Zu diesem Punkt lässt sich ausführen, dass Herr R. schwer psychisch erkrankt ist und ärztliche Hilfe nicht in Anspruch nimmt. Die Krankheitsphasen, die die Partner anfangs noch gemeinsam meistern wollten, stellen eine schwere Belastung für das eheliche Zusammenleben dar. Es hat den Anschein, dass sich Frau R. innerlich von ihrem Ehemann distanziert und die Hoffnung auf eine Besserung bzw. therapeutische Behandlung aufgegeben hat. Das wird deutlich daraus, indem sie die periodisch wiederkehrenden Psychosen ihres Mannes als unerträglich empfindet. Sowohl bei retrospektiver als auch bei prognostischer Betrachtung lässt sich das Scheitern / die Zerrüttung der Ehe feststellen.

- Des Weiteren muss die Fortsetzung der Ehe für den scheidungswilligen Ehegatten eine unzumutbare Härte darstellen.

Es stellt sich also die Frage, ob es für Frau Ranasinghe unzumutbar ist, das Trennungsjahr abzuwarten. Nach der Rechtsprechung sind strenge Anforderungen an den Ausnahmetatbestand der „unzumutbaren Härte" zu stellen. Der Gesetzgeber will voreilige Scheidungen vermeiden, und er mutet den Ehegatten auch nach der Trennung eine gewisse Überlegungsfrist zu. Diese Zeitspanne soll Gelegenheit schaffen, die gesamte Ehe noch einmal zu überdenken und nach Möglichkeiten der Fortsetzung zu suchen. Als Maßstab wird ein „vernünftiger Dritter bei ruhiger Abwägung aller Umstände" herangezogen.

In einem ähnlich gelagerten Fall entschied das OLG Düsseldorf (FamRZ 1993, S. 809 f.), dass die Fortsetzung der Ehe während des ersten Trennungsjahres keine unzumutbare Härte darstellt, wenn ein Ehegatte an einer Nervenkrankheit leidet, insbesondere dann, wenn die Krankheit dem anderen Ehegatten vor der Eheschließung bekannt war. Begründet wird dies damit, dass eine Krankheit, besonders wenn sie bei Eheschließung dem Partner bekannt war, ein gemeinsam zu tragendes Schicksal sei. Es sei angesichts der auf Liebe, Achtung und Treue aufgebauten Ehe dem anderen Ehegatten zumutbar, wenigstens das Trennungsjahr abzuwarten.

M.E. sollte in unserem Fall die Ehe noch eine Chance bekommen. Wahrscheinlich sind noch nicht alle therapeutischen Möglichkeiten ausgelotet. Bei einer Trennung würde Herr R. gezwungen, sich mit seiner Krankheit realistisch auseinanderzusetzen, und, wenn er an der Ehe festhalten will, nach Behandlungsmethoden zu suchen. Unzumutbar scheint das Festhalten an dem Trennungsjahr auch deswegen nicht, weil Herr R. offenbar keine Bedrohung für seine Frau darstellt und mit der Krankheit auch keine Herabwürdigung seiner Ehefrau verbunden ist.

Als Ergebnis der ersten Fallvariante ist also festzuhalten, dass die Ehe zwar als zerrüttet angesehen werden kann, eine unzumutbare Härte im Sinne von § 1565 Abs. 2 BGB jedoch nicht vorliegt, die eine vorzeitige Scheidung vor Ablauf des Trennungsjahres rechtfertigen würde. Der Scheidungsantrag ist in diesem Stadium vom Familiengericht abzuweisen.

2. Scheidung nach einjähriger Trennung

Trennung der häuslichen Gemeinschaft

Mit der Einführung der sog. Fristenscheidung hat der Gesetzgeber unwiderlegliche Vermutungen für das Scheitern einer Ehe aufgestellt. In § 1566 Abs. 1 BGB heißt es:

> *„Es wird unwiderlegbar vermutet, dass die Ehe gescheitert ist, wenn die Ehegatten seit einem Jahr getrennt leben und beide Ehegatten die Scheidung beantragen oder der Antragsgegner der Scheidung zustimmt."*

§ 1566 Abs. 1 BGB zielt auf die sog. **Konventionalscheidung.** Darunter ist die einvernehmliche Scheidung zu verstehen, wenn ein gemeinsamer Scheidungsantrag vorliegt, oder der andere Ehegatte der Scheidung zustimmt.

Zum Fall Ranasinghe – Variante 2:

Im Fall Ranasinghe scheinen die Voraussetzungen nicht gegeben zu sein, da in der Variante 2 zwar ein Scheidungsantrag von Frau R. vorliegt, dem Herr R. auch zustimmt, die Trennungszeit beträgt aber erst 10 Monate. Die Rechtsprechung ist jedoch bei Berechnung des Trennungsjahres meist großzügig. Bei Einreichen des Scheidungsantrages braucht nicht das ganze Trennungsjahr abgelaufen zu sein. Manche Gerichte lassen schon 6 Monate genügen, andere verlangen 9 bis 10 Monate seit der Trennung. Nach allgemeiner Meinung muss das Trennungsjahr erst zum Zeitpunkt der letzten mündlichen Verhandlung abgelaufen sein. Ein Scheidungsprozess dauert in der Regel zwischen 6 und 8 Monaten.

Als Zwischenlösung ist daher festzuhalten, dass das nach § 1566 Abs. 1 BGB erforderliche Trennungsjahr beim Ende der Hauptverhandlung erfüllt sein wird.

Konventionalscheidung: Einigkeit über Folgesachen

Für eine **Konventionalscheidung** ist nach herrschender Meinung jedoch nicht nur ein gemeinsamer Scheidungsantrag oder die Zustimmung zu einem Scheidungsantrag ausreichend. Vielmehr muss noch eine Einigung über bestimmte Scheidungsfolgen erzielt sein. Über welche Punkte die Eheleute Einigung erzielt haben sollen, ergibt sich in Anlehnung an **§ 133 Abs. 1 Nr. 2 FamFG,** denn darüber sollen sie das Gericht schon in der Antragsschrift informieren. Die Eheleute müssen sich über die **elterliche Sorge, das Umgangsrecht, den Unterhalt, die Ehewohnung** und die **Aufteilung des Hausrates** geeinigt haben, damit man von einer einverständlichen Scheidung bzw. von einer Konventionalscheidung sprechen kann.

Die Variante 2 unseres Falles stellt daher keine Konventionalscheidung dar. Zwar besteht Einigkeit über die Tatsache, dass Herr und Frau Ranasinghe die Ehe auflösen wollen, über gewisse Scheidungsfolgen, nämlich über Unterhaltsansprüche und die Aufteilung des Hausrates jedoch besteht Uneinigkeit. Insofern trifft die Zerrüttungsvermutung, die nach einem Jahr eintritt (§ 1566 Abs. 1 BGB) im Fall R. nicht zu. Es handelt sich vielmehr um eine sog. **streitige Scheidung.**

Scheidung bei Uneinigkeit

Bei einer **streitigen Scheidung** jedoch, die nach Ablauf des Trennungsjahres erfolgen soll, muss das Gericht wieder das Scheitern der Ehe prüfen und eine Zerrüttungsdiagnose mittels Retrospektive und Prognose stellen. Eine Unzumutbarkeit der Ehefortsetzung nach § 1565 Abs. 2 BGB muss nicht gegeben sein.

Wie schon in Fallvariante 1 festgestellt, kann die Ehe zwischen Frau und Herrn Ranasinghe als gescheitert angesehen werden, das gilt umso mehr, wenn die Trennung schon 10 Monate währte. Ergebnis der Variante 2: Nach Ablauf des Trennungsjahres kann die Ehe geschieden werden.

3. Exkurs zur Trennungszeit (§ 1567 BGB)

Bisweilen ist nicht ganz eindeutig, ob das Paar die gesetzlich geforderte Trennungszeit eingehalten hat. Eine **Umschreibung des Getrenntlebens** liefert § 1567 BGB.

Definition des Getrenntlebens

Danach leben Ehegatten getrennt, wenn ihre häusliche Gemeinschaft nicht mehr besteht. Nach der Rechtsprechung gilt der Grundsatz der totalen Trennung. In allen Lebensbereichen müssen die Gemeinsamkeiten aufgegeben sein. Getrenntleben in derselben Wohnung ist möglich, doch genügen dafür getrenntes Schlafen und Essen nicht. Vielmehr muss die Trennung nach außen deutlich werden, z.B. darf ein gemeinsamer Haushalt nicht mehr bestehen, die Räume der ehelichen Wohnung müssen aufgeteilt sein.[19] Meist wird verlangt, dass die Eheleute ihren Urlaub nicht mehr zusammen verbringen.

In subjektiver Hinsicht muss mindestens ein Ehegatte die Trennungsabsicht haben, der auch nach außen erkennbar wird. Dies wird besonders dann bedeutsam, wenn die Trennung zunächst aus beruflichen Gründen, z.B. wegen einer Auslandstätigkeit bestand. Der Trennungswille wird u.a. dadurch dokumentiert, indem die Sachen des abwesenden Ehegatten aus der Ehewohnung geräumt werden.

Unterbrechung der Trennungszeit

Das Gesetz sagt ferner, dass ein kürzeres Zusammenleben die Trennungszeit nicht unterbricht (§ 1567 Abs. 2 BGB). Der Gesetzgeber wollte damit keine Versöhnungsversuche vereiteln.

4. Trennungszeit von mindestens drei Jahren

Scheidung gegen den Willen des Partners

Bei einer Trennungszeit von mindestens 3 Jahren wird auch eine streitige Scheidung ausgesprochen, ohne dass zusätzlich die Zerrüttung der Ehe geprüft wird. Mit § 1566 Abs. 2 BGB wird eine unwiderlegbare Vermutung aufgestellt, wonach eine Ehe nach drei Jahren Trennungszeit gescheitert ist. Eine Ehe wird in diesem Fall gegen den Willen des anderen Ehegatten ohne besonderen Nachweis der Zerrüttung geschieden.

5. Härteklausel (§ 1568 BGB)

Ausnahmetatbestand

Diese Vorschrift sieht die Aufrechterhaltung einer Ehe trotz ihres Scheiterns in zwei Fällen vor: **Im Interesse minderjähriger Kinder und wegen untragbarer Härte für den anderen Ehegatten.** Nicht die Scheidung schlechthin soll verhindert werden, sondern eine Scheidung in einer ungünstigen Situation. Es handelt sich hierbei um einen Ausnahmetatbestand, der außergewöhnliche Umstände voraussetzt. Dies kann etwa eine ernsthafte gesundheitliche Bedrohung eines Kindes sein.

Aufschub der Scheidung

Zweck des Scheidungsschutzes für den Scheidungsgegner ist es, dem anderen Ehegatten Zeit zu geben, sich auf die Auflösung der Ehe einzustellen. § 1568 BGB gewährt also nur einen zeitlich begrenzten Aufschub. Die Verweigerung der Scheidung muss das einzige Mittel sein, um den Ehegatten vor einer für ihn durch die Scheidung sonst entstehenden unerträglichen

19 OLG München in FamRZ 2001, S. 1457; OLG Bremen in FamRZ 2000, S. 1417.

Lage zu bewahren. Eine besondere Härte bedarf eines dezidierten Vortrags des Scheidungsgegners.

Beispiele Außergewöhnliche Umstände können sein: Schwere Krankheit, langjährige gemeinsame Pflege eines behinderten Kindes oder besonders aufopferungsvolle Leistungen des scheidungsunwilligen Ehegatten.[20]

Zum Fall Ranasinghe – Variante 3:

Herr R. beruft sich zwar auf eine drohende Beendigung seines Aufenthalts in Deutschland. M.E. kann nicht einfach unterstellt werden, dass Herrn R. die wirtschaftliche Existenzgrundlage entzogen würde, müsste er in sein Heimatland zurückkehren.

In einem ähnlichen Fall hat sich das OLG Köln (FamRZ 1995, 997 f.) gegen die Anwendung der Härteklausel des § 1568 BGB ausgesprochen, wenn für den ausländischen Ehegatten nach der Ehescheidung eine Aufenthaltserlaubnis versagt wird. In diesem Sinne kommen wir also zu dem Ergebnis, dass die Eheleute Ranasinghe in Variante 3 gem. § 1566 Abs. 2 BGB geschieden werden und Herrn R. kein Aufschub der Ehescheidung wegen unzumutbarer Härte (§ 1568 BGB) gewährt wird.

20 BVerfGE 55, S. 134; BGH in FamRZ 1979, S. 422 f.

Quick-Info: Scheidungsgründe (§§ 1564 bis 1568 BGB)

	Zerrüttungsprinzip: *„Eine Ehe kann geschieden werden, wenn sie gescheitert ist."* (§ 1565 Abs. 1 BGB) Beurteilung des Scheiterns einer Ehe durch Retrospektive und Prognose. Wichtige Indizien sind eine feste neue Partnerschaft, Unvereinbarkeit der Charaktere oder die Dauer des Getrenntlebens.
	Scheitern der Ehe nach der Zeitdauer der Trennung
I. Scheidung ohne einjähriges Getrenntleben	• Ehegatten leben noch kein Jahr getrennt; • Nachweis der Zerrüttung der Ehe (z.B. Gewalttätigkeit, Alkoholismus, Prostitution); • Fortsetzung der Ehe wäre unzumutbare Härte für den Scheidungswilligen; • Unzumutbarkeit liegt in der Person des anderen Ehegatten.
II. Scheidung nach einjähriger Trennung	**Trennung** liegt vor, wenn die häusliche Gemeinschaft nicht mehr besteht (§ 1567 BGB); Gemeinsamkeiten müssen grds. in allen Lebensbereichen aufgegeben sein („Trennung von Tisch und Bett"); Trennungsabsicht ist erforderlich; Getrenntleben in der Ehewohnung möglich. **1. Einverständliche Scheidung (§ 1566 Abs. 1 BGB)** **Konventionalscheidung:** Beiderseitiger Scheidungsantrag oder Zustimmung des anderen Ehegatten zur Scheidung. In Anlehnung an § 133 Abs. 1 Nr. 2 FamFG müssen sich Ehegatten über bestimmte Scheidungsfolgen einig sein (elterliche Sorge, Umgangsrecht, Unterhalt, Ehewohnung, Hausrat). Zerrüttung wird unwiderlegbar vermutet. **2. Streitige Scheidung** Bei einseitigem Scheidungsantrag ohne Zustimmung des anderen Ehegatten wird das Scheitern der Ehe geprüft (Retrospektive, Prognose). Unzumutbarkeit der Ehefortsetzung ist nicht erforderlich (§ 1565 Abs. 2 BGB).

III. Trennungszeit von mindestens drei Jahren (§ 1566 Abs. 2 BGB)	Nach drei Jahren Getrenntleben ist eine Scheidung auch gegen den Willen des anderen Ehegatten ohne Nachweis des Scheiterns möglich. Die Zerrüttung wird unwiderlegbar vermutet (§ 1566 Abs. 2 BGB).
IV. Härteklausel (§ 1568 BGB)	Unabhängig von der Trennungszeit kann eine Scheidung aufgeschoben werden, wenn diese eine besondere Härte für gemeinsame Kinder oder den anderen Ehegatten bedeuten würde; Ausnahmetatbestand, der außergewöhnliche Umstände verlangt, wie ernsthafte Gefahr der Selbsttötung eines Kindes.
V. Aussetzung des Scheidungsverfahrens (§ 136 FamFG)	Aufschub der Scheidung durch Aussetzung des Verfahrens bis zu einem Jahr, wenn Aussicht auf Fortsetzung der Ehe besteht.

IV. Ehewohnung und Hausrat

Fall: Fingerle – Zuweisung der Ehewohnung

Die Eheleute Ilona und Thorsten Fingerle leben mit ihren beiden Kindern Heiko (7 Jahre) und Saskia (5 Jahre) in einem Reihenhaus in Schwülper. Der Hausfrieden ist nachhaltig gestört, nachdem Frau Fingerle ihrem Mann eine Liebschaft zu ihrem Fahrlehrer gestanden hat. Der reagiert gereizt und streitsüchtig, wenn er den Namen des Fahrlehrers hört oder seine Frau lange Telefonate mit diesem führt, obwohl auch er in der Vergangenheit außerehelichen Verhältnissen gegenüber nicht abgeneigt war. Kürzlich räumte Herr Fingerle aus Zorn Geschirr etwas unsanft aus dem Küchenschrank und zerdepperte es auf den Fliesen mit der Bemerkung, „als Vorgeschmack auf Deinen künftigen Polterabend."

Ilona Fingerle möchte möglichst bald ihren Freund heiraten und findet es unerträglich, dass ihr Mann diesem den Zutritt in ihr Heim verbietet. Das ewige Gezänk beschränkt sich nicht nur auf die Abendstunden, sondern beginnt oft schon beim Mittagessen, denn Herr Fingerle ist freiberuflicher Werbegrafiker mit einem Büro im Souterrain des Hauses, und Frau Fingerle kommt mittags von ihrer Arbeitsstelle als Steuergehilfin nach Hause. Frau Fingerle empfindet es als Provokation, wenn sich ihr Mann stumm an den Mittagstisch setzt, die Zeitung vor sich ausbreitet und keinen Finger rührt, obwohl vereinbart war, dass die Eheleute getrennt essen.

Variante 1 (Trennungsphase):

Frau Fingerle will die permanenten Auseinandersetzungen mit ihrem Mann nicht länger erdulden. Diese belasten nicht nur sie, sondern auch die Kinder. Ihr Mann beteilige sich an der Betreuung der Kinder so gut wie nicht. Nun beantragt sie beim Familiengericht, das Reihenhaus ihr und den beiden Kindern vorläufig zur alleinigen Nutzung zuzuweisen. Herr Fingerle tritt diesem Antrag entgegen. Beide Eheleute haben den Mietvertrag unterschrieben.

▶ *Welche Entscheidung wird das Familiengericht treffen?*

Variante 2 (Zuweisung der Wohnung bei Ehescheidung):

Im Rahmen des Ehescheidungsverfahrens beantragt Frau Fingerle, ihr endgültig die Ehewohnung zuzuweisen und den Mietvertrag entsprechend zu ändern. Sie begründet ihren Antrag damit, dass Sie als Mutter mit zwei Kindern schlechte Chancen habe, auf dem freien Wohnungsmarkt eine gleichwertige und ebenso günstige Wohnung zu finden. Außerdem seien die Kinder im nahen Wohnumfeld beheimatet (Kindergarten, Schule, Freundeskreis).

Herr Fingerle beantragt ebenfalls die alleinige Zuweisung des Reihenhauses an ihn, da er dort sein Büro etabliert habe und die Adresse seinen Geschäftspartnern bekannt sei. Außerdem sei ihm ein Umzug nicht zuzumuten, da dies eine Unterbrechung seiner Geschäftstätigkeit und erhebliche Einnahmeverluste zur Folge hätte. Er benötige das Haus, das ohnehin nur 110 qm Wohnfläche habe, außerdem für sein umfangreiches Archiv. Das Dachgeschoss habe er mit erheblichem persönlichem und finanziellem Einsatz ausgebaut.

▶ *Wie wird das Gericht entscheiden, wenn das Reihenhaus*

1. *von den Eheleuten Fingerle gemeinsam gemietet wurde,*
2. *im Eigentum von Herrn Fingerle steht,*
3. *gemeinsames Eigentum der Eheleute Fingerle ist?*

Entscheidung des Familiengerichts bei Uneinigkeit möglich

Eine konfliktbeladene Trennung ist häufig Anlass für eine Auseinandersetzung, wer in der bisher gemeinsamen Ehewohnung bleibt und wer auszieht. Zuweilen wird auch darüber gestritten, wie ein Haus aufgeteilt werden soll, wenn sich die Partner im Haus getrennte Wohnbereiche einrichten wollen. Kann sich das Paar nicht einigen, entscheidet auf Antrag das Familiengericht. Verfahren dieser Art um den bisherigen Lebensmittelpunkt werden oft erbittert geführt, da ein Wohnungswechsel mit großem Aufwand und finanziellem Einsatz verbunden ist.

Der Gesetzgeber hat unterschiedliche Regelungen für die **Zuweisung der Ehewohnung während der Trennungsphase und bei Ehescheidung** getroffen.

1. Die Ehewohnung in der Trennungsphase

Für die Trennungsphase wird die **Zuweisung der Ehewohnung in § 1361b BGB** geregelt. Ein Ehegatte, der die Ehewohnung alleine für sich beansprucht, kann sich mit einem entsprechenden Antrag an das Familiengericht wenden (§ 200 FamFG).

Hohe Eingriffsschwelle

Mit § 1361b BGB ist die Eingriffsschwelle relativ hoch angesetzt. In dem Gesetzestext heißt es: *„Leben die Ehegatten getrennt oder will einer von ihnen getrennt leben, so kann ein Ehegatte verlangen, dass ihm der andere die Ehewohnung oder einen Teil zur alleinigen Benutzung überlässt, soweit dies auch unter Berücksichtigung des anderen Ehegatten notwendig ist, um eine unbillige Härte zu vermeiden."*

Eingriffsschwelle zum Schutz von Kindern gesenkt

Mit Einführung des **Gewaltschutzgesetzes, in Kraft seit Januar 2002,** wurde die Eingriffsschwelle herabgesetzt. Der frühere Rechtsbegriff „schwere Härte" wurde durch „unbillige Härte" ersetzt. Dies soll signalisieren, dass das Problem häuslicher Gewalt und Kinderschutz vom Gesetzgeber ernst genommen wird.

Verlangt wird „eine unbillige Härte" für den Antragsteller, wenn dieser die Ehewohnung nicht alleine zugewiesen bekommt.

Verweis des Antragsgegners aus der Ehewohnung

Gegenüber Anträgen eines Ehepartners, ihm aus Anlass des Getrenntlebens die alleinige Nutzung der Ehewohnung zuzuweisen, den anderen daraus gänzlich zu entfernen, sind die Gerichte im Allgemeinen zurückhaltend. Die Regelung wird generell folgendermaßen aufgefasst: Derjenige Ehegatte, der eine gerichtliche Wohnungszuweisung zu seinen Gunsten erreichen will, muss darlegen und beweisen, dass so ein unerträglicher Zustand für ihn und (ggf.) die Kinder vermieden werden kann.

Tatbestände der unbilligen Härte

Im Gesetz werden zwei Tatbestände erwähnt, die grundsätzlich als unbillige Härte zu bewerten sind. Dies sind zum einen die **Beeinträchtigung des Kindeswohls** (§ 1361b Abs. 1 Satz 2 BGB) und die **Anwendung von Gewalt** (§ 1361b Abs. 2 BGB). Die Anwendung des § 1361b BGB ist jedoch nicht alleine auf häusliche Gewalt und rücksichtloses Verhalten gegenüber Kindern eingeschränkt.

Definition: Unbillige Härte

Eine **unbillige Härte** liegt besonders dann vor, „wenn ein Ehegatte dem anderen in grob rücksichtsloser Weise durch erhebliche Belästigungen (Worte, erst recht Taten) – von Augenblicksentgleisungen abgesehen – das Wohnen unter einem Dach nahezu unerträglich macht, ihn also herabsetzt, missachtet, fertig macht. Die Spannungen zwischen den Ehegatten müssen für einen Ehegatten (subjektiv) so belastend sein, dass die häusliche Lebensgrundlage durch schwerwiegendes (exzessives) Verhalten des einen Ehepartners tiefgreifend gestört ist. **Unannehmlichkeiten**, die oftmals im Zusammenhang mit einer sich in Auflösung befindlichen Ehe auftreten, stellen jedoch, auch wenn sie nicht zuträglich oder zumutbar sind, für sich allein noch keine unbillige Härte dar."[21] „Härtefälle sind vor allem durch Gewalt indiziert."[22]

Zum Fall Fingerle – Variante 1:

M.E. sind die Belästigungen, die von Herrn Fingerle ausgehen nicht so gravierend, um ihn auf der Grundlage des § 1361b zu verpflichten, das gemeinsam angemietete Reihenhaus zu verlassen. Die skizzierten Auseinandersetzungen – auch wenn es einmal Scherben gegeben hat – liegen m.E. im Rahmen üblich ausgetragener Ehekonflikte. Zwar stellen die Streitereien eine erhebliche Belastung für die Ehepartner und sicherlich ebenfalls für die Kinder dar, aber sie sind nicht mit Handgreiflichkeiten, Drohungen oder massiven Beschimpfungen verbunden. Selbstverständlich muss das Wohl der Kinder beachtet werden. Wenn sich im Laufe des Verfahrens herausgestellt hätte, dass das emotionale Gleichgewicht der Kinder durch die Auseinandersetzungen ihrer Eltern erheblich gestört wäre, dann müsste wohl von einer unbilligen Härte ausgegangen werden. Unser Sachverhalt lässt hier aber keine weitergehenden Rückschlüsse zu. Nach § 1361b Abs. 1 BGB wird der Antrag von Frau Fingerle, ihr und den Kindern das Reihenhaus alleine, wenn auch vorläufig bis zur Scheidung, zuzuweisen, scheitern müssen.

21 Gerhardt/v. Heintschel-Heinegg/Klein, Handbuch des Fachanwalts Familienrecht, 2013, 8. Kapitel, Rn. 65–66.

22 Palandt/Brudermüller, BGB, 2014, § 1361b, Rn. 10.

Weiterhin ist zu bemerken, dass es sich bei einer Wohnungszuweisung während des Getrenntlebens nur um eine Zwischenlösung handelt. Die gerichtliche Wohnungszuweisung nach § 1361b BGB gilt nur bis zur Rechtskraft des Scheidungsurteils.[23]

Regelung bei Wohneigentum

Zu beachten ist ferner, dass das Eigentum an der Wohnung oder an dem Haus (nicht unser Fall) mit in die Gesamtbetrachtung einzubeziehen ist (§ 1361b Abs. 1 Satz 3 BGB).

Wenn einem Ehegatten die Wohnung alleine zugewiesen wird, kann es billig sein, dass der begünstigte Partner an den anderen eine Nutzungsvergütung zahlt (§ 1361b Abs. 3 BGB). Das kommt vor allem dann in Frage, wenn ein Ehegatte Alleineigentümer der Wohnung ist, die dem anderen allein zugewiesen werden soll. Häufig ist der in der Wohnung verbleibende Ehegatte zugleich unterhaltsberechtigt, wobei die Nutzungsvergütung mit dem Unterhaltsanspruch verrechnet wird.

2. Zuweisung der Ehewohnung bei Ehescheidung

Für die Zeit nach der Scheidung gelten, was die Aufteilung der Ehewohnung und des Hausrates anbetrifft, völlig andere Grundsätze als für die Zeit vor der Scheidung.

Entscheidung durch das Familiengericht auf Antrag

Für den Fall, dass die Geschiedenen keine Vereinbarung über die Ehewohnung treffen, kann das Familiengericht auf Antrag die Verhältnisse an der Wohnung bestimmen und gestalten. Diese Befugnis der Gerichte ergab sich aus der sog. **„Hausratsverordnung"** vom 21. Okt. 1944, die in Notzeiten erlassen wurde. Die Verordnung war wegen der Wohnraumverknappung während und nach dem Zweiten Weltkrieg und der Schwierigkeit, Möbel und sonstigen Hausrat zu beschaffen, notwendig. Diese Regelungen wurden im Jahr 2009 mit leichten Änderungen in das BGB übertragen, und zwar in **§ 1568a BGB.**

Entscheidungen nach der Ehescheidung sind endgültig

Der Richter erhält die Befugnis, einschneidend in privatrechtliche Verhältnisse einzugreifen. Im Gegensatz zu der Entscheidung bei Getrenntleben schafft der Gerichtsbeschluss für die Zeit nach der Scheidung endgültige Verhältnisse: Die Wohnung ist nicht „Ehewohnung", derjenige, dem sie zugewiesen ist, kann darin schalten und walten wie er will. Dabei ist das Gericht in seiner Entscheidung vom Prinzip her an die Eigentumsverhältnisse und die bisherige mietrechtliche Lage nicht gebunden.

Dingliche Rechte

Zu beachten ist jedoch, dass das Gericht die Eigentumslage nicht verändern kann. Gleiches gilt für sonstige dingliche Rechte, wie z.B. ein dingliches, im Grundbuch eingetragenes Wohnrecht.

23 Palandt/Brudermüller, a.a.O., § 1361b, Rn. 1.

a. Mietwohnung

Bisheriges Mietverhältnis

Das Familiengericht kann die Mietverhältnisse an der bisherigen Ehewohnung neu gestalten, gleichgültig ob beide Ehegatten Mieter waren oder wer von beiden der alleinige Mieter war.

Änderung der Anzahl der Mieter

Hat ein Ehepaar die Ehewohnung **gemeinsam gemietet**, und das angerufene Familiengericht will die Wohnung einem Ehegatten zuweisen, so kann es dabei das Mietverhältnis so umgestalten, dass ein Ehegatte aus dem Mietvertrag ausscheidet und der andere künftig das Mietverhältnis allein fortsetzt (§ 1568a Abs. 3 BGB).

Änderung der Person des Mieters

Hat ein Ehegatte die Ehewohnung **allein gemietet**, so hat das Gericht dabei ebenfalls die Befugnis, die Wohnung für die Zeit nach der Scheidung dem anderen Ehegatten allein zuzuweisen. Es kann dabei aussprechen, dass der andere Ehegatte anstelle des geschiedenen Ehegatten das Mietverhältnis fortsetzt, so dass ein Mieter aus dem Mietverhältnis ausscheidet (§ 1568a Abs. 3 BGB).

Entscheidung nach Billigkeit

Die **Kriterien,** nach denen das Gericht seine Entscheidung trifft, werden im Gesetz als Billigkeitserwägungen beschrieben. Dabei wird dem Gericht auferlegt, das **Wohl der Kinder und die Lebensverhältnisse der Eheleute** zu berücksichtigen (§ 1568a Abs. 1 BGB). Wenn minderjährige Kinder vorhanden sind, so hat ihr Interesse an der Stabilität ihrer Lebenswelt (Kindergarten, Schule, Freundeskreis) das größte Gewicht. Im Übrigen kommen die berechtigten Interessen der geschiedenen Ehegatten ins Spiel. Es geht um die Frage, wer von ihnen der Wohnung dringender bedarf, und wem es voraussichtlich leichter fällt, sich anderweitig Wohnraum zu verschaffen, und wer an der örtlichen Stabilität das dringendere Interesse hat usw. Dem Gericht wird somit ein weiter Beurteilungsspielraum eröffnet.

Zum Fall Fingerle – Variante 2 (siehe Seite 195 f.):

Welche Entscheidung kann erwartet werden, wenn die Eheleute Fingerle das Reihenhaus gemeinsam gemietet haben? Nach § 1568a Abs. 1 BGB sind die Umstände des Einzelfalls nach Billigkeitserwägungen unter Berücksichtigung des Kindeswohls zu prüfen.

Wesentliches Gewicht wird der Umstand haben, dass die Kinder in dem Reihenhaus aufgewachsen und in der Umgebung verwurzelt sind. Sie kennen die Nachbarn, die Infrastruktur, die Einkaufsmöglichkeiten, gehen dort zur Schule, haben dort ihren Freundeskreis aufgebaut. M.E. haben die Kinder das stärkste Bedürfnis nach Stabilität, und diesem sollte erhebliches Gewicht beigemessen werden.

Sicher spielt das Argument von Frau Fingerle auch eine wesentliche Rolle, eine alleinerziehende Mutter mit zwei Kindern habe relativ ungünstige Chancen auf dem Wohnungsmarkt.

Auf der anderen Seite wirft Herr Fingerle ein, sein Büro als freiberuflicher Werbegraphiker sei in dem Haus untergebracht, und er müsse Einkommenseinbußen hinnehmen, wenn er gezwungen ist, einen aufwendigen Umzug durchzuführen.

Das Interesse von Herrn Fingerle hat m. E. bei einer Güterabwägung geringeres Gewicht. Der Umzug von Frau Fingerle mit zwei Kindern, die Neuanmeldung in Kindergarten und Schule, sämtliche Integrationsschwierigkeiten scheinen wesentlich gravierender, so dass bei Berücksichtigung des billigen Ermessens unter besonderer Beachtung des Kindeswohls Frau Fingerle das Haus in Schwülper alleine (mit den von ihr versorgten Kindern) zugewiesen wird.

Das Gericht wird also den Mietvertrag gem. § 1568a Abs. 3 BGB umgestalten und Frau Fingerle als alleinige Mieterin einsetzen.

Berücksichtigung der Interessen des Vermieters:

Einschränkung der Vermieterinteressen

Die Interessen des Vermieters sind in der Tat erheblich tangiert. Gefährdet können z.B. die finanziellen Interessen des Vermieters sein. Scheidet ein Ehegatte (z.B. der bisherige alleinige Mieter) durch Gerichtsbeschluss aus dem Mietverhältnis aus, so haftet er nicht mehr für künftige Mietzahlungen. Nach § 1568a BGB ist eine Zustimmung des Vermieters für die Umgestaltung des Mietverhältnisses in der Regel nicht notwendig. Lediglich wenn die Begründung eines unbefristeten Mietverhältnisses mit einem Ehegatten für den Vermieter unbillig wäre, kann er eine Befristung des Mietverhältnisses verlangen (§ 1568a Abs. 5 BGB). Die Einschränkungen der Vermieterinteressen werden aus der Sozialbindung des Eigentums (Art. 14 GG) abgeleitet.

b. Wohnung im Alleineigentum (§ 1568a Abs. 2 BGB)

Zuweisung an den Nichteigentümer als Ausnahme bei „unbilliger Härte"

Selbst wenn die Ehewohnung eine Eigentumswohnung oder ein Haus ist, das im Eigentum eines oder beider Ehegatten steht, findet auf Antrag ein Zuweisungsverfahren statt. Ist einer der Ehegatten Alleineigentümer der Wohnung, hat das Eigentum bei der Entscheidung allerdings großes Gewicht. Die Wohnung gebührt nach der Scheidung in der Regel dem Eigentümer. Ausnahmsweise kann das Gericht die Wohnung dem anderen Ehegatten (also dem Nichteigentümer) zuweisen, wenn dies notwendig ist, um eine „unbillige Härte" zu vermeiden (§ 1568a Abs. 2 BGB). Hierfür genügt nicht allein schon der Umstand, dass der Nichteigentümer die Wohnung dringender benötigt, es müssen weitere Gründe dazukommen. Erhebliches Gewicht haben die Interessen minderjähriger Kinder. Eine unbillige Härte kann z.B. dann zu bejahen sein, wenn der die Kinder betreuende Elternteil für sich und die Kinder keine erschwingliche Ersatzwohnung finden kann.[24]

Gestaltung eines Mietverhältnisses durch das Gericht

Wird dem Nichteigentümer aus den genannten Härtegründen die Wohnung zugewiesen, muss das Rechtsverhältnis zum Eigentümer geregelt werden. Das Gericht kann in diesem Fall ein Mietverhältnis zwischen dem Nutzungsberechtigten und dem Eigentümer begründen. Als Mietzins kann der Eigentümer eine „angemessene Miete" oder „im Zweifel die ortsübliche Vergleichsmiete" verlangen (§ 1568a Abs. 5 BGB). Der in der Wohnung verbleibende Ehegatte erhält die vollen Rechte und Pflichten eines Mieters.

24 Gerhardt/v. Heintschel-Heinegg/Klein, a.a.O., 8 Kapitel, Rn. 142.

Auch die Veräußerung der Wohnung kann sein Mietrecht nicht gefährden (§ 566 BGB).

Nutzungsverhältnis

In der Praxis wurde bislang häufig von der Begründung eines Mietverhältnisses abgesehen. Stattdessen begründet das Gericht ein bloßes „Nutzungsverhältnis", das nicht nach Mietrecht behandelt werden soll. Das Nutzungsentgelt ist auch hier festzulegen. Das bloße Nutzungsverhältnis kann zeitlich befristet werden.

Zum Fall Fingerle – Variante 2 (siehe Seite 195 f.):

Ausgehend von der Annahme, dass das Reihenhaus im Alleineigentum von Herrn Fingerle steht, ist zu fragen, ob es für Frau Fingerle bzw. für sie und ihre Kinder eine unbillige Härte wäre, wenn Herr Fingerle von seinem Eigentumsrecht Gebrauch macht und sie die Wohnung mit den Kindern verlassen müsste. Das wird wohl dann anzunehmen sein, wenn sie für sich und die beiden Kinder in der Nähe, denn die Kinder sollen ihr gewohntes Umfeld nicht aufgeben müssen, keine geeignete Wohnung findet. Hier müsste sie aber nachweisen, dass sie sich ernsthaft um eine Wohnung in der Nähe bemüht hat und keine adäquate Wohnung findet, sei es, die Wohnungen sind finanziell unerschwinglich, sei es, dass sie als alleinerziehende Mutter abgelehnt wird. Nur unter solchen Umständen sollte ihr das Reihenhaus zur Nutzung zugewiesen werden, zumindest so lange, bis die Kinder die Schulausbildung beendet haben. Das Interesse der Kinder an einem stabilen Wohnumfeld geht vor, und das Eigentumsinteresse von Herrn Fingerle muss in den Hintergrund treten.

c. Wohnung im Miteigentum

Regelung bei gemeinsamen Eigentum

Anders ist die Situation zu bewerten, wenn die Wohnung oder das Haus im Miteigentum der Ehegatten steht. Hier entscheidet der Richter nach der Billigkeit, insbesondere unter Berücksichtigung des Kindeswohls und danach, welcher geschiedene Ehegatte die Wohnung dringender benötigt (§ 1568a Abs. 1 BGB).

Ausgleichszahlungen

Die Rechtslage kann je nach den Umständen näher ausgestaltet werden. Das Gericht kann ein Mietverhältnis oder ein Nutzungsverhältnis begründen. In diesem Rahmen ist auch ein Mietzins oder eine Nutzungsvergütung festzulegen.

Grundsätzlich sind Ausgleichzahlungen für den weichenden Ehegatten, z.B. für den Umzug oder für frühere Investitionen in die Ehewohnung vom Gesetz nicht vorgesehen. Diese lassen sich allenfalls über das Unterhaltsrecht oder das Güterrecht regeln.[25]

25 Gerhardt/v. Heintschel-Heinegg/Klein, a.a.O., 8. Kapitel, Rn. 159.

Zum Fall Fingerle – Variante 2 (siehe Seite 195 f.):

Wenn das Reihenhaus im gemeinsamen Eigentum der geschiedenen Eheleute Fingerle steht, kann das Gericht eine Entscheidung nach billigem Ermessen treffen. In dieser Konstellation werden sicherlich die Interessen der Kinder und von Frau Fingerle überwiegen, so dass ihr das Reihenhaus zur alleinigen Nutzung überwiesen wird. Das Gericht wird ein Mietverhältnis zwischen ihr und ihrem Ex-Ehemann begründen und ihr Mietzahlungen, die sich an dem Miteigentumsanteil ihres Ex-Ehemannes orientieren, auferlegen.

3. Aufteilung des Hausrats

Verteilung des Inventars unter den Eheleuten

In den meisten Fällen sind selbst streitige Paare in der Lage, den Hausrat unter sich aufzuteilen. In einzelnen Fällen kommt es jedoch zu gerichtlichen Auseinandersetzungen. Für die Phase des Getrenntlebens richtet sich die Verteilung des Hausrats nach § 1361a BGB. Eine endgültige Regelung kann erst für die Zeit nach der Scheidung getroffen werden (§ 1568b BGB).

▶ *Wegen weiterer Details wird auf Gerhardt/v. Heintschel-Heinegg/Klein, Handbuch des Fachanwalts Familienrecht, verwiesen (siehe Literatur).*

Quick-Info: Zuweisung der Ehewohnung

<table>
<tr>
<td>I. Ehewohnung in der Trennungsphase (§ 1361b BGB)</td>
<td>
<ul>
<li>Relativ hohe Eingriffsschwelle für die Zuweisung der Ehewohnung an einen Ehegatten;</li>
<li>verlangt wird eine „unbillige Härte“, wenn der Antragsteller die Wohnung nicht zugewiesen bekommt; dies ist in der Regel der Fall bei Freiheits-, Gesundheits- oder Körperverletzungen oder wenn das Wohl von Kindern beeinträchtigt ist;</li>
<li>Berücksichtigung des Verhältnismäßigkeitsgebots (geringster Eingriff);</li>
<li>Eigentumsverhältnisse sind zu berücksichtigen;</li>
<li>das Familiengericht trifft nur eine vorläufige Entscheidung (§ 1361b BGB).</li>
</ul>
</td>
</tr>
<tr>
<td>II. Ehewohnung bei Ehescheidung (§ 1568a BGB)</td>
<td>
1. Mietwohnung
<ul>
<li>Gericht kann die Mietverhältnisse an der bisherigen Wohnung neu gestalten (§ 1568a Abs. 3 BGB);</li>
<li>bei gemeinsamem Mietvertrag: Ausscheiden eines Ehegatten aus Mietvertrag und Fortsetzung durch den anderen;</li>
<li>bei alleinigem Mietvertrag nur eines Ehegatten: Zuweisung der Wohnung an den anderen Ehegatten und entsprechende Umgestaltung des Mietvertrags möglich.</li>
</ul>
Kriterien: Die Entscheidung des Familiengericht erfolgt nach Billigkeitserwägungen unter Berücksichtigung der Umstände des Einzelfalls und dem Wohl der Kinder (§ 1568a Abs. 1 BGB).

Der Vermieter hat gegen die Umgestaltung des Mietvertrags kein „Vetorecht,“ kann aber unter bestimmten Voraussetzungen eine Befristung des Mietverhältnisses verlangen (§ 1568a Abs. 5 BGB).

2. Eigentumswohnung
<ul>
<li>Das Gericht darf an den Eigentumsverhältnissen nichts verändern, kann jedoch die Eigentumswohnung einem Ehegatten zur alleinigen Miete zuweisen.</li>
</ul>
</td>
</tr>
</table>

	• **Bei Alleineigentum** eines Ehegatten kann das Familiengericht die Wohnung dem anderen Ehegatten nur zuweisen, wenn dies notwendig ist, um eine „unbillige Härte" zu vermeiden (§ 1568a Abs. 2 BGB). • **Bei gemeinsamem Eigentum** der Ehegatten entscheidet das Gericht über die Zuweisung der Wohnung nach Billigkeitserwägungen sowie dem Kindeswohl (§ 1568a Abs. 1 BGB).

V. Güterrecht und Zugewinnausgleich

Fall: Voss – Der Zugewinnausgleich

Bettina und Peter Voss sind seit April 2010 verheiratet. Da Peter Voss nun schon seit Jahren mit ungebrochenem Eifer seinem zeitintensiven und nicht ungefährlichen Hobby, dem Drachenfliegen, nachgeht, und auch sonst kaum eine freie Minute zu Hause verbringt, hat seine Frau im April 2014 Scheidungsantrag beim Amtsgericht eingereicht. Peter Voss hat sein Hobby zum Beruf gemacht und ist Inhaber eines mittlerweile florierenden Geschäfts für Drachen und Zubehör mit einem Kundenstamm in ganz Norddeutschland. Bettina Voss ist angestellte Friseurin. In Krisenzeiten hat Bettina Voss mit ihren monatlichen Einkünften die Existenz des Betriebs ihres Mannes gesichert und auch aus ihrem Vermögen „zugebuttert," wenn ihr Mann wieder einmal kurz vor der Pleite stand. Sie ist der Auffassung, dass ihr bei der Scheidung daher ein ansehnlicher Teil des Betriebsvermögens zusteht.

Das Vermögen der Eheleute Voss lässt sich wie folgt beziffern (in Euro):

Peter Voss	**April 2010**	**April 2014**	**Bettina Voss**	**April 2010**	**April 2014**
Sparkonto	20.000	--	Sparkonto	50.000	70.000
Festgeldkonto	40.000	30.000	Grundstück	100.000	200.000
Aktien	--	120.000	Schmuck	2.000	12.000
Betriebsverm.	50.000	300.000			
Schulden	–30.000	–50.000			
	80.000	**400.000**		**152.000**	**282.000**

1. Nach welchen Grundsätzen ist ein Vermögensausgleich bei Scheidung vorzunehmen?
2. Wie errechnet sich der Zugewinnausgleich? Steht Frau Voss demnach ein Ausgleichsanspruch zu?
3. Welchen Einfluss hat die Inflationsrate auf die Berechnung des Zugewinns?

Variante 1:

Wie würde es sich auf den Zugewinnausgleich auswirken, wenn Herr Voss erheblich verschuldet in die Ehe eingetreten wäre, da er zur Betriebsgründung einen Kredit aufgenommen hat. Während der Ehezeit konnte er seinen Betrieb auf eine gesunde Basis stellen und einen Teil seiner Schulden zurückzahlen (Anfangsvermögen: 100.000 € Schulden; Endvermögen: 30.000 € Guthaben).

Variante 2:

Angenommen Frau Voss erbte von ihrem 2011 verstorbenen Großvater ein Einfamilienhaus, das damals einen Wert von 200.000 € hatte, und für das Anfang 2014 ein Kaufpreis von 250.000 € zu erzielen gewesen wäre. Sind der Wert der Immobilie bzw. die Wertsteigerung auf den Zugewinn anzurechnen?

Variante 3:

Als Herr Voss ahnte, dass seine Frau Scheidungsgedanken trug, versilberte er sein Aktienpaket (120.000 €) und kaufte seiner Freundin aus dem Erlös eine Eigentumswohnung. Außerdem leistete er sich eine teure Kreuzfahrt (10.000 €), um von der Trennungskrise wenigstens einmal drei Wochen abschalten zu können. Dadurch vermindert sich sein Guthaben auf dem Festgeldkonto um 10.000 €. Ist es Herrn Voss gelungen, mit diesen Vermögensmanipulationen, seinen Zugewinn zu reduzieren?

Variante 4:

Während des Scheidungsverfahrens stellt sich Herr Voss auf den Standpunkt, der Wert seines Geschäfts sei nicht zu ermitteln. Er sei allenfalls bereit, am Ende des Geschäftsjahres eine Inventarliste vorzulegen. Wie kann Frau Voss die Offenlegung der Vermögensverhältnisse ihres Mannes erreichen?

1. Die Güterstände

Zuständigkeit des Familiengerichts

Ist die Aufteilung des Vermögens bei Scheidung zwischen den Eheleuten streitig, nimmt das Familiengericht auf Antrag eine Aufteilung des Vermögens vor. Ansprüche aus dem ehelichen Güterrecht sind **Scheidungsfolgesache** und werden auf Antrag gleichzeitig mit der Scheidung verhandelt **(§ 137 Abs. 2 Nr. 4 FamFG).**

Die Art und Weise der Auseinandersetzung des Vermögens hängt von dem Güterstand ab, in dem die Partner leben.

a. Zugewinngemeinschaft (§§ 1363 bis 1390 BGB)

Zugewinngemeinschaft ist häufigste Form des Güterstandes

Haben die Eheleute keinen Ehevertrag abgeschlossen, leben sie im **gesetzlichen Güterstand der Zugewinngemeinschaft (§ 1363 BGB).** Die Zugewinngemeinschaft ist der mit Abstand am weitesten verbreitete Güterstand. Der Begriff „Zugewinngemeinschaft" trügt, denn im Prinzip tritt eine Gütertrennung ein. Jeder Ehegatte behält die ihm gehörenden Gegenstände in seinem alleinigen Eigentum, gleichgültig, ob er sie in die Ehe mitgebracht oder während der Ehe erworben hat (§ 1363 Abs. 2 BGB).

Ausgleich des Zugewinns eines Ehegatten bei Scheidung

Erst bei Auflösung der Ehe kommt es zu einem Vermögensausgleich, und zwar wird der Zugewinn gerecht aufgeteilt. Das bedeutet, dass derjenige Ehegatte, dessen Vermögen sich besser entwickelt hat, einen Teil an den anderen Ehegatten abtreten muss. Der Ausgleich erfolgt in Geld. Sinn der Zugewinngemeinschaft ist es, beide Ehegatten an dem während der Ehe eingetretenen Vermögenszuwachs teilhaben zu lassen. Es soll dabei insbesondere die Hausfrau bzw. der Hausmann geschützt werden, da sie bzw. er wegen der Haushaltsführung kaum eigenes Vermögen erwerben konnte.

b. Gütertrennung (§ 1414 BGB)

Die Eheleute können neben der Zugewinngemeinschaft jedoch durch **Ehevertrag** auch einen anderen Güterstand wählen (§ 1408 BGB). Der Ehevertrag muss beim Notar geschlossen werden (§ 1410 BGB).

Vertragliche Regelungen

Wenn die Eheleute Gütertrennung vereinbaren (§ 1414 BGB), bleiben die Vermögen getrennt, und es findet bei Auflösung der Ehe kein Zugewinnausgleich statt. Die Ehe hat auf das Vermögen der Eheleute keine Auswirkungen. Die Eheleute können bezogen auf einzelne Rechtsverhältnisse jedoch vermögensrechtliche Verträge eingehen, z.B. gemeinsam einen Mietvertrag schließen oder Miteigentümer eines Grundstücks oder einer Firma werden.

Kein Zugewinnausgleich bei Gütertrennung

Gütertrennung wird erlangt, wenn die Partner den gesetzlichen Güterstand ausschließen oder aufheben bzw. den Ausgleich des Zugewinns ablehnen (§ 1414 BGB).

c. Gütergemeinschaft (§§ 1415 ff. BGB)

Weiterhin können die Partner die Gütergemeinschaft wählen. Bei einem Ehevertrag vor Heirat verschmilzt das Vermögen der Frau und das Vermögen des Mannes zu einem gemeinschaftlichen Gut (Gesamtgut). Alles, was während der Ehe erworben wird, fällt in das Gesamtgut. Ausgenommen vom gemeinschaftlichen Vermögen sind nur das Sondergut, d.h. Gegenstände, die nicht übertragbar sind (z.B. unpfändbare Unterhaltsansprüche oder der Anteil an einer Kommanditgesellschaft als persönlich haftender Gesellschafter) (§ 1417 BGB). Ebenso ist aus der Gütergemeinschaft das sog. Vorbehaltsgut (§ 1418 BGB) ausgeschlossen. Dazu gehören Vermögensgegenstände, die einem Ehegatten ausschließlich zugewendet werden (z.B. Erbteile).

Gemeinsames Gut mit wenigen Ausnahmen

Bei Scheidung der Ehe findet eine Auseinandersetzung des Gesamtguts statt (§§ 1471 ff. BGB). Die Gütergemeinschaft ist in der Regel lediglich in traditionell geprägten ländlichen Regionen verbreitet.

Zum Fall Voss, 1. Frage:

Da der Sachverhalt keine näheren Anhaltspunkte abgibt, müssen wir davon ausgehen, dass die Eheleute Voss ihren Güterstand nicht vertraglich geregelt haben. Bei ihnen liegt daher der gesetzliche Güterstand der Zugewinngemeinschaft vor. Die Vermögensauseinandersetzung wird auf Antrag im Rahmen des Scheidungsverbunds (§ 137 Abs. 2 Nr. 4 FamFG) nach den Grundregeln des Zugewinnausgleichs (§§ 1372 ff. BGB) vorgenommen.

2. Durchführung des Zugewinnausgleichs

Mit der Scheidung endet der Güterstand der Zugewinngemeinschaft. Für den Partner, der während der Ehezeit den geringeren Zugewinn erworben hat, entsteht ein Ausgleichsanspruch gegenüber dem anderen. **Der Ausgleichsanspruch entspricht der Hälfte des vom anderen erzielten Gewinnüberschusses (§ 1378 Abs. 1 BGB).**

Höhe des Ausgleiches

Definition

Zugewinn ist der Betrag, um den das Endvermögen eines Ehegatten dessen Anfangsvermögen übersteigt (§ 1373 BGB).

a. Berechnungsgrundlagen

Feststellung der Höhe der Ausgleichsforderung

Die Errechnung des Zugewinnausgleichs vollzieht sich in folgenden Schritten:

- Erst wird für jeden Partner das Anfangsvermögen (= AVm) ermittelt. Das ist das Vermögen, das jeder Ehepartner zu Beginn des Güterstandes in die Ehe mitbrachte.
- Später wird für jeden Partner getrennt das Endvermögen (= EVm) festgestellt. Stichtag ist der Zeitpunkt der Rechtshängigkeit des Scheidungsantrags, d.h. der Tag, an dem der Scheidungsantrag dem anderen Ehegatten zugeht (§ 1384 BGB).
- Danach wird die Differenz zwischen End- und Anfangsvermögen für jeden Ehegatten einzeln berechnet.
- Anschließend werden die jeweiligen Zugewinnbeträge verglichen und die Hälfte des Überschusses errechnet. Dies entspricht der Ausgleichsforderung.

Zum Fall Voss, 2. Frage:

Peter Voss	**April 2010**	**April 2014**	**Bettina Voss**	**April 2010**	**April 2014**
Sparkonto	20.000	--	Sparkonto	50.000	70.000
Festgeldkonto	40.000	30.000	Grundstück	100.000	200.000
Aktien	--	120.000	Schmuck	2.000	12.000
Betriebsverm.	50.000	300.000			
Schulden	– 30.000	– 50.000			
	AVm 80.000	**EVm 400.000**		**AVm 152.000**	**EVm 282.000**

Zugewinn	320.000
Zugewinn	130.000

Zugewinn Herr Voss	320.000
Zugewinn Frau Voss	– 130.000
= Überschuss Herr Voss	190.000
davon ½ = **Ausgleichsforderung**	**95.000**

Wie wir gesehen haben, hat Herr Voss während der Ehe einen Zugewinn von 320.000,– € erzielt, Frau Voss einen Zugewinn von 130.000,– €. Der Zugewinnüberschuss bei Herrn Voss liegt bei 190.000,– €; demzufolge hat Frau Voss eine Ausgleichsforderung in Höhe der Hälfte des Überschusses, nämlich von 95.000,– €.

Problematik in der Praxis

Besonders wenn ein Unternehmen hoch bewertet wird, kann der Zugewinnanspruch erhebliche finanzielle Dimensionen erreichen. Wenn der Ausgleichsanspruch dann einen beträchtlichen Teil des Betriebsvermögens ausmacht, kann dies zuweilen ruinös sein. In diesen Zusammenhang fallen auch die sog. Scheidungshäuser, die im Rahmen der Zwangsversteigerung oder auf dem freien Markt verkauft werden. Die hohen Ausgleichsforderungen können oft nur aus dem Erlös eines Hauses oder sonstiger Immobilien bezahlt werden.

Kritikpunkte

Bedenklich ist, dass beim Zugewinn nur Werte, nicht Gegenstände verglichen werden. Das hat zur Konsequenz, dass Wertsteigerungen, die Gegenstände nach der Eheschließung erfahren, beim Zugewinn berücksichtigt werden. Härten ergeben sich, wenn ein Gegenstand ohne das Dazutun des anderen Ehegatten hohe Wertsteigerung erfährt, z.B. Aktien oder Immobilien. An dieser Wertsteigerung hat dann der andere Partner über den Zugewinnausgleich teil. Dies gilt auch für landwirtschaftliche Grundstücke, die während der Ehe zum Bauland werden. Über den Zugewinnausgleich kann der andere Ehegatte von der Werterhöhung profitieren, obwohl er dazu gar keinen Beitrag geleistet hat.

b. Zur Bewertung von Vermögensgegenständen

Ermittlung des Verkehrswertes

Der im Zugewinnausgleich maßgebliche Wert von Vermögensgegenständen ist ihr Verkehrswert. Das ist der zu erzielende Verkaufspreis. Neben dem Verkehrswert relevant sind der sog. **Ertragswert** (Beispiel: Jährlicher Nettoertrag x 20), der **Substanzwert** (Summe der Sachwerte) und einer Kombination von beiden (z.B. wird nach der sog. Mittelwertmethode die Summe aus dem halben Substanzwert und dem halben Ertragswert gebildet). Nach **Ansicht des BGH** ist der Unternehmenswert in der Regel durch die **Verbindung von Ertragswert und Substanzwert** zu ermitteln.[26]

Ermittlung des Unternehmenswertes

Verfügt das Unternehmen über einen „good will", kann der so ermittelte Wert höher sein als der Substanzwert. Andererseits kann der Verkehrswert bei einem unrentablen Unternehmen niedriger als der Substanzwert sein. Soll das Unternehmen aufgelöst werden, ist der sog. **Liquidationswert** heranzuziehen.[27]

3. Berücksichtigung des Kaufkraftverlusts

Berücksichtigung der Inflationsrate

Da die Kaufkraft des Euro durch eine schwankende **Inflationsrate** kontinuierlich abnimmt, muss dieser Wertverlust in den Zugewinnausgleich mit einbezogen werden. Zu diesem Zweck hat der Bundesgerichtshof ein Umrechnungsverfahren entwickelt. Dabei wird das Anfangsvermögen auf den zum Ehezeitende maßgeblichen Tauschwert umgerechnet. Die Berechnung des Kaufkraftschwundes des Euro erfolgt mit Hilfe des **allgemeinen Lebenshaltungskostenindex des statistischen Bundesamtes**. Die Indizes können im Palandt unter § 1376 BGB oder im Handbuch des Fachanwalts Familienrecht nachgeschlagen werden. Es wird folgende Formel zugrunde gelegt:[28]

26 So Palandt/Brudermüller, BGB, 2014, § 1376, Rn. 6.
27 Siehe Palandt/Brudermüller, a.a.O., § 1376, Rn. 7.
28 Gerhardt/v. Heintschel-Heinegg/Klein, Handbuch des Fachanwalts Familienrecht, 2013, 9. Kap., Rn. 89.

$$\frac{\text{Wert des Anfangsvermögens x Index Endstichtag}}{\text{Index Anfangsstichtag}} = \text{bereinigtes Anfangsvermögen}$$

Zum Fall Voss, 3. Frage:

Nach der Tabelle des statistischen Bundesamtes waren für unseren Fall folgende Lebenshaltungskostenindizes maßgeblich:

2010 = 100 (Basisjahr)
April 2010 = 100
April 2014 = 106,5

Das Anfangsvermögen von Herrn Voss und von Frau Voss wird wie folgt korrigiert:

Herr Voss 80.000 € x 106,5 ./. 100 = 85.200 € = korrigiertes AVm

Frau Voss 152.000 € x 106,5 ./. 100 = 161.880 € = korrigiertes AVm

Herr Voss		Frau Voss	
EVm	400.000	EVm	282.000
AVm	– 85.200	AVm	161.880
ZG	314.800	ZG	120.120

Herr Voss	ZG	314.800
Frau Voss	ZG	– 120.120
Herr Voss Überschuss		194.680 €

davon ½ = **Ausgleichsanspruch 97.340 € Frau Voss**

4. Berücksichtigung von Schulden

Zum Fall Voss – Variante 1 (Seite 205):

Wenn wir diese Variante zugrunde legen, hat Herr Voss, der mit 100.000,– € Schulden in die Ehe eingestiegen ist und bei Rechtshängigkeit der Scheidung immerhin schwarze Zahlen schreibt und mit 30.000,– € Guthaben ausscheidet, einen Wertzuwachs von immerhin 130.000,– € erwirtschaftet. Frau Voss hat ebenfalls einen Zugewinn von 130.000,– € während der Ehe erreicht.

Seit einer Gesetzesänderung im Jahr 2009[29] werden Schulden als negatives Anfangsvermögen berücksichtigt. § 1374 Abs. 3 BGB besagt:

Gesetzesänderung 2009

> *„Verbindlichkeiten sind über die Höhe des Vermögens hinaus abzuziehen."*

In unserem Fall (Variante 1) ergibt sich folgende Berechnung (ohne Berücksichtigung der Inflationsrate):

Herr Voss		**Frau Voss**	
AVm	– 100.000		
Evm	30.000		
Zugewinn	130.000	Zugewinn	130.000

Frau Voss	Zugewinn	130.000
Herr Voss	Zugewinn	130.000

Da sowohl Frau als auch Herr Voss den gleichen Zugewinn erwirtschaftet haben, entstehen keine Ansprüche auf Zugewinnausgleich.

5. Geschenktes oder ererbtes Vermögen

Vermögen, das trotz Erwerb während der Ehe nicht zum Zugewinn gerechnet wird

Der Zugewinnausgleich basiert auf dem Grundgedanken beiderseitiger Teilhabe an gemeinsam geschaffenen Vermögen. Vermögen, das ein Ehepartner nach Eintritt des Güterstandes erbt oder geschenkt bekommt, kann nicht als Ergebnis gemeinsamer Lebensleistung angesehen werden. Deshalb werden diese Werte aus dem Zugewinn herausgehalten. Dies wird dadurch erreicht, dass das derart erworbene Vermögen dem Anfangsvermögen hinzugerechnet wird (§ 1374 Abs. 2 BGB). Es wird dadurch so behandelt, als sei es bei Eintritt des Güterstandes bereits vorhanden gewesen. Maßgeblich ist aber der Wert, dem das hinzuzurechnende Vermögen zum Zeitpunkt seines Erwerbs hatte (§ 1376 Abs. 1 BGB).

Aus diesem Grunde unterliegen aber Wertsteigerungen von Schenkungen und Erbschaften dem Zugewinn.

Beispiele aus der Rechtsprechung zum geschenkten oder geerbten Vermögen (§ 1374 Abs. 2 BGB) :

- Geldzuwendungen naher Angehöriger sind nur dann nach § 1374 Abs. 2 BGB in das Anfangsvermögen einzustellen, wenn sie die Vermögensbildung fördern sollen (wie z.B. Zuschüsse zum Hausbau). Davon zu unterscheiden sind Zuwendungen, die der Deckung des laufenden Lebensbedarfs dienen (wie z.B. Haushaltszuschüsse, Zahlungen zur Finanzierung eines Urlaubs, eines Führerscheins); diese sind dann im Sinne des § 1374 Abs. 2 BGB „ den Umständen

29 BGBl. I 2009, Teil I Nr. 39, S. 1696 ff.

nach zu den Einkünften zu rechnen" und erhöhen daher nicht das Anfangsvermögen. Soweit die Eltern (Schwiegereltern) Zuwendungen leisten zur Finanzierung eines im hälftigen Miteigentum der Eheleute stehenden Wohnhausbaus, sind diese hälftig in das Anfangsvermögen des Kindes einzustellen; die dem Schwiegerkind zufließende Vermögensmehrung ist wie eine unbenannte Zuwendung unter Eheleuten zu behandeln und fällt demgemäß in den Zugewinn. Das gilt unabhängig davon, ob die dem Hausbau dienende Zuwendung an beide Eheleute gemeinsam erfolgt oder an einen von ihnen – Kind oder Schwiegerkind – allein. Darlegungs- und beweispflichtig für den Zuwendungszweck ist der Ehegatte, dem die Zuwendungen zugeflossen sind (OLG Koblenz in FamRZ 2006, S. 1839).

- Entscheidend für die Wertberechnung des § 1376 Abs. 1 BGB (Anfangsvermögen) ist der Zeitpunkt des Erwerbs des Vermögens. Eventuell eintretende spätere Wertsteigerungen, z.B. auch die Wertsteigerung eines Grundstücks infolge der Wiedervereinigung, müssen außer Betracht bleiben (BGH in FamRZ 2004, S. 781).
- Wenden die Eltern eines Ehegatten während intakter Ehe sowohl ihrem Kind wie auch ihrem Schwiegerkind etwas unentgeltlich zu, handelt es sich in der Regel nur gegenüber dem Kind um eine gem. § 1374 Abs. 2 BGB in das Anfangsvermögen einzustellende Schenkung. Im Verhältnis zum Schwiegerkind hingegen sind die Zuwendungen im Regelfall den sogenannten unbenannten Zuwendungen unter Eheleuten gleich zu stellen, die nicht das Anfangsvermögen, sondern nur, soweit sie bei Zustellung des Scheidungsantrages noch vorhanden sind, das Endvermögen des Ehegatten erhöhen (OLG Koblenz in NJW 2003, S. 1675).
- Ist einem Ehegatten von seinen Eltern ein Grundstück zwecks Bebauung geschenkt worden, ist dieses Grundstück bei der Berechnung des Zugewinnausgleichsanspruchs bei Ehescheidung als Zuwendung i.S.V. § 1374 Abs. 2 BGB in die Berechnung einzustellen, nicht jedoch der (unentgeltliche) Erwerb des auf dem Grundstück (in diesem Fall auf eigene Rechnung der Ehegatten) erbauten Hauses (OLG Celle vom 17.3.2000, 18 UF 53/99, juris).
- Bei Schenkungen von zuwendenden Dritten an beide Ehegatten ist maßgebend der Wille des Zuwendenden zum Zeitpunkt der Schenkung. Wie sich die Zuwendenden dann später bei einer Trennung der Ehegatten zu der Frage stellen, welchem der Ehegatten das Geschenk zugedacht war, spielt hingegen keine Rolle. Möglicherweise können jedoch die Dritten die Zuwendungen über einen Wegfall der Geschäftsgrundlage gem. § 242 BGB zurückverlangen (OLG Düsseldorf in FamRZ 1994, S.1384).

Zum Fall Voss – Variante 2 (Seite 205):

Wenn das von Frau Voss 2011 ererbte Einfamilienhaus damals einen Wert von 200.000,– € hatte, bei Beendigung der Ehe aber einen Verkehrswert von 250.000,– €, so ist eine Wertsteigerung von 50.000,– € während der Ehe eingetreten. Diese Wertsteigerung fließt mit in ihren Zugewinn ein.

Auch hier ist das Ergebnis zunächst auf den ersten Blick schwer nachvollziehbar. Aber es ist innerhalb des Systems stimmig, denn wenn Frau Voss vor der Heirat ein Einfamilienhaus besessen hätte, wäre die Wertsteigerung während der Ehe auch ihrem Vermögen und damit ihrem Zugewinn hinzugerechnet worden.

6. Unfaire Vermögensminderungen

Unerlaubte Reduzierung des Zugewinns

Zuweilen suchen ausgleichspflichtige Partner nach einem Schlupfloch, um den Zugewinnausgleich möglichst niedrig zu halten. Noch vor Erhebung der Scheidungsklage wird ein Teil des Vermögens in dunkle Kanäle gelenkt, um das Endvermögen und damit den Zugewinn zu reduzieren. Hier stellt das Gesetz eine Schranke auf.

Berücksichtigung von abgeführtem Vermögen

Zum einen braucht jeder Ehegatte bei Verfügungen über sein Vermögen im ganzen oder über einen wesentlichen Teil seines Vermögens die Zustimmung des anderen (§ 1365 BGB). Aber auch sog. **illoyale Vermögensminderungen,** die unter dieser Schwelle bleiben, werden beim Zugewinnausgleich korrigiert. Derartige Minderungen werden nämlich dem Endvermögen des unlauteren Ehegatten hinzugerechnet (§ 1375 Abs. 2 BGB). Diese Addition unterbleibt allerdings, wenn der Vermögenstransfer länger als zehn Jahre zurückliegt (§ 1375 Abs. 3 BGB).

Ein großzügiger Lebensstil oder ein Leben über die Verhältnisse reichen nicht aus, um als Verschwendung angesehen zu werden.[30]

Beispiele aus der Rechtsprechung zu unfairen Vermögensminderungen (§§ 1365, 1375 Abs. 2 BGB):

- Für Verfügungen nach rechtskräftiger Scheidung besteht das Zustimmungserfordernis des § 1365 Abs. 1 BGB nicht mehr (OLG Hamm in FamRZ 2006, S.1557).
- Überträgt beim Zugewinnausgleich der Ausgleichspflichtige sein gesamtes Barvermögen innerhalb der Familie und entzieht es dem Vollstreckungszugriff, so ist ein Arrestgrund zu bejahen. Ein Arrestgrund liegt auch dann vor, wenn der Ausgleichspflichtige sein Vermögen durch grob falsche Auskünfte verschleiert, schädigende Handlungen nach § 1375 Abs. 2 BGB bevorstehen oder ein Rechtsgeschäft nach § 1365 BGB droht. Eine bereits vorliegende Beeinträchtigung ist nicht erforderlich (OLG Hamm vom 15.2.2006, 8 WF 54/06 – juris).

30 So BGH in NJW 2000, S. 2347.

- Für eine Verschwendung im Sinne des § 1375 Abs. 2 Nr.2 BGB reicht nicht ein großzügiger Lebensstil oder ein Leben über die Verhältnisse aus (BGH in NJW 2000, S.2347).
- Für eine Zurechnung zum Endvermögen im Sinne des § 1375 Abs. 2 Nr.3 BGB muss die Benachteiligungsabsicht das leitende Motiv gewesen sein (BGH in NJW 2000, a.a.O.).
- Für die Voraussetzungen von Zurechnungstatbeständen im Sinne von § 1375 Abs. 2 BGB (z.B. die Verminderung des Endvermögens durch Handlungen in der Absicht, den anderen Ehegatten zu benachteiligen) trägt die Darlegungs- und Beweislast derjenige, der sich darauf beruft einschließlich der Benachteiligungsabsicht. Der Wille des Ehegatten, den Ehepartner zu benachteiligen, muss das leitende, nicht aber das einzige Motiv seines Handelns gewesen sein, wobei an die Darlegung eines solchen „leitenden" Benachteiligungsmotivs durch den anderen Ehepartner keine hohen Anforderungen zu stellen sind (OLG Düsseldorf in FamRZ 2008, S. 1858).

Zum Fall Voss – Variante 3 (Seite 206):

Für Herrn Voss macht es insofern wenig Sinn, den Versuch zu starten, Teile seines Vermögens beiseite zu schaffen, wenn seine Frau davon erfährt. Der Vermögenstransfer von 120.000,– € an seine Freundin wird dennoch seinem Endvermögen hinzugerechnet. Notfalls kann sogar die Freundin in Anspruch genommen werden (§ 1390 BGB).

Andererseits lässt sich die als Frustrationsabbau zu bewertende Kreuzfahrt schlecht als Verschwendung einstufen. M.E. kann man sie als Psychohygienemaßnahme durchgehen lassen, so dass das Endvermögen von Herrn Voss um die 10.000,– € gemindert wird.

7. Vermögensverzeichnis/Auskunftsanspruch

Feststellung des Anfangs- und Endvermögens

Die Durchführung des Zugewinnausgleichs bereitet Rechtsanwälten, Gerichten und auch Mediatoren häufig gravierende faktische Schwierigkeiten. Oftmals haben Eheleute Schwierigkeiten, herauszufinden, welches Vermögen sie jeweils in die Ehe mitgebracht haben.

Um das Anfangsvermögen aufzuschlüsseln, verlangt der Gesetzgeber von den Partnern, ein Vermögensverzeichnis anzulegen. Jeder Ehegatte kann verlangen, dass der andere dabei mitwirkt (§ 1377 Abs. 2 BGB). Falls kein Verzeichnis erstellt wurde, wird vermutet, dass zu Beginn des Güterstandes kein Vermögen vorhanden war (§1377 Abs. 3 BGB). Jeder Ehegatte hat sein Anfangsvermögen zu beweisen. Denn erhöht sich das Anfangsvermögen vermindert sich der Zugewinn.

Auskunftsanspruch gegenüber dem anderen Ehegatten

Um sich einen Überblick über das Endvermögen verschaffen zu können, hat jeder Ehegatte gegen den anderen einen klagbaren **Auskunftsanspruch** (§ 1379 BGB). Verlangt wird die **Vorlage eines Verzeichnisses über das Endvermögen.** Ein **Anspruch auf Wertermittlung** muss zusätzlich zum Auskunftsanspruch geltend gemacht werden.[31] Weiterhin besteht ein Anspruch auf **Wertfeststellung durch einen Sachverständigen,** sofern eine Wertermittlung nicht aufgrund der Angaben des Ehepartners möglich ist.[32]

Eine Änderung seit 2009 ist der **Auskunftsanspruch über das Vermögen zum Zeitpunkt der Trennung (§ 1379 Abs. 2 BGB).** Diese Information dient dem Schutz vor Vermögensmanipulationen zwischen Trennung und Zustellung des Scheidungsantrags.

Zeitpunkt für die Berechnung des Zugewinns sowie für die Höhe der Ausgleichsforderung ist die Rechtshängigkeit des Scheidungsantrags (§ 1384 BGB).

Zum Fall Voss – Variante 4 (Seite 206):

Herr Voss hat also kein Recht, Auskünfte über sein Geschäftsvermögen zu verweigern. Er ist zur Auskunft verpflichtet, und zwar ein Vermögensverzeichnis zum Stichtag bei Beendigung des Güterstandes (April 2014) vorzulegen. Die Auskunft muss ein geordnetes Verzeichnis mit einer zusammenfassenden Darstellung von Einnahmen und Ausgaben sowie des Betriebsvermögens aufgeschlüsselt in Einzelbeträge usw. enthalten. Erfüllt Herr Voss seine Verpflichtung nicht, so kann Frau Voss Auskunftsklage erheben (§ 1379 Abs. 1 BGB).

31 Palandt/Brudermüller, BGB, 2014, § 1379, Rn. 15.
32 Palandt/Brudermüller, a.a.O., Rn. 16.

8. Beispiel eines Ehevertrags mit modifiziertem Zugewinnausgleich, Ausschluss des Versorgungsausgleichs und begrenztem Ehegattenunterhalt[33]

Urkundenrolle Nr. Jahrgang ....

Verhandelt

zu Wolfenbüttel, am ...

Vor mir, dem unterzeichneten Notar

...

mit dem Amtssitz in ...

erschienen heute, von Person bekannt:

Frau ..., geb ..., geboren am ..., aus ...

und

Herr ..., geboren am ..., ebendaher

Der Notar fragte die Beteiligten vor der Beurkundung, ob er oder eine Person, mit der er sich zur gemeinsamen Berufsausübung verbunden oder mit der er gemeinsame Geschäftsräume hat, bereits außerhalb seiner Amtstätigkeit in derselben Angelegenheit tätig war oder ist, soweit diese Tätigkeit nicht im Auftrag aller Beteiligten ausgeübt wurde. Die Beteiligten erklärten, dass dies nicht der Fall ist.

Wir haben am ... vor dem Standesbeamten des Standesamtes in ... die Ehe geschlossen. Im Hinblick darauf vereinbaren wir folgenden

33 Herrn Notar Olaf Waldvogel aus Wolfenbüttel sei herzlich für diesen Ehevertrag gedankt.

Ehevertrag

§ 1 Güterrecht

Für den Fall der Beendigung des Güterstandes durch den Tod eines Ehegatten soll es beim Zugewinnausgleich durch Erbteilerhöhung oder güterrechtliche Lösung verbleiben. Wird jedoch der Güterstand auf andere Weise als durch den Tod eines Ehegatten beendet, so findet ein Zugewinnausgleich nicht statt. Insofern wird auf den Zugewinnausgleich gegenseitig verzichtet. Dies gilt auch für den vorzeitigen Zugewinnausgleich bei Getrenntleben.

Ein Zugewinnausgleich findet nicht statt, wenn der Güterstand durch den Tod eines Ehegatten beendet wird, aber ein Scheidungsverfahren anhängig ist.

1. Eine Korrektur der bei Scheidung der Ehe bestehenden Vermögenszuordnung oder ein Ausgleich für Zuwendungen von Vermögen oder Arbeitskraft an den anderen Ehegatten ist auf jeder einschlägigen Rechtsgrundlage ausgeschlossen, insbesondere auf der Grundlage der Rückforderung oder des geldlichen Ausgleichs ehebedingter Zuwendungen, des Ausgleichs für eheliche Kooperation und des Ausgleichs in nach den Grundsätzen der Ehegatteninnengesellschaft. Eine Rückforderung oder ein Ausgleich findet nur statt, wenn in der erforderlichen Form, mindestens aber privatschriftlich, ausdrücklich Ehegatteninnengesellschaft, Rückforderungsrechte, Arbeitsverhältnisse oder Darlehen vereinbart wurden und sich hieraus entsprechende Ansprüche ergeben.

Ausnahme hiervon sind Vermögenszuwächse im Bereich privater Geld- bzw. Sparanlagen, die ausdrücklich in keinem Zusammenhang mit dem Firmenvermögen stehen, wobei das Anfangsvermögen in Abzug zu bringen ist. Beispielhaft seien hierbei Ansparungen in privaten Lebensversicherungen o.ä. genannt.

Die Verfügungsbeschränkungen der §§ 1365, 1369 BGB werden ausgeschlossen.

2. Die Ehefrau und der Ehemann vereinbaren, dass bei Erwerb von werthaltigen Gegenständen zur angemessenen Deckung des Lebensbedarfs gemäß § 1357 BGB immer Alleineigentum desjenigen eintreten soll, der den Gegenstand nach dem Inhalt der Rechnung erworben hat. Dies gilt insbesondere für werthaltige Gegenstände wie Antiquitäten, Wochenendgrundstücke, Campingwagen, Segelschiffe und dergleichen, deren Zugehörigkeit zum Hausrat ggf. streitig sein könnte.

§ 2 Versorgungsausgleich

Die Parteien schließen den gesetzlichen Versorgungsausgleich aus.

Der Notar hat die Parteien über die Bedeutung dieses Ausschlusses umfassend belehrt. Er hat die Parteien auch darauf hingewiesen, dass infolge dieser Vereinbarung ein Ausgleich der in der Ehezeit erworbenen Versorgungsanwartschaften im Falle einer Scheidung der Ehe nicht stattfindet. Der Notar hat die Parteien insbesondere darauf hingewiesen, dass der Ausschluss des Versorgungsausgleichs unwirksam wird, wenn eine der Parteien innerhalb eines Jahres nach Abschluss dieser Vereinbarung Antrag auf Ehescheidung stellt.

Die Eheleute vereinbaren, dass an die Stelle der Durchführung des Versorgungsausgleichs im Falle der Scheidung folgende Regelung treten soll:

Auf das Leben der Ehefrau wird eine Lebensversicherung mit Zahlungen in Höhe von 600 Euro jährlich bis zum 60. Lebensjahr der Ehefrau abgeschlossen.

Als Alter des Rentenbeginns soll das vollendete 60. Lebensjahr der Ehefrau gelten.

Die Parteien sind sich darüber einig, dass Versicherungsnehmer und unwiderruflich Begünstigte für alle Leistungen die Ehefrau und nur für den Fall, dass diese vorverstirbt, der Ehemann sein soll.

Sollte innerhalb eines Jahres nach Abschluss dieses Vertrags diese Vereinbarung durch Einreichung eines Scheidungsantrags gem. § 1408 Abs. 2 Satz 2 BGB unwirksam sein, so sind sich die Parteien einig, dass diese Vereinbarung als eine solche gem. § 1587o BGB Bestand behalten soll.

Ebenso besteht Einigkeit darüber, dass in diesem Falle der kurzen Ehedauer auch die Verpflichtung zur Einzahlung in die Lebensversicherung entfällt.

Den Parteien ist bewusst, dass eine Vereinbarung gem. § 1587o BGB der Genehmigung des Familiengerichts bedarf.

§ 3 Nachehelicher Ehegattenunterhalt

Bei Scheidung wird der gesetzliche nacheheliche Unterhalt geschuldet.

Jedoch wird die **Höhe** eines etwa vom Ehemann an die Ehefrau zu zahlenden nachehelichen Unterhalts, also sowohl des vollen Unterhalts beim alleinverdienenden Verpflichteten wie des Aufstockungsunterhalts beim höher verdienenden Verpflichteten, auf monatlich höchstens Euro 1.000,– **begrenzt.**

Der Höchstbetrag wurde nach den heutigen Lebenshaltungskosten festgesetzt. Er verändert sich nach oben oder unten im gleichen prozentualen Verhältnis, wie sich der vom Statistischen Bundesamt jährlich festgestellte Verbraucherpreisindex für Deutschland nach oben oder unten verändert. Die erste Anpassung erfolgt bei Rechtskraft der Ehescheidung durch den Vergleich des heute festgestellten Preisindex mit dem dann geltenden Preisindex. Jede weitere Anpassung erfolgt dann in jährlichem Abstand bei Veröffentlichung des neuen Preisindex durch das Statistische Bundesamt.

Ein Nachteilausgleich bei Durchführung des begrenzten Realsplittings ist auf den Höchstbetrag nicht anzurechnen, so dass es sich insoweit um einen Nettobetrag handelt.

Mit der Vereinbarung dieser wertgesicherten Höchstgrenze ist kein Anspruch auf Zahlung von nachehelichem Unterhalt verbunden. Vielmehr verbleibt es bezüglich Grund und Höhe eines etwaigen Unterhaltsanspruchs bei den gesetzlichen Bestimmungen. Nur wenn sich nach diesen ein höherer Unterhaltsanspruch eines geschiedenen Ehegatten gegen den anderen ergeben sollte, tritt obige Höchstgrenze in Kraft.

Diese Höchstgrenze gilt nicht für den Fall, dass Kindesbetreuungsunterhalt nach § 1570 BGB geschuldet wird. Die Höhe dieses Unterhalts einschließlich des mit ihm gegebenenfalls verbundenen Aufstockungsunterhalts bestimmt sich nach den ehelichen Lebensverhältnissen ohne Begrenzung nach oben.

Schließen sich an den Kindesbetreuungsunterhalt Anschlusstatbestände an, so gilt für diese wiederum die obige Höchstgrenze.

Weiterhin wird folgende **zeitliche Begrenzung** vereinbart:

Hat die Ehe vom Zeitpunkt der Eheschließung bis zum Zeitpunkt der Rechtshängigkeit der Scheidung nicht länger als fünf Jahre gedauert, so wird die zeitliche Höchstdauer des nachehelichen Unterhalts auf drei Jahre ab Rechtskraft der Scheidung begrenzt, so weit sich nicht nach der gesetzlichen Regelung eine kürzere Dauer ergibt.

Hat die Ehe in diesem Sinne länger als fünf Jahre, aber nicht länger als zehn Jahre gedauert, so beträgt die Höchstdauer der Unterhaltsverpflichtung fünf Jahre. Bei einer Ehedauer von mehr als zehn, aber nicht mehr als fünfzehn Jahren beträgt die Höchstdauer 7 Jahre.

Bei einer Ehedauer von über fünfzehn Jahren tritt keine vereinbarte Begrenzung der Höchstdauer mehr ein.

Soweit und solange Kindesbetreuungsunterhalt nach § 1570 BGB geschuldet wird, treten die zeitlichen Begrenzungen nicht in Kraft oder werden ausgesetzt. Nach Wegfall der Voraussetzungen des Kindesbetreuungsunterhalts erhält der Ehegatte, soweit die gesetzlichen Voraussetzungen im Übrigen vorliegen, noch höchstens drei Jahre Unterhalt, es sei denn, aus den vereinbarten Fristen ohne Kindesbetreuung würde sich angesichts der Ehedauer eine längere Unterhaltsberechtigung ergeben, wobei für die Berechnung dieser etwaigen längeren Unterhaltsberechtigung vom Zeitpunkt der Rechtskraft der Scheidung auszugehen ist.

§ 4 Belehrungen und Hinweise

Der Notar hat auf die Rechtsprechung des Bundesverfassungsgerichts und des Bundesgerichtshofs zur Inhaltskontrolle von Eheverträgen hingewiesen und erläutert, dass ehevertragliche Regelungen bei einer besonders einseitigen Aufbürdung von vertraglichen Lasten und einer erheblich ungleichen Verhandlungsposition unwirksam oder unanwendbar sein können.

Die Vertragsteile erklären, dass sie nach einer Vorbesprechung und dem Erhalt eines Vertragsentwurfes die rechtlichen Regelungen dieses Vertrages umfassend erörtert haben und dieser Vertrag ihrem gemeinsamen Wunsch nach Gestaltung ihrer ehelichen Verhältnisse entspricht.

§ 5 Schriftform

Änderungen und Ergänzungen dieser Vereinbarung bedürfen der Schriftform. Auf dieses Schriftformerfordernis kann nur durch schriftliche Erklärung beider Vertragsteile verzichtet werden, soweit nicht ohnehin notarielle Beurkundung erforderlich ist.

§ 6 Schlussbestimmung

Die Unwirksamkeit einer oder mehrerer Regelungen dieser Vereinbarung soll die Wirksamkeit der übrigen Bestimmungen nicht berühren.

An die Stelle der unwirksamen Bestimmung soll diejenige treten, die dem Zweck dieser Vereinbarung gerecht wird und die die Parteien getroffen hätten, wenn sie die Unwirksamkeit zum Zeitpunkt des Abschlusses dieser Vereinbarung gekannt hätten.

Das vorstehende Protokoll wurde den Erschienenen vorgelesen, von ihnen genehmigt und eigenhändig unterschrieben.

Quick-Info: Güterrechtlicher Vermögensausgleich

A. Die Güterstände	
I. Zugewinngemeinschaft (§§ 1363 bis 1390 BGB)	• gesetzlicher Güterstand; • jeder Ehegatte behält die ihm gehörenden Gegenstände in seinem alleinigen Eigentum (vom Prinzip Gütertrennung); • erst bei Auflösung der Ehe kommt es zu einem Vermögensausgleich.
II. Gütertrennung (§ 1414 BGB)	• die Vermögen bleiben getrennt; • bei Auflösung der Ehe findet kein Vermögensausgleich statt.
III. Gütergemeinschaft (§§ 1415 bis 1518 BGB)	• Vermögen der Frau und des Mannes wachsen zu einem gemeinschaftlichen Gut (Gesamtgut) zusammen; • vom Gesamtgut ausgeschlossen sind das sog. Sondergut (§ 1417 BGB) sowie das sog. Vorbehaltsgut (1418 BGB).
B. Der Zugewinnausgleich	
	• Der Partner mit dem geringeren Zugewinn hat einen **Ausgleichsanspruch** gegenüber dem anderen; der Ausgleichsanspruch entspricht der Hälfte des vom anderen erzielten Gewinnüberschusses (§ 1378 Abs. 1 BGB); • **Zugewinn** ist der Betrag, um den das Endvermögen (EVm) eines Partners sein Anfangsvermögen (AVm) übersteigt (§ 1373 BGB). 1. Berücksichtigung des **Kaufkraftverlustes** nach folgender Formel: $\frac{\text{Anfangsvermögen x Index Endstichtag}}{\text{Index Anfangsstichtag}}$ 2. Beachte! **Schulden** eines Partners können seit 2009 zu einem negativen Anfangsvermögen führen (§ 1374, Abs. 3 BGB). 3. **Ererbtes oder geschenktes Vermögen,** das eins Partner während der Ehe erhält, wird zum AVm addiert (§ 1374 Abs. 2 BGB); die Wertsteigerung jedoch unterliegt dem Zugewinn.

	4. **Illoyale Vermögensminderungen** werden beim Zugewinnausgleich korrigiert und zum EVm des „unlauteren“ Partners addiert (§ 1375 Abs. 2 BGB). 5. Jeder Ehegatte hat gegen den anderen einen einklagbaren **Auskunftsanspruch** (§ 1379 BGB). 6. Bei **grober Unbilligkeit** kann der ausgleichspflichtige Partner den Zugewinnausgleich verweigern (§ 1381 BGB). 7. **Die Verjährungsfrist** für die Ausgleichsforderung beträgt drei Jahre (§ 1378 Abs. 4 BGB).

VI. Versorgungsausgleich

Öffentlich-rechtlicher Versorgungsausgleich obligatorisch

Durch den Versorgungsausgleich werden die während der Ehe erworbenen unterschiedlichen **Renten- oder sonstigen Versorgungsansprüche ausgeglichen**. Ähnlich wie beim Zugewinnausgleich wird dem Ehegatten, der während der Ehe geringere Versorgungsanwartschaften erworben hat, die Hälfte des Unterschiedbetrags übertragen. Bei Scheidung hat das Familiengericht den **öffentlich-rechtlichen Versorgungsausgleich von Amts wegen** durchzuführen (Zwangsverbund) (§ 137 Abs. 2 FamFG). Die **Zuständigkeit des Familiengerichts** ergibt sich aus § 23b Abs. 1 Satz 2 Nr. 7 GVG.

Gesetze zur Durchführung

Die Normen zur Durchführung des Versorgungsausgleichs befinden sich in **§ 1587 BGB** und im **Gesetz über den Versorgungsausgleich (VersAusglG),** das 2009 in Kraft getreten ist.

Da es Aufgabe des Familiengerichts ist, den öffentlich-rechtlichen Versorgungsausgleich in Kooperation mit den Rentenversicherungen vorzunehmen, verzichten wir auf eine weiterführende Darstellung.

VII. Scheidungsmediation

1. Allgemeines

Definition: Mediation

Seit Anfang der 90er Jahre bieten Rechtsanwälte, vereinzelt Jugendämter und auch Vertreter anderer beratender Berufe **Mediation für Trennungs- und Scheidungspaare** an. Mediation ist ein Verfahren der Konfliktlösung, bei dem ein neutraler Dritter die Parteien unterstützt, eine Vereinbarung über die streitigen Punkte zu treffen und zwar unter Berücksichtigung ihrer beiderseitiger Interessen und Bedürfnisse. Nicht eine Lösung nach Recht und Gesetz steht im Zentrum, sondern eine bedarfsgerechte Einigung, die den subjektiven Fairnesskriterien der Parteien entspricht.

Ursprünge der Mediation

Mediation wurde praktisch aus den USA importiert. Dort hat man schon seit den 70er Jahren überaus positive Erfahrungen gemacht, so dass mittlerweile in mehr als der Hälfte der Bundesstaaten in streitigen Sorge- und Umgangsrechtsverfahren Mediation obligatorisch vorgeschaltet wird, bevor ein Gericht den Fall annimmt.

Anwendungsgebiete

Neben der Trennungs- und Scheidungsmediation beginnt sich Mediation in Deutschland als kooperative Konfliktlösungsmethode in anderen Bereichen zu etablieren, wie etwa bei Teamkonflikten, in und zwischen Unternehmen, in der Schule oder bei Umweltstreitigkeiten. In den letzten Jahren hat sich zunehmend das Modell der **gerichtsnahen Mediation** durchgesetzt, wobei streitige Prozesse ausgesetzt werden und auf freiwilliger Basis eigens ausgebildeten Richtermediatoren zum Aushandeln einer Vereinbarung mit den Parteien übertragen werden.

2. Exkurs: Das Mediationsgesetz 2012

Selbst der oberste Dienstherr der deutschen Richter greift nach den Sternen. Die Bundesjustizministerin spricht von einem „Meilenstein zur Verbesserung der Streitkultur in Deutschland." Sie lobt das Mediationsgesetz,[34] das am 26.7.2012 in Kraft getreten ist, als kluges Recht „für eine fortgeschrittene Zivilgesellschaft." Mit dem Gesetz wurde die Umsetzung einer EU-Richtlinie zur Mediation in Zivil- und Handelssachen (2008/527/EG) endlich realisiert.

Mediationsklauseln in Verfahrensordnungen

Mit gerade neun Paragrafen ist das Mediationsgesetz eines der kürzesten Gesetze überhaupt und folgt der Maxime „So viel Gesetz wie nötig, so wenig Gesetz wie möglich." Gleichzeitig wurden Mediationsklauseln in zahlreiche Verfahrensordnungen eingeführt, wie die Zivilprozessordnung (ZPO), das Familienverfahrensgesetz (FamFG), das Arbeitsgerichtsgesetz (AGG), das Sozialgerichtsgesetz (SGG) sowie das Verwaltungsgerichtsgesetz (VerwGG). Damit wird Mediation als ernstzunehmende Alternative zum streitigen Gerichtsprozess sichtbar gestärkt. Parteien müssen etwa im Familien- oder im Zivilverfahren angeben, ob sie bereits einen Mediationsversuch unternommen haben und ob einem solchen Verfahren Gründe entgegen stehen (§ 23 Abs. 1 Satz 2 FamFG, § 253 Abs. 3 Nr. 1 ZPO). Eine möglichst frühe Weichenstellung zur Mediation soll erreicht werden. Schon das Bundesverfassungsgericht hatte 2007 festgestellt, in einem Rechtsstaat sei grundsätzlich eine einverständliche Lösung einer richterlichen Streitentscheidung vorzuziehen.[35]

Die Methode der Mediation wird im Mediationsgesetz folgendermaßen erklärt:

> *„Mediation ist ein vertrauliches und strukturiertes Verfahren, bei dem die Parteien mithilfe eines oder mehrerer Mediatoren freiwillig und eigenverantwortlich eine einvernehmliche Beilegung ihres Konflikts anstreben."* (§ 1 Abs. 1 MedG)

Die Rolle des Mediators wird wie folgt beschrieben:

Neutralität

> *„Ein Mediator ist eine unabhängige und neutrale Person ohne Entscheidungsbefugnis, die die Parteien durch die Mediation führt."* (§ 1 Abs. 2 MedG)

Neutralität sowie Allparteilichkeit des Mediators werden unterstrichen (§ 2 Abs. 3 MedG) und gleichzeitig darauf hingewiesen, dass die Parteien sowie der Mediator die Mediation jederzeit abbrechen können (§ 2 Abs. 5 MedG).

Zertifizierter Mediator

Die fachliche Qualität des Mediationsverfahrens soll durch Schaffung eines „Zertifizierten Mediators" gesichert werden (§§ 5 und 6 MedG). Das Bundesjustizministerium wird ermächtigt, Ausbildungsrichtlinien (Verordnung) zum zertifizierten Mediator zu erlassen (§ 6 MedG).

34 Vom 21.7.2012 (BGBl. I S. 1577).

35 BVerfG vom 14.2.2007 – BvR 1351/01 – in NJW-RR 2007, S. 1073.

Güterichter

Neben der Mediation, die primär von freien und zertifizierten Mediatoren durchgeführt wird, soll weiterhin gerichtsinterne Streitschlichtung durch **Güterichter** im sog. „Güterichtermodell" möglich sein.

Zu kurz gekommen ist allerdings die Kostenförderung der Mediation für einkommensschwache Bürger. Dazu sieht das Mediationsgesetz keine der Prozesskostenhilfe vergleichbare Unterstützung vor. Dies wird von den Mediationsverbänden einhellig kritisiert und sollte von dem Gesetzgeber nachgebessert werden. Letztlich sind erhebliche Einsparungen im Justizsektor möglich, die in eine „Mediationskostenhilfe" fließen könnten.

3. Die Praxis der Scheidungsmediation in Deutschland

Gesetzliche Verankerung der Mediation

Mediation in Fällen des Kindschaftsrechts

Mittlerweile ist Mediation in Deutschland im Scheidungsbereich ansatzweise gesetzlich verankert (§§ 135, 156, 165 FamFG). Um scheidungswilligen Paaren das effektive und konsensorientierte Modell der Mediation näherzubringen, darf das Familiengericht seit dem 1.9.2009 anordnen, dass die Eheleute an einem **kostenlosen Informationsgespräch über Mediation** teilnehmen (§ 135 FamFG). Auch in Kindschaftssachen ist diese richterliche Anordnung inzwischen möglich (§ 156 Abs. 1 Satz 3 FamFG), eingeführt durch das Mediationsgesetz. Die Eltern müssen langfristig in die Lage versetzt werden, wieder miteinander zu kommunizieren, um nicht ihren Partnerkonflikt dauerhaft schädigend auf dem Rücken ihrer Kinder auszutragen. Weiterhin kann beim **Streit um den Umgang** mit einem Kind eine **Vermittlung durch das Familiengericht** beantragt werden (§ 165 FamFG).

Ausbildung

Doppeltes Mandat nicht möglich

Die **Anwaltschaft** hat inzwischen **Mediation als zusätzliche Dienstleistung und komplementäres Geschäftsfeld** entdeckt. Mit einem juristischen Background lässt sich die Methode in relativ überschaubarer Zeit erlernen. In der Regel akzeptieren **die Rechtsanwaltskammern eine 90-stündige Ausbildung** mit einem bestimmten Inhaltskatalog, damit ein Anwalt den Titel „Mediator" führen darf.[36] In jedem Fall ist der Rechtsanwalt gehalten, seine Rolle klar zu definieren. Entweder er tritt als Parteivertreter auf oder als Mediator. Gegenüber einem Mandanten kann er nicht beide Rollen ausüben.

Ebenso die sozialen Berufe haben Mediation als unverzichtbares Handwerkszeug in ihrem Methodenkoffer entdeckt. Mediation im Sozialbereich wird vorwiegend im Zusammenhang mit Trennung und Scheidung, Konfliktlotsen-Programmen an Schulen, dem Täter-Opfer-Ausgleich (TOA), in der Altenhilfe, im Gesundheitswesen sowie zunehmend bei der Bearbeitung innerbetrieblicher Konflikte eingesetzt. Das Mediationsgesetz sieht eine 120-stündige Ausbildung zur Zertifizierung als Mediator vor.[37]

---

36 Entsprechende Kurzausbildungen bieten z.B. die Deutsche Anwaltsakademie oder das iko-Institut für Konfliktlösungen an: www.iko-info.de
Zu umfangreichen Ausbildungen siehe die Website des Bundes-Arbeitsgemeinschaft für Familienmediation: www.bafm-mediation.de

37 Das iko Institut für Konfliktlösungen bietet eine solche 120-stündige Ausbildung an, die besonders auf die Anforderungen sozialer Berufe zugeschnitten ist: www.iko-info.de.

Mediation hat mit neueren Zielsetzungen sozialarbeiterischen Handelns einiges gemein. Die Methode ist in doppelter Hinsicht ressourcenorientiert. Zum einen setzt sie an den Ressourcen der Klienten an, fördert deren Kommunikations- und Kooperationsfähigkeit, stärkt ihre Eigenverantwortung und unterstützt Autonomie sowie Selbstbestimmung der Konfliktpartner. Andererseits werden die finanziellen Ressourcen von Institutionen und Klienten geschont. Andererseits unterscheidet sich Mediation von therapeutischen Interventionen, indem sehr ziel- und zukunftsorientiert auf eine gemeinsame Vereinbarung der Streitparteien hingearbeitet wird.

Mediation ist eine universelle Methode, die sich auf nahezu jede Konfliktkonstellation übertragen lässt.

Trennungs- und Scheidungspaare können im Rahmen der Mediation folgende Punkte regeln:

- Sorge- und Umgangsrecht
- Kindes- und Ehegattenunterhalt
- Aufteilung des Vermögens/Zugewinnausgleich
- Ehewohnung und Hausrat

Verbindlichkeit der getroffenen Vereinbarung

Eine gütliche Einigung über die wesentlichen Scheidungsfolgen erspart nervenaufreibende Auseinandersetzungen, unter denen am meisten gemeinsame Kinder zu leiden haben. Die getroffene Einigung kann danach entweder in das gerichtliche Scheidungsverfahren als **Scheidungsfolgenvereinbarung** eingeführt oder notariell beglaubigt bzw. beurkundet werden, sofern ein Formzwang besteht.

Beachte: Vereinbarungen über den nachehelichen Unterhalt, die vor Rechtskraft der Scheidung getroffen werden, bedürfen der notariellen Beurkundung (§ 1585c Satz 2 BGB).

Ein Beispiel einer Trennungsvereinbarung soll den weitläufigen, auch persönlichen Regelungsinhalt und die teils „unjuristischen" Formulierungen illustrieren:

Textbeispiel: Trennungsvereinbarung

Trennungsvereinbarung

zwischen

Frau D. H., geb. ..., geboren am ...
Steuerfachangestellte und nebenberufliche Fitnesstrainerin
wohnhaft: ...

und

Herrn E. H., geboren am ...,
Technischer Zeichner
wohnhaft: ...

Wir haben am ... die Ehe geschlossen und leben seit dem ... getrennt.

Wir haben zwei gemeinsame Kinder

- Fritz, geboren am ..., wohnhaft bei Frau H.
  Fritz arbeitet als Polizeibeamter bei der Polizeidirektion ... mit einem Nettoeinkommen von derzeit circa 1.100,– €.
- Hans, geboren am ..., wohnhaft bei Frau H.
  Hans besucht derzeit die 12. Klasse der ...-Schule.

1. Vorbemerkung

Mit diesem Entwurf einer Trennungsvereinbarung beabsichtigen wir, unser Vermögen aufzuteilen und Unterhaltsleistungen für Hans zu regeln. Auf den Entwurf haben wir uns im Rahmen einer Mediation geeinigt, die von Herrn ..., in der Zeit vom ... bis ... durchgeführt wurde.

Zum Zeitpunkt der Trennung ist E. H. aus der gemeinsamen Ehewohnung, ..., in eine Mietwohnung in ... gezogen. Die beiden Kinder blieben bei Frau H. in deren Haus in ... wohnen. Frau H. bezieht das Kindergeld für Hans in Höhe von 154,– €.

2. Vermögensaufteilung

Grundstück/Haus

Frau H. ist Alleineigentümerin des Grundstücks ..., das sie ... von ihren Eltern überschrieben bekam. Zu diesem Zeitpunkt hat sie ihren Bruder mit einer Abfindung in Höhe von 200.000,– DM in zwei Raten ausgezahlt. Haus und Grundstück wurden ... mit einem Verkehrswert von ca. 550.000,– DM geschätzt.

Zur Auszahlung des Bruders von Frau H. nahmen die Eheleute H. zunächst einen Kredit bei der Allianz Versicherung über 85.000,– DM auf. Nach Ablauf der Zinsbindung wurde der Kredit von der Allianz Versicherung nicht weiter verlängert. Dieser Kredit wurde dann durch ein Darlehn bei der ... in Höhe von 38.000,– € abgelöst. Gegenwärtig werden monatliche Darlehensraten in Höhe von 275,42 € gezahlt.

Die Eheleute H. haben sich dahingehend geeinigt, dass Herr E.H. aus dem mit der ... abgeschlossenen Kreditvertrag gänzlich ausscheidet und von Schuld und Haftung befreit wird. Die Übertragung des Kreditvertrags auf Frau D. H. als alleinige Schuldnerin ist bei der ... beantragt.

Herr E. H. macht auch weiterhin keine Ansprüche aus einer etwaigen Wertsteigerung des Grundstücks ... bzw. aus Renovierungsarbeiten und Investitionen im Rahmen eines Zugewinnausgleichs geltend.

Die Eheleute H. wollen keinen Zugewinnausgleich nach klassischem Muster durchführen, sondern ihr Vermögen nach eigenen Fairnesskriterien aufteilen.

Lebensversicherungen

D. und E. H. sind Inhaber von vier Lebensversicherungen, die wie folgt aufgeteilt werden

1. Lebensversicherung bei der Allianz Versicherung

Versicherungsbeginn: ...
Versicherungsablauf: ...
Versicherungsnehmerin: D. H.
Versicherte Person: D. H.
Wert heute: 15.350,15 €

Diese Lebensversicherung verbleibt bei Frau H. als Versicherungsnehmerin und Begünstigte.

2. Lebensversicherung bei der Allianz Versicherung

Versicherungsbeginn: ...
Versicherungsablauf: ...
Versicherungsnehmerin: D. H.
Versicherte Personen: E. H. / D. H.
Gesamtwert heute: 654,84 €

Die Eheleute H. einigen sich darauf, diese Lebensversicherung baldmöglichst zu kündigen. Der Erlös wird zwischen den Parteien hälftig aufgeteilt.

3. Lebensversicherung: Risikolebensversicherung bei der Allianz Versicherung

Versicherungsbeginn: ...
Versicherungsablauf: ...
Versicherungsnehmerin: D. H.
ersicherte Personen: D. H. / E. H.
Aktueller Todesfallschutz: 15.000,– €

Die Parteien einigen sich dahingehend, dass Herr H. als versicherte Person ausscheidet und neben Frau D. H. die Kinder Fritz und Hans als versicherte Personen aufgenommen werden.

4. Lebensversicherung bei der HUK

Versicherungsschein-Nr.: ...
Versicherungsnehmer und versicherte Person: E. H.
Ablauf der Versicherungsdauer: ...
Versicherungssumme: 51.130 €

Die Eheleute H. einigen sich dahingehend, dass diese Lebensversicherung ohne Veränderung zugunsten von Herrn E. H. bestehen bleiben soll.

Hausrat und Pkw

Die Aufteilung des Hausrats regeln die Eheleute H. im gegenseitigen Einvernehmen. Herr H. wird seinen auf ihn zugelassenen Pkw behalten.

3. Einkommensgrundlagen

3.1

E.H. ist seit dem ... bei der Fa. ... als Technischer Zeichner beschäftigt.

Berechnung des Einkommens von Herrn H.:

durchschnittliches Nettomonatsgehalt	= 1.793,– € monatlich	
	x 12 jährlich	21.516,– €
	+ 1 x 70% (Weihnachtsgeld)	1.255,– €
	+ Urlaubsgeld	150,– €
Nettojahresgehalt		22.921,– €
: 12 Monate =		1.910,– € / mtl.
abzügl. 5% berufsbed. Aufwendungen		
Bereinigtes Nettoeinkommen =		1.814,– €

3.2

D. H. ist seit dem ... beim Finanzamt ... als Steuerfachangestellte beschäftigt.

Berechnung des Einkommens von Frau H.

D. H. bezieht als Steuerfachangestellte ein monatliches Nettoeinkommen von 1.843,– €. Weiterhin ist sie bei der freikirchlichen Gemeinde nebenberuflich als Fitnesstrainerin beschäftigt, mit einem monatlichen Nettoeinkommen von 347,– €. Daraus ergibt sich ein monatliches Gesamtnettoeinkommen von 2.190,– €.

Bei der Berechnung des bereinigten Nettoeinkommens müsste davon die monatliche Darlehensrate in Höhe von 275,– € für das Grundstück ... abgezogen werden. Ein Wohnvorteil für Frau H., da sie im eigenen Haus mietfrei wohnt, müsste dagegen gerechnet werden. Die Eheleute H. einigen sich dahingehend, die monatliche Kreditrate und den Wohnvorteil gegenseitig aufzuheben.

Monatliches Nettoeinkommen	2.190,– €
abzügl. 5% berufsbed. Aufwendungen	
Bereinigtes Nettoeinkommen	2.080,– €

4. Unterhalt

4.1 Unterhalt für Hans bis zu dessen Volljährigkeit

Hans ist Schüler der 12. Klasse und wohnhaft bei seiner Mutter. Er wird am ... volljährig.

Bis zu dessen Volljährigkeit wird E. H. für die nächsten vier Monate jeweils 330,– € Kindesunterhalt überweisen. Von diesem Betrag ist das anteilige Kindergeld schon abgezogen.

4.2 Unterhalt für Hans ab Volljährigkeit

Ausgehend von der Annahme, dass Hans bei Volljährigkeit einen eigenen Hausstand gründen wird, werden folgende Grundlagen für die Unterhaltsermittlung herangezogen. Nach allgemeiner Auffassung besteht kein Betreuungsbedarf mehr und beide Elternteile werden anteilig entsprechend ihren Einkommensanteilen barunterhaltspflichtig. Beide Elternteile zahlen je 350,– € Unterhalt an Hans.

Die Unterhaltsleistungen für Hans erbringen D. und E. H. spätestens am 3. Werktag des jeweiligen Monats.

5. Testament

D. und E. H. haben am ... beim Notar ... ein gegenseitiges Testament beurkunden lassen, von dem sie jetzt zurücktreten wollen. Die Rücktrittserklärung ist an eine notarielle Beurkundung gebunden, die sie innerhalb der nächsten zwei Monate vornehmen lassen.

6. Ehegattenunterhalt

Nach reiflicher Überlegung einigen sich D. und E. H. auf gegenseitige Unterhaltsansprüche zu verzichten. Ihnen ist bewusst, dass dies auch für den Fall von Arbeitslosigkeit, Krankheit oder Behinderung zutrifft. Es ist ihr freier Wille die Ehe mit allen Konsequenzen zu beenden. Jeder Partner möchte finanziell auf eigenen Füßen stehen.

7. Weitere Schritte

Die Unterhaltsvereinbarungen sollen so lange gelten, bis sich wesentliche Veränderungen in den Einkommens- und Lebensverhältnissen ergeben.

Herr und Frau H. werden die formgebundenen Bestandteile dieser Trennungsvereinbarung notariell beurkunden lassen.

C. Andere Familienformen

I. Die eingetragene Lebenspartnerschaft

Geschichtlicher Hintergrund

Annähernde Gleichstellung von Ehe und Lebenspartnerschaft

Nach heftigen ideologischen Kontroversen wurde im Jahr 2001 mit der **eingetragenen Lebenspartnerschaft ein der Ehe ähnliches Rechtsinstitut für gleichgeschlechtliche Partner** installiert. Schon 1993 lag dem Bundesverfassungsgericht eine Verfassungsbeschwerde vor, die monierte, dass homosexuelle Paare gegenüber heterosexuellen Paaren diskriminiert würden. Schwulen- und Lesbenverbände forderten, die Ehe mit den daraus resultierenden rechtlichen Konsequenzen ebenfalls Homosexuellen zu öffnen, wie dies einige skandinavische Länder schon praktizierten. Mit Verweis auf die christlich-abendländische Tradition bestätigte das Bundesverfassungsgericht, die Geschlechtsverschiedenheit sei ein Wesensmerkmal der Ehe und stehe gleichgeschlechtlichen Paaren nicht offen.[38] Die Verfassungsrichter erkannten jedoch eine Diskriminierung Homosexueller. Mit dem **Lebenspartnerschaftsgesetz (LPartG),** das **am 1.8.2001 in Kraft** trat sowie dem **Gesetz zur Überarbeitung des Lebenspartnerschaftsrechts (LPartGÜG), in Kraft seit dem 1.1.2005,** wurde die eingetragene Lebenspartnerschaft der Ehe fast gleich gestellt. Mittlerweile hat das Bundesverfassungsgericht positiv festgestellt, dass das LPartG verfassungskonform sei.[39]

1. Begründung der Lebenspartnerschaft

Eingehen einer Lebenspartnerschaft

Wie eine Ehe ist die Lebenspartnerschaft auf Lebenszeit angelegt. Sie wird grundsätzlich vor dem Standesbeamten geschlossen, jedoch können die Bundesländer eine andere Zuständigkeit bestimmen (§ 23 Abs. 1 und Abs. 2 LPartG). Bei der Erklärung, eine Lebenspartnerschaft eingehen zu wollen, müssen die gleichgeschlechtlichen Partner persönlich zugegen sein **(§ 1 Abs. 1 Satz 1 LPartG).**

Die **Voraussetzungen** für die Eingehung einer Lebenspartnerschaft ergeben sich aus **§ 1 Abs. 3 LPartG:**

Kriterien

- Die Partner müssen volljährig und geschäftsfähig sein.
- Es darf keine Verwandtschaft in gerader Linie bestehen.
- Sie dürfen nicht (noch) verheiratet sein oder mit einer anderen Person eine Lebenspartnerschaft führen.
- Es besteht ein Partnerschaftsverbot zwischen vollbürtigen und halbbürtigen Geschwistern.
- Außerdem müssen sich die Lebenspartner über eine **partnerschaftliche sowie gemeinsame Lebensgestaltung** einig sein (§ 2 LPartG).

---

38 BVerfG in FamRZ 1993, S. 1419.
39 BVerfGE 105, S. 313.

Wird eine dieser Voraussetzungen nicht erfüllt, spricht man von **Partnerschaftsverbot,** und es liegt trotz Registrierung durch die zuständige Behörde **keine wirksame Lebenspartnerschaft** vor.

2. Wirkungen der Lebenspartnerschaft

Gegenseitiges Einstehen

Die Pflichten einer Lebenspartnerschaft ähneln denen einer ehelichen Lebensgemeinschaft (§ 1353 BGB). Die Lebenspartner sind demnach zu **gegenseitiger Fürsorge und Unterstützung** sowie zu einer **gemeinsamen Lebensgestaltung** verpflichtet (§ 2 LPartG).

Nachname

Die Lebenspartner können einen **gemeinsamen Namen** bestimmen (§ 3 LPartG). Die Wahlmöglichkeiten entsprechen der Regelung über den Ehenamen (§ 1355 BGB).

Sorgfaltspflicht

In eingeschränktem Umfang **haften die Partner für Sorgfaltspflichtverletzungen** gegenseitig. Lebenspartner haben bei der Erfüllung der gegenseitigen Pflichten nur für diejenige Sorgfalt einzustehen, die sie in eigenen Angelegenheiten anzuwenden pflegen (§ 4 LPartG i.V.m. § 277 BGB). Diese Haftungseinschränkung entspricht der Regelung zwischen Ehegatten (§ 1359 BGB).

3. Unterhalt

Das LPartG unterscheidet ebenso wie die Normen zum Ehegattenunterhalt, ob die Lebensgemeinschaft noch besteht, ob sie getrennt ist oder ob die Lebenspartnerschaft durch Urteil aufgehoben wurde.

Unterhaltspflicht

Bei Bestehen der partnerschaftlichen Gemeinschaft sind sich die Lebenspartner einander zum angemessenen Lebensunterhalt verpflichtet (§ 5 LPartG). Auf die Regeln für den Ehegattenunterhalt (§§ 1360 Satz 2; 1360a und 1360b; 1609 BGB) wird verwiesen.

Unterhalt bei Trennung

Bei Getrenntleben der Partner kann der bedürftige Lebenspartner von dem leistungsfähigen Partner angemessenen Unterhalt verlangen (§ 12 LPartG). Auf die §§ 1361 (Ehegattenunterhalt bei Trennung) und 1609 (Rangfolge) BGB wird verwiesen. Dabei sind die Erwerbs- und Vermögensverhältnisse zu berücksichtigen.

Unterhalt nach Auflösung der Lebenspartnerschaft

Für die **Unterhaltspflicht nach gerichtlicher Aufhebung der Lebenspartnerschaft (§ 16 LPartG)** steht wie beim Geschiedenenunterhalt zunächst das Prinzip der **Eigenverantwortung** im Vordergrund. Ist ein Partner jedoch nicht in der Lage, für seinen Unterhalt selbst zu sorgen, gelten die **Unterhaltstatbestände,** die Unterhaltsansprüche des geschiedenen Ehegatten begründen, entsprechend. § 16 LPartG zieht die §§ 1570 – 1586b BGB sowie die Vorschrift zur Rangfolge der Unterhaltsberechtigten (§ 1609 BGB) heran.

Bedingungen

Voraussetzungen hierfür sind die Bedürftigkeit des Unterhaltsberechtigten (z.B. Betreuung eines gemeinsamen Kindes, Krankheit, Alter, Arbeitslosigkeit, Ausbildung etc.) und die Leistungsfähigkeit des unterhaltspflichtigen Lebenspartners. Durch die eingeführte Möglichkeit der Adoption eines Kindes des Partners kann die Option des Betreuungsunterhalts neuerdings erfüllt sein.

Art und Umfang des Unterhalts nach Auflösung

Die Höhe des Unterhalts bestimmt sich nach den Lebensverhältnissen, in denen die Lebenspartner während ihrer Lebenspartnerschaft gelebt haben.

Unter Billigkeitsgesichtpunkten kann der Unterhaltsanspruch zeitlich begrenzt, herabgesetzt oder ganz ausgeschlossen werden (§§ 1578b, 1579 BGB).

Der Unterhaltsanspruch verfällt, wenn der Berechtigte heiratet oder eine neue Lebenspartnerschaft begründet (§ 1568 BGB).

Des Weiteren können Lebenspartner Vereinbarungen über den nachpartnerschaftlichen Unterhalt treffen (§ 1585c BGB).

Im Fall einer Klage auf nachpartnerschaftlichen Unterhalt entscheidet das Familiengericht (§ 269 Abs. 1 Nr. 9 FamFG).

4. Güterstand

Zugewinngemeinschaft

Mit der Überarbeitung des Lebenspartnerschaftsgesetzes zum 1.1.2005 wurde das ursprünglich verunglückte Güterrecht für Lebenspartner dem ehelichen Güterrecht angepasst. **Gesetzlicher Güterstand ist die Zugewinngemeinschaft**, sofern die Partner keine andere vertragliche Vereinbarung getroffen haben (§ 6 LPartG; §§ 1363 Abs. 2 und 1364 – 1390 BGB).

Mit einem **Lebenspartnerschaftsvertrag** können die Partner die Zugewinngemeinschaft ändern sowie Gütertrennung oder Gütergemeinschaft vereinbaren (§ 7 LPartG). In jedem Fall unterliegt der Vertrag notarieller Beurkundung (§ 1410 BGB).

5. Sorgerecht

Beteiligung des Lebenspartners am Sorgerecht

Ein allein sorgeberechtigter Elternteil, der eine Lebenspartnerschaft führt, kann seinem Lebenspartner ein **Mitentscheidungsrecht in Angelegenheiten des täglichen Lebens** für das Kind einräumen (sog. **kleines Sorgerecht**). Der Lebenspartner ist bei Gefahr im Verzug dazu berechtigt, alle Rechtshandlungen vorzunehmen, die zum Wohl des Kindes notwendig sind, wobei der sorgeberechtigte Elternteil unverzüglich zu benachrichtigen ist (§ 9 Abs. 1 und Abs. 2 LPartG).

6. Stiefkind- und Sukzessivadoption

Lebenspartner haben kein gemeinsames Adoptionsrecht

Nach wie vor können nur Ehepartner, jedoch nicht Lebenspartner ein Kind gemeinsam adoptieren (§ 1741 Abs. 2 BGB). Nach geltendem Recht steht die Befugnis zur Adoption eines Kindes einem Lebenspartner nur alleine zu (§ 1741 Abs. 2 Satz 1 BGB). Mit dem LPartGÜG wurde 2005 die Stiefkindadoption durch Lebenspartner ermöglicht (§ 9 VII LPartG). Dies betrifft das leibliche, nicht das adoptierte Kind des Lebenspartners, das damit gemeinsames Kind der Lebenspartner wird. Selbstverständlich ist dazu die Einwilligung des anderen Elternteils erforderlich (§ 1747 BGB).

So genannte **Sukzessivadoptionen**, bei denen der Partner das bereits vor der Eheschließung adoptierte Kind sukzessive adoptiert, sind gesetzlich ausschließlich Ehepaaren gestattet (§1742 BGB).[40] Die Verwehrung der Sukzessivadoption durch eingetragene Lebenspartner wurde damit begründet, konkurrierende Elternrechte sowie Kettenadoptionen verhindern zu wollen.[41]

Verfassungsbeschwerden 2013

Die Verfassungsbeschwerden zweier eingetragener Lebenspartner[42] führten 2013 zu einer Prüfung durch das Bundesverfassungsgericht, ob die Nichtzulassung der Sukzessivadoption durch eingetragene Lebenspartner (§ 9 Abs. 7 LPartG) mit dem Grundgesetz vereinbar ist. [43]

Das BVerfG kam zu der Einschätzung, dass der Ausschluss der Sukzessivadoption durch eingetragene Lebenspartner verfassungswidrig sei. Der Gesetzgeber habe bis zum 30. Juni 2014 eine gesetzliche Regelung zu treffen. Übergangsweise sei § 9 Abs. 7 LPartG so anzuwenden, dass eine Adoption des angenommenen Kindes durch den eingetragenen Lebenspartner ermöglicht werde.[44]

Die Begründung des BVerfG

Das Bundesverfassungsgericht begründet seine Entscheidung folgendermaßen: Das Recht des betroffenen Kindes auf Gleichbehandlung werde verletzt. § 9 Abs. 7 LPartG sei mit Art. 3 Abs. 1 GG (Gleichheitsgrundsatz) unvereinbar.[45] Die bisherige Regelung benachteilige das Kind gegenüber adoptierten Kindern eines Ehegatten (§1742 BGB) und gegenüber leiblichen Kindern des eingetragenen Lebenspartners (§ 9 Abs. 7 LPartG). Durch die Verwehrung der Sukzessivadoption würden Grundrechte des Kindes zur Persönlichkeitsentfaltung berührt. Möglichkeiten der Entwicklung und der Lebensgestaltung blieben dem adoptierten Kind verwehrt, die dem leiblichen Kind eines Lebenspartners oder dem adoptierten Kind eines Ehegatten zugänglich wären. Zusätzlich werde das familiäre Zusammenleben (Art. 6 Abs. 1 GG) erschwert und die geschützte Stabilisierungsfunktion (Art. 6 Abs. 1 GG) der Familie beeinträchtigt.[46] Weiterhin finde eine Ungleichbehandlung der eingetragenen Lebenspartner gegenüber Ehegatten statt. Die Unterschiede zwischen eingetragenen Lebenspartnerschaften und Ehen rechtfertige keine Ungleichbehandlung der Adoptionsmöglichkeiten und damit verbunden den generellen Ausschluss der Sukzessivadoption für eingetragene Lebenspartner.[47] Das BVerG bezieht sich in seiner Begründung auf die Anhörung von Sachverständigen. Nach deren Einschätzung diene die Adoption der weiteren Stabilisierung und Integration in die Familie. Die rechtliche Gleichstellung könne zu einem stärkeren Zugehörigkeitsgefühl führen, zu mehr Verantwortungsgefühl der Eltern und zu einer Erleichterung bei der gemeinsamen Erziehung.

40 Siehe BVerfG, Urteil vom 19.02.2013, Aktenzeichen BvL 1/11 und BvR 3247/09, S. 3, veröffentlicht z.B. in NJW 2013, S. 847.
41 Siehe BVerfG (2013), a.a.O., S. 14/15.
42 BVerfG a.a.O.
43 Siehe BVerfG a.a.O., S. 2 f.
44 BVerfG a.a.O., S. 2.
45 Siehe BVerfG a.a.O.
46 Siehe BVerfG a.a.O., S. 14.
47 Siehe BVerfG a.a.O., S. 19.

7. Sonstige Wirkungen

Erbrecht (§ 10 LPartG): Bei noch bestehender Lebenspartnerschaft steht dem überlebenden Lebenspartner ein Anrecht auf einen Teil des Erbes zu. Neben Verwandten der ersten Ordnung gebührt ihm ein Viertel, neben Verwandten zweiten Grades die Hälfte des Erbteils.

Verwandtschaft und Schwägerschaft (§ 11 LPartG): Durch Begründung einer Lebenspartnerschaft treten die Partner in ein Verwandtschaftsverhältnis. Konsequenterweise gelten die Verwandten eines Lebenspartners als mit dem anderen Lebenspartner verschwägert.

8. Aufhebung der Lebenspartnerschaft

Auflösung

Auf Antrag eines oder beider Lebenspartner wird die Lebenspartnerschaft durch ein Gerichtsurteil aufgehoben. Zuständig ist, wie für andere Lebenspartnerschaftsverfahren auch, das Familiengericht (§ 269 FamFG).

Analogie zur Ehescheidung

Die „Aufhebung" der Lebenspartnerschaft entspricht in ihren Voraussetzungen und Folgen weitgehend der Scheidung (§§ 1564 ff. BGB), nicht aber der Aufhebung der Ehe (§§ 1313 ff. BGB).

Seit der Novellierung führt das Lebenspartnerschaftsgesetz **vier Aufhebungsgründe** auf (§ 15 Abs. 2 LPartG):

Formen der Auflösung

- **Einverständliche Aufhebung:** Beide Lebenspartner beantragen die Aufhebung oder der Andere stimmt dem Antrag zu, und es besteht eine einjährige Trennungszeit (§ 15 Abs. 2 Nr. 1a LPartG).
- **Prüfung der Zerrüttung:** Nach einem Trennungsjahr wird die Partnerschaft auf Antrag aufgelöst, wenn nicht erwartet werden kann, dass das partnerschaftliche Leben wieder hergestellt werden kann (§ 15 Abs. 2 Nr. 1b LPartG).
- **Dreijährige Trennung:** Nach dreijähriger Trennung wird die Zerrüttung unwiderlegbar vermutet und die Lebenspartnerschaft wird auch auf einseitigen Antrag aufgelöst (§ 15 Abs. 2 Nr. 2 LPartG).
- **Unzumutbare Härte:** Wenn die Fortsetzung der Lebenspartnerschaft für den Antragsteller eine unzumutbare Härte bedeutet, wird die Partnerschaft auch ohne Trennungszeit aufgehoben (§ 15 Abs. 2 Nr. 3 LPartG).

Im **Härtefall** kann ein Partner die Aufhebung der Partnerschaft ausnahmsweise aufhalten, wenn er außergewöhnliche Umstände anführen kann (§ 15 Abs. 3 LPartG).

9. Aufhebungsfolgen

Hausrat und Wohnung

Bei Aufhebung der Lebenspartnerschaft kann das Familiengericht nach „Billigkeitsgesichtspunkten" den **Hausrat unter den Lebenspartnern aufteilen** und einem von ihnen die bis dahin **gemeinsame Wohnung zuweisen** (§ 17 LPartG). Diese Befugnisse haben ihre Parallele in § 1568b BGB, der für das Ehescheidungsrecht anwendbar ist.

Die Modalitäten der **Aufteilung des Vermögens** hängt von dem gewählten Güterstand der Partner ab. Beim gesetzlichen Güterstand der Zugewinngemeinschaft wird ein Zugewinnausgleich nach den BGB-Regeln durchgeführt (§ 6 Satz 2 LPartG mit Verweis auf die §§ 1363 ff. BGB).

Güterstand ausschlaggebend

Der **nachpartnerschaftliche Unterhalt** entspricht dem Geschiedenenunterhalt (§ 16 LPartG). Weitere Ausführungen siehe unter Punkt 3.

Unterhalt

Seit Überarbeitung des Lebenspartnerschaftsgesetzes wird bei Aufhebung der Partnerschaft ebenfalls ein **Versorgungsausgleich** durchgeführt (§ 20 LPartG). Auf das Versorgungsausgleichsgesetz wird verwiesen.

Versorgungsaus

II. Die Lebensgemeinschaft ohne Heirat

In Deutschland haben sich mehr als zwei Millionen Paare entschlossen – mit oder ohne Kinder – ohne das staatliche Siegel der Ehe partnerschaftlich zusammen zu leben. Wurden vor wenigen Jahrzehnten nichteheliche Lebensgemeinschaften noch moralisch verfemt, sind sie heute akzeptierter Teil einer Pluralität von Lebensformen.

Partnerschaft ohne rechtliche Verbindlichkeit

Konkretisierung

DEFINITION

Nach einer Formulierung des **Bundesverfassungsgerichts** aus dem Jahr 1992 gilt als nichteheliche oder eheähnliche Lebensgemeinschaft eine *„Lebensgemeinschaft zwischen einem Mann und einer Frau, die auf Dauer angelegt ist, daneben keine weitere Lebensgemeinschaft gleicher Art zulässt und sich durch innere Bindungen auszeichnet, die ein gegenseitiges Einstehen der Partner füreinander begründen, also über die Beziehungen in einer reinen Haushalts- und Wirtschaftsgemeinschaft hinausgehen."*[48]

Der Gesetzgeber überlässt die nichteheliche Lebensgemeinschaft einer rechtlichen Grauzone, obwohl eine ganze Reihe von Problemen nach klaren rechtlichen Vorgaben verlangen. Da sind z.B. Informationsbedürfnisse des Partners bei Krankheit des Anderen, die Aufnahme eines Partners in einen bestehenden Mietvertrag, die Rückforderung von Geschenken, Darlehen oder in den Haushalt eingebrachten Gegenständen. Ebenso ergeben sich aus dem Zusammenleben keine steuerrechtlichen sowie erbrechtlichen Privilegien.

Keine gesetzlichen Regelungen

Die analoge Anwendung der Normen für die Ehe oder der eingetragenen Lebenspartnerschaft verbietet sich, da sich die nichtehelichen Paare bewusst gegen eine Ehe entschieden haben. So bleibt diese Familienform weitestgehend gesetzlich ungeregelt.

48 BVerfGE 87, S. 234, 264.

Ausnahmen

Einige wenige **Ausnahmen** bestehen lediglich in Bezug auf **Unterhaltspflichten** und das **Umgangsrecht:**

- Eheliche und nichteheliche Kinder sind gleichgestellt (Art. 6 Abs. 5 GG).
- Nichtehelichen Vätern steht ein **Umgangs- sowie ein Auskunftsrecht** zu (§§ 1684 Abs. 1, 1686 BGB).
- Die **gemeinsame elterliche Sorge** für ein nichteheliches Kind verlangt nach § 1626a Abs. 1 Nr. 1 BGB die Zustimmung der Mutter zu einer Sorgeerklärung. Erfolgt diese nicht, behält sie das alleinige Sorgerecht (§ 1626a Abs. 2 BGB). Diese Vorschrift wurde vom BVerfG als verfassungswidrig eingestuft.[49]
- Nach § 1615 Abs. 1 BGB hat die Mutter eines nichtehelichen Kindes einen **Anspruch auf Betreuungsunterhalt** gegenüber dem Vater, grundsätzlich für drei Jahre mit der Möglichkeit der Verlängerung aus Billigkeitsgründen.

Rechte und Pflichten gegenüber dem Staat

Insgesamt ist festzustellen, dass bei einer nichtehelichen Lebensgemeinschaft einige einschneidende Verpflichtungen der Lebenspartner gegenüber dem Staat bestehen, z.B. bezüglich der Erbschaftssteuer (niedriger Freibetrag) oder eingeschränkte soziale Leistungsansprüche.

Andererseits haben die Partner wenig Rechte. Ihnen stehen beispielsweise kein Zeugnisverweigerungsrecht sowie kein Informationsrecht im Krankheitsfall gegenüber Ärzten zu.

Vertragliche Regelungen

Wegen dieser unsicheren Rechtslage ist nichtehelichen Paaren zu raten, einen **Partnerschaftsvertrag** zu schließen, welcher feste Vereinbarungen für die Zeit des Zusammenlebens, vor allem aber für den Fall einer Trennung trifft. Eine notarielle Beratung und Beurkundung ist nicht zwingend, jedoch empfehlenswert.

Vertragliche Regelungsmöglichkeiten:[50]

Während der Partnerschaft

- Die Art und Weise des Zusammenlebens der Partner einschließlich der Rechtsverhältnisse am beiderseitigen Vermögen.
- Unterhalt/Lebensversicherung für die Frau, wenn sie durch die Betreuung der Kinder gehindert ist (voll) erwerbstätig zu sein.

Die Zeit nach der Trennung

- Für den Fall einer Trennung:
  - Regelung des Umgangsrechts für gemeinsame Kinder;
  - Begleichung eventuell fortwirkender finanzieller Verpflichtungen;
  - Verbleib in der gemeinsamen Wohnung;
  - Aufteilung des Hausrats.

---

49 BVerG, BvR 420/09 vom 21.7.2010 in FamRZ 2010, 1403 ff.; vgl. die Ausführungen unter Teil 1, IV., 3. auf Seite 78 ff.

50 Duderstadt, Die nichteheliche Lebensgemeinschaft, 2. Aufl., München 2004, S. 118 ff.

- Beim Tod eines Lebenspartners:
  - Testament zur Regelung der Erbfolge;
  - Vormundschaft des Vaters beim Tod der Mutter.

Regelungen für den Todesfall

Einer vertraglichen Regelung entziehen sich:

Aspekte, die vertraglich nicht geregelt werden können

Bestimmte Rechte sind der Ehe bzw. der eingetragenen Lebenspartnerschaft vorbehalten und können nicht in einen Partnerschaftsvertrag aufgenommen werden.

- gemeinsamer Name;
- das Recht, Geschäfte zur Deckung des Lebensbedarfs mit Wirkung für den anderen zu schließen (Schlüsselgewalt, § 1357 BGB);
- der öffentlich-rechtliche Versorgungsausgleich;
- steuerliche Privilegien (Ehegattensplitting, Erbschaftssteuer);
- gesetzliche Krankenversicherung und Altersversorgung.

3. Teil Unterhaltsrecht

A. Die Reform des Unterhaltsrechts

Kernpunkte

Mit der **Reform des Unterhaltsrechts im Jahr 2008** hat der Gesetzgeber drei zentrale Ziele verfolgt: **Förderung des Kindeswohls, Stärkung der nachehelichen Verantwortung sowie eine Vereinfachung des Unterhaltsrechts.**

Finanzielle Besserstellung der zweiten Familie

Ein Kernpunkt des Unterhaltsrechts (2008) ist die **Besserstellung der zweiten/neuen Ehefrau des Unterhaltspflichtigen.** Bis Ende 2007 hatte die neue Familie (Zweitehefrau und Kinder der neuen Ehe) oftmals unter der Unterhaltspflicht des geschiedenen Ehemannes zu leiden. Die Unterhaltsansprüche der Kinder aus einer früheren Ehe sowie der Ex-Ehefrau zehrten häufig das Einkommen des Unterhaltspflichtigen auf, so dass wenig Geld für die neue Familie zur Verfügung stand.

Änderung der unterhaltsrechtlichen Rangverhältnisse

Dies hat der Gesetzgeber mit einer konsequenten **Änderung der Rangfolge der Unterhaltsberechtigten** (§ 1609 BGB) erreicht.

Jetzt stehen minderjährige Kinder oder Kinder in der Ausbildung bis zu 21 Jahren im **ersten Rang** der Unterhaltsberechtigten.

Den **zweiten Rang** bilden Kinder betreuende (auch geschiedene) Ehegatten und nicht betreuende Ehegatten nach langer Ehedauer.

Das hat zur Folge, dass im Mangelfall zunächst einmal die Kinder Unterhaltsleistungen erhalten, und erst, wenn dann noch Einkommen zur Verfügung steht, der restliche Verteilungsbetrag an die Kinder betreuende Ex-Ehefrau bzw. an die Zweitehefrau, die Kinder betreut, verteilt wird. Hier wurde nach dem Prinzip des Kindeswohls vorgegangen, nach dem die Kinder erstrangige Unterhaltsberechtigte sind.

Vereinfachung des Unterhaltsrechts nicht geglückt

Ein weiteres Ziel war die **Vereinfachung des Unterhaltsrechts,** das als eines der kompliziertesten Unterhaltsgesetze der Welt gilt und auch in Deutschland zu den schwierigsten Rechtsmaterien zählt. In diesem Rechtsbereich werden häufig Prozesse geführt. Es ist zu einer unübersichtlichen Rechtsprechung gekommen. Der Gesetzgeber hat jedoch sein selbst gestecktes Ziel der **Vereinfachung des Unterhaltsrechts nicht erreicht,** lediglich die Anrechnung des Kindergeldes ist vereinfacht worden. Im Gegenteil. Es sind **zahlreiche Generalklauseln** eingefügt worden, wie der Begriff „Billigkeit", der häufig vorkommt. Es ist abzusehen, dass die Rechtsprechung noch kontroverser und unübersichtlicher werden wird.

Abstimmung der unterhaltsrechtlichen Leitlinien mit dem Steuer- und Sozialrecht

Ein weiteres Ziel war die **Abstimmung des Unterhaltsrechts mit dem Steuer- und Sozialrecht.** Mit der Reform des Unterhaltsrechts hat der Gesetzgeber den **gesetzlichen Mindestunterhalt wieder reaktiviert** und knüpft dabei an den **steuerlichen Kinderfreibetrag gem. § 32 Abs. 6 Satz 1 Einkommenssteuergesetz** an. Basis für die Berechnung des Kindesunterhalts ist der doppelte Kinderfreibetrag. Damit wird die Forderung des Bundesverfassungsgerichts nach einer Koordinierung zwischen Unterhalts-, Sozial- und Steuerrecht erfüllt.

Der folgende Fall Klose-Gaus soll zur Illustration des reformierten Rechts dienen. Weitere Grundlagen des Kindesunterhalts sowie des Ehegattenunterhalts werden in den nächsten Kapiteln erarbeitet.

Fall: Klose-Gaus – Berechnung von Kindesunterhalt; Rangfolge der Unterhaltsberechtigten[1]

James Klose (54 J.) und Janina Gaus (51 J.) waren 16 Jahre miteinander verheiratet. Ihre gemeinsamen Kinder Joe (17 J.) und Elena (15 J.) besuchen das Gymnasium und leben bei der Mutter. Die Ehe von James und Janina wurde vor drei Jahren geschieden. Herr Klose arbeitet als Lokführer und hat ein monatliches bereinigtes Nettoeinkommen von 2.200,– €. Frau Gaus hat sich immer um die Kinder gekümmert und auch nach der Scheidung keinen Arbeitsplatz gefunden.

James Klose hat vor zwei Jahren wieder geheiratet, die 32-jährige Denise Rohmer. Mit ihr hat er eine Tochter, die 2-jährige Nita.

- ▶ *Wie wird der Kindesunterhalt für Joe, Elena und Nita berechnet?*
- ▶ *Wie ist das Kindergeld anzurechnen?*
- ▶ *Wie gestaltet sich die Rangfolge der Unterhaltsberechtigten (Kinder, Ex-Frau, neue Ehefrau)?*

Variante 1:

Angenommen, Herr Klose und Frau Gaus waren nur 4 Jahre miteinander verheiratet. Was ändert sich an der Rangfolge der Unterhaltsberechtigten?

Variante 2:

Wie vermindert sich der Kindesunterhalt, wenn Herr Klose lediglich ein bereinigtes Nettoeinkommen von monatlich 1.600,– € bezieht?

Die Unterhaltsberechnung erfolgt nach der **Düsseldorfer Tabelle, Stand 1.1.2013**. Die Düsseldorfer Tabelle ist im Anhang abgedruckt.

1 Nach Kievel/Knösel/ Marx, Recht für soziale Berufe, 2013, S. 204 ff.

Lösungsskizze zum Fall James Klose:

Ehemann:	James Klose (54 J.)	
	bereinigtes Nettoeinkommen	2.200,– €
Ex-Ehefrau:	Janina Gaus (51 J.), arbeitslos	

Kinder aus der ersten Ehe:

Joe, 17 J.	(K 1) – Gymnasiast
Elena, 15 J.	(K 2) – Gymnasiastin

Die Ex-Eheleute waren 15 Jahre verheiratet und wurden vor drei Jahren geschieden.

Neue Ehefrau:	Denise Rohmer (32 J.), erwerbslos
Kind aus der zweiten Ehe:	Nita, 2 J. (K 3)

Unterhaltsberechnung nach der Düsseldorfer Tabelle (Stand 1.1.2013):

Ehemann: monatliches Einkommen	2.200,– €
abzüglich Selbstbehalt (ggü. mj. Kindern)	– 1.000,– €
Mögliche Verteilungsmasse	**1.200,– €**

Unterhaltsansprüche der Kinder:

Joe	(469,– € abzgl. 92,– € hälftiges Kindergeld)	=	377,– €
Elena	(469,– € abzgl. 92,– € hälftiges Kindergeld)	=	377,– €
Nita	(349,– € abzgl. 95,– € hälftiges Kindergeld)	=	254,– €
Summe Kindesunterhalt		=	**1.008,– €**

Verteilungsmasse	1.200,– €
abzügl. Kindesunterhalt	– 1.008,– €
Rest	**192,– €**

Die Kinder stehen im ersten Rang der Unterhaltsberechtigten nach § 1609 BGB.

Die Ex-Ehefrau, Janine Gaus, wegen langer Ehedauer (16 Jahre) im zweiten Rang. Ebenso steht die betreuende Zweitehefrau, Denise Rohmer, die die 2-jährige Nita betreut, im zweiten Rang der Unterhaltsberechtigten (§ 1609 BGB).

Das bedeutet zunächst, dass der Restbetrag von 192,– € an die beiden unterhaltsberechtigten (Ex-)Ehefrauen verteilt werden kann. Dabei ist jedoch noch nicht berücksichtigt, dass der Selbstbehalt gegenüber getrennt lebenden und geschiedenen Ehegatten nicht 1.000,– € (Selbstbehalt gegenüber minderjährigen Kindern vgl. oben) sondern 1.100,– € beträgt. Es sind also weitere 100,– € abzuziehen, so dass ein **Restbetrag von 92,– €** an die beiden Unterhaltsberechtigten verteilt werden kann.

Variante 1:

Wenn Herr Klose und Frau Gaus lediglich vier Jahre miteinander verheiratet waren, hat dies zur Folge, dass sich die Rangfolge der Unterhaltsberechtigten ändert. Frau Gaus fällt nicht mehr in die Rubrik „lange Ehedauer". Sie rutscht damit auf den dritten Rang der Unterhaltsberechtigten.

Bei einem Restbetrag von 92,– €, der noch verteilt werden kann, ist davon auszugehen, dass Denise Rohmer der gesamte Betrag von 92,– € als Ehegattenunterhalt zur Verfügung steht. Das bedeutet, die Ex-Ehefrau, die nach dem neuen Unterhaltsrecht auf den dritten Rang gefallen ist, geht leer aus.

Variante 2:

Das bereinigte Nettoeinkommen von Herrn Klose liegt lediglich bei 1.600,– €. Für den Kindesunterhalt ist eine sog. **Mangelfallberechnung** vorzunehmen (siehe Düsseldorfer Tabelle Abschnitt C.).

Ehemann:

Bereinigtes Nettoeinkommen	1.600,– €
abzügl. notwendiger Eigenbehalt	– 1.000,– €
Verteilungsmasse	**= 600,– €**

Die Berechnung des Kindesunterhalts wird nach der Mangelfallberechnung der Düsseldorfer Tabelle unter Punkt C vorgenommen.

Kindesunterhalt:

Joe	(448,– € – 92,– €)	=	356,– €
Elena	(448,– € – 92,– €)	=	356,– €
Nita	(333,– € – 95,– €)	=	238,– €
Summe Kindesunterhalt)			**950,– €**

Die Kinder hätten einen Unterhaltsanspruch von insgesamt 950,– €. Die Verteilungsmasse liegt jedoch niedriger, nämlich bei 600,– €.

Es ist zu **quoteln** nach folgendem Muster:

K 1:	356,– € x 600,– € : 950,– €	=	224,84 €
K 2:	356,– € x 600,– € : 950,– €	=	224,84 €
K 3:	238,– € x 600,– € : 950,– €	=	150,32 €
Summe der zu zahlenden Unterhaltsbeträge		**=**	**600,00 €**

Quick-Info: Unterhaltsrecht

A. Anspruchsgrundlagen	

I. Verwandten-unterhalt (§§1601 ff. BGB)	• Unterhaltspflicht zwischen Verwandten in gerader Linie; dazu gehören u.a.:
	  • 1.Unterhaltsansprüche von Kindern gegenüber ihren Eltern;
	  • 2.sonstige Unterhaltsansprüche (z.B. Eltern ggü. Kindern, Enkel ggü. Großeltern etc.).

II. Ehegatten-unterhalt	1. bei bestehender Lebensgemeinschaft (§§ 1360 bis 1360b BGB); 2. nach Trennung (§ 1361 BGB); 3. nach Scheidung (§§ 1569 bis 1586b BGB)
B. Grundsätze	
I. Bedürftigkeit des Unterhalts-berechtigten	• (z.B. § 1602, § 1569, § 1361 Abs. 2 BGB) • Unterhaltsberechtigter muss außerstande sein, sich selbst zu unterhalten.
II. Leistungsfähigkeit des Unterhalts-pflichtigen	• (z.B. 1603, § 1581 BGB); • Unterhaltspflichtiger muss imstande sein, ohne Gefährdung des eigenen angemessenen Unterhalts, dem Berechtigten Unterhalt zu gewähren. (Grenze: notwendiger Eigenbedarf = Selbstbehalt)
III. Unterhalts-bedarf	• Unterhaltsbedarf richtet sich nach der Lebensstellung des Bedürftigen (§ 1610), bzw. nach den ehelichen Lebensverhältnissen (§ 1361 Abs. 1, § 1578 BGB) **vgl. Düsseldorfer Tabelle**
IV. Rangfolge der Unterhalts-berechtigten (§ 1609 BGB)	**1. Rang** • minderjährige unverheiratete Kinder • volljährige unverheiratete Kinder bis 21 Jahren, bei einem Elternteil wohnhaft **2. Rang** • kinderbetreuende (auch geschiedene) Ehegatten • kinderbetreuende nichteheliche Mütter und Väter • nicht betreuende (auch geschiedene) Ehegatten nach langer Ehedauer

	3. Rang • Ehegatten, die keine Kinder (mehr) betreuen, soweit sie nicht wegen langer Ehedauer in den 2. Rang fallen **4. Rang** • Kinder, die nicht unter Rang 1 fallen, z.B. Studierende **5. Rang** • Enkel, Urenkel etc. **6. Rang** • Eltern **7. Rang** • Großeltern, Urgroßeltern etc.
C. Verfahrensrecht	
I. Unterhaltsklage	1. des Ehegatten beim Familiengericht (§§ 231 Abs. 1 Nr. 2, 232 FamFG); 2. des ehel. Kindes beim Familiengericht (§§ 231 Abs. 1 Nr. 1, 232 FamFG).
II. Einstweilige Anordnung	1. Minderjähriges Kind (§ 246 FamFG); 2. Ehegatte (§ 246 FamFG).
III. Vereinfachtes Verfahren für den Unterhalt Minderjähriger (§§ 249 ff. FamFG)	• Zulässig, wenn der Unterhalt das 1,2-fache des Mindestunterhalts nicht übersteigt (§ 249 Abs. 1 FamFG).

B. Kindesunterhalt

Fall: Hanna – Grundlagen des Kindesunterhalts; Prüfungsschema

Die 19-jährige Hanna studiert in Frankfurt Biologie und wohnt noch bei ihren Eltern in Eppstein. Zwischen ihr und ihren Eltern hat es in der Vergangenheit zahlreiche Zerwürfnisse gegeben. Sie will unbedingt ausziehen und sich ein Zimmer in einer Wohngemeinschaft zusammen mit ihrem Freund nehmen. Sie bittet ihre Eltern, ihr die Miete, das Studium und den Lebensunterhalt zu finanzieren.

Ihre Eltern weigern sich jedoch, ihr den Unterhalt zu zahlen. Sie wollen schon gar nicht für das Zimmer in der Wohngemeinschaft aufkommen. Die Eltern verbinden damit ein Erziehungsziel. Sie wollen ihre Tochter vor schädlichen Einflüssen fernhalten. Gegen die Auszahlung des Unterhalts wenden sie ein, dass Hanna zu Hause ein großes Zimmer zu ihrer eigenen Verfügung hätte und die Eltern für ihre Verpflegung aufkämen. Sie erhielte außerdem ein großzügiges monatliches Taschengeld von 100,– €. Die Eltern halten es für unzumutbar, jetzt viel mehr Geld für Hanna aufbringen zu müssen, wo ihr doch das Zimmer zu Hause zur Verfügung stehe.

Die Eltern von Hanna sind recht vermögend. Der Vater ist Apotheker in Eppstein. Hanna hat noch zwei weitere Geschwister, die im schulpflichtigen Alter sind und zu Hause wohnen.

Hanna hat von ihrer Großtante ein kleines Grundstück mit einem renovierungsbedürftigen Ferienhaus an der Nordsee geerbt. Dieses Ferienhäuschen wird von der Familie zeitweise als Feriendomizil im Sommer benutzt. Von Zeit zu Zeit wird die Kate auch an Bekannte und Freunde von Hanna und ihrer Familie vermietet. Die Mieteinnahmen sind allerdings recht gering und betragen im Durchschnitt 100,– € monatlich, umgerechnet auf das ganze Jahr.

Weiterhin hat Hanna einen wohlhabenden Großvater, der als ehemaliger Prokurist eines Chemieunternehmens eine monatliche Rente von 3.500,– € bezieht. Auch der Großvater will das Zimmer von Hanna in der Wohngemeinschaft nicht finanzieren. Er verschönert sich seinen Lebensabend mit Fernreisen, die seine Rente fast aufzehren.

1. *Kann Hanna Unterhaltsleistungen von ihren Eltern verlangen und in welcher Höhe?*
2. *Muss Hanna ihre Vermögenssubstanz angreifen und das Ferienhaus verkaufen?*
3. *Kann Hanna Unterhaltsansprüche gegenüber ihrem Großvater durchsetzen?*

I. Voraussetzungen für einen Unterhaltsanspruch

1. Verwandtenunterhalt/Kindesunterhalt (§§ 1601 ff. BGB)

Verwandte in gerader Linie

Nach § 1601 BGB sind sich Verwandte in gerader Linie zu Unterhaltsleistungen verpflichtet. D.h. es besteht eine Unterhaltspflicht zwischen Eltern gegenüber ihren Kindern, aber auch von Großeltern gegenüber ihren Enkeln oder von Kindern gegenüber ihren Eltern.

Nicht unterhaltsverpflichtet sind sich Verwandte in der Seitenlinie, d.h. Geschwister müssen sich keinen Unterhalt zahlen, ebenfalls nicht der Schwager oder die Schwägerin, oder ein Stiefvater gegenüber Stiefkindern.

2. Bedürftigkeit des Antragstellers (§ 1602 BGB)

Bedingungen für den Bezug von Unterhaltsleistungen

Nach § 1602 Abs. 1 BGB ist nur derjenige unterhaltsberechtigt, der sich selbst nicht unterhalten kann. Bedürftigkeit setzt in der Regel Vermögenslosigkeit, Einkommenslosigkeit und Erwerbsunfähigkeit voraus.

Bedürftig ist nicht, wer Einkommen oder Lohn bezieht und sich aus den Einkünften aus seinem Vermögen, z.B. aus Kapitalerträgen (z.B. Aktienkapital, das Dividende abwirft) oder aus der Substanz seines Vermögens, unterhalten kann.

Grundsätzlich muss ein Anspruchsteller auch die Substanz seines Vermögens angreifen, bevor er Unterhaltsansprüche stellen kann.

Zum Fall Hanna:

- *Ist Hanna verpflichtet, ihr ererbtes Häuschen zu verkaufen, um sich von dem Kaufpreis einige Jahre zu unterhalten?*

Bei der Aufzehrung von Vermögenssubstanz ist aber immer danach zu fragen, ob dies wirtschaftlich ist. Nach den geschilderten Umständen wird die kleine, renovierungsbedürftige Kate in Norddeutschland nur einen geringen Kaufpreis erbringen. Hinzu kommt, dass damit auch für die Familie eine Ferienwohnung verloren ginge. Auf Dauer gesehen, wäre der Verkauf dieses Häuschens an der Küste unwirtschaftlich. Hanna kann daher nicht zugemutet werden, das Ferienhäuschen zu verkaufen, um ihre Wohnung in Frankfurt zu finanzieren.

Sie muss sich jedoch den Erlös aus der Vermietung des Häuschens anrechnen lassen. Das sind, wie dargestellt, auf das Jahr umgerechnet im Durchschnitt 100,– € monatlich **(merken!).**

Erhöhte Unterhaltspflicht

Für **minderjährige, unverheiratete Kinder** besteht eine erhöhte Unterhaltspflicht der Eltern. Dies ist in § 1602 Abs. 2 BGB geregelt. Das minderjährige, unverheiratete Kind braucht grundsätzlich nicht den Stamm seines Vermögens anzugreifen. Es muss aber auf Einkünfte aus seinem Vermögen und sonstige Einkünfte zurückgreifen.

Rechtsprechung:

- Ein volljähriges Kind, das sich in keiner Ausbildung befindet, ist verpflichtet, selbst zu seinem Lebensunterhalt beizutragen. Es muss dabei jede ernsthaft in Betracht kommende Arbeit annehmen (OLG Hamm, Beschluss vom 2.2.2011, juris).
- Ein Anspruch auf Ausbildungsunterhalt bleibt auch weiterhin bestehen, wenn die Tochter bei Studienbeginn 25 Jahre alt ist, zuvor ein freiwilliges soziales Jahr absolviert hat und danach drei Jahre ihr nichteheliches Kind betreut hat (BGH in FamRZ 2011, S. 1560).
- Ein Schüler oder Student braucht im Regelfall nicht einen Teil seines Unterhalts durch eine Nebenbeschäftigung selbst zu verdienen (OLG Hamburg in FamRZ 1981, S.1098).

3. Leistungsfähigkeit des Unterhaltspflichtigen (§1603 BGB)

Eigener Unterhalt

Unterhaltspflichtig ist nicht, wer bei Berücksichtigung seiner sonstigen Verpflichtungen außerstande ist, ohne Gefährdung seines angemessenen Unterhalts den Unterhalt zu gewähren (§ 1603 Abs. 1 BGB).

Ausnahme bei minderjährigen Kindern

Selbstbehalt bei minderjährigen Kindern

Eine **verschärfte (gesteigerte) Unterhaltspflicht der Eltern** gegenüber ihren **minderjährigen, unverheirateten Kindern** ergibt sich aus § 1603 Abs. 2 BGB. Die Eltern müssen mit ihren minderjährigen, unverheirateten Kindern „das Letzte" teilen. Dem barunterhaltspflichtigen Elternteil wird jedoch ein Mindestbetrag für den eigenen Lebensunterhalt zugestanden (sog. **notwendiger Eigenbedarf (Selbstbehalt).** Lehre und Praxis haben dazu Maßstäbe entwickelt, nach denen ein Betrag angesetzt wird, der die Mittel zur Bestreitung des unentbehrlichen Lebensbedarfs sichert. Der notwendige Eigenbedarf liegt zur Zeit bei erwerbstätigen Unterhaltspflichtigen bei 1.000 € (bei Nichterwerbstätigen 800,– €). Orientierungshilfe geben die Unterhaltstabellen der Oberlandesgerichte.

Eigenbedarf

Der **angemessene Eigenbedarf** beträgt gegenüber volljährigen Kindern in der Regel mindestens monatlich 1.200,– € (Düss. Tab.).

Die gesteigerte Unterhaltspflicht der Eltern tritt nicht ein, wenn ein anderer unterhaltspflichtiger Verwandter vorhanden ist oder wenn das Kind seinen Unterhalt aus dem Stamm seines Vermögens bestreiten kann (§ 1603 Abs. 2 Satz 3 BGB).

Zum Fall Hanna:

In unserem Sachverhalt werden die Eltern von Hanna als wohlhabend beschrieben, auch wenn noch zwei andere schulpflichtige Kinder im Haushalt leben. Es kann davon ausgegangen werden, dass Hannas Eltern leistungsfähig sind.

4. Rangfolge der Unterhaltspflichtigen (§§ 1606 ff. BGB)

Die Rangfolge der Unterhaltspflichtigen richtet sich nach den §§ 1606 ff. BGB. Demnach ergibt sich folgende Reihenfolge:

Rangfolge: Ehegatte, Kinder, Großeltern

a) Gem. **§ 1608 BGB** hat die **Haftung des Ehegatten** Vorrang.

b) In zweiter Linie kommen die **Abkömmlinge** vor den Verwandten der aufsteigenden Linie als Unterhaltspflichtige in Betracht **(§ 1606 Abs. 1 BGB).**

Demnach müssen Kinder erst ihre bedürftigen Eltern unterstützen, bevor deren Eltern herangezogen werden. Nach § 1606 Abs. 2 BGB sind bei den Verwandten aufsteigender Linie zunächst die näheren vor den entfernteren Verwandten unterhaltspflichtig. Das bedeutet, die Unterhaltspflicht der Eltern hat Vorrang vor der Unterhaltspflicht der Großeltern.

Zum Fall Hanna:

Wenn Hanna verheiratet wäre und ihr Ehemann ein angemessenes Einkommen erzielen würde, wäre der Ehemann vor den Eltern von Hanna unterhaltspflichtig. Er müsste daher ihr Studium finanzieren. Dies gilt nicht, wenn der Ehemann selbst nicht leistungsfähig ist, d.h. wenn er z.B. selbst studiert und BAföG bezieht. Wir haben jedoch keine Anhaltspunkte dafür, dass Hanna verheiratet sein könnte.

Wegen der näheren Unterhaltspflicht der Eltern (§ 1606 Abs. 2 BGB) kann Hanna nur Unterhaltsansprüche gegenüber ihren Eltern geltend machen, da diese als wohlhabend und damit leistungsfähig beschrieben werden. Als Unterhaltspflichtiger kommt der reisefreudige Großvater daher nicht mehr in Betracht.

5. Art des Unterhalts (§ 1612 BGB)

Monatliche Geldrente

Grundsätzlich bestimmt § 1612 Abs. 1 BGB, dass der Unterhalt in Form einer **Geldrente** zu entrichten ist. Diese ist monatlich im Voraus zu zahlen (§ 1612 Abs. 3 Satz 1 BGB).

Bei unverheirateten Kindern können die Eltern die Art des Unterhaltes wählen

Eine Sonderregelung gilt jedoch durch § 1612 Abs. 2 BGB. Wenn Eltern Unterhalt ihrem unverheirateten Kind zu gewähren haben, können sie bestimmen, auf welche Art Unterhalt gewährt werden soll. Dabei differenziert der Gesetzestext nicht zwischen volljährigen und minderjährigen Kindern. D.h. dieses Bestimmungsrecht der Eltern besteht auch gegenüber einem volljährigen unverheirateten Kind, nicht jedoch gegenüber einem volljährigen, geschiedenen Kind, da dieses nicht mehr als „unverheiratet" gilt.

Die Eltern können demnach bestimmen, ob der Unterhalt in Natur (Naturalleistungen), d.h. durch Gewährung von Verpflegung und Wohnung im Haushalt der Eltern oder durch Zahlung einer Geldrente geleistet wird.

Der **Gesetzgeber des BGB** wollte mit dieser Bestimmung die Eltern wirtschaftlich entlasten und sie gleichzeitig in die Lage versetzen, die Entwicklung auch unverheirateter, volljähriger Kinder nach wie vor zu beeinflussen und ihre Lebensführung zu kontrollieren.

Kritik

Rechtsprechung und **Schrifttum** entwickelten eine zunehmend ablehnende Haltung, den Eltern mit dem Bestimmungsrecht des § 1612 Abs. 2 BGB gegenüber volljährigen Kindern erzieherische Zwecke zuzugestehen. Das Erziehungsrecht der Eltern endet mit der Volljährigkeit des Kindes. Jede Bevormundung behindert seine Entwicklung zu einer eigenverantwortlichen Persönlichkeit.

Der Reformgesetzgeber von 2008 hat sich dieser Auffassung angeschlossen und nachträglich folgenden Passus in § 1612 Abs. 2 BGB eingeführt: *„Sofern auf die Belange des Kindes die gebotene Rücksicht genommen wird."*

Inwieweit dies geschehen ist, würde gegebenenfalls in einem Unterhaltsprozess vor dem Familiengericht zu klären sein.

Zum Fall Hanna:

Hanna hätte demnach die Möglichkeit, einen Unterhaltsprozess gegen ihre Eltern anzustrengen. In diesem Rahmen würde geprüft, ob die Eltern bei der Unterhaltsbestimmung die Belange von Hanna ausreichend berücksichtigt haben.

Wenn Hannas Eltern aus vorwiegend erzieherischen Gründen keinen Unterhalt in Form einer monatlichen Geldrente gewähren wollen, damit sie nicht in einer Wohngemeinschaft lebt, ist dies nach der modernen Rechtsauffassung durch das Bestimmungsrecht der Eltern nicht mehr gedeckt. Das Erziehungsrecht der Eltern endet mit Volljährigkeit des Kindes. Zu berücksichtigen sind jedoch die berechtigten Vermögensinteressen der Eltern. In der gegebenen Fallkonstellation ist jedoch nicht anzunehmen, dass die Unterhaltsleistungen sie so stark belasten und aus finanziellen Gründen ein Verbleiben von Hanna im Elternhaus notwendig wäre. Das Familiengericht wird daher Hanna monatliche Barunterhaltszahlungen zusprechen.

6. Umfang der Unterhaltsgewährung (§ 1610 BGB)

Höhe des Unterhaltes

Die Höhe des Unterhalts richtet sich nach der Lebensstellung des Bedürftigen (§1610 Abs. 1 BGB). Zum Unterhalt gehören die Kosten des gesamten Lebensbedarfs wie z.B. die Aufwendungen für Nahrung, Kleidung und Wohnung und für eine ärztliche Versorgung sowie die Kosten zur Förderung der geistigen, musischen und sportlichen Interessen des Bedürftigen. Bei Studenten kommen noch die Ausbildungskosten hinzu.

Tabellen und Richtlinien zur Feststellung des Unterhalts

In der Praxis haben sich **Bedarfstabellen** und **Unterhaltsrichtlinien** durchgesetzt. Da für das Unterhaltsrecht in der zweiten Instanz die Oberlandesgerichte zuständig sind, haben sich bei den meisten Oberlandesgerichten die Familiensenate auf bestimmte unterhaltsrechtliche Maxime geeinigt, die regelmäßig veröffentlicht werden.

Die Unterhaltstabellen enthalten gestaffelte Pauschalsätze, die das Alter des Kindes und das Einkommen des barunterhaltspflichtigen Elternteils als variable Größe berücksichtigen.

Die bekannteste Tabelle ist die **Düsseldorfer Tabelle**, auf die sich die anderen Tabellen zumeist mit leichten Abweichungen stützen – siehe Düsseldorfer Tabelle (abgedruckt im Anhang!).

Zum Fall Hanna:

Nach Ziff. 7 der Düsseldorfer Tabelle beträgt der angemessene Gesamtunterhaltsbedarf eines Studierenden, der nicht bei seinen Eltern oder einem Elternteil wohnt, in der Regel 670,– €. Da Hanna keinen besonderen Mehrbedarf angegeben hat, ist von diesem pauschalierten Gesamtbedarf von 670,– € auszugehen. Angerechnet werden müssen jedoch Hannas Mieteinnahmen in Höhe von 100,– € monatlich. Das Familiengericht wird die Eltern von Hanna demnach verurteilen, ihrer Tochter einen monatlichen Unterhaltsbetrag von 570,– € zu zahlen.

7. Finanzierung einer zweiten Ausbildung?

Finanzierung einer Ausbildung obligatorisch

Es gehört zur Unterhaltspflicht der Eltern, ihrem Kind eine Berufsausbildung zu finanzieren (§ 1610 Abs. 2 BGB). Gerichtliche Auseinandersetzungen treten auf, wenn das Kind mit der ersten Ausbildung nicht zufrieden ist und von den Eltern Unterstützung für eine weitere Berufsausbildung erwartet.

Fall Hanna: Variante – Zweitausbildung

Nach dem Abitur hat Hanna eine zweijährige Ausbildung als Industriekauffrau mit guten Ergebnissen abgeschlossen. Nach einem freiwilligen sozialen Jahr in einem SOS- Kinderdorf will sie nun ein Pädagogik-Studium anschließen.

▶ *Sind Hannas Eltern verpflichtet, ihr das Studium durch Unterhaltsleistungen zu ermöglichen?*

Hinweis: Ein Anspruch auf Ausbildungsförderung nach dem BAföG besteht wegen des hohen Einkommens der Eltern von Hanna nicht.

Einmalige Fehlentscheidung ist erlaubt

Es liegt in der Natur der Entwicklung eines Berufs- und Lebenszieles, dass Umwege bei der Ausbildung beschritten werden. Die Gerichte billigen dem Jugendlichen eine gewisse Orientierungsphase vor Beginn der Ausbildung als auch zumindest eine einmalige Fehlentscheidung zu. Selbst wenn beides zur Verlängerung der Ausbildung führt. So soll ein Studienfachwechsel innerhalb des 1. oder 2. Semesters unschädlich sein.[2]

In der Rechtsprechung wird von folgendem Grundsatz ausgegangen: Haben die Eltern ihre Pflicht zur Finanzierung einer angemessenen Ausbildung des Kindes erfüllt, so sind sie nicht verpflichtet, die Kosten einer weiteren Ausbildung zu tragen.[3]

2 Palandt/Brudermüller, BGB, 2014, § 1610 Rn. 21.
3 BGH in FamRZ 2000, S. 420.

Ausnahmen:

a) die Eltern haben ihr Kind in eine von ihm nicht gewünschte **Ausbildung gedrängt;**

b) der erlernte Beruf kann aus **gesundheitlichen Gründen** nicht ausgeübt werden;

c) die Erstausbildung beruht auf einer **schwerwiegenden Fehleinschätzung** der Begabung und Fähigkeiten des Kindes.

In diesen Fällen sind die Eltern verpflichtet, dem Kind eine weitere Ausbildung zu ermöglichen.

BGH zu Abitur-Lehre-Studium

Diese Grundsätze hat der BGH auch auf Fälle angewandt, in denen ein Kind zunächst die Hochschulreife erlangte, danach eine praktische Ausbildung absolvierte und danach ein Hochschulstudium aufnehmen wollte. Bei diesen sog. Abitur-Lehre-Studium-Fällen hat der BGH darauf abgestellt, dass die einzelnen Ausbildungsabschnitte in einem **engen sachlichen und zeitlichen Zusammenhang** stehen.[4]

Weiterbildung: Dem Kind wird auch dann ein weiterer Unterhaltsanspruch zugebilligt, wenn ein enger sachlicher und zeitlicher Zusammenhang zwischen den praktischen und den theoretischen Ausbildungsabschnitten besteht und die Finanzierung des Hochschulstudiums im Anschluss an die Lehre den Eltern finanziell zumutbar ist. Für eine Weiterbildung ist kennzeichnend, dass sie bereits erworbene Kenntnisse und Fähigkeiten ausbauen und zu vertiefen hilft, damit die Erwerbs- und Aufstiegschancen verbessert werden.[5]

Zweitausbildung

Zweitausbildung: Ausnahmsweise besteht ein Anspruch gegen die Eltern auf Finanzierung einer mit der Erstausbildung in keinem engen sachlichen und zeitlichen Zusammenhang stehenden Zweitausbildung, wenn das Kind eine Zweitausbildung anstrebt, weil die Erstausbildung auf einer schwerwiegenden Fehleinschätzung seiner Fähigkeiten und Begabung beruht (bei einem echten Spätentwickler).[6]

Zum Fall Hanna: Variante

Legt man diese Grundsätze auf unseren Fall an, lässt sich das Pädagogik-Studium wohl kaum als Weiterbildung nach einer Industriekauffraulehre qualifizieren. Ein sachlicher und zeitlicher Zusammenhang zwischen der Lehre und dem angestrebten Studium lässt sich schwerlich begründen. Die Eltern von Hanna brauchen ihr das Pädagogik-Studium nicht zu finanzieren. Der Fall ließe sich nur anders bewerten, wenn Hanna und ihre Eltern von vorneherein abgesprochen hätten, dass Hanna zunächst einmal eine Lehre absolvieren und dann ein Studium beginnen soll.

4 BGH in FamRZ 2006, S. 1100.
5 BGH in FamRZ 2001, S. 1601.
6 Palandt/Brudermüller, BGB, 2014, § 1610 Rn. 28.

Übersicht: Prüfungsschema Anspruch auf Kindes- bzw. Verwandtenunterhalt gem. §§ 1601 ff. BGB

1. Verwandtschaft in gerader Linie (§ 1601 BGB) • Verwandte in gerader Linie – Kinder, Eltern, Großeltern, Enkel, nicht aber Tanten, Onkel, Geschwister – müssen einander Unterhalt gewähren.	**Verwandtschaft**
2. Bedürftigkeit des Antragstellers (§ 1602 BGB) • Bedürftigkeit setzt i.d.R. Vermögenslosigkeit, Einkommenslosigkeit und Erwerbsunfähigkeit voraus.	**Bedürftigkeit**
3. Leistungsfähigkeit des Unterhaltspflichtigen (§ 1603 BGB) • Gesteigerte Unterhaltspflicht der Eltern gegenüber unverheirateten Kindern bis 21 Jahren (§ 1603 Abs. 2 BGB). Eltern müssen sich mit dem notwendigen Eigenbedarf begnügen.	**Leistungsfähigkeit**
4. Rangfolge der Unterhaltspflichtigen (§§ 1606 ff. BGB) a) Vorrangige Haftung des Ehegatten (§ 1608 BGB). b) Abkömmlinge vor den Verwandten der aufsteigenden Linie (§ 1606 Abs. 1 BGB). c) Nähere vor entfernteren Verwandten (§ 1606 Abs. 2 BGB). d) Gleich nahe Verwandte anteilig nach ihren Einkommensverhältnissen (§1606 Abs. 3 BGB).	**Rangfolge der Pflichtigen**
5. Art des Unterhalts (§ 1612 BGB) • Grundsätzlich monatliche Geldrente. • Ausnahme: Bestimmungsrecht der Eltern gegenüber ihrem unverheirateten Kind, sofern auf die Belange des Kindes Rücksicht genommen wird (§ 1612 Abs. 2 BGB).	**Art**
6. Umfang des Unterhaltsanspruchs (§ 1610 BGB) • Keine Differenzierung zwischen ehelichen und nichtehelichen Kindern. • Zum Unterhalt gehören die Kosten des gesamten Lebensbedarfs, wie Aufwendungen für Nahrung, Kleidung, Wohnung, ärztliche Versorgung, kreative Interessen, Ausbildung. • In der Praxis Orientierung an Bedarfstabellen und Unterhaltsleitlinien (insb. **Düsseldorfer Tabelle**). • Ab 1.1.2008 ist Basis für die Berechnung des Kindesunterhalts der steuerliche Kinderfreibetrag gem. § 32 Abs. 6 EStG. Der Mindestunterhalt entspricht dem doppelten Kinderfreibetrag (§ 1612a Abs. 1 BGB).	**Umfang**

7. **Rangfolge der Unterhaltsberechtigten (§ 1609 BGB)**	**Rangfolge der Berechtigten**
1. Rang • minderjährige unverheiratete Kinder • vollj. unverheiratete Kinder bis 21 J., bei einem Elternteil wohnhaft **2. Rang** • kinderbetreuende (auch geschiedene) Ehegatten • kinderbetreuende nichteheliche Mütter und Väter •nicht betreuende (auch geschiedene) Ehegatten nach langer Ehedauer **3. Rang** • Ehegatten, die keine Kinder (mehr) betreuen, soweit sie nicht wegen langer Ehedauer in den 2. Rang fallen **4. Rang** • Kinder, die nicht unter Rang 1 fallen, z.B. Studierende **5. Rang** • Enkel, Urenkel etc. **6. Rang** • Eltern **7. Rang** • Großeltern, Urgroßeltern etc.	

C. Ehegattenunterhalt

I. Grundprinzipien

1. Unterhalt bei Zusammenleben (§ 1360 bis 1360b BGB)

Pflicht zur Versorgung der Familie

Solange die Familie zusammen lebt, wird in der Regel nicht um Unterhaltsansprüche gestritten. **Während der Ehe** sind sich die Eheleute gegenseitig verpflichtet, die Familie durch ihre Arbeit und ihr Vermögen zu unterhalten (§ 1360 Satz 1 BGB). Daneben haben die Kinder einen eigenständigen Anspruch gegen die Eltern auf Unterhaltsleistungen (§§ 1601 ff. BGB).

Unterhaltsformen bei Zusammenleben

Vom Grundsatz her leistet der Ehepartner, der den Haushalt führt und die gemeinsamen Kinder betreut, seinen Anteil am Familienunterhalt durch sog. **Naturalleistungen.** Der andere Ehepartner, der ein Einkommen bezieht, bestreitet den **Barunterhalt (§ 1360 Satz 2 BGB).**

Erziehender Elternteil

Der Partner, der im Rahmen der elterlichen Aufgabenteilung die Betreuung der Kinder ganz oder weit überwiegend übernommen hat, braucht grundsätzlich nicht noch Kindesunterhalt in Form von Geld zu leisten. Dies stellt das Gesetz in § 1606 Abs. 3 Satz 2 BGB klar. Das gilt sowohl für die Mutter, die die Kinder betreut, aber auch im Wege der Gleichberechtigung für den Vater, der als Hausmann und Erzieher zuhause bleibt, obwohl dieser vom Gesetzgeber nicht besonders erwähnt ist.

2. Unterhalt nach Trennung (§ 1361 BGB)

Unterhaltspflicht während der Trennungszeit

Leben die Eheleute getrennt, wandelt sich der Unterhaltsanspruch um. Grundsätzlich kann der nicht erwerbstätige Ehegatte Unterhalt von dem Ehepartner verlangen, der regelmäßige Einkünfte bezieht (§ 1361 Abs. 1 BGB). Die Pflicht des bedürftigen Ehepartners, sich durch eine Arbeitsstelle selbst zu versorgen, ist in diesem Stadium noch eingeschränkt (§ 1361 Abs. 2 BGB). Eine Erwerbstätigkeit wird von ihm nur erwartet, wenn dies seine persönliche Lebenssituation, wie Alter, Gesundheit, Dauer der Ehe, frühere Arbeitsstelle oder Kinderbetreuung zulassen.

Der monatliche Unterhaltsbetrag soll sich an dem ehelichen Lebensstandard orientieren. Jedoch ist zu beachten, dass die finanzielle Decke für Eheleute in Trennung durch die Kosten für zwei Haushalte erheblich kürzer wird.

Beispiele aus der Rechtsprechung zum Trennungsunterhalt gem. § 1361 BGB:

- Die aus Peru stammende Klägerin hatte sich nach zweijähriger Ehezeit vom Beklagten getrennt und verlangte von diesem Trennungsunterhalt, um ihr Studium finanzieren zu können. Dabei hatte sie sich auf eine zwischen ihr und dem Beklagten zur Zeit der Eheschließung getroffene Vereinbarung mit dem Inhalt gestützt, dass der Beklagte ihr eine Ausbildung hatte ermöglichen wollen.
- Das Amtsgericht hatte ihr für die Berechnung des Trennungsunterhaltes ein fiktives Einkommen aus vollschichtiger Erwerbstätigkeit in Höhe von 800,– Euro zugerechnet.
- Das Oberlandesgericht hat die Zurechnung dieses fiktiven Einkommens nicht gebilligt und der Klägerin nur ein fiktives Einkommen für eine Ausbildungsvergütung von 400,– Euro zuerkannt mit der Begründung, dass hier kein „normaler Fall" des angemessenen Trennungsunterhaltes vorliege, sondern vielmehr zu berücksichtigen sei, dass die Klägerin wegen der Eheschließung und im Vertrauen auf die Zusage des Beklagten ihre Heimat verlassen und in einen fremden Sprach- und Kulturkreis gelangt sei.
- Die Verpflichtung des Beklagten, im Rahmen der auch nach der Trennung fortdauernden ehelichen Solidarität für den Unterhaltsbedarf der Klägerin mit zu sorgen, sei daher stärker als im Normalfall zu bewerten (OLG Düsseldorf in FuR 2008, S. 454).
- Betreut eine getrennt lebende Ehefrau ein eheliches und ein in der Trennungszeit geborenes außereheliches Kind, ist der Ehemann zur Zahlung von Trennungsunterhalt nur insoweit verpflichtet, als er ohne Hinzutreten des weiteren Kindes für den Unterhalt der Frau aufkommen müsste.
- Hat das gemeinsame Kind bereits ein Alter erreicht, das der Ehefrau die Ausübung einer (Teil-)Erwerbstätigkeit ermöglichen würde, ist dieser ein Einkommen aus einer solchen Tätigkeit fiktiv zuzurechnen (OLG Koblenz in FamRZ 2005, S. 804).
- Die Aufnahme einer Tätigkeit als Prostituierte stellt ein schwerwiegendes Fehlverhalten im Sinne des § 1579 Nr. 7 (Nr. 6 a.F.) dar mit der Folge, dass Trennungsunterhalt gänzlich zu versagen ist (OLG Hamm in FamRZ 2002, S. 753).
- Der Anspruch auf Trennungsunterhalt einer zum 5. Mal verheirateten Frau entfällt, wenn die Eheleute nur 1 1/2 Monate zusammengelebt haben und 7 Monate seit der Trennung verstrichen sind, da der Lebensstandard der Klägerin nicht nachhaltig vom Einkommen des Beklagten geprägt worden ist (OLG Hamburg in FamRZ 2002, S. 753).

- Der Unterhaltsberechtigte kann während des Getrenntlebens nur unter engeren Voraussetzungen als nach einer Scheidung auf eine Erwerbstätigkeit verwiesen werden (BGH in NJW 2001, S. 1816).
- Bemüht der Unterhaltsberechtigte sich nicht um einen entsprechenden Arbeitsplatz, droht die fiktive Anrechnung eines Einkommens aus Vollzeitarbeit (OLG Frankfurt/M. in FamRZ 2000, S. 25).
- Ein Anspruch auf Trennungsunterhalt setzt nicht voraus, dass die Ehegatten vorher zusammengelebt haben (BGH in FamRZ 1994, S. 558).
- Für die Bestimmung des Unterhaltsbedarfs kommt es auf die aktuellen Einkommensverhältnisse an, da die Ehegatten an der Entwicklung der wirtschaftlichen Verhältnisse bis zur Scheidung gemeinschaftlich teilhaben (BGH in FamRZ 1990, S. 283).

II. Ehegattenunterhalt nach Scheidung (§§ 1569 bis 1586b BGB)

Unterhaltszahlungen nach Ehescheidung nur in Ausnahmefällen

Mit der Scheidung gilt das **Prinzip der Selbstverantwortung für jeden Partner.** Die gegenseitige eheliche Einstandspflicht endet prinzipiell mit dem Scheidungsurteil. Vom Grundsatz her muss daher jeder Partner für seinen Unterhalt selbst sorgen. Nur in speziell definierten Fällen schuldet ein geschiedener Ehegatte dem anderen noch Unterhalt. Während der eheliche Unterhaltsanspruch mit der Heirat ohne weiteres entsteht, ist ein Anspruch auf Geschiedenenunterhalt nur gegeben, wenn bestimmte Voraussetzungen erfüllt sind. **Die wirtschaftliche Selbständigkeit der Geschiedenen ist der Grundsatz, ein fortdauernder Unterhaltsanspruch nach der Konzeption des Gesetzgebers die Ausnahme.** Die Realität sah jedoch bis zum Jahr 2008 anders aus. Die eigentliche Ausnahme, Unterhaltsansprüche des geschiedenen Partners, wurde zur Regel.

Stärkung der Selbstverantwortung

Mit dem **Gesetz zur Änderung des Unterhaltsrechts (UnterhRÄndG),** das 2008 in Kraft getreten ist, wurde die **wirtschaftliche Eigenständigkeit der Partner nach Scheidung gestärkt.** Das Gesetz beabsichtigt, die Unterhaltspflichten der geschiedenen Ehepartner im Vergleich zu früher einzudämmen, indem die Selbstverantwortung der Ex-Partner in den Vordergrund gerückt wird.

Mit dem **UnthRÄndG** wurde das **Prinzip der Eigenverantwortung** in **§ 1569 BGB** verankert. Dort heißt es:

> *„Nach der Scheidung obliegt es jedem Ehegatten, selbst für seinen Unterhalt zu sorgen. Ist er dazu außerstande, hat er gegen den anderen Ehegatten einen Anspruch auf Unterhalt nur nach den folgenden Vorschriften."*

Ein bedürftiger Ehegatte wird somit, wie im früheren Recht auch, auf sog. „Unterhaltstatbestände" verwiesen, die in den §§ 1570 bis 1576 BGB aufgeführt sind. Das folgende Schaubild stellt die **sieben Unterhaltstatbestände** dar, die anschließend genauer behandelt werden:

Tatbestände für Unterhalt nach Scheidung

Unterhalt wegen Betreuung eines Kindes § 1570 BGB	**Unterhalt wegen Erwerbslosigkeit** § 1573 BGB
Unterhalt wegen Alters § 1571 BGB	**Unterhalt wegen Krankheit oder Gebrechen** § 1572 BGB
Aufstockungsunterhalt § 1573 Abs. 2 BGB	**Unterhalt wegen Aus- und Fortbildung oder Umschulung** § 1575 BGB
Unterhalt aus Billigkeitsgründen § 1576 BGB	

III. Die sieben Unterhaltstatbestände

1. Unterhalt wegen Betreuung eines Kindes (§ 1570 BGB)

Individuelle Betrachtungsweise

In der Praxis der Rechtsberatung hat der Unterhalt wegen Betreuung eines oder mehrerer Kinder den höchsten Stellenwert. Mit der Unterhaltsreform 2008 wurde die **konkrete Einzelfallbetrachtung** in den Vordergrund gestellt und von der bisherigen Staffelung nach Alter und Zahl der Kinder, wie sie bislang die Rechtsprechung praktiziert hat, Abstand genommen. Der Unterhaltsanspruch wird in drei Kategorien eingeteilt:

Alter des Kindes

a) Der ein gemeinsames Kind betreuende Elternteil kann Betreuungsunterhalt verlangen, bis das Kind ein Alter von drei Jahren erreicht hat (§ 1570 Abs. 1 Satz 1 BGB).

Billigkeit

b) Danach verlängert sich der Unterhaltsanspruch, soweit dies der Billigkeit entspricht. Zu berücksichtigen sind die Belange des Kindes sowie konkrete Betreuungsmöglichkeiten (§ 1570 Abs. 1 Satz 2 und 3 BGB).

c) Weiterhin verlängert sich der Unterhaltsanspruch unter folgenden Billigkeitsgesichtspunkten: Kinderbetreuung; Erwerbstätigkeit während der Ehe; Dauer der Ehe (§ 1570 Abs. 2 BGB).

Schlussfolgerungen

Diese auf die Einzelfallbetrachtung fokussierte Formulierung lässt einige Schlussfolgerungen zu. Während der ersten drei Lebensjahre eines vom Partner betreuten gemeinsamen Kindes, muss der betreuende Elternteil keine Arbeit aufnehmen. Ihm steht Betreuungsunterhalt zu. Er kann frei über darüber entscheiden, ob er selber oder ein Anderer das Kind betreut. Danach werden Billigkeitserwägungen relevant. Sicher ist, dass das alte von der Rechtsprechung entwickelte Altersphasenmodell nicht mehr schematisch angewendet werden kann.[7]

Wann bei Betreuung des Kindes eine Erwerbstätigkeit in welchem Umfang zugemutet werden kann, hängt von den Umständen des Einzelfalls ab. Bei einem Kind über drei Jahren wird zunächst eine geringfügige Beschäftigung oder Teilzeitarbeit des Elternteils erwartet. Zu berücksichtigen sind die konkreten Betreuungsmöglichkeiten vor Ort – Kindergarten, Hort, Tagesmutter. Bei einer Ganztagsbetreuung des Kindes und großzügigen Umgangsregelungen wird wohl eine Vollzeitbeschäftigung des Elternteils möglich sein.[8]

Die Entwicklung der höchstrichterlichen Rechtsprechung nach dem UnthRÄndG muss weiter beobachtet werden.

Beispiele aus der Rechtsprechung zum Unterhalt wegen Betreuung eines Kindes (§ 1570 BGB):

- Die **Drei-Jahres- Frist** des §1570 ist im Regelfall mit dem Kindeswohl vereinbar (BVerfGE in FamRZ 2007, S. 965).
- Für die Dauer der ersten 3 Lebensjahre des Kindes bleibt es dabei, dass der betreuende Elternteil die Wahl hat, ob er die Betreuung des Kindes in dieser Zeit selbst vornehmen möchte oder – um eine eigene Erwerbstätigkeit zu ermöglichen – staatliche Hilfen in Anspruch nimmt (BGH in FamRZ 2008, S. 1739).
- Einem alleinerziehenden, geschiedenen Ehepartner, der zwei Kinder im Grundschulalter betreut, ist es auch nach Inkrafttreten der Unterhaltsrechtsreform nur zumutbar, einer Teilzeittätigkeit nachzugehen. Eine Vollzeittätigkeit kann regelmäßig nicht erwartet werden, weil Zeit verbleiben muss, zur Arbeitsstätte zu gelangen, die notwendigen Einkäufe zu tätigen, die Grundschulkinder angemessen zu versorgen, zu betreuen und zu fördern (OLG Düsseldorf in FuR 2008, S. VIII).
- Können Kinder bis 16:00 Uhr in der Schule betreut werden, ist eine Tätigkeit bis zu 30 Wochenstunden zumutbar; wenn die Kinder zuhause stundenweise nicht beaufsichtigt werden müssen, auch eine Vollzeittätigkeit (OLG Düsseldorf in FamRZ 2012, S. 10).
- Trägt der Unterhalt beanspruchende Elternteil keine kind- oder elternrelevanten Gründe vor, entfällt der Betreuungsunterhalt (OLG Koblenz, Urteil vom 6.7.2011, juris).

7 Schürmann, Die Entwicklung des materiellen Unterhaltsrechts, FamRZ 2012, S. 193, 921.

8 Palandt/Brudermüller, BGB, 2014, § 1570 Rn. 13.

- Trotz Ausnutzung der bestehenden Betreuungsmöglichkeiten kommt eine Verpflichtung zu einer vollschichtigen Erwerbstätigkeit nicht in Betracht, wenn diese neben sämtlichen Lasten der Kinderbetreuung zu einer deutlich ungleichen Lastenverteilung beider Elternteile führen würde (OLG Düsseldorf in FuR 2008, S. 501).
- Von einer Mutter, die zwei elf und acht Jahre alte Kinder betreut, kann eine vollschichtige Tätigkeit grundsätzlich gefordert werden. Es ist Aufgabe der Kindesmutter, darzulegen und ggf. zu beweisen, dass ausnahmsweise die Aufnahme einer (vollen) Erwerbstätigkeit nicht möglich bzw. unzumutbar ist (OLG Köln in FamRZ 2008, S. 2119).
- Da die besonderen Anforderungen und Bedürfnisse der Kinder in bestimmten Altersphasen berücksichtigt werden müssen, kann während des Besuchs des Kindergartens bzw. der ersten Grundschulklassen eine Vollzeittätigkeit nicht verlangt werden. Ein Anspruch auf Betreuungsunterhalt kann im Regelfall nicht zeitlich begrenzt werden (OLG München in FuR 2008, S.509).
- Eine geschiedene Ehefrau, die ein gemeinsames, an ADS leidendes Kind im Alter von elf Jahren betreut, ist nur zu einer Halbtagstätigkeit verpflichtet. Bei Einverständnis der Eheleute über die ausschließliche Kinderbetreuung durch die Mutter und einer Ehedauer von 13 Jahren entspricht es der Billigkeit, dass sich die Dauer des Unterhaltsanspruchs verlängert (OLG Brandenburg in FamRZ 2008, S. 1947).
- Nach Vollendung des dritten Lebensjahres des Kindes obliegt es grundsätzlich dem geschiedenen Unterhaltsberechtigten, die Tatsachen darzulegen und ggf. zu beweisen, die der Aufnahme einer Erwerbstätigkeit entgegenstehen (OLG Hamm in FamRZ 2008, S. 1937).
- Die gesetzliche Neuregelung des § 1570 BGB verlangt keinen abrupten, übergangslosen Wechsel von der elterlichen Betreuung zur Vollzeiterwerbstätigkeit. **Gründe,** die für eine Verlängerung des Betreuungsunterhalts sprechen können, ergeben sich zunächst aus **kindbezogenen Gründen,** wobei die Belange des Kindes und die Möglichkeit der Kinderbetreuung zu berücksichtigen sind. Daneben können aber auch **elternbezogene Gründe**, wie die Gestaltung der Kinderbetreuung und Erwerbstätigkeit vor der Ehe, für eine Verlängerung des Betreuungsunterhaltes gemäß § 1570 Abs. 2 sprechen (OLG Thüringen in FamRZ 2008, S. 2203).

2. Unterhalt wegen Alters (§ 1571 BGB)

Kriterien

Auch der Ehepartner, der wegen seines hohen Alters nicht zumutbar erwerbstätig sein kann, ist grundsätzlich unterhaltsberechtigt. Der Anspruch ist allerdings an bestimmte Fristen gebunden. Diese Situation muss bei Scheidung, nach der Erziehung eines gemeinsamen Kindes, nach Unterhaltsansprüchen bei Krankheit oder Arbeitslosigkeit eingetreten sein.

Altersgrenze für Erwerbsobliegenheit

Was die Altersgrenze anbetrifft, hat sich die herrschende Auffassung herausgebildet, dass immer dann, wenn die Altersgrenze für den Rentenbezug erreicht ist, eine Erwerbstätigkeit nicht mehr erwartet wird.[9]

Beispiele aus der Rechtsprechung zum Unterhalt wegen Alters (§ 1571 BGB):

- Bezieht der Unterhaltsberechtigte bei Rechtskraft der Scheidung bereits eine Altersrente, kann von diesem wegen Alters keine Erwerbstätigkeit mehr erwartet werden. Statt eines Aufstockungsunterhaltes gemäß § 1573 Abs. 2 kommt in diesem Fall nur noch der Altersunterhalt gemäß § 1571 in Betracht. Eine zeitliche Befristung entfällt, wenn Pflichtiger und Berechtigter schon Altersrentner sind, da nicht mehr erwartet werden kann, dass der Berechtigte in der Lage sein wird, sein Einkommen zu erhöhen (OLG Naumburg in FuR 2008, S.358).
- Auch wenn dem Grunde nach ein Anspruch auf Unterhalt wegen Alters gemäß § 1571BGB besteht, soll dennoch bei geringfügiger Einkommensdifferenz (hier 31,– €) kein Anspruch wegen Alters bestehen. Die Rechtsauffassung, dass ein Anspruch auf Aufstockungsunterhalt gemäß § 1573 Abs. 2 BGB nach dem Normzweck nicht besteht, soweit die Einkommensdifferenzen gering seien, sei auch im Falle eines Anspruches aus § 1571 BGB anzuwenden (OLG Karlsruhe in FamRZ 2008, S. 2120).
- Es genügt, wenn das Alter zum Einsatzzeitpunkt vorliegt, die Bedürftigkeit sich aber erst später einstellt (OLG München in FamRZ 1993, S. 564).

3. Unterhalt wegen Krankheit (§ 1572 BGB)

Krankheitsbegriff

Gleiches gilt für einen Geschiedenen, dem wegen Krankheit oder Gebrechen keine Erwerbstätigkeit zugemutet wird. Dabei ist der Krankheitsbegriff des § 1572 BGB weit auszulegen. Als krank gelten auch Alkohol-, Drogen- und Medikamentenabhängige. Als Einsatzzeitpunkt für den Unterhaltsanspruch wegen Krankheit sind relevant: 1) die Scheidung, 2) das Ende der Erziehung eines gemeinsamen Kindes, 3) das Ende einer Ausbildung oder Umschulung und 4) der Wegfall von Unterhalt wegen Arbeitslosigkeit (§ 1572 Nr. 1 bis 4 BGB).

9 Palandt/Brudermüller, BGB, 2014, § 1571, Rn. 3.

Beispiele aus der Rechtsprechung zum Unterhalt wegen Krankheit (§ 1572 BGB):

- Zwar kann Unterhalt wegen Krankheit gemäß § 1578b BGB befristet werden. Da jedoch bei dieser Form des nachehelichen Unterhaltes der nachehelichen Solidarität eine gesteigerte Bedeutung zukommt, kann bei einer langen Ehedauer und drohender Verschlechterung des Gesundheitszustandes in der Zukunft von einer Befristung abgesehen werden (OLG Nürnberg in FuR 2008, S. 359).
- Ein (geschiedener) Ehegatte muss, um die Voraussetzungen des § 1572 BGB darzulegen, im Einzelnen die Krankheiten, an denen er leidet, angeben und vortragen, inwieweit sich diese auf seine Erwerbstätigkeit auswirken. Er darf sich nicht generell auf seine Erwerbsunfähigkeit berufen, sondern muss, insbesondere im Hinblick darauf, dass eine teilweise Erwerbsunfähigkeit vorliegen kann, **Art und Umfang der gesundheitlichen Beeinträchtigungen oder des Leidens** darlegen (BGH in FuR 2007, S. 25).
- Ist der Unterhaltsberechtigte aufgrund einer Erkrankung nur zu einer teilschichtigen Tätigkeit in der Lage, so ist er durch den Krankenunterhalt so zu stellen, als wenn er ein Einkommen aus einer ihm möglichen vollen Erwerbstätigkeit erzielen würde. Eine darüber hinausgehende Differenz zum Einkommen des Unterhaltspflichtigen ist im Wege des Aufstockungsunterhaltes auszugleichen (OLG Koblenz in FuR 2007, S. 45).
- Hat ein Ehegatte zur Bekämpfung seiner Alkoholerkrankung über längere Zeit hinweg eine zumutbare und Erfolg versprechende Suchtbehandlung unterlassen, so ist ihm auch unterhaltsrechtlich der Vorwurf einer ebenso unvernünftigen wie leichtfertigen und damit mutwilligen Herbeiführung seiner eigenen Bedürftigkeit zu machen (OLG Naumburg in FamRZ 2007, S. 472).

4. Unterhalt wegen Arbeitslosigkeit (§ 1573 Abs. 1 BGB)

Neben dem Betreuungsunterhalt hat der Unterhalt wegen Erwerbslosigkeit in einer Zeit mit relativ hoher Arbeitslosenquote einen bedeutenden Stellenwert. Ein Ehegatte, der bei Scheidung keine angemessene Erwerbstätigkeit findet, kann den anderen in Anspruch nehmen. Betreuungsunterhalt, Unterhalt wegen Alters oder Krankheit gehen jedoch vor. Zumutbar ist dem Partner nicht jegliche Arbeit. Als angemessen gilt eine Arbeit, die der Ausbildung, den Fähigkeiten, einer früheren Tätigkeit, dem Lebensalter sowie dem Gesundheitszustand des Arbeitssuchenden entspricht (§ 1574 BGB).

Beruf und Lebensstandard

Das einmal erreichte Berufsniveau braucht nicht erheblich unterschritten werden. Eine weitere Rolle spielen die ehelichen Lebensverhältnisse und der Lebenszuschnitt während der Ehe, wobei die Dauer der Ehe zum Tragen kommt, das soziale Niveau, in dem sich die Partner bewegten, und auch die Vereinbarung, die die Ehegatten während der Ehe getroffen haben.

Bemühungen um Arbeitsstelle

An die Bemühungen des Ehepartners, eine angemessene Arbeitsstelle zu finden, werden strenge Anforderungen gestellt.[10] Er muss nachweisen, dass er sich kontinuierlich und nach besten Kräften um einen Arbeitsplatz bemüht. Die Rechtsprechung verlangt die ständige Meldung beim Arbeitsamt, das Lesen und Beantworten privater Stellenanzeigen und auch Bemühungen durch eigene Initiativen wie Anfragen bei möglichen Arbeitgebern, eigene Zeitungsinserate usw. Kommt er seiner Verpflichtung zu ernsthafter Suche nach einem Arbeitsplatz nicht ausreichend nach, so geht der Unterhaltsanspruch verloren. Es muss jedoch eine reale Arbeitsmarktchance bestehen.[11]

Beispiele aus der Rechtsprechung zum Unterhalt wegen Arbeitslosigkeit (§ 1573 Abs. 1 BGB):

- Voraussetzung für einen Anspruch aus § 1573 Abs. 1 BGB ist, dass der Ehegatte sich unter Einsatz aller ihm zumutbaren und möglichen Mittel nachhaltig bemüht haben muss, eine angemessene Tätigkeit zu finden. Er trägt im Verfahren die uneingeschränkte Darlegungs- und Beweislast für seine Bemühungen und muss in nachprüfbarer Weise vortragen, welche Schritte er in welchem zeitlichen Abstand unternommen hat (BGH in FamRZ 2011, S. 1851).
- Als grundsätzlich angemessen gilt der Einstieg in einen vor der Ehe ausgeübten Beruf. Allerdings ist zu berücksichtigen, inwieweit die Qualifikation noch aktuell fortbesteht und eine reale Anstellungschance gegeben ist (OLG Schleswig in FamRZ 2010, S. 651).
- Ein naher zeitlicher Zusammenhang zwischen einer krankheitsbedingten Erwerbsunfähigkeit und der Ehescheidung ist Voraussetzung für einen Anspruch aus § 1573 Abs. 1 BGB. Wenn ein geschiedener Ehegatte vier Jahre nach der Ehescheidung und fast vier Jahre nach einer Festanstellung infolge einer Psychose, die ansatzweise schon während der Ehe aufgetreten ist, erwerbsunfähig wird, fehlt es an diesem nahen zeitlichen Zusammenhang und ein Anspruch aus §§ 1574 Nr. 4, 1573 Abs. 4 S.1 kommt nicht in Betracht. Allerdings greift dann ein Unterhaltsanspruch aus § 1576 BGB, wenn die Versagung von Unterhalt im Einzelfall unbillig wäre (Karlsruhe in FamRZ 1994, 104).
- Hat der Unterhaltsberechtigte sich nicht wie geboten um eine Erwerbstätigkeit bemüht und der unterhaltsverpflichtete Ehegatte ohne hinreichenden Grund seine Arbeitsstelle aufgegeben, sind bei Berechnung des Unterhaltes beiden Parteien fiktive Einkünfte zuzurechnen (OLG Stuttgart in FamRZ 1983, 1233).

10 OLG Hamm in FamRZ 2007, S. 1327.
11 Palandt/Brudermüller, BGB, 2014, § 1573, Rn. 7.

5. Aufstockungsunterhalt (§ 1573 Abs. 2 BGB)

Ergänzung des Einkommens

Der Ehepartner, der ein Einkommen aus eigener, angemessener Erwerbstätigkeit erzielt, kommt noch zu einem ergänzenden Unterhaltsanspruch, wenn seine Einkünfte zum vollen Unterhalt nicht ausreichen (Aufstockungsunterhalt). Die Höhe des Aufstockungsbetrages richtet sich nach der Differenz zwischen dem Einkommen des Berechtigten und dem vollen Unterhalt (§ 1578 BGB). Die Gerichte gestehen bei beiderseitigem Einkommen, welche für die Einnahmen der Eheleute prägend waren, dem weniger verdienenden Teil 3/7 der Einkommensdifferenz zu. Für andere Einkünfte beträgt der Anspruch die Hälfte der Differenz.[12]

Beispiele aus der Rechtsprechung zum Aufstockungsunterhalt (§ 1573 Abs. 2 BGB):

- Wenn ein Ehegatte durch eine der eigenen beruflichen Qualifikation entsprechende angemessene Erwerbstätigkeit seinen nach den ehelichen Lebensverhältnissen bemessenen Unterhalt nicht zu decken vermag, kann ihm ein nachehelicher Aufstockungsunterhalt nicht bereits unter Hinweis auf das Prinzip der Eigenverantwortung untersagt werden. Ist die nacheheliche Einkommensdifferenz vor allem darauf zurückzuführen, dass beide Ehegatten schon vor der Ehe aufgrund ihrer Berufsausbildung einen unterschiedlichen Lebensstandard erreicht hatten, ist es dem Unterhaltsberechtigten nach einer Übergangszeit zuzumuten, auf einen Lebensstandard nach den ehelichen Lebensverhältnissen zu verzichten und sich mit dem Lebensstandard zu begnügen, den er auch ohne die Ehe erreicht hätte (OLG Celle in FuR 2008, S.VII).
- Trotz des Wortlauts des § 1573 Abs. 5 BGB (Befristung des Anspruchs aus § 1573 unter bestimmten Voraussetzungen) scheidet eine Befristung des Aufstockungsunterhalts nach inzwischen ständiger Rechtsprechung nicht schon allein wegen einer langen Ehedauer aus, auch wenn diese mehr als 20 Jahre beträgt. Vielmehr soll es bei der Beurteilung dieser Frage darauf ankommen, ob der Unterhaltsberechtigte ehebedingte Nachteile erlitten hat (BGH in FuR 2008, S. 37; vgl. auch Saarländisches OLG in FuR 2008, S. 461).
- Ist die Unterhaltsbegehrende nach einer langen Ehe – hier 30 Jahre – allein wegen fehlender beruflicher Praxis auf Tätigkeiten im Geringverdienerbereich angewiesen, stellt diese Minderung ihrer Verdienstmöglichkeiten einen ehebedingten Nachteil dar. Eine Befristung des Aufstockungsunterhalts wäre daher unbillig (OLG Düsseldorf in FamRZ 2008, S. 1950).
- Ein Aufstockungsunterhalt wird in der Regel nur in Betracht kommen, wenn er 10% des bereinigten Nettoeinkommens des Bedürftigen übersteigt (OLG München in FamRZ 2004, S. 1208)

12 Schwab, Familienrecht, 2013, Rn. 388.

6. Unterhalt bei Ausbildung oder Umschulung (§ 1575 BGB)

Bei ehebedingtem Rückstand

Einen besonderen Anspruch gibt es für Ehegatten, die im Hinblick auf die Ehe eine Schul- oder Berufsausbildung unterlassen oder abgebrochen haben. Nach der Scheidung kann dieser Ehegatte eine entsprechende Ausbildung aufnehmen und für die Ausbildungsdauer vom geschiedenen Partner Unterhalt verlangen (§ 1575 Abs. 1 BGB). Gleiches gilt, wenn ein Ehegatte sich nach der Scheidung fortbilden oder umschulen lassen möchte, um ehebedingte Nachteile in der beruflichen Qualifikation auszugleichen (§1575 Abs. 2 BGB). Die Ausbildung oder Umschulung muss den Zweck haben, wieder eine angemessene Beschäftigung zu finden. Ausbildungsunterhalt wird nur für die Zeitdauer gewährt, in der die gewählte Ausbildung üblicherweise abgeschlossen wird.[13]

Zielsetzung ist das Erreichen einer angemessenen Arbeitsstelle

Beispiele aus der Rechtsprechung zum Unterhalt bei Ausbildung oder Umschulung (§ 1575 BGB):

- Die Ausbildung, für deren Dauer § 1575 Abs. 1 BGB einen Unterhaltsanspruch gewährt, muss notwendig sein, um eine angemessene Erwerbstätigkeit zu sichern. Das bedeutet allerdings nicht, dass ein Anspruch nach § 1575 von vornherein entfällt, wenn der Ehegatte auch ohne die angestrebte Ausbildung in der Lage wäre, eine angemessene Erwerbstätigkeit auszuüben. Die gesetzliche Einschränkung, dass die Ausbildung zu einer angemessenen Erwerbstätigkeit führen muss, stellt lediglich sicher, dass der Unterhaltspflichtige nicht gezwungen ist, etwa eine zum bloßen Vergnügen betriebene Ausbildung zu finanzieren (Saarländisches OLG 25.05.2007, 9 UF 163/06 iuris).
- Ehebedingte Nachteile im Sinne des § 1575 Abs. 1 BGB sind entstanden, wenn eine Schul- oder Berufsausbildung in unmittelbarem Zusammenhang mit der Eheschließung oder in der Ehe abgebrochen wurde (BGH in FamRZ 2001, S. 350).
- Für die Frage, ob die neu begonnene Ausbildung der ursprünglich beabsichtigten Ausbildung entspricht, kommt es nicht auf fachliche Gesichtspunkte, sondern auf die Gleichwertigkeit in der sozialen Einordnung an. Der Beruf muss den Neigungen des geschiedenen Ehegatten entsprechen, wobei durch eine vor der Ehe einmal eingeschlagene Berufsrichtung keine Vermutungen entstehen. Der geschiedene Ehegatte kann also zwischen der Aufnahme einer neuen Ausbildung und der Fortsetzung einer vorzeitig abgebrochenen Ausbildung wählen (OLG Köln in FamRZ 1996, S. 867).
- Der Tatbestand des § 1575 BGB enthält zwar keinen genauen Einsatzzeitpunkt. Erforderlich ist jedoch, dass die Ausbildung ohne schuldhafte Verzögerung aufgenommen wird. Ehebedingte Verzögerungen z.B. wegen Kinderbetreuung bleiben unberücksichtigt (OLG Köln in FamRZ 1996, S. 867).

13 Schwab, Familienrecht, 2013, Rn. 390.

7. Unterhalt aus Billigkeitsgründen (§ 1576 BGB)

Sonstige schwerwiegende Gründe

Schließlich kann ein Unterhaltsbegehren darauf gestützt werden, dass sonstige schwerwiegende Gründe eine eigene Erwerbstätigkeit als unzumutbar erscheinen lassen und die Versagung des Unterhalts unter Berücksichtigung der Interessen beider Ehepartner grob unbillig wäre (§ 1576 BGB). Als schwerwiegende Gründe kommen beispielsweise in Betracht:

Beispiele

- die Betreuung von Pflegekindern oder eines Enkelkindes;
- die Betreuung von Kindern des Unterhaltspflichtigen;
- die Pflege eines Angehörigen des Unterhaltspflichtigen;
- Behinderung oder Krankheit außerhalb der Einsatzzeitpunkte.[14]

Rechtsprechung zum Unterhalt aus Billigkeitsgründen (§ 1576 BGB):

- Ein Unterhaltsanspruch aus § 1576 BGB sieht im Gegensatz zu anderen Unterhaltstatbeständen keinen Einsatzzeitpunkt vor und ist deshalb zu prüfen, falls die Zubilligung eines Unterhaltsanspruchs wegen Krankheit lediglich am Einsatzzeitpunkt scheitert und die zusätzliche Voraussetzung der groben Unbilligkeit erfüllt ist (OLG Köln in FamRZ 2004, 1725).
- Einer geschiedenen Ehefrau steht ein Anspruch auf nachehelichen Unterhalt nicht aus § 1570 BGB sondern vielmehr aus § 1576 BGB zu, wenn ihr wegen der erhöhten Betreuungsbedürftigkeit eines Kindes, das zwar rechtlich als Kind aus ihrer ersten Ehe anzusehen ist, jedoch vom unterhaltspflichtigen zweiten Ehemann abstammt, eine Erwerbstätigkeit nicht möglich ist (OLG Düsseldorf in FamRZ 1999, S. 1274)
- Nimmt die Unterhaltsberechtigte das Kind der gemeinsamen Tochter als Pflegekind bei sich auf, so hat sie gegen den Unterhaltsverpflichteten einen Anspruch auf Billigkeitsunterhalt gemäß § 1576 BGB (AG Herne- Wanne in FamRZ 1996, S.1016).
- Ein Unterhaltsanspruch aus Billigkeitsgründen gemäß § 1576 BGB wegen der Betreuung eines Pflegekindes durch den unterhaltsberechtigten Ehegatten ist nicht gegeben, wenn die Ehegatten das Pflegekind erst kurz vor dem endgültigen Scheitern ihrer ehelichen Lebensgemeinschaft zu sich genommen haben (OLG Hamm in FamRZ 1996, S. 1417).

14 Schnitzler (Hg.), 2010, Münchener Anwalts-Handbuch Familienrecht, S. 296.

IV. Bemessung des Unterhalts, Reduzierung, Befristung

1. Höhe des Unterhalts (§ 1578 BGB)

Lebensstandard während der Ehe ist ausschlaggebend

Die Bemessung des Unterhalts bestimmt sich nach den ehelichen Lebensverhältnissen (§ 1578 Abs. 1 Satz 1 BGB).

Kritik

Relativierung durch Billigkeitsgründe

Der unterhaltsberechtigte Partner soll von dem anderen so viel verlangen können, dass er grundsätzlich auf dem während der Ehe erreichten Unterhaltsniveau weiterleben kann. Damit bestimmt der Lebensstandard während der Ehe auch den nachehelichen Unterhaltsanspruch. Dieser Grundsatz, dass der eheliche Lebensstandard auch künftig für den Unterhaltsberechtigten erreichbar sein soll, wird heftig kritisiert, denn im Grunde genommen wird die Ehe, die doch geschieden ist, in die Zukunft verlängert. Dies wird mit der kritischen Formel umschrieben: „Einmal Chefarztgattin, immer Chefarztgattin". Diese **Garantie des Lebensstandards ist durch das UnterhRÄndG 2008 stark relativiert worden.** Aus Billigkeitsgründen kann der monatliche Unterhaltsanspruch abgesenkt oder zeitlich befristet werden (§ 1578b BGB).

Bedarfsgerechter Unterhalt

Für die Bemessung der monatlichen Unterhaltszahlungen ist der **gesamte Lebensbedarf** des bedürftigen Partners relevant (§ 1578 Satz 2 BGB). Dazu gehören nicht nur die Kosten der angemessenen Wohnung, Nahrung, Hygiene, Kleidung, sondern auch der Freizeit-, der Erholung und der kulturellen Entfaltung. Hinzu kommen die Kosten einer angemessenen **Kranken- und Pflegeversicherung,** evtl. Kosten einer Schul- oder Berufsausbildung und die Kosten einer **Rentenversicherung** (§ 1578 Abs. 2 und Abs. 3 BGB).

Berechnungsschema

Die **Berechnung der konkreten Unterhaltshöhe** nehmen die Gerichte in folgenden Schritten vor:

- Zuerst wird das **Maß des Unterhalts** beziffert;
- danach wird eingesetzt, was der Unterhaltsberechtigte selbst zumutbar an Einkünften und Vermögen einsetzen kann **(Bedürftigkeit)** (§ 1577 BGB);
- schließlich fragt man, ob der nun errechnete Betrag dem Unterhaltspflichtigen auch zugemutet werden kann **(Leistungsfähigkeit)** (§ 1581 BGB).

Orientierung an der Düsseldorfer Tabelle

In der Gerichtspraxis werden in den Fällen der unteren Einkommen bis zu einem gehobenen Einkommensniveau Tabellen zugrunde gelegt. Fast in ganz Deutschland verbreitet ist die **Düsseldorfer Tabelle,**[15] die auf Koordinierungsgesprächen zwischen allen Oberlandesgerichten sowie dem Familiengerichtstag beruht. Die Düsseldorfer Tabelle erlaubt eine gewisse Orientierung, um ein Minimum an Einheitlichkeit des Rechts zu gewährleisten, soll aber nicht schematisch angewendet werden.

15 Die Düsseldorfer Tabelle ist im Anhang abgedruckt.

Bei der **Berechnung des Altersvorsorgeunterhalts** hat sich in der Gerichtspraxis inzwischen die **Bremer Tabelle** durchgesetzt.[16]

Bremer Tabelle zur Berechnung des Altersvorsorgeunterhalts

Entwicklung der Rechtsprechung zu § 1578 BGB (eheliche Lebensverhältnisse):

Im Jahr 2011 hat das Bundesverfassungsgericht (BVerfG in FamRZ 2011, S. 437) die Rechtsprechung des BGH zu den sog. **„wandelbaren ehelichen Lebensverhältnissen"** für verfassungswidrig erklärt. Der BGH hatte bis dahin geurteilt, dass sich auch nacheheliche Änderungen des Einkommens auf den Umfang des Unterhaltsanspruchs auswirken (BGH in FamRZ 2010, S. 869). Aufgrund dessen ist der BGH wieder zu dem sog. Stichtagprinzip zurückgekehrt. Der Unterhaltsbedarf bestimme sich nach den ehelichen Lebensverhältnissen, die bei Rechtskraft der Ehescheidung maßgeblich sind (BGH in FamRZ 2012, S. 525).

Zu Detailfragen der Unterhaltsberechnung und der verwendeten Methoden hat sich eine unüberschaubare Rechtsprechung entwickelt, deren Darstellung den Rahmen dieses Lehrbuches sprengen würde. Es wird auf die einschlägigen Kommentare und Handbücher verwiesen.

2. Herabsetzung oder zeitliche Begrenzung des Unterhalts (§ 1578b BGB)

Reduzierung des Unterhalts aus Billigkeitsgründen

Mit **§ 1578b Abs. 1 BGB** hat der Gesetzgeber die Möglichkeit eingeräumt, die Unterhaltszahlung aus Billigkeitsgründen auf ein niedrigeres Niveau, nämlich auf den sog. **„angemessenen Lebensbedarf"** abzusenken. Untergrenze für die Herabsetzung ist der angemessene Lebensbedarf, der sich hypothetisch aus der Lebensstellung ohne Ehe und Kindererziehung ergibt.[17] Dies scheint insbesondere in den Fällen gerechtfertigt, in denen die Ehe kurz war und der Ehepartner durch die Ehe sozial stark aufgestiegen ist.[18]

In seinem Lehrbuch Familienrecht bietet Schwab eine übersichtliche Arbeitshilfe für die Abwägung von Gesichtspunkten, die für oder gegen eine Reduzierung des Ehegattenunterhalts sprechen:[19]

Beispiele für eine Reduzierung

Gesichtspunkte für eine Reduzierung des Ehegattenunterhalts:

- Keine oder nur kurzzeitige Kinderbetreuung
- Doppelverdienerehe mit gemeinschaftlicher Haushaltsführung
- Keine Einschränkung der beruflichen Tätigkeit des Unterhaltsberechtigten während der Ehe
- Weitgehende ökonomische Entflechtung der Ehegatten im Zeitpunkt der Trennung oder Scheidung

16 Schnitzler (Hg.), Münchener Anwalts-Handbuch Familienrecht, 2010, § 9, Rn. 106.
17 BGH in FamRZ 2010, S. 629.
18 Schwab, Familienrecht, 2013, Rn. 429.
19 Schwab, a.a.O., Rn. 434.

Kriterien, die gegen eine Reduzierung sprechen

Gesichtspunkte gegen eine Reduzierung des Ehegattenunterhalts:

- Kinderbetreuung über längere Zeit (jetzt oder früher)
- Führung des Haushalts im Wesentlichen durch den Unterhaltsberechtigten
- Erhebliche Einschränkung der beruflichen Tätigkeit des Unterhaltsberechtigten während der Ehe im Einverständnis mit dem Partner
- Krankheit oder schwere Schicksalsschläge im Zeitpunkt der Ehescheidung"

Keine automatische Reduzierung des Unterhalts

Der §1578b BGB wurde nach der Reform 2008 wegen unterschiedlicher Gerichtsurteile zu Altehen verstärkt kritisiert. Es entstand der Eindruck, dass beim Fehlen sog. **„ehebedingter Nachteile"** automatisch eine Befristung oder Herabsetzung erfolgte, ohne Berücksichtigung von einzelfallbedingten Umständen, vornehmlich der Dauer der Ehe. Bedürftige Ehegatten, deren Ehe bereits weit vor 2008 geschlossen wurde, wären im verstärkten Maße betroffen, weil sie sich auf die neue Rechtsprechung nicht hätten vorbereiten können. Dieser Umstand lag nicht im Sinne des Gesetzgebers.[20]

Mit Wirkung zum 1.3.2013 beschloss der Gesetzgeber daher eine Änderung des § 1578b BGB. Das Merkmal der Ehedauer wurde aus Satz 3 entfernt und als weiteres Billigkeitskriterium neben den ehebedingten Nachteilen in Satz 2 eingesetzt und stellt somit ein selbstständiges Tatbestandsmerkmal dar.[21] Insofern gewinnt die Ehedauer aufgrund einer vorliegenden wirtschaftlichen Verflechtung und der in der Ehe praktizierten Rollenverteilung an Gewicht. Die Änderung ist lediglich eine Klarstellung, dass beim Fehlen ehebedingter Nachteile nicht automatisch eine Herabsetzung oder Begrenzung des Unterhaltsanspruchs erfolgen soll.[22]

Beispiele aus der Rechtsprechung zur Herabsetzung des Unterhalts (§ 1578b Abs. 1 BGB):

- In diesem Fall führte der BGH aus, dass die Voraussetzungen einer Begrenzung des Unterhaltsanspruchs nach § 1578b BGB nicht vorlägen. Der Behauptung des Antragstellers, die Antragsgegnerin habe keine ehebedingten Nachteile erlitten, habe sie entgegengesetzt, der Arbeitsplatzwechsel habe der besseren Vereinbarkeit von Beruf und Familie gedient. Da der neue Arbeitsort näher am Wohnort gelegen und besser erreichbar gewesen sei, was der Antragsteller bei seiner persönlichen Anhörung eingeräumt habe, habe sie anlässlich der bevorstehenden Einschulung der Tochter diese besser betreuen können. Ohne den Arbeitsplatzwechsel hätte das Kind mit Schulbeginn sowohl den Frühhort als auch den Nachmittagshort besuchen müssen. Andere Gründe für den Arbeitsplatzwechsel hätten nicht vorgelegen. (BGH in FamRZ 2013, S. 6).

20 Siehe BT-Drucksache 17/11885, 2012; S. 5–6.
21 Siehe BT-Drucksache 17/11885, 2012; S. 5–6.
22 BGH, in FamRZ 2013, S.19/20.

- Die Dauer einer Ehe führt für sich allein gesehen nicht zwangsläufig zu einem ehebedingten Nachteil im Sinne des § 1578b BGB, so dass auch bei länger andauernden Ehen eine Befristung oder Herabsetzung in Betracht kommt (BGH in FamRZ 2008, S. 1187).
- In einem vom OLG Naumburg entschiedenen Fall hatte eine Frau vor der Ehe Lehramt studiert und anschließend das Referendariat absolviert. Nach mehreren folgenden Beschäftigungsverhältnissen hatte sie vor der Eheschließung vollschichtig im Bereich Public-Relation gearbeitet. Zum Zeitpunkt der Eheschließung verdiente sie etwa genauso viel wie ihr Ehemann. Kurz vor der Geburt ihrer Tochter hatte sie ihr Arbeitsverhältnis gekündigt und sich ausschließlich um Tochter und Haushalt gekümmert. Eine **Herabsetzung des Unterhalts** gemäß § 1578b Abs. 1 BGB hat das OLG mit **folgender Begründung abgelehnt:** Angesichts der Ehedauer von nahezu zwanzig Jahren ist es gerechtfertigt, die Ehefrau auch weiterhin an den ehelichen Verhältnissen teilnehmen zu lassen. Denn sie hat ehebedingte Nachteile erlitten, indem sie auf ihre berufliche Karriere verzichtete und die Haushaltsführung und Kinderbetreuung übernahm. Sie hat hierdurch dauerhafte wirtschaftliche Einbußen erlitten, da es ihr nicht mehr möglich sein wird, einen Verdienst in der Größenordnung zu erzielen, wie sie ihn auch ohne eine wegen der Ehe und der Kinderbetreuung unterbrochene Erwerbstätigkeit erreicht hätte. Ihre fortgesetzte Teilhabe am ehelichen Lebensstandard erscheint daher unter Berücksichtigung sämtlicher Umstände nicht unbillig, auch unter Würdigung des mit der Unterhaltsrechtsreform verfolgten Gesetzeszwecks, die nacheheliche Verantwortung in den Vordergrund zu stellen (OLG Karlsruhe in FuR 2008, S. 354).
- Der **angemessene Bedarf** orientiert sich an der Lebensstellung des Berechtigten vor der Eheschließung bzw. der Lebensstellung, die er ohne die Ehe gehabt hätte. Insoweit ist zu prüfen, welchen beruflichen Werdegang der Unterhaltsbegehrende ohne die Wirkungen der Ehe hätte nehmen können. Maßstab ist hierbei die vor der Ehe erlangte Ausbildung bzw. vorhandene Fähigkeiten (OLG Bremen in FamRZ 2008, S. 1957).
- Ist die nacheheliche Einkommensdifferenz nicht auf ehebedingte Nachteile, sondern darauf zurückzuführen, dass beide Ehegatten schon vorehelich infolge ihrer Berufsausbildung einen unterschiedlichen Lebensstandard erreicht hatten, kann es im Einzelfall dem unterhaltsberechtigten Ehegatten nach einer Übergangszeit zumutbar sein, auf einen Lebensstandard nach den ehelichen Lebensverhältnissen zu verzichten und sich mit dem Lebensstandard zu begnügen, den er auch ohne die Ehe erreicht hätte, was durch eine Herabsetzung oder Befristung bewirkt werden kann (OLG Karlsruhe in FamRZ 2008, S. 2206).

Zeitliche Begrenzung

Eine Befristung des nachehelichen Unterhalts ist in Form zeitlicher Begrenzung möglich. Bis zur Reform des Unterhaltsrechts 2008 war eine Befristung der Unterhaltsansprüche nicht bei allen Tatbeständen möglich. Diese Einschränkung ist jetzt weggefallen. Billigkeitsgesichtspunkte sind dabei ausschlaggebend.

Beispiele aus der Rechtsprechung zur Befristung des Unterhalts (§ 1578b Abs. 2 BGB):

- Bei der Billigkeitsabwägung ist zu prüfen, ob durch die Ehe Nachteile entstanden sind, für den eigenen Unterhalt zu sorgen. Bei Vorliegen solcher Nachteile scheidet eine Befristung des Unterhaltsanspruchs aus (ständige Rspr. des BGH; in FamRZ 2011 S. 628).
- An einem ehebedingten Nachteil fehlt es, wenn selbst nach langer Berufspause aus dem erlernten Beruf kein geringeres Einkommen zu erwarten ist als bei ununterbrochener Tätigkeit (OLG Hamm in FamRZ 2012, S. 85).
- Der BGH hat den Unterhaltsanspruch einer Ehefrau, die während der Ehe – für die kein Versorgungsausgleich, der zu Lasten der Ehefrau gegangen wäre, durchgeführt wurde – zweieinhalb Jahre erwerbslos und im Übrigen erwerbstätig war, nach einer Ehedauer von dreizehn Jahren, während der der Unterhaltspflichtige bereits elf Jahre in Rente war, auf vier Jahre befristet (BGH in FamRZ 2008, S. 1508).
- Eine Befristung von Ehegattenunterhalt wegen Krankheit gemäß §§ 1572, 1578b Abs. 2 BGB ist bei langer Ehedauer und drohender Verschlechterung des zukünftigen Gesundheitszustandes abzulehnen (OLG Nürnberg in FamRZ 2008, S.137).
- Die Befristung des Aufstockungsunterhalts nach der Scheidung einer zwanzig Jahre dauernden Ehe, in welcher die Ehefrau zwei Kinder betreut hatte, hat der BGH gebilligt, nachdem ehebedingte Nachteile nicht mehr vorlagen und die wirtschaftlichen Verhältnisse der Parteien entflochten waren (BGH in FamRZ 2007, S. 793).
- Nach neuneinhalbjähriger Ehe und fünfeinhalbjährigem Zusammenleben sowie keinen ehebedingten Nachteilen trotz Kinderbetreuung ist der Aufstockungsunterhalt auf zweieinhalb Jahre zu befristen (OLG Celle in FamRZ 2008, S. 1949).

Befristung oder Reduzierung

Weitere Möglichkeiten zeitlicher Begrenzung, der Herabsetzung oder der Versagung von Unterhaltsansprüchen ergeben sich aus der **Härteklausel des § 1579 BGB.**

In dieser Vorschrift sind acht Gründe beispielhaft aufgeführt, die darauf hindeuten, dass eine Inanspruchnahme des vollen Unterhalts grob unbillig wäre:

Beispiele

1. kurze Ehedauer;
2. feste Lebensgemeinschaft des Berechtigten;
3. Verbrechen oder Vergehen gegen den Pflichtigen oder einen Angehörigen;
4. mutwilliges Herbeiführen der Bedürftigkeit;
5. schwerwiegende Beeinträchtigung der Vermögensinteressen des Pflichtigen;
6. Verletzung der Unterhaltspflicht;
7. schwerwiegendes Fehlverhalten;
8. andere gleich gewichtige Gründe.

Beispiele aus der Rechtsprechung zur Härteklausel des § 1579 BGB:

- Nach der Rechtsprechung des BGH deuten die Führung eines gemeinsamen Haushalts, das Auftreten in der Öffentlichkeit als Paar oder erhebliche gemeinschaftliche Investitionen (z.B. Hausbau) auf eine Gemeinschaft nach § 1579 Nr. 2 BGB hin, die eine Beschränkung oder Versagung des Unterhaltsanspruchs rechtfertigt (BGH in FamRZ 2011, S. 1854).
- Der Tatbestand des §1579 Nr.7 ist bereits erfüllt, wenn sich ein Partner unter Verletzung der dem anderen geschuldeten ehelichen Treuepflicht von diesem abwendet und mit einem anderen Partner eine auf **Dauer angelegte intime Beziehung** eingeht (OLG Karlsruhe in FuR 2007, S. 41).
- Eine fortgesetzte und massive und schuldhafte **Vereitelung des Umgangsrechts** kann zu einem Ausschluss oder einer Herabsetzung des Unterhaltsanspruchs des betreuenden Elternteils führen (BGH in FamRZ 2007, S. 882).
- Eine Kürzung des Unterhalts wegen der Begehung einer **gefährlichen Körperverletzung** zu Lasten des Unterhaltspflichtigen ist dann noch nicht gerechtfertigt, wenn die Tat eine Kurzschlusshandlung darstellt und es sich nur um ein einmaliges Fehlverhalten handelt. Kommt jedoch noch eine vorsätzliche falsche Verdächtigung mit unrichtiger Strafanzeige hinzu, ist der Unterhalt um 50% zu kürzen (OLG Schleswig in FamRZ 2007, S. 325).

Selbstverständlich bestehen die Unterhaltsansprüche generell nur solange, wie der Tatbestand, auf den sie sich gründen, erfüllt ist: Sind anderweitige Betreuungsmöglichkeiten für die Kinder eröffnet, so entfällt der Betreuungsunterhalt; wird der Ehegatte wieder gesund, so fällt der Unterhalt wegen Krankheit weg. Unterschiedliche Unterhaltsberechtigungen können sich aber aneinanderreihen.

Fall: Achilles – Grundlagen des Unterhalts bei Scheidung

Nach eigentlich recht harmonischen 15 Jahren ist der „Bund fürs Leben" der Eheleute Achilles unwiderruflich gescheitert. Herr Achilles (41 Jahre) ist langjährig als Diplom-Ingenieur bei Asea Brown Boveri angestellt. Seine Karriere und sein Gehalt stagnieren, er ist mit sich und der Welt unzufrieden, schimpft auf die Bundesregierung, deren verfehlte Arbeitsmarktpolitik er für die Einsparungen bei seinem Arbeitgeber verantwortlich macht. Nun will seine Frau ihn auch noch nach der Scheidung mit Unterhaltsforderungen „schröpfen." Er bezieht ein bereinigtes Nettogehalt von monatlich 4.000,– €.

Frau Achilles (42 Jahre) hat bis zur Geburt ihrer Tochter Amina (11 Jahre) in ihrem gelernten Beruf als Altenpflegerin gearbeitet und sich dann ganz dem gemeinsamen Haushalt und der Erziehung ihrer Tochter gewidmet. Um sich beruflich weiter zu qualifizieren und nicht mehr die körperlich erschöpfende Altenpflege ausüben zu müssen, hat sie vor zwei Jahren mit dem Studium der Psychologie begonnen.

Im Scheidungsprozess sind sich die Eheleute Achilles einig, dass sie beide das gemeinsame elterliche Sorgerecht beibehalten wollen, Amina aber weiterhin bei ihrer Mutter wohnen soll. Seit der Trennung lebt Frau Achilles mit Amina in einer Zwei-Zimmer-Wohnung.

Herr Achilles ist durchaus bereit, Amina mit monatlichen Unterhaltszahlungen zu unterstützen, lehnt es aber ab, seiner Frau das Studium zu finanzieren, und sie womöglich noch weitere Jahre zu unterhalten, bis sie schließlich einen Arbeitsplatz als Psychologin findet. Er meint, seine Frau könnte für sich sorgen und wieder einen Job als Altenpflegerin annehmen, zumal der Arbeitsmarkt in diesem Segment boomt.

Frau Achilles stellt sich auf den Standpunkt, es sei ihr als Gattin eines Diplom-Ingenieurs nach 15-jähriger Ehe nicht zumutbar, wieder „Handlangerdienste für Senioren" zu verrichten. Außerdem sei ihr Mann verpflichtet, das einmal während der Ehe aufgenommene Studium weiter zu finanzieren.

- ▶ *In welcher Höhe muss Herr Achilles Unterhalt für Amina leisten?*
- ▶ *Ist Herr Achilles verpflichtet, seiner Frau nach der Scheidung Unterhalt zu zahlen?*

Lösungsskizze Fall Achilles:

I. Kindesunterhalt – Unterhaltsansprüche von Amina gegenüber ihrem Vater

Frau Achilles trägt mit der Betreuung der gemeinsamen Tochter ihren Anteil zum Kindesunterhalt bei (§ 1606 Abs. 3 Satz 2 BGB). Lediglich Herr Achilles ist nach den Grundsätzen des Kindesunterhalts zum Barunterhalt gegenüber Amina verpflichtet.

Anspruchsgrundlage

Unterhaltsansprüche ehelicher Kinder gegen ihre Eltern richten sich ausschließlich nach den Prinzipien des Verwandtenunterhalts (§§ 1601 ff. BGB), die wir im vorausgehenden Kapitel behandelt haben (siehe dort). In unserem Fall soll gleich dazu übergegangen werden, den pauschalierten Unterhaltsbedarf (§ 1610 BGB) aus der Düsseldorfer Tabelle abzulesen.

Nach der **Düsseldorfer Tabelle (Stand: 1.1.2013)** ergibt sich für Amina (11 Jahre) ein pauschalierter Unterhaltsbedarf von 525,– € monatlich. Dabei gehen wir von einem bereinigten Nettoeinkommen von Herrn Achilles in Höhe von 4.000,– € aus. Nach Abzug des hälftigen Kindergeldes (92,– €) beträgt der **effektive Zahlbetrag für Unterhaltsleistungen von Herrn Achilles an seine Tochter 433,– €.**

II. Unterhaltsansprüche von Frau Achilles

Für die Frage, ob Frau Achilles Unterhaltsansprüche gegenüber ihrem Ex-Ehemann nach Scheidung geltend machen kann, sind die gesetzlichen Unterhaltstatbestände bei Scheidung (§§ 1570 – 1576 BGB) zu prüfen.

1. Betreuungsunterhalt (§ 1570 BGB)

Leitet sich ein Unterhaltsanspruch von Frau Achilles gegenüber ihrem Mann schon daraus ab, indem Frau Achilles alleine die gemeinsame 11-jährige Tochter Amina betreut?

Die Eltern Achilles üben zwar die gemeinsame elterliche Sorge aus, faktisch kümmert sich aber Frau Achilles um Amina. Nach dem neuen § 1570 BGB besteht ein Anspruch auf Betreuungsunterhalt mindestens bis zum vollendeten dritten Lebensjahr des Kindes. Aus Billigkeitsgründen verlängert sich der Anspruch unter Berücksichtigung der Kinderbetreuungsmöglichkeiten sowie der Erwerbstätigkeit während der Ehe (§ 1570 Abs. 2 BGB). In Anlehnung an die gängige Rechtsprechung des BGH und der Tatsache, dass Amina wenigstens bis zur Mittagszeit die Schule besucht, kann Frau Achilles zumindest eine teilweise Erwerbstätigkeit zugemutet werden. Daraus können wir einen teilweisen Anspruch auf Betreuungsunterhalt ableiten.

2. Unterhalt wegen Arbeitslosigkeit (§ 1573 BGB)

Auch wenn wir Frau Achilles einen teilweisen Anspruch auf Betreuungsunterhalt zubilligen, ist es dennoch möglich, dass sich aus einem anderen Unterhaltstatbestand ein vollständiger Unterhaltsanspruch begründen lässt. Zunächst bietet sich der Unterhaltsanspruch wegen Arbeitslosigkeit an.

Herr Achilles hält seiner Frau vor, dass sie vor und während der ersten Ehejahre als Altenpflegerin gearbeitet habe und diese Tätigkeit, da sie ihren Fähigkeiten entspreche, für sie ebenso nach der Ehe angemessen sei. Mit der Unterhaltsreform 2008 tritt der Grundsatz der Eigenverantwortlichkeit in den Vordergrund. Nach dem Willen des Gesetzgebers ist die Erwerbstätigkeit in einem früher ausgeübten Beruf immer angemessen.[23] Eine Billigkeitskorrektur kann jedoch nach § 1574 Abs. 2 BGB vorgenommen werden. Es muss berücksichtigt werden, dass sich die Ehepartner während der Ehe darauf geeinigt haben, dass Frau Achilles sich weiterqualifizieren soll, um eine höher dotierte Stellung annehmen zu können. Herr Achilles hat an dem beruflichen Aufstieg seiner Frau mitgewirkt, und es wäre m. E. unzumutbar, wenn Frau Achilles wieder auf den Zustand wie beim Beginn der Ehe zurückgeworfen werden sollte. Sie sollte nicht gezwungen werden, das einmal begonnene Studium nach der Scheidung wieder aufzugeben.

Wir können an dieser Stelle also festhalten, dass Frau Achilles gem. § 1573 i.V.m. § 1574 Abs. 2 BGB einen vollständigen Unterhaltsanspruch bis zur Erlangung einer angemessenen Erwerbstätigkeit nach Abschluss ihres Studiums durchsetzen kann.

3. Unterhalt bei Aus- und Fortbildung oder Umschulung (§ 1575 BGB)

Weiterhin kommt für Frau Achilles noch ein Unterhaltsanspruch aus § 1575 Abs. 2 BGB in Betracht, wenn man unterstellt, dass ihr Studium als Fortbildung anzusehen ist, weil sie durch die Betreuung ihrer Tochter und Haushaltstätigkeit ansonsten während ihrer Ehe von einem beruflichen Aufstieg ausgeschlossen worden wäre. Die Fortbildung bzw. das Studium muss den Zweck haben, durch die Ehe erlittene Nachteile auszugleichen. Auch das kann man annehmen, denn nach unserem Sachverhalt hat sich Frau Achilles 9 Jahre lang um den Haushalt und ihre Tochter gekümmert und von daher ihren beruflichen Aufstieg nicht weiter verfolgt. Auch aus diesem Grund kann sie vollen Unterhalt während der Fortsetzung ihres Psychologie-Studiums von ihrem Mann verlangen.

23 BT-Drucks. 16/1830/2006, S. 17.

4. Unterhaltsbedarf (§ 1578 BGB)

Da wir in unserem Fall Frau Achilles einen vollen Unterhaltsanspruch zugebilligt haben, stellt sich nun die Frage nach seiner Höhe. Das hängt davon ab, welchen Lebensbedarf der Unterhaltsberechtigte hat, wie viel er davon aus eigenen Mitteln bestreiten kann (Bedürftigkeit) und davon, wie hoch das Einkommen des Verpflichteten ist, was man ihm also an Leistungen zumuten kann (Leistungsfähigkeit).

Unterhaltsberechnung nach der Düsseldorfer Tabelle B. III. → B. I. 1.a)
Stand: 1.1.2013

Bereinigtes Nettoeinkommen Herr A.	4.000,– €
abzügl. Unterhaltsanspruch von Amina	– 433,– €
verbleibt Nettoeinkommen von Herrn A.	3.567,– €
davon 3/7	
Unterhaltsanspruch von Frau A.	**= 1.528,71,– €**
Resteinkommen von Herrn A.	2.038,29,– € (= Kontrollbetrag)

Nach Anwendung der Düsseldorfer Tabelle hat Herr Achilles an Amina 433,– € und an seine geschiedene Frau 1.528,71 € monatlichen Unterhalt zu leisten.

1. Variante im Fall Achilles – Aufstockungsunterhalt

Nach abgeschlossenem Studium hat Frau Achilles beim TÜV Rheinland eine Vollzeitstelle als psychologische Gutachterin angenommen. Sie bekommt ein monatliches Nettogehalt von 1.500,– € ausgezahlt.

Sie verlangt weitere Unterhaltszahlungen von ihrem Ex-Mann, um den „ehelichen Lebensstandard" halten zu können. Herr Achilles verweigert die Fortschreibung von Unterhaltsleistungen an seine Frau. Amina ist mittlerweile 16 Jahre alt.

▶ *Lehnt Herr Achilles die Leistung von Ehegattenunterhalt zu Recht ab?*

Lösungsskizze zur 1. Variante Fall Achilles:

Nachdem Amina mittlerweile das Alter von 16 Jahren erreicht hat, steht Frau Achilles kein teilweiser Betreuungsunterhalt gem. 1570 Abs. 2 BGB mehr zu.

Während Frau Achilles mit ihrer relativ schlecht bezahlten Arbeitsstelle als Gutachterin ein monatliches anrechenbares Nettoeinkommen von 1.500,– € bezieht, kann sie von ihrem Ex-Mann Aufstockungsunterhalt gem. § 1573 Abs. 2 BGB verlangen.

Berechnung des Aufstockungsunterhalts nach der Düsseldorfer Tabelle B. III. → Düss.Tab. B. I. 1.b) (Stand: 1.1.2013)

Bereinigtes Nettoeinkommen Herr A.	4.000,– €
abzügl. Unterhaltsanspruch Amina (16 J.)	– 522,– €
verbleibt Nettoeinkommen von Herrn A.	3.478,– €
abzgl. anrechenbares Eink. Frau A.	– 1.500,– €
Differenz der anrechenbaren Einkommen	1.978,– €
davon 3/7	
Unterhaltsanspruch von Frau A.	**= 847,71,– €**
Resteinkommen von Herrn A.	2.630,29,–€ (= Kontrollbetrag)

Frau Achilles hat demnach einen Anspruch auf Aufstockungsunterhalt gegenüber ihrem Ex-Ehemann in Höhe von 847,71 €. Nach § 1578b BGB kann der Unterhaltsanspruch unter Billigkeitsgesichtspunkten allerdings zeitlich begrenzt werden.

2. Variante im Fall Achilles – Rangfolge und Mangelfall

Frau Achilles ist mit der Versorgung der drei gemeinsamen Kinder Amina (14 Jahre), Alexis (10 Jahre) und Attila (2 Jahre) voll ausgelastet. Das monatliche Nettoeinkommen von Herrn Achilles beläuft sich auf lediglich 1.600,– €.

▶ *In welchem Umfang kann Herr Achilles zu Unterhaltsleistungen herangezogen werden?*

Lösungsskizze zur 2. Variante Fall Achilles:

Unsere 2. Fallvariante legt nahe, dass sich die Unterhaltsansprüche der Familienangehörigen, drei Kinder und die ehemalige Ehefrau, soweit kumulieren, dass für Herrn Achilles selbst kaum mehr das Existenzminimum übrig bleibt.

Obwohl eine Scheidung immer ärmer macht, zur Verschuldung führen oder auch in den finanziellen Ruin übergehen kann, soll der Unterhaltspflichtige mit Unterhaltsleistungen nicht unter das Existenzminimum gedrückt werden. Die Grenze für Unterhaltsansprüche bildet die Leistungsfähigkeit des Unterhaltspflichtigen (§ 1581 BGB). Ihm darf durch die Unterhaltsleistungen nicht zugemutet werden, seinen eigenen angemessenen Lebensunterhalt zu gefährden. Reicht aber das Einkommen des Unterhaltspflichtigen nicht aus, um den Unterhaltsbedarf der von ihm finanziell Abhängigen vollkommen zu decken und ihm gleichzeitig den sog. notwendigen Eigenbedarf zu belassen, entsteht ein Mangelfall.

In der Düsseldorfer Tabelle unter C. sind Richtlinien aufgestellt, wie das nicht ausreichende Einkommen unter Gerechtigkeitsgesichtpunkten verteilt werden kann. Dies wollen wir für unseren Fall vornehmen:

Bereinigtes Nettoeinkommen von Herrn A.		1.600,– €
Unterhaltsbedarf (Zahlbetrag)	K1 =	356,– €
	K2 =	291,– €
	K3 =	238,–€
Unterhaltsbedarf (Zahlbetrag) Kinder		885,– €
Nettoeinkommen Herr A.		1.600,– €
abzgl. Unterhaltsbedarf K1 – K3		– 885,– €
Resteinkommen Herr A.		715,– €

Das Resteinkommen von Herrn A. würde unterhalb des notwendigen Eigenbedarfs (Selbstbehalt) liegen, das nach der Düsseldorfer Tabelle bei einem Erwerbstätigen monatlich 1.000,– € beträgt (Düsseldorfer Tabelle Anmerkungen Ziff. 5).

Nettoeinkommen Herr A.	1.600,– €
abzüglich Selbstbehalt	1.000,– €
Verteilungsmasse	**600,– €**

Das hat zur Folge, dass Frau Achilles bei der Verteilung der Unterhaltszahlungen leer ausgeht, da sie gegenüber den minderjährigen Kindern (1. Rang) im 2. Rang steht (§ 1609 BGB).

Unterhaltsansprüche:	K 1 =	356	x	600 : 885 =	241,35 €
	K 2 =	291	x	600 : 885 =	197,29 €
	K 3 =	238	x	600 : 885 =	161,36 €
					600,00 €

V. Unterhaltsrelevantes Einkommen – ein Streitthema

Vor Gericht oder in wechselseitigen Schriftsätzen ist die Berechnung des unterhaltsrelevanten Einkommens ein Streitthema par excellence. Denn Berechnungsgrundlage für die monatlichen Unterhaltszahlungen ist das jeweilige **bereinigte Nettoeinkommen** der Parteien. Zu berücksichtigen sind verschiedene Einkommensarten wie Lohn- und Gehaltsansprüche von Arbeitnehmern, die Einkünfte von Selbstständigen, aber auch andere reale und fiktive Einkünfte.

Grundlage zur Berechnung

1. Einkommen von Arbeitnehmern

Bei Arbeitnehmern setzt sich das unterhaltsrelevante Einkommen aus dem **Nettogehalt der letzten 12 Monate einschließlich aller Zulagen, Gratifikationen, Aufwandsentschädigungen, Spesen und Tantiemen** zusammen. Auch das **Urlaubs- und Weihnachtsgeld** wird in das Jahreseinkommen mit einbezogen. Aus den letzten 12 Gehaltsabrechnungen wird ein Gesamteinkommen ermittelt, das durch 12 geteilt wird, um das **durchschnittliche monatliche Einkommen** zu erhalten.

Durchschnittliches monatliches Nettoeinkommen

In die Berechnung einbezogen werden **Überstundenvergütungen**, die berufstypisch sind, ebenso **Schichtzulagen** und andere Zulagen. Auch Prämien oder Tantiemen, die der Arbeitgeber ausschüttet und die stark schwanken können, werden addiert. In der Regel wird ein Durchschnittswert der letzten 3 Jahre ermittelt. Ebenso stellt der **privat genutzte Firmenwagen** einen geldwerten Vorteil dar, der als Einkommensbestandteil angesehen wird.

2. Einkommen von Selbstständigen

Das Einkommen von Selbstständigen – Handwerkern, Ärzten, Unternehmern etc. – hängt stark von der Konjunktur- und Auftragslage ab. Außerdem haben Unternehmer im Gegensatz zu Arbeitnehmern erheblich bessere Möglichkeiten, Gewinne zu minimieren und steuerliche Abschreibungsmöglichkeiten zu nutzen.

Schwankendes Einkommen

Grundsätzlich werden zur Ermittlung von Einkünften aus selbstständiger Tätigkeit die **letzten drei Kalenderjahre** zugrunde gelegt und daraus einen **Mittelwert** errechnet. Unternehmer sind verpflichtet, auf Verlangen ihre Einnahme- und Überschussrechnungen oder Bilanzen vorzulegen bzw. ihre Einkommenssteuerbescheide zu präsentieren.

Auskunftspflicht von Unternehmern

3. Andere Einkommensarten

Renten, Arbeitslosengeld, Elterngeld oder Pflegegeld stellen unterhaltsrelevantes Einkommen dar, ebenso **Einnahmen aus Vermietung und Verpachtung** sowie **Einkünfte aus Vermögensanlagen. Selbst genutztes Wohn- oder Hauseigentum** wird als geldwerter Vorteil betrachtet, wobei der eingesetzte Betrag der ersparten Miete eines vergleichbaren Objekts entspricht.

4. Berechnung des bereinigten Nettoeinkommens

Differenzierung zwischen Kindes- und Ehegattenunterhalt

Für die Berechnung von monatlichen Unterhaltszahlungen ist nicht das Bruttoeinkommen der Parteien, sondern das so genannte bereinigte Nettoeinkommen relevant. Dabei ist zu differenzieren zwischen Kindesunterhalt (Verwandtenunterhalt) und Ehegattenunterhalt. Beim Ehegattenunterhalt kommt es auf die prägenden Umstände an, beim Verwandtenunterhalt auf die tatsächlichen Verhältnisse.

Folgende Posten können **von dem Bruttoeinkommen abgezogen** werden:

Abzugsberechtigte Positionen

- **Steuern:** Einkommens- bzw. Lohnsteuer, Solidaritätszuschlag, Kirchensteuer
- **Vorsorgeaufwendungen:** Beiträge zur Kranken-, Pflege- und Arbeitslosenversicherung; Aufwendungen für die Altersvorsorge
- **Berufsbedingte Aufwendungen nicht Selbstständiger:** Aus Vereinfachungsgründen kann eine Pauschale von 5 % des Nettoeinkommens angesetzt werden.[24]
- Kinderbetreuungskosten
- **Schulden:** Alle Konsumentenkredite, die von den Eheleuten gemeinsam aufgenommen wurden; nicht jedoch einseitig abgeschlossene Darlehensverträge, die leichtfertig oder für luxuriöse Zwecke abgeschlossen wurden; abzugsfähig sind auch einseitig aufgenommene Schulden nach Scheitern der Ehe, wenn sie trennungsbedingt notwendige Aufwendungen abdecken, wie z.B. der Kauf neuer Möbel oder eines PKW.
- **Vermögensbildende Kredite,** die während der Ehe z.B. für eine gemeinsame Immobilie eingegangen wurden.
- **Kindesunterhalt:** Unterhaltszahlungen an Kinder sind Abzugsposten, wobei hier der **Zahlbetrag** berücksichtigt wird, auch wenn die Kinder erst nach der Scheidung geboren wurden oder aus einer zweiten Ehe oder einer neuen Partnerschaft stammen.
- **Vermögenswirksame Leistungen,** wenn die Verträge zur gemeinsamen Vermögensbildung in der Ehe abgeschlossen wurden.

24 BGH in FamRZ 2006, S. 108.

Beispiele aus der Rechtsprechung zur Berechnung des bereinigten Nettoeinkommens:

- Mutterschaftsgeld und Elterngeld gelten als Lohnersatzleistungen und zählen zum unterhaltsrelevanten Einkommen (BVerfG in FamRZ 2012, S. 91).
- Ein dem Unterhaltspflichtigen von seinem Arbeitgeber gezahlter **Kinderzuschlag,** der ohne Rücksicht auf eine Ehe gewährt wird, ist auch im Fall der Wiederverheiratung Bestandteil des zur Bemessung des nachehelichen Unterhalts maßgeblichen Einkommens. Es kommt nicht darauf an, aus welcher Ehe das Kind stammt, für das der Zuschlag gezahlt wird (BGH in FuR 2007, S. 270).
- Eine **Abfindung** hat grundsätzlich Lohnersatzfunktion. Ein **Erwerbstätigenbonus** ist jedoch nicht zu berücksichtigen (BGH in FuR 2007, S. 322).
- **Mietfreies Wohnen** im Eigenheim ist als Gebrauchsvorteil bei der Einkommensermittlung zu berücksichtigen (BGH in FamRZ 2007, S. 879).
- Sofern aus selbständiger Tätigkeit keine bedarfsdeckenden Einkünfte erzielt werden, kann es geboten sein, dass sich der Unterhaltsverpflichtete um eine besser bezahlte abhängige Tätigkeit bemüht (OLG Hamm in FuR 2007, S. 433).
- Auch **Sachzuwendungen** sind unterhaltspflichtiges Einkommen. Hierzu zählt insbesondere der Wert der Privatnutzung eines **Firmenfahrzeugs** (BGH in FamRZ 1983, S. 352).

5. Aufnahmebogen zum unterhaltsrelevanten Einkommen

Aufnahmebogen (Mann/Frau)

Angaben zum Einkommen

1. Einkünfte aus Erwerbstätigkeit

Monatliches Einkommen: ____________________(brutto)
____________________ (netto)

Weihnachtsgeld: € ____________________

Urlaubsgeld: € ____________________

Anzahl der Gehälter (ohne Weihnachts- u. Urlaubsgeld): ____________________

Sonstige Einkünfte aus Erwerbstätigkeit: ____________________

Zuwendungen vom Arbeitgeber (z.B.)

Spesen: ____________ Fahrtkosten: ____________

Provision: ____________ Bereitstellung eines Pkw: ____________

Sonstiges: ____________________

2. Einkünfte ohne Erwerbstätigkeit

Arbeitslosengeld: ____________ Renten: ____________

Elterngeld: ____________

Sonstiges: ____________________

3. Einkünfte aus Vermögen

Zinsen: ____________ Mieteinnahmen: ____________

Sonstiges: ____________________

4. Beiträge für freiwillige Vorsorgeaufwendungen

Krankenversicherung: ____________ Lebensversicherung: ____________

Unfallversicherung: ____________ Rentenversicherung: ____________

Sonstiges: ____________________

5. Schulden und Verbindlichkeiten

Wurde ein Darlehen zur Finanzierung der Ehewohnung (Haus oder ETW) aufgenommen?

Monatliche Rate: ____________ Darlehen wurde wann aufgenommen: ____________

Sonstige Schulden: ____________________

Steuerrückerstattung aus dem vergangenen Jahr bzw. geschätzte Rückerstattung für das laufende Jahr: ____________________

4. Teil Verfahrensrecht – Internationales Familienrecht

A. Das familienrechtliche Verfahren – eine Orientierung

Mit dem **Gesetz über das Verfahren in Familiensachen und in den Angelegenheiten der freiwilligen Gerichtsbarkeit (FamFG),** das im September 2009 in Kraft getreten ist, wurden die familiengerichtlichen Verfahren in einer einzigen Verfahrensordnung gebündelt. Zuvor waren die prozessualen Regeln noch in der ZPO, sowie im FGG verstreut. Nunmehr gibt es eine homogene familienrechtliche Verfahrensordnung, das FamFG.

Einheitliche Verfahrensordnung seit 2009

Das Gesetz enthält folgende Kernpunkte:

Neuerungen im Verfahren in Kindschaftssachen (z.B. Verfahren über Sorge- und Umgangsrecht, die Herausgabe eines Kindes oder die Vormundschaft):

Kriterien

- Dringende Kindschaftssachen, insbesondere Streitigkeiten über das Umgangsrecht, müssen vorrangig und beschleunigt bearbeitet werden. Die Verfahrensdauer in umgangsrechtlichen Verfahren soll verkürzt werden (§ 155 Abs. 1 FamFG).
- Die Verfahren sollen **zeitnah verhandelt** werden. Das Gericht soll den Fall spätestens einen Monat nach Eingang des Antrags mit allen Beteiligten erörtern (§ 155 Abs. 2 und Abs. 3 FamFG). Bei Kindeswohlgefährdung hat es die Eltern getrennt anzuhören, wenn dies zum Schutz eines Beteiligten notwendig ist (§ 157 Abs. 2 FamFG).

Vorrang und verkürzte Verfahrensdauer bei dringenden Kindschaftssachen

Das Gericht soll den Versuch einer **einvernehmlichen Lösung** des Konflikts unternehmen, wenn dies dem Kindeswohl nicht widerspricht. Einvernehmliche Lösungen der Eltern müssen vom Gericht gebilligt werden. Gelingt eine Einigung nicht, muss das Gericht über eine einstweilige Anordnung nachdenken (§ 156 Abs. 1 und Abs. 2 FamFG). Über das Umgangsrecht soll das Gericht in der Regel schnell entscheiden, damit der Kontakt zwischen Kind und einem umgangsberechtigten Elternteil aufrechterhalten bleibt und die Beziehung keinen Schaden nimmt (§ 156 Abs. 3 FamFG).

Beschleunigte Entscheidung bezüglich des Umgangsrechts

Die **Beteiligungs- und Mitwirkungsrechte des betroffenen Kindes** wurden verstärkt. In schwierigen Fällen wird das Kind von einem Verfahrensbeistand unterstützt. Dessen Aufgabe ist es, im gerichtlichen Verfahren die Interessen des Kindes zu vertreten und das Kind über den Ablauf des Verfahrens und die Möglichkeiten der Einflussnahme zu informieren. Im Gegensatz zum früheren Verfahrenspfleger kann der Verfahrensbeistand auf Anordnung des Gerichts eine aktive Rolle in dem Konflikt übernehmen und zu einer einvernehmlichen Umgangsregelung – etwa durch Gespräche mit den Eltern – beitragen (§ 158 FamFG).

Verstärkte Mitwirkungsrechte des Kindes

Die **Beteiligung von Pflegepersonen** am Verfahren wurde erweitert. Pflegepersonen – z.B. Pflegeeltern – können in allen Verfahren, die das Kind betreffen, hinzugezogen werden, wenn das Kind seit längerer Zeit bei ihnen lebt (§ 161 FamFG). In solchen Fällen wissen Pflegeeltern häufig besser über das Kind Bescheid als die Eltern.

Ordnungsmittel

Die **Vollstreckung von Umgangsentscheidungen** wurde **effektiviert**. Bei Scheitern einer Vermittlung durch das Gericht oder bei Verstößen gegen Umgangsentscheidungen kann das Gericht Ordnungsmittel verhängen (§ 165 Abs. 5 FamFG).

Neuerungen in anderen familiengerichtlichen Verfahren:

In **Scheidungssachen** muss der Antragsteller im **Scheidungsantrag** künftig angeben, ob die Ehegatten sich über die Regelung der elterlichen Sorge, des Umgangs und des Unterhalts verständigt haben. Das soll die Eltern dazu anhalten, vor Einleitung des Scheidungsverfahrens die künftigen Lebensumstände der Kinder zu klären (§ 133 Abs. 1 Nr. 2 FamFG).

Auskunftspflicht

In **Unterhaltssachen** wurde die Klärung der Einkommens- und Vermögensverhältnisse durch weitergehende Auskunftspflichten der Beteiligten verbessert (§§ 235 und 236 FamFG).

Homogenisierung der Zuständigkeiten

Mit dem **Großen Familiengericht** wurde die sachliche Zuständigkeit der Familiengerichte erweitert. Damit wird es den Gerichten ermöglicht, alle durch den sozialen Verband von Ehe und Familie sachlich verbundenen Rechtsstreitigkeiten in einer Zuständigkeit zu entscheiden. **Das Vormundschaftsgericht wurde aufgelöst.** Seine Aufgaben werden vom Familiengericht und vom **Betreuungsgericht** übernommen. Das führt zu einer Straffung gerichtlicher Zuständigkeiten.

Die Reform der freiwilligen Gerichtsbarkeit:

Modernisierung der Verfahrensordnung

Das FamFG enthält zugleich eine Reform des Verfahrens in Angelegenheiten der freiwilligen Gerichtsbarkeit. Das zuvor geltende Verfahrensgesetz (FGG), für diese Verfahren (Betreuungs-, Unterbringungs-, Nachlass- und Registersachen) stammt aus dem Jahre 1898 mit zahlreichen Änderungen. Dieses Gesetz wurde komplett modernisiert. Die neue Verfahrensordnung definiert erstmals umfassend die Verfahrensrechte und die Mitwirkungspflichten der Beteiligten und will deren Anspruch auf rechtliches Gehör sichern.

Befristung von Beschwerden

Das zersplitterte Rechtsmittelsystem der freiwilligen Gerichtsbarkeit wurde neu strukturiert und effizienter gestaltet. Um zügig Rechtssicherheit zu erhalten, wurde die Beschwerde gegen gerichtliche Entscheidungen generell befristet.

Zugang zum Bundesgerichtshof

Gewährung von einheitlicher Rechtsprechung

Die bisherige weitere Beschwerde zum Oberlandesgericht wurde ersetzt durch die Rechtsbeschwerde zum Bundesgerichtshof. Eine Rechtsbeschwerde wird zugelassen, wenn eine Entscheidung geboten ist, um das Recht zu vereinheitlichen oder fortzubilden. Abweichend davon ist die Rechtsbeschwerde in besonders grundrechtsrelevanten Betreuungssachen, in Unterbringungs- und in Freiheitsentziehungssachen an keine besonderen Zulässigkeitsvoraussetzungen geknüpft. Den Beteiligten wird damit in Angelegenheiten der freiwilligen Gerichtsbarkeit der unmittelbare Zugang zum Bundesgerichtshof eröffnet. Dieser kann dadurch viel stärker als bisher die Materien der freiwilligen Gerichtsbarkeit durch Leitentscheidungen prägen und fortentwickeln. Das soll eine Vereinheitlichung der Rechtsprechung sowie Rechtssicherheit für den Bürger bewirken.

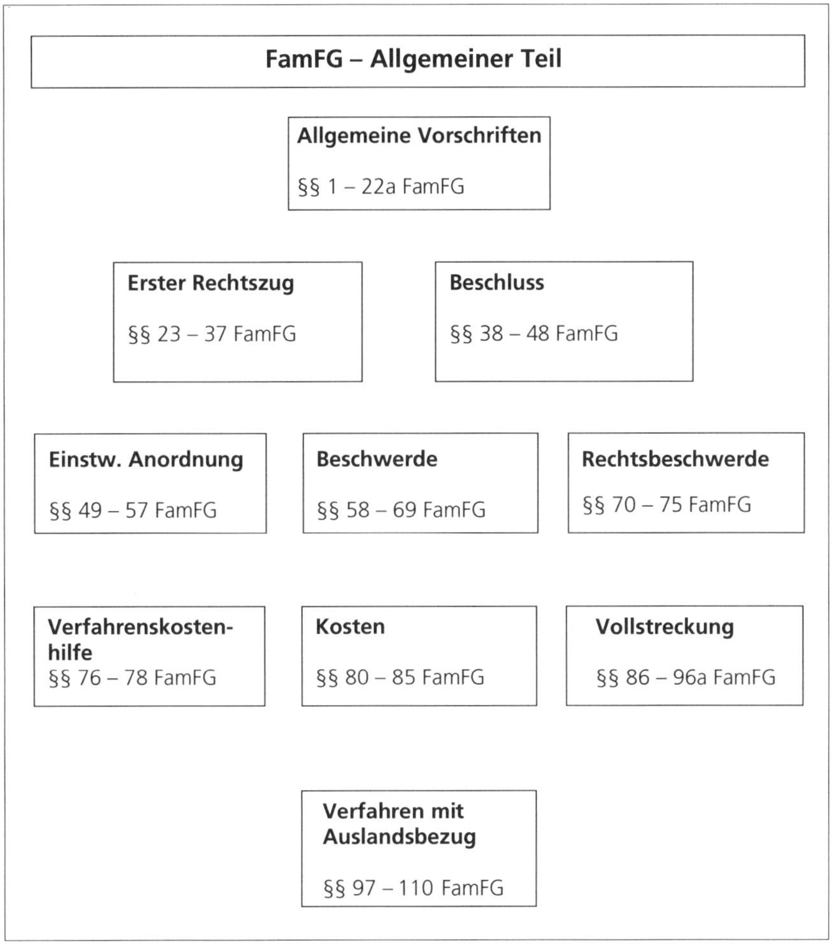

Verfahren in Familiensachen

Familiensachen allg.
§§ 111 – 120 FamFG

Ehe
§§ 121 – 132 FamFG

Scheidung und Folgen
§§ 133 – 150 FamFG

Kindschaft
§§ 151 – 168a FamFG

Abstammung
§§ 169 – 185 FamFG

Adoption
§§ 186 – 199 FamFG

Gewaltschutz
§§ 210 – 216a FamFG

Ehewohnung und Haushalt
§§ 200 – 209 FamFG

Versorgungsausgleich
§§ 217 – 229 FamFG

Unterhalt
§§ 231 – 260 FamFG

Güterrecht
§§ 261 – 265 FamFG

Lebenspartnerschaft
§§ 269-270 FamFG

Betreuung
§§ 271-311 FamFG

Unterbringung
§§ 312-339 FamFG

B. Internationales Familienrecht

Ein hoher Anteil familiärer und kindschaftsrechtlicher Konflikte, die sozialarbeiterischer oder familiengerichtlicher Intervention bedürfen, haben eine internationale Komponente. Mit ca. 7,5 Millionen ausländischen Mitbürgern hat Deutschland einen Ausländeranteil, der sich bedauerlicherweise weder in einer schlüssigen Migrationspolitik noch in einer sinnvollen Integrationspolitik widerspiegelt. Etwa jede achte Heirat in Deutschland betrifft einen deutschen und einen ausländischen Partner; jedes fünfte in Deutschland geborene Kind hat einen oder zwei ausländische Elternteile. Umso wichtiger ist es, dass sich soziale Berufe den zusätzlichen Herausforderungen internationaler sowie interkultureller Faktoren stellen.

Familiäre Konflikte mit Auslandsbezug

I. Bedeutung internationaler Sozialarbeit

Internationale Sozialarbeit als Einzelfallhilfe überwindet nationale Grenzen und unterstützt Menschen, die infolge freiwilliger oder erzwungener Migration in persönliche oder familiäre Schwierigkeiten geraten sind (intercountry casework). Dabei wird die individuelle Hilfeleistung durch Kooperation von Fachstellen in zwei oder mehr Ländern erbracht. Internationale Einzelfallarbeit widmet sich sämtlichen Migrantengruppen, ohne Unterschied, ob Einwanderer oder Auswanderer betroffen sind. Zumeist handelt es sich um eine Verzahnung sozialer, rechtlicher und kultureller Fragen (socio-legal-cultural cases).

Definition – Internationale Sozialarbeit

Fallkategorien internationaler Sozialarbeit haben ihren Ausgangspunkt häufig in **Trennungs- und Scheidungskonflikten,** wobei Fragen des Sorge- und Umgangsrechts oder Unterhaltsleistungen im Vordergrund stehen. In hochstreitigen Fällen kann es zu einer **Kindesentführung** durch einen Elternteil kommen. Internationale Sozialarbeit ist dann gefragt, wenn Familienteile im Ausland leben und Aufklärungs- und Beratungsbedarf besteht. Als weitere Fallkonstellationen kommen **Adoptionen ausländischer Kinder, die Suche nach der Herkunftsfamilie** im Ausland oder die **Rückführung unbegleiteter minderjähriger Flüchtlinge** in Betracht. In diesen Fällen leistet internationale Sozialarbeit Beratung und Information, schaltet die ausländische Fachstelle vor Ort ein und koordiniert die Intervention in- und ausländischer Fachstellen, meist Institutionen der Kinder- und Jugendhilfe. Die internationale Kooperation erfolgt primär über zentrale Fachstellen, in Deutschland vorwiegend über das **Bundesamt der Justiz als Zentrale Behörde** oder über den **Internationalen Sozialdienst.**

Fallkategorien

Als **Rechtsgrundlagen der internationalen Einzelfallarbeit** dienen vorwiegend multilaterale Abkommen, die Deutschland ratifiziert hat:

Internationale Abkommen

- Haager Kindesentführungsübereinkommen (HKÜ 1980);
- Haager Übereinkommen über den Schutz von Kindern und die Zusammenarbeit auf dem Gebiet der internationalen Adoption (HAÜ 1993);
- Das Haager Kinderschutzübereinkommen (KSÜ 1996);

- EG-Verordnung 2201/2003 über die Zuständigkeit und die Anerkennung und Vollstreckung von Entscheidungen in Ehesachen und in Verfahren betreffend die elterliche Verantwortung (Brüssel IIa-VO)

II. Haager Kinderschutzübereinkommen

KSÜ

Das Haager Kinderschutzübereinkommen (KSÜ) von 1996 trat in Deutschland – nach 15 Jahren Vorarbeit – erst 2011 in Kraft.[1] Das KSÜ stellt das Kindeswohl ins Zentrum und lehnt sich an die UN-Kinderrechtekonvention von 1989 an (UN-KRK). Es ist das wichtigste Übereinkommen für die Soziale Arbeit. Das KSÜ haben mehr als dreißig Staaten ratifiziert.

Brüssel IIa-VO

In der Europäischen Gemeinschaft gilt das KSÜ ergänzend zur **„Verordnung zur elterlichen Verantwortung" (Brüssel IIa-VO)**. Letztere regelt länderübergreifende Familien- und Kindschaftsangelegenheiten, trifft jedoch keine Regelungen zum Schutz von Kindern und zum anwendbaren Recht.[2]

Das KSÜ richtet sich an alle Personen – Minderjährige mit ausländischer Staatsangehörigkeit eingeschlossen – von Geburt bis zum 18. Geburtstag, deren Aufenthalt (gewöhnlich oder tatsächlich – je nach Vorschrift) sich in einem der Vertragsstaaten befindet. Die Altersgrenze ist unabhängig von nationalen Volljährigkeitsregelungen.

KSÜ befasst sich mit elterlicher Sorge

Inhaltlich befasst sich das KSÜ u.a. mit Sachverhalten der elterlichen Verantwortung. Alle Aspekte der Sorge sind gemeint: Sorgeverhältnisse, die *„die Rechte, Befugnisse und Pflichten der Eltern, des Vormunds oder eines anderen gesetzlichen Vertreters in Bezug auf die Person oder das Vermögen des Kindes bestimmt"*[3]. Dabei werden privatrechtliche und öffentlich-rechtliche Maßnahmen erfasst[4]. Das KSÜ regelt die gerichtlichen Verfahren zum Sorgerecht und zu Schutzmaßnahmen sowie behördliche Maßnahmen bei Familienangelegenheiten und dem Schutz von Kindern.

Ausgeschlossen sind Bereiche der Gesundheitsfürsorge, des Strafrechts, der Asyl- und Einwanderungsrechte; rechtliche Fragen bezüglich des Unterhalts, der Volljährigkeit, Erbschaften, treuhänderischer Vermögensverwaltung sowie soziale Sicherheit und Adoption.[5]

Kriterien für den gewöhnlichen Aufenthalt

Für Schutzmaßnahmen sind die Gerichte des Staates zuständig, in dem das (ausländische) Kind seinen gewöhnlichen Aufenthalt hat. Staatsangehörigkeit sowie eventueller Aufenthaltsstatus des Minderjährigen spielen nur untergeordnet eine Rolle.

Der **Begriff des gewöhnlichen Aufenthaltes** ist nicht definiert, ergibt sich aber aus dem tatsächlichen Lebensmittelpunkt. Dieser lässt sich mit Hilfe einiger Faktoren bestimmen, etwa die soziale und familiäre Integration und Bindung und damit verbunden die Dauer, die Regelmäßigkeit und die

1 Siehe Schulz (2011), S. 156.
2 Siehe Schwarz (2011), S. 438 ff.
3 Art. 1 Abs. 2 KSÜ
4 Vgl. Schulz (2011), S. 156.
5 Vgl. Schwarz (2011), S. 438 ff.

Umstände des Aufenthaltes sowie die Staatsangehörigkeit des Kindes, seine eventuelle Einschulung, seine Sprachkenntnisse und die Gründe für den Umzug bzw. Aufenthalt. Die fehlende Legaldefinition begründet sich in der Vermeidung von Schutzlücken, die in schwierigen Fällen auftreten könnten, um somit besser die Bedarfe des Kindes zu berücksichtigen.

Notfälle im Ausland

Sollte der gewöhnliche Aufenthalt nicht feststellbar sein, zählt der tatsächliche Aufenthalt. In Fällen von Notsituationen in einem Staat, bei dem sofortige Maßnahmen im Interesse des Kindeswohles getroffen werden müssen, gilt zunächst ebenfalls der tatsächliche Aufenthalt. Nach Bestimmung des gA muss der Herkunftsstaat informiert und um Zustimmung zur Maßnahme, z.B. eine Inobhutnahme, gebeten werden.

Eine Ausnahme zur Zuständigkeitsregelung bilden laufende Scheidungsverfahren mit anhängenden Sorgerechtsverfahren. Hier ist der gewöhnliche Aufenthalt der Elternteile relevant.

Umzug ins Ausland

Einen weiteren Leitgedanken des KSÜ fasst Schwarz prägnant zusammen: *„Verbessern geht immer – verschlechtern geht nimmer"*[6]. Gemeint ist die Regelung bezüglich des Sorgerechts der Eltern. Besitzen die Eltern in einem Staat die gemeinsame elterliche Sorge, so bleibt diese im Falle eines Umzuges in einen anderen Staat unabhängig von dessen nationalen Regelungen bestehen. Das bedeutet, sollte nur ein Elternteil die Sorge innehaben und ein Umzug in einen Staat erfolgen, der die gemeinsame elterliche Sorge als Regelfall vorsieht, wird automatisch die gemeinsame Sorge übernommen.

Anerkennung von Schutzmaßnahmen

Grundsätzlich werden die in einem Vertragsstaat vorgenommenen Maßnahmen kraft Gesetz in einem anderen Vertragsstaat anerkannt (Art. 23 Abs. 1 KSÜ). Eine Ausnahme besteht, wenn die Schutzmaßnahme der Öffentlichen Ordnung (ordre public) offensichtlich widerspricht (Art. 23 Abs. 2 d KSÜ).

Das KSÜ regelt weiterhin die **zwischenstaatliche Zusammenarbeit**. Vorgesehen ist die Einrichtung einer zentralen Behörde in jedem Vertragsstaat, die sowohl die Zusammenarbeit koordiniert als auch selbst im Rahmen des Kinderschutzes tätig werden kann (Art. 29, 30 KSÜ). In Deutschland ist hierfür das **Bundesamt für Justiz** verantwortlich. Reguliert werden im KSÜ die Rahmenbedingungen des Informationsaustauschs und die Zusammenarbeit zwischen den Kinderschutzbehörden und den Gerichten der jeweiligen Staaten.

Die Bestimmungen der länderübergreifenden Zusammenarbeit werden in Deutschland im **Internationalen Familienrechtsverfahrensgesetz (IntFamRVG)** konkretisiert. Betroffen sind vor allen Dingen die deutschen Gerichte und die deutschen Jugendämter.[7]

6 Schwarz (2011), S. 441.
7 Siehe Schwarz (2011), S. 438 ff.

Fall: Annett und Thomas – Umzug ins Ausland

Thomas (35) und Annett (32) leben zusammen mit ihrem Sohn Anton (5) in München. Sie haben sich für eine Partnerschaft ohne Heirat entschlossen. Nach der Geburt des Sohnes erkannte Thomas die Vaterschaft an und das Paar unterzeichnete eine Sorgevereinbarung. Sie besitzen somit beide das gemeinsame Sorgerecht für Anton. Thomas und Annett ziehen aufgrund beruflicher Entwicklungen nach Portugal. Nach einigen Jahren in Portugal tauchen immer wieder Spannungen zwischen dem Paar auf. Die Zunahme der Spannungen veranlasst Annett zur Trennung. Sie will mit Anton wieder zurück nach München ziehen.

▶ *Darf sie das ohne Zustimmung des Vaters?*

Zum Fall Annett und Thomas:

Durch das KSÜ ist eindeutig geregelt, dass das Sorgerecht in einem Mitgliedsstaat in einem anderen Staat anzuerkennen ist. Das einmal durch die Sorgevereinbarung erworbene gemeinsame Sorgerecht bleibt trotz Umzugs in Portugal bestehen. Annett darf nicht ohne Zustimmung des Vaters nach München zurückziehen Sie würde eine Kindesentführung begehen.

Variante 1: Es existiert keine Sorgevereinbarung

Im Falle einer fehlenden Vereinbarung, hat Thomas in Deutschland kein Sorgerecht gegenüber Anton. Alleinige Inhaberin der elterlichen Sorge ist Annett. Nach portugiesischem Recht besitzt bei nicht verheirateten Eltern derjenige das Sorgerecht, bei dem das Kind lebt (Art. 1911 CCP). Bei einer Trennung ist in Portugal kein gemeinsames Sorgerecht vorgesehen (Art. 1906 Abs. 2 CCP); sollte dies gewünscht werden, kann eine Vereinbarung getroffen werden (gem. Art. 1905, 1906 Abs. 1 CCP). Mit der Trennung würde das Sorgerecht wieder alleine an Annett übergehen. Sie könnte daher ohne Erlaubnis durch Thomas mit Anton umziehen.

Variante 2: Es existiert keine Sorgevereinbarung und die Familie zieht nach Schweden

In Deutschland besaß ausschließlich die Mutter das Sorgerecht für Anton, da keine Sorgevereinbarung von den Eltern getroffen wurde. Mit dem Umzug nach Schweden gelangt auch das schwedische Recht zur Anwendung. Thomas erhält zusätzlich das Sorgerecht, da nach schwedischem Recht schon alleine die Anerkennung der Vaterschaft ein Mitsorgerecht des Vaters nach sich zieht. Nach dem KSÜ kann ein einmal erworbenes Sorgerecht nicht durch einen Umzug in einen anderen Mitgliedstaat verloren gehen.

Die eingangs gestellte Frage muss daher mit Nein beantwortet werden. Annett darf nicht ohne die Zustimmung des Vaters mit Anton nach München zurückziehen. Sie würde eine Kindesentführung begehen.

Anhang

Stand: 01.01.2013

DÜSSELDORFER TABELLE[1]

A. Kindesunterhalt

	Nettoeinkommen des Barunterhaltspflichtigen (Anm. 3, 4)	Altersstufen in Jahren (§ 1612 a Abs. 1 BGB)				Prozentsatz	Bedarfskontrollbetrag (Anm. 6)
		0 – 5	6 – 11	12 – 17	ab 18		
		Alle Beträge in Euro					
1.	bis 1.500	317	364	426	488	100	800/1000
2.	1.501 - 1.900	333	383	448	513	105	1.100
3.	1.901 - 2.300	349	401	469	537	110	1.200
4.	2.301 - 2.700	365	419	490	562	115	1.300
5.	2.701 - 3.100	381	437	512	586	120	1.400
6.	3.101 - 3.500	406	466	546	625	128	1.500
7.	3.501 - 3.900	432	496	580	664	136	1.600
8.	3.901 - 4.300	457	525	614	703	144	1.700
9.	4.301 - 4.700	482	554	648	742	152	1.800
10.	4.701 - 5.100	508	583	682	781	160	1.900
	ab 5.101	nach den Umständen des Falles					

Anmerkungen:

1. Die Tabelle hat keine Gesetzeskraft, sondern stellt eine Richtlinie dar. Sie weist den monatlichen Unterhaltsbedarf aus, bezogen auf zwei Unterhaltsberechtigte, ohne Rücksicht auf den Rang. Der Bedarf ist nicht identisch mit dem Zahlbetrag; dieser ergibt sich unter Berücksichtigung der nachfolgenden Anmerkungen.

   Bei einer größeren/ geringeren Anzahl Unterhaltsberechtigter können Ab- oder Zuschläge durch Einstufung in niedrigere/höhere Gruppen angemessen sein. Anmerkung 6 ist zu beachten. Zur Deckung des notwendigen Mindestbedarfs aller Beteiligten – einschließlich des Ehegatten – ist gegebenenfalls eine Herabstufung bis in die unterste Tabellengruppe vorzunehmen. Reicht das verfügbare Einkommen auch dann nicht aus, setzt sich der Vorrang der Kinder im Sinne von Anm. 5 Abs. 1 durch. Gegebenenfalls erfolgt zwischen den erstrangigen Unterhaltsberechtigten eine Mangelberechnung nach Abschnitt C.

2. Die Richtsätze der 1. Einkommensgruppe entsprechen dem Mindestbedarf in Euro gemäß § 1612 a BGB. Der Prozentsatz drückt die Steigerung des Richtsatzes der jeweiligen Einkommensgruppe gegenüber dem Mindestbedarf (= 1. Einkommensgruppe) aus. Die durch Multiplikation des gerundeten Mindestbedarfs mit dem Prozentsatz errechneten Beträge sind entsprechend § 1612 a Abs. 2 S. 2 BGB aufgerundet.

[1] Die neue Tabelle nebst Anmerkungen beruht auf Koordinierungsgesprächen, die unter Beteiligung aller Oberlandesgerichte und der Unterhaltskommission des Deutschen Familiengerichtstages e.V. stattgefunden haben.

2

3. Berufsbedingte Aufwendungen, die sich von den privaten Lebenshaltungskosten nach objektiven Merkmalen eindeutig abgrenzen lassen, sind vom Einkommen abzuziehen, wobei bei entsprechenden Anhaltspunkten eine Pauschale von 5 % des Nettoeinkommens - mindestens 50 EUR, bei geringfügiger Teilzeitarbeit auch weniger, und höchstens 150 EUR monatlich - geschätzt werden kann. Übersteigen die berufsbedingten Aufwendungen die Pauschale, sind sie insgesamt nachzuweisen.

4. Berücksichtigungsfähige Schulden sind in der Regel vom Einkommen abzuziehen.

5. Der notwendige Eigenbedarf (Selbstbehalt)
- gegenüber minderjährigen unverheirateten Kindern,
- gegenüber volljährigen unverheirateten Kindern bis zur Vollendung des 21. Lebensjahres, die im Haushalt der Eltern oder eines Elternteils leben und sich in der allgemeinen Schulausbildung befinden,
beträgt beim nicht erwerbstätigen Unterhaltspflichtigen monatlich 800 EUR, beim erwerbstätigen Unterhaltspflichtigen monatlich 1.000 EUR. Hierin sind bis 360 EUR für Unterkunft einschließlich umlagefähiger Nebenkosten und Heizung (Warmmiete) enthalten. Der Selbstbehalt kann angemessen erhöht werden, wenn dieser Betrag im Einzelfall erheblich überschritten wird und dies nicht vermeidbar ist.

   Der angemessene Eigenbedarf, insbesondere gegenüber anderen volljährigen Kindern, beträgt in der Regel mindestens monatlich 1.200 EUR. Darin ist eine Warmmiete bis 450 EUR enthalten.

6. Der Bedarfskontrollbetrag des Unterhaltspflichtigen ab Gruppe 2 ist nicht identisch mit dem Eigenbedarf. Er soll eine ausgewogene Verteilung des Einkommens zwischen dem Unterhaltspflichtigen und den unterhaltsberechtigten Kindern gewährleisten. Wird er unter Berücksichtigung anderer Unterhaltspflichten unterschritten, ist der Tabellenbetrag der nächst niedrigeren Gruppe, deren Bedarfskontrollbetrag nicht unterschritten wird, anzusetzen.

7. Bei volljährigen Kindern, die noch im Haushalt der Eltern oder eines Elternteils wohnen, bemisst sich der Unterhalt nach der 4. Altersstufe der Tabelle.

   Der angemessene Gesamtunterhaltsbedarf eines Studierenden, der nicht bei seinen Eltern oder einem Elternteil wohnt, beträgt in der Regel monatlich 670 EUR. Hierin sind bis 280 EUR für Unterkunft einschließlich umlagefähiger Nebenkosten und Heizung (Warmmiete) enthalten. Dieser Bedarfssatz kann auch für ein Kind mit eigenem Haushalt angesetzt werden.

8. Die Ausbildungsvergütung eines in der Berufsausbildung stehenden Kindes, das im Haushalt der Eltern oder eines Elternteils wohnt, ist vor ihrer Anrechnung in der Regel um einen ausbildungsbedingten Mehrbedarf von monatlich 90 EUR zu kürzen.

9. In den Bedarfsbeträgen (Anmerkungen 1 und 7) sind Beiträge zur Kranken- und Pflegeversicherung sowie Studiengebühren nicht enthalten.

10. Das auf das jeweilige Kind entfallende Kindergeld ist nach § 1612 b BGB auf den Tabellenunterhalt (Bedarf) anzurechnen.

B. Ehegattenunterhalt

I. Monatliche Unterhaltsrichtsätze des berechtigten Ehegatten ohne unterhaltsberechtigte Kinder (§§ 1361, 1569, 1578, 1581 BGB):

   1. gegen einen erwerbstätigen Unterhaltspflichtigen:

      a) wenn der Berechtigte kein Einkommen hat: 3/7 des anrechenbaren Erwerbseinkommens zuzüglich 1/2 der anrechenbaren sonstigen Einkünfte des Pflichtigen, nach oben begrenzt durch den vollen Unterhalt, gemessen an den zu berücksichtigenden ehelichen Verhältnissen;

      b) wenn der Berechtigte ebenfalls Einkommen hat: 3/7 der Differenz zwischen den anrechenbaren Erwerbseinkommen der Ehegatten, insgesamt begrenzt durch den vollen ehelichen Bedarf; für sonstige anrechenbare Einkünfte gilt der Halbteilungsgrundsatz;

3

c) wenn der Berechtigte erwerbstätig ist, obwohl ihn keine Erwerbsobliegenheit trifft: gemäß § 1577 Abs. 2 BGB;

2. gegen einen nicht erwerbstätigen Unterhaltspflichtigen (z. B. Rentner): wie zu 1 a, b oder c, jedoch 50 %.

II. Fortgeltung früheren Rechts:

1. Monatliche Unterhaltsrichtsätze des nach dem Ehegesetz berechtigten Ehegatten ohne unterhaltsberechtigte Kinder:

a) §§ 58, 59 EheG: in der Regel wie I,

b) § 60 EheG: in der Regel 1/2 des Unterhalts zu I,

c) § 61 EheG: nach Billigkeit bis zu den Sätzen I.

2. Bei Ehegatten, die vor dem 03.10.1990 in der früheren DDR geschieden worden sind, ist das DDR-FGB in Verbindung mit dem Einigungsvertrag zu berücksichtigen (Art. 234 § 5 EGBGB).

III. Monatliche Unterhaltsrichtsätze des berechtigten Ehegatten, wenn die ehelichen Lebensverhältnisse durch Unterhaltspflichten gegenüber Kindern geprägt werden:

Wie zu I bzw. II 1, jedoch wird grundsätzlich der Kindesunterhalt (Zahlbetrag; vgl. Anm. C und Anhang) vorab vom Nettoeinkommen abgezogen.

IV. Monatlicher Eigenbedarf (Selbstbehalt) gegenüber dem getrennt lebenden und dem geschiedenen Berechtigten:

unabhängig davon, ob erwerbstätig oder nicht erwerbstätig — 1.100 EUR
Hierin sind bis 400 EUR für Unterkunft einschließlich umlagefähiger Nebenkosten und Heizung (Warmmiete) enthalten.

V. Existenzminimum des unterhaltsberechtigten Ehegatten einschließlich des trennungsbedingten Mehrbedarfs in der Regel:

1. falls erwerbstätig: 1.000 EUR

2. falls nicht erwerbstätig: 800 EUR

VI. 1. Monatlicher notwendiger Eigenbedarf des von dem Unterhaltspflichtigen getrennt lebenden oder geschiedenen Ehegatten unabhängig davon, ob erwerbstätig oder nicht erwerbstätig:

a) gegenüber einem nachrangigen geschiedenen Ehegatten — 1.100 EUR
b) gegenüber nicht privilegierten volljährigen Kindern — 1.200 EUR
c) gegenüber Eltern des Unterhaltspflichtigen — 1.600 EUR

2. Monatlicher notwendiger Eigenbedarf des Ehegatten, der in einem gemeinsamen Haushalt mit dem Unterhaltspflichtigen lebt, unabhängig davon, ob erwerbstätig oder nicht erwerbstätig:

a) gegenüber einem nachrangigen geschiedenen Ehegatten — 880 EUR
b) gegenüber nicht privilegierten volljährigen Kindern — 960 EUR
c) gegenüber Eltern des Unterhaltspflichtigen — 1.280 EUR
(vergl. Anm. D I)

Anmerkung zu I-III:

Hinsichtlich berufsbedingter Aufwendungen und berücksichtigungsfähiger Schulden gelten Anmerkungen A. 3 und 4 - auch für den erwerbstätigen Unterhaltsberechtigten - entsprechend. Diejenigen berufsbedingten Aufwendungen, die sich nicht nach objektiven Merkmalen eindeutig von den privaten Lebenshaltungskosten abgrenzen lassen, sind pauschal im Erwerbstätigenbonus von 1/7 enthalten.

4

C. Mangelfälle

Reicht das Einkommen zur Deckung des Bedarfs des Unterhaltspflichtigen und der gleichrangigen Unterhaltsberechtigten nicht aus (sog. Mangelfälle), ist die nach Abzug des notwendigen Eigenbedarfs (Selbstbehalts) des Unterhaltspflichtigen verbleibende Verteilungsmasse auf die Unterhaltsberechtigten im Verhältnis ihrer jeweiligen Einsatzbeträge gleichmäßig zu verteilen.

Der Einsatzbetrag für den Kindesunterhalt entspricht dem Zahlbetrag des Unterhaltspflichtigen. Dies ist der nach Anrechnung des Kindergeldes oder von Einkünften auf den Unterhaltsbedarf verbleibende Restbedarf.

Beispiel: Bereinigtes Nettoeinkommen des Unterhaltspflichtigen (M): 1.350 EUR. Unterhalt für drei unterhaltsberechtigte Kinder im Alter von 18 Jahren (K1), 7 Jahren (K2) und 5 Jahren (K3), Schüler, die bei der nicht unterhaltsberechtigten, den Kindern nicht barunterhaltspflichtigen Ehefrau und Mutter (F) leben. F bezieht das Kindergeld.

Notwendiger Eigenbedarf des M: .... 1.000 EUR

Verteilungsmasse: .... 1.350 EUR – 1.000 EUR = 350 EUR

Summe der Einsatzbeträge der Unterhaltsberechtigten:

304 EUR (488 – 184) (K 1) + 272 EUR (364 – 92) (K 2) + 222 EUR (317 – 95) (K 3) = 798 EUR

Unterhalt:

K 1: .... 304 x 350 : 798 = 133,33 EUR

K 2: .... 272 x 350 : 798 = 119,30 EUR

K 3. .... 222 x 350 : 798 = 97,37 EUR

D. Verwandtenunterhalt und Unterhalt nach § 1615 I BGB

I. Angemessener Selbstbehalt gegenüber den Eltern: mindestens monatlich 1.600 EUR (einschließlich 450 EUR Warmmiete) zuzüglich der Hälfte des darüber hinausgehenden Einkommens, bei Vorteilen des Zusammenlebens in der Regel 45 % des darüber hinausgehenden Einkommens. Der angemessene Unterhalt des mit dem Unterhaltspflichtigen zusammenlebenden Ehegatten bemisst sich nach den ehelichen Lebensverhältnissen (Halbteilungsgrundsatz), beträgt jedoch mindestens 1.280 EUR (einschließlich 350 EUR Warmmiete).

II. Bedarf der Mutter und des Vaters eines nichtehelichen Kindes (§ 1615 I BGB): nach der Lebensstellung des betreuenden Elternteils, in der Regel mindestens 800 EUR.

Angemessener Selbstbehalt gegenüber der Mutter und dem Vater eines nichtehelichen Kindes (§§ 1615 I, 1603 Abs. 1 BGB): unabhängig davon, ob erwerbstätig oder nicht erwerbstätig: 1.100 EUR.

Hierin sind bis 400 EUR für Unterkunft einschließlich umlagefähiger Nebenkosten und Heizung (Warmmiete) enthalten.

E. Übergangsregelung

Umrechnung dynamischer Titel über Kindesunterhalt nach § 36 Nr. 3 EGZPO: Ist Kindesunterhalt als Prozentsatz des jeweiligen Regelbetrages zu leisten, bleibt der Titel bestehen. **Eine Abänderung ist nicht erforderlich.** An die Stelle des bisherigen Prozentsatzes vom Regelbetrag tritt ein neuer Prozentsatz vom Mindestunterhalt (Stand: 01.01.2008). Dieser ist für die jeweils maßgebliche Altersstufe gesondert zu bestimmen und auf eine Stelle nach dem Komma zu begrenzen (§ 36 Nr. 3 EGZPO). Der Prozentsatz wird auf der Grundlage der zum 01.01.2008 bestehenden Verhältnisse einmalig berechnet und bleibt auch bei späterem Wechsel in eine andere Altersstufe unverändert (BGH Urteil vom 18.04.12 – XII ZR 66/10 – FamRZ 2012, 1048). Der Bedarf ergibt sich aus der Multiplikation des neuen Prozentsatzes mit dem Mindestunterhalt der jeweiligen Altersstufe und ist auf volle Euro aufzurunden (§ 1612a Abs. 2 S. 2 BGB). Der Zahlbetrag ergibt sich aus dem um das jeweils anteilige Kindergeld verminderten bzw. erhöhten Bedarf.

Es sind **vier Fallgestaltungen** zu unterscheiden:

5

1. Der Titel sieht die Anrechnung des hälftigen Kindergeldes (für das 1. bis 3. Kind 77 EUR, ab dem 4. Kind 89,50 EUR) oder eine teilweise Anrechnung des Kindergeldes vor (§ 36 Nr. 3 a EGZPO).

$$\frac{\text{(Bisheriger Zahlbetrag + 1/2 Kindergeld) x 100}}{\text{Mindestunterhalt der jeweiligen Altersstufe}} = \text{Prozentsatz neu}$$

Beispiel für 1. Altersstufe

$$\frac{\text{(196 EUR + 77 EUR) x 100}}{\text{279 EUR}} = 97{,}8\ \%$$ 279 EUR x 97,8% = 272,86 EUR, aufgerundet 273 EUR

Zahlbetrag: 273 EUR ./. 77 EUR = 196 EUR

2. Der Titel sieht die Hinzurechnung des hälftigen Kindergeldes vor (§ 36 Nr. 3 b EGZPO).

$$\frac{\text{(Bisheriger Zahlbetrag – 1/2 Kindergeld) x 100}}{\text{Mindestunterhalt der jeweiligen Altersstufe}} = \text{Prozentsatz neu}$$

Beispiel für 1. Altersstufe

$$\frac{\text{(273 EUR - 77 EUR) x 100}}{\text{279 EUR}} = 70{,}2\ \%$$ 279 EUR x 70,2 % = 195,85 EUR, aufgerundet 196 EUR

Zahlbetrag: 196 EUR + 77 EUR = 273 EUR

3. Der Titel sieht die Anrechnung des vollen Kindergeldes vor (§ 36 Nr. 3 c EGZPO).

$$\frac{\text{(Zahlbetrag + 1/1 Kindergeld) x 100}}{\text{Mindestunterhalt der jeweiligen Altersstufe}} = \text{Prozentsatz neu}$$

Beispiel für 2. Altersstufe

$$\frac{\text{(177 EUR + 154 EUR) x 100}}{\text{322 EUR}} = 102{,}7\ \%$$ 322 EUR x 102,7 % = 330,69 EUR, aufgerundet 331 EUR

Zahlbetrag: 331 EUR ./. 154 EUR = 177 EUR

4. Der Titel sieht weder eine Anrechnung noch eine Hinzurechnung des Kindergeldes vor (§ 36 Nr. 3 d EGZPO).

$$\frac{\text{(Zahlbetrag + 1/2 Kindergeld) x 100}}{\text{Mindestunterhalt der jeweiligen Altersstufe}} = \text{Prozentsatz neu}$$

Beispiel für 3. Altersstufe

$$\frac{\text{(329 EUR +77 EUR) x 100}}{\text{365 EUR}} = 111{,}2\ \%$$ 365 EUR x 111,2 % = 405,88 EUR, aufgerundet 406 EUR

Zahlbetrag: 406 EUR ./. 77 EUR = 329 EUR